KB140802

안드로이드
게임 개발의 정석

안드로이드
게임 개발의 정석

© 2017. 박승제 All Rights Reserved.

초판 1쇄 발행 2017년 3월 7일

지은이 박승제
펴낸이 장성두
펴낸곳 제이펍

출판신고 2009년 11월 10일 제406-2009-000087호
주소 경기도 파주시 회동길 159 3층 3-B호
전화 070-8201-9010 / **팩스** 02-6280-0405
홈페이지 www.jpub.kr / **원고투고** jeipub@gmail.com
독자문의 readers.jpub@gmail.com / **교재문의** jeipubmarketer@gmail.com

편집부 이민숙, 황혜나, 이 슬, 이주원 / **소통·기획팀** 민지환, 현지환
교정·교열 이 슬 / **본문디자인** 이민숙 / **표지디자인** 미디어픽스
용지 에스에이치페이퍼 / **인쇄** 한길프린테크 / **제본** 광우제책사

ISBN 979-11-85890-83-8 (93000)
값 35,000원

제이펍은 독자 여러분의 아이디어와 원고 투고를 기다리고 있습니다. 책으로 펴내고자 하는 아이디어나 원고가 있으신 분께서는
책의 간단한 개요와 차례, 구성과 저(역)자 약력 등을 메일로 보내주세요. jeipub@gmail.com

안드로이드
게임 개발의 정석

ANDROID
GAME
DEVELOPMENT

박승제 지음

차 례

안드로이드 게임 프로그래밍의 세계에 오신 여러분을 환영합니다. 오늘날은 하드웨어와 소프트웨어의 눈부신 발전에 힘입어, 현실 세계보다 더 사실적인 비주얼을 컴퓨터로 구현할 수 있게 되었습니다.

컴퓨터 게임은 영화나 비디오 등 영상 산업과 함께 발전해 오면서 끊임없이 하드웨어와 소프트웨어의 개발을 선도해 왔습니다. 영상 산업은 고품질의 렌더링을 마친 최종 결과물을 산출하는 것이 목표이지만, 게임은 그러한 렌더링과 동작을 실시간으로 구현해야 하는 만큼 높은 하드웨어 성능과 최적화된 소프트웨어 공학이 요구되었기 때문입니다.

요즈음은 유니티나 언리얼 엔진 등 누구나 무료로 사용할 수 있는 게임 엔진의 보급으로 인해 게임 개발이 쉬워졌으며, 인터넷의 발달로 게임 제작에 필요한 각종 리소스와 알고리즘을 쉽게 구할 수 있습니다. 따라서 초심자도 마음만 먹으면 간단한 게임 정도는 그럭저럭 만들 수도 있습니다. 그렇지만 게임 개발은 소프트웨어 공학에 해당하므로 수학과 물리학에 대한 일정 수준 이상의 기본 지식이 필요합니다. 이러한 학문의 장벽이 많은 초심자를 좌절하게 하는 가장 큰 원인 중의 하나라는 것도 피할 수 없는 현실입니다.

이 책은 초심자에게 게임 개발에 필요한 기초적인 수학 원리와 기본 알고리즘을 이해시킬 목적으로 만들었습니다. 대부분의 공식은 간단한 사칙 연산과 몇 개의 삼각함수만으로 구성되어 있으므로, 중학생 정도의 수학적인 지식만 있으면 어렵지 않게 이해할 수 있을 것으로 생각합니다. 물론, 알려 주는 사람에게는 쉬운 것이 배우는 사람의 입장에서는 어려운 것일 수도 있지만, 비슷한 공식을 자주 사용하다 보면 자연스럽게 습득할 수 있을 것입니다.

또한, 이 책은 안드로이드 운영체제에서 실행되는 2D 게임을 만드는 과정을 다루고 있으므로 안드로이드와 Java 언어에 대한 기초 지식이 필요합니다. 그러나 이 책에서는 프로그래밍 언어의 문법적인 부분을 다루는 것이 아니고, 가장 기본적인 Java 문법만 사용하므로 초심자도 부담 없이 시작할 수 있을 것입니다.

이 책의 주요 내용

이 책은 게임 제작의 원리를 쉽게 이해할 수 있도록 단계별로 구성하였습니다. 따라서 각 장의 내용을 충실히 학습하면 장차 자신이 만들고자 하는 게임 제작에 많은 도움이 될 것으로 생각합니다.

제1장 안드로이드 개발환경 구축

목적 PC에 JDK와 안드로이드 스튜디오를 설치해서 안드로이드 개발 환경을 마련한다.

제2장 안드로이드 프로그래밍의 기초

목적 안드로이드 프로젝트의 기본 구조를 이해한다.

제3장 텍스트 기반 게임

목적 안드로이드가 기본으로 제공하는 위젯을 사용해서 간단한 게임을 만들어 보면서 난수 발생과 버튼의 활용법 등을 학습한다.

예제 숫자 맞추기, 제비뽑기

제4장 ImageView를 이용한 게임

목적 ImageView를 이용해서 간단한 게임을 만든다. 배열과 안드로이드의 옵션 메뉴 사용법 등을 학습한다.

예제 윷놀이, 가위바위보

제5장 Custom View와 Sprite

목적 게임의 바탕이 되는 Custom View를 만드는 방법과 스프라이트 이미지를 이동하고 애니메이션하는 방법 등을 학습한다.

예제 엽기 토끼

제6장 Canvas와 Bitmap

목적 게임 개발에 필수적으로 필요한 Canvas에 비트맵을 직접 출력하고 Canvas를 변형하는 방법 등을 학습한다.

예제 비트맵 회전, 아날로그 시계, 오뚝이

제7장 Touch의 판정

목적 사각형, 원형, 부채꼴, 다각형 등 여러 과녁의 터치와 충돌 판정에 필요한 공식을 이해한다.

예제 사각형 과녁, 원형 과녁, 부채꼴 영역, 다각형 과녁

제16장 배경 화면 스크롤

목적 ▶ 게임의 배경을 스크롤하는 원리를 이해하고, 근경과 원경을 다른 속도로 스크롤하는 과정을 학습한다.

예제 ▶ 빨간 옷을 입은 토끼, X-Wing, 달리는 닌자

제17장 버튼의 활용

목적 ▶ 게임 화면에 버튼을 배치하고 버튼으로 캐릭터를 제어하는 방법과 다단 점프의 원리 등을 학습한다.

예제 ▶ 달리는 닌자

제18장 블록 격파

목적 ▶ 스테이지 맵 만들기, 스테이지의 전환, 효과음과 진동의 On/Off 등 게임의 옵션 설정, 시작 화면의 도입 등 최종적으로 완성된 게임을 만든다.

예제 ▶ 블록 격파

제19장 슬라이딩 퍼즐

목적 ▶ 슬라이딩 퍼즐의 기본 알고리즘을 이해하고, 퍼즐의 크기 및 효과음과 진동의 On/Off 등 게임의 옵션 설정, 게임 시작 화면의 도입 등 최종적으로 완성된 게임을 만든다.

예제 ▶ 슬라이딩 퍼즐

다운로드 및 독자 A/S

이 책에 실린 모든 Source 프로그램과 Resource 파일은 깃허브에서 다운받을 수 있으며, 각 절의 첫 부분에 File 9_3_FloatingBubble과 같은 형식으로 프로젝트 파일명이 표시되어 있습니다. 아래의 깃허브 주소에 접속하면 이 책에서 사용하는 모든 프로젝트 파일이 나타나므로 해당 장의 파일을 다운로드하면 될 것입니다.

이 책과 함께 학습하면서 생기는 질문은 다음의 독자 Q&A를 통해 해결해 나갈 수 있을 것으로 생각합니다. 여건이 허락하는 대로 되도록 여러분의 입장에서 성심껏 답변을 해 드리겠습니다. 되도록 개인적인 메일보다는 독자 Q&A 코너를 활용해 주시기 바랍니다.

- 프로젝트 파일 다운로드
  https://github.com/foxmann/Android 또는 https://github.com/Jpub/AndroidGameBible
- 독자 Q&A readers.jpub@gmail.com
- 저자 블로그 http://foxmann.blog.me
- 저자 이메일 foxmann@naver.com

당부의 글

어떤 일이든 시작이 있기 마련이듯 누구나 초심자 시절이 있습니다. 처음부터 고수인 사람이 있을 수 없듯이, 현재 고수의 반열에 올라와 있는 모든 사람도 초심자 시절을 겪고 지금의 위치에 서 있을 것입니다. 제가 여러분에게 당부 드리고 싶은 말씀은 다음과 같습니다.

> 백문이 불여일견(百聞不如一見)이라지만, 백견이 불여일타(百見不如一打)임을 명심해야 한다. 눈으로 백번 보는 것보다는 한 번이라도 직접 입력해 보는 것이 실력 향상에 훨씬 도움이 된다. 몸짱 만드는 책 백날 본다고 저절로 식스 팩이 생기지는 않는다.

즐거운 마음으로 게임 프로그래밍의 세계에 입문한 만큼, 앞으로 게임 개발을 하면서 겪게 되는 여러 어려움 또한 즐거운 마음으로 해결해 나가시기를 당부 드립니다.

끝으로 이 책이 나오기까지 많은 노력을 해 주신 제이펍 출판사의 모든 분께 깊은 감사를 드립니다.

박승제 드림

제 **1** 장

안드로이드 개발환경 구축

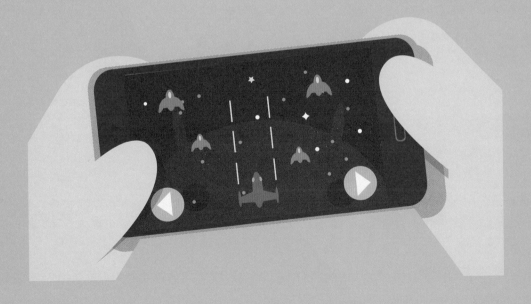

1.1 JDK 설치

안드로이드(Android)는 구글에서 공개한 모바일 플랫폼을 표적으로 하는 운영체제와 여기에 필요한 미들웨어 및 애플리케이션이 포함된 소프트웨어이다. 안드로이드는 리눅스 커널(Kernel)과 달빅(Dalvik) 또는 안드로이드 런타임(ARM Android Runtime)이라는 Java 가상머신을 사용하므로 JDK(Java Development Kit)의 설치가 필수적이다.

JDK는 오라클에서 무료로 배포하고 있으므로 오라클 홈페이지에 접속해서 설치한다. 오라클 홈페이지의 [Downloads ➡ Java SE] 메뉴에 JDK 다운로드 링크가 있다.

URL 오라클 홈페이지 http://www.oracle.com

그림 1-1 Java SE 다운로드 메뉴

JDK는 자주 업데이트되는데, 다운로드 페이지에는 가장 최신 버전이 표시되어 있으므로 그것을 다운로드한다.

그림 1-2 Java SE 다운로드

JDK 설치 파일은 운영체제에 따라 다르므로 자신이 사용하는 운영체제에 맞는 설치 파일을
다운로드한다. 파일을 다운로드하기 전에 ❶의 라이선스에 동의함 항목을 체크해야 한다.

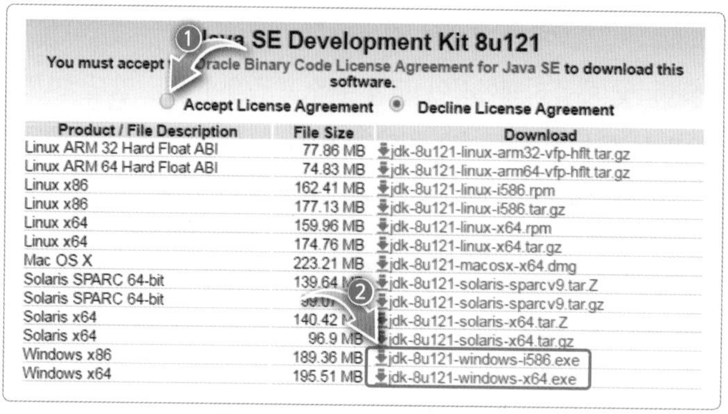

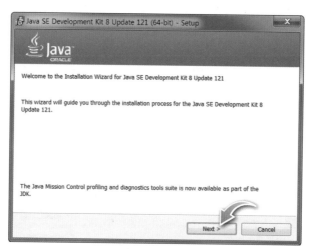

그림 1-3 JDK 설치 파일 다운로드

다운로드한 파일을 실행하면 설치가 시작된다. JDK는 특별한 설치 옵션이 없으므로 [Next]
버튼을 계속 눌러 설치를 마무리한다.

그림 1-4 JDK 설치

🟦 설치된 JDK 확인

설치한 JDK가 제대로 작동하는지 확인하기 위해 Windows의 cmd 창을 열고 java –version이
라고 입력한다. 설치된 Java 버전이 표시되면 정상이다. JDK 8u121를 설치한 경우라면 버전이
'1.8.0_121'로 표시될 것이다.

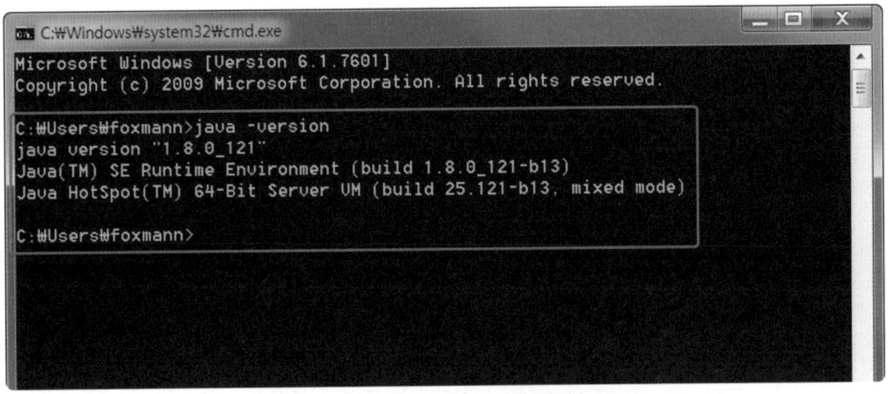

그림 1-5 cmd 창에서 Java 버전을 확인한다.

1.2 안드로이드 스튜디오 설치

과거에는 안드로이드 SDK를 설치한 후, 이클립스(Eclipse)라는 도구를 이용해서 안드로이드용 애플리케이션(Application, 이하 앱)을 개발했지만, 구글에서 새로운 개발 도구인 안드로이드 스튜디오를 배포함에 따라 요즈음은 안드로이드 스튜디오에서 작업한다. 인터넷에서 '안드로이드 스튜디오'로 검색하거나, 다음 주소를 입력해서 안드로이드 스튜디오를 다운받는다.

URL 안드로이드 스튜디오 다운로드 http://developer.android.com/studio

그림 1-6 안드로이드 스튜디오 다운로드 페이지

다운로드를 선택하면 이용 약관에 대한 설명이 나타나므로 '사용 약관에 동의함' 항목을 체크한 후 다운로드 버튼을 누른다.

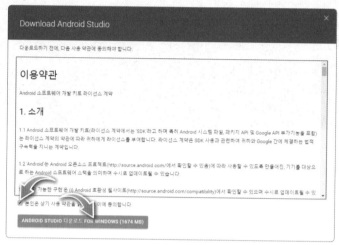

그림 1-7 이용 약관에 동의함

❶ 안드로이드 스튜디오 설치 시작

다운로드한 파일을 실행하면 안드로이드 스튜디오의 설치가 시작된다.

그림 1-8 안드로이드 스튜디오 설치 시작

❷ 설치할 컴포넌트 설정

이어 컴포넌트를 선택하는 창이 나타나는데, 모든 항목이 선택되어 있으므로 이 옵션을 사용한다.

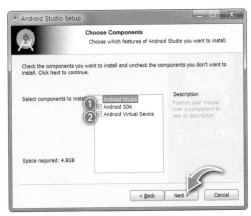

그림 1-9 **추가로 설치할 컴포넌트**

❶ **Android SDK**   안드로이드 앱 개발용 SDK 설치 여부. 자신의 PC에 Android SDK를 이미 설치한
경우에는 이 옵션을 해제해도 된다.

❷ **Android Virtual Device**   PC에서 사용하는 가상의 모바일 장치(모바일 에뮬레이터) 사용 여부. PC에
폰을 직접 연결해서 개발하는 경우에는 이 옵션을 해제해도 된다.

3 안드로이드 스튜디오와 SDK 설치 폴더 설정

다음에는 안드로이드 스튜디오와 안드로이드 SDK를 설치할 폴더를 설정한다. 기본값을 사용
하거나 자신이 작업하기 편한 폴더를 지정하고 [Next] 버튼을 누른다.

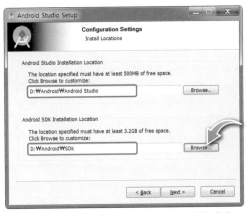

그림 1-10 **안드로이드 스튜디오 설치 폴더 설정**

이후 계속해서 [Next]나 [Install] 버튼을 누르면 설치가 시작된다. 설치가 완료되면 [Finish] 버
튼을 누른다.

그림 1-11 **안드로이드 설치 완료**

설치가 끝나면 자동으로 안드로이드 스튜디오가 실행되는데, 이전 버전의 안드로이드 스튜디오 설정 값을 불러올 것인지를 선택하는 창이 나타나므로 '이전 버전의 작업 환경 없음' 옵션을 선택한다.

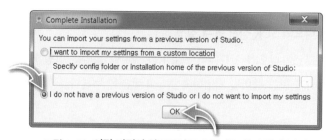

그림 1-12 **이전 버전의 안드로이드 스튜디오 환경 폴더 설정**

이어 Welcome 화면이 나타나므로 [Next] 버튼을 누른다.

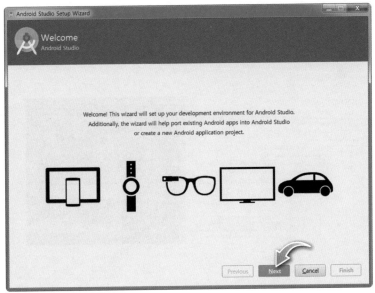

그림 1-13 안드로이드 스튜디오 Welcome 화면

다음에는 Install Type을 설정하는 창이 나타나므로 Custom을 선택하고 [Next] 버튼을 누른다.

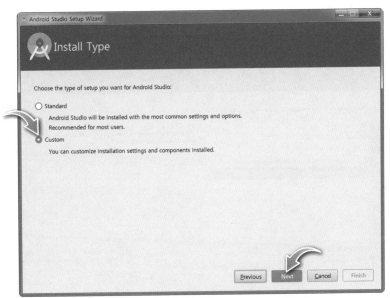

그림 1-14 Install Type을 Custom으로 설정한다.

안드로이드 스튜디오의 UI 테마를 설정하는 창에서 안드로이드 스튜디오의 테마(스킨)를 바꿀 수 있으므로 둘 중 하나를 선택하고 [Next] 버튼을 누른다.

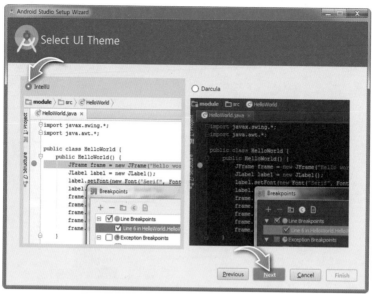

그림 1-15 **안드로이드 스튜디오의 UI 테마 선택**

이어 Component Setup 창이 나타나면 모든 항목을 선택하고, 그림 1-10에서 설정한 SDK 폴더를 지정한다.

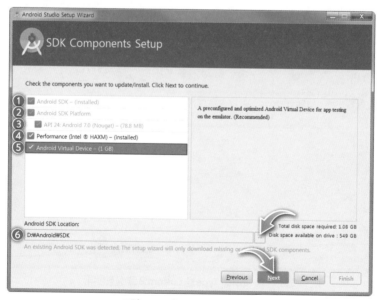

그림 1-16 **Component Setup**

❶ SDK를 최신 버전으로 업그레이드한다.

❷ 새로운 안드로이드 API를 다운로드한다.

❸ 새로 추가할 API

❹ 인텔의 HAXM(Hardware Accelerated Execution Manager, 하드웨어 가속 실행 관리자)을 설치한다. 이 기능을 사용하려면 PC의 CPU가 인텔 제품이어야 하며, PC의 BIOS에서 VT(가상화 기술) 옵션을 활성화시켜 두어야 한다.

❺ 안드로이드 에뮬레이터를 설치한다.

❻ SDK가 설치된 폴더를 지정한다.

계속해서 [Next] 버튼을 누르면 필요한 컴포넌트가 다운로드된다.

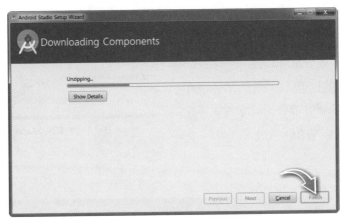

그림 1-17 **Component** 다운로드

컴포넌트의 다운로드가 끝나면 안드로이드 스튜디오의 시작 화면이 나타날 것이다.

그림 1-18 **안드로이드 스튜디오 시작 화면**

1.3 안드로이드 SDK 설치

안드로이드 스튜디오를 설치할 때 추가되는 SDK는 가장 최신 버전의 API만 설치되므로, 장차 개발하려는 플랫폼에 맞는 API를 모두 설치해야 한다. 안드로이드 스튜디오의 시작 화면에서 [Configure ➡ SDK Manager]를 실행한다.

Android SDK 매니저 창이 나타나면 Show Package Details 옵션을 켜고, 설치하려는 라이브러리를 선택한다. 라이브러리를 모두 설치하면, 시간도 많이 걸릴 뿐만 아니라 저장 공간도 많이 소모되므로 필요한 것만 설치하는 것이 좋다.

그림 1-19 **SDK Manager 실행**

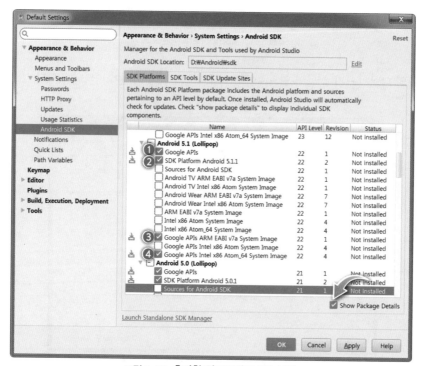

그림 1-20 **추가할 안드로이드 API 설정**

라이브러리 목록에서 ❶, ❷는 기본, ❸, ❹는 선택적으로 설치한다. PC의 CPU가 인텔 제품이 아니거나, CPU에 VT(Virtualization Technology, 가상화 기술) 기능이 없는 경우에는 ❸, CPU가 VT를 지원하면 ❹를 설치한다. CPU가 인텔 제품이고, 운영체제가 32비트인 경우에는 x86 Atom을 설치한다. ❸과 ❹는 PC에서 안드로이드 가상 디바이스(AVD)를 구동하기 위한 라이브러리이다.

그림 1-20은 Android 5.1(API 22)의 라이브러리를 설치하는 예이므로, 이것을 참고해서 Android 6.0(API 23)과 5.0(API 21)도 설치한다. 이 책의 예제는 Android 5.0(API 21) 이상의 API를 사용하므로, 이 이전의 버전은 필요시 추가로 설치하면 될 것이다.

이어 설치할 컴포넌트 목록이 나타나므로 '라이선스에 동의함' 항목을 선택한 후 [Next] 버튼을 누른다.

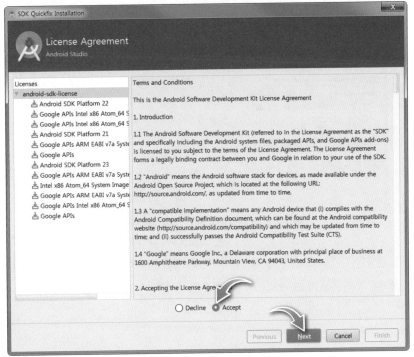

그림 1-21 **안드로이드 API 설치**

1.4 프로젝트 시작

안드로이드 스튜디오의 작업 과정을 알아보기 위해 새로운 프로젝트를 시작한다. 안드로이드 스튜디오의 시작 화면에서 [Start a new Android Studio project]를 실행한다.

새로운 프로젝트를 만들면 앱 이름과 도메인, 저장 폴더 등을 설정하는 창이 나타난다. 우리는 안드로이드 스튜디오의 작업 과정만 확인할 것이므로 기본 설정을 사용하기로 하고 [Next] 버튼을 누른다.

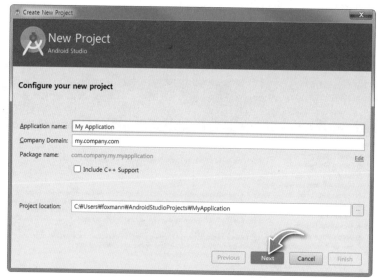

그림 1-22 **앱 이름과 도메인, 저장 폴더 설정 창**

이어 앱을 실행할 디바이스 설정 창이 나타나므로 앱을 실행할 디바이스와 최소한의 SDK 버전을 설정한다. 우리는 API 21~23을 설치하였으므로 설치된 SDK의 API로 설정해야 한다.

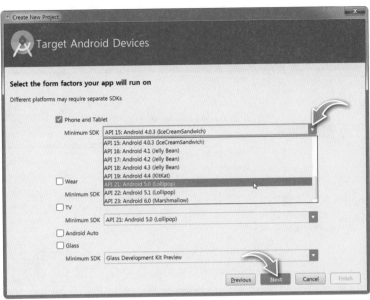

그림 1-23 **Target Device와 Minimum SDK 설정**

다음에는 추가할 Activity 선택 창이 나타나므로 Basic Activity를 선택한다.

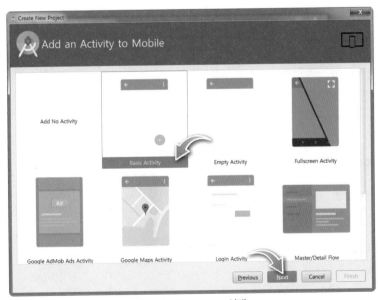

그림 1-24 **Activity 선택**

이어 Activity 이름 등을 설정하는 창이 나타나는데, 기본값을 사용하기로 하고 [Finish] 버튼
을 누른다.

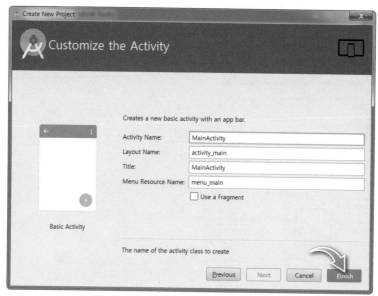

그림 1-25 **Activity 이름 등 설정**

[Finish] 버튼을 누르면 잠시 후 앞에서 만든 프로젝트가 나타난다. 프로젝트의 기본적인 기능이 만들어져 있으므로 곧바로 프로젝트를 실행할 수 있다. 툴바의 가운데에 있는 실행 버튼을 누르거나 Shift + F10 키를 누르면 프로젝트가 실행된다.

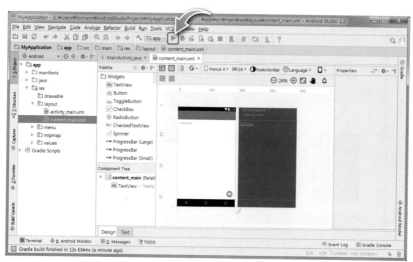

그림 1-26 **안드로이드 스튜디오에 프로젝트가 생성된 상태**

1.5 AVD 만들기

프로젝트를 실행하면 안드로이드 가상 디바이스(AVD) 목록이 나타나는데, 현재 비어 있으므로 [Create New Virtual Device] 버튼을 눌러 새로운 에뮬레이터를 만든다.

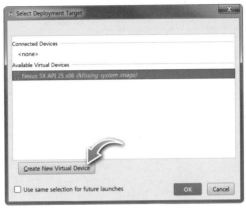

그림 1-27 비어 있는 AVD 목록

먼저 단말기의 종류를 지정한다. 어느 것을 사용해도 되지만 자신의 모바일 기기와 비슷하거나 해상도가 조금 높은 것을 고르는 것이 좋다. 단말기의 종류는 앞으로 진행할 프로젝트와 큰 연관성은 없다.

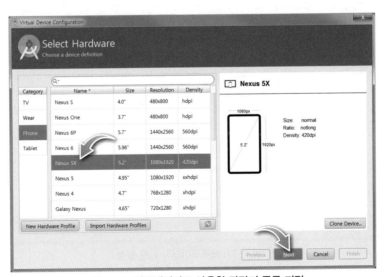

그림 1-28 에뮬레이터로 사용할 단말기 종류 지정

이어 단말기의 System Image를 설정하는 창이 나타난다. System Image는 1.3절에서 ❸ 또는 ❹로 설치한 컴포넌트로, 단말기의 구동 엔진이다. System Image는 자신이 개발하려는 앱의 API의 버전과 같거나 1~2 단계 정도 높은 것으로 설정한다.

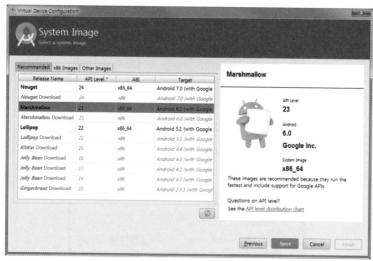

그림 1-29 단말기의 System Image 설정

다음에는 단말기의 세부 옵션을 설정하는 창이 나타난다. 필요하면 단말기 이름과 API 레벨을 변경하고, [Show Advanced Settings] 버튼을 눌러 세부 항목을 설정한다.

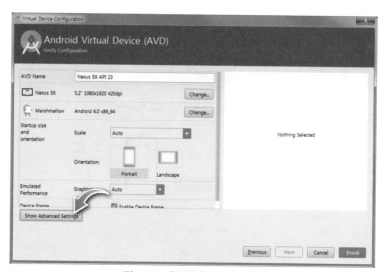

그림 1-30 에뮬레이터의 기본 설정

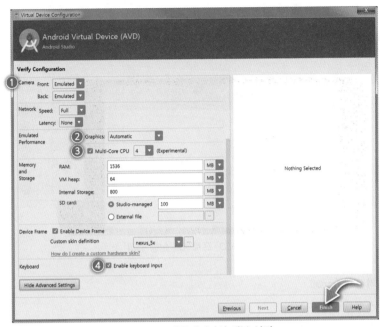
그림 1-31 에뮬레이터의 세부 설정

❶ 에뮬레이터의 카메라 사용 여부

❷ 그래픽 가속 기능 사용 여부. Auto로 설정하면 HAXM 기능이 없는 CPU는 소프트웨어적으로 처리한다.

❸ 멀티코어 CPU를 사용하는 경우 이 옵션을 켜고 코어의 수를 설정한다.

❹ 단말기의 키패드 입력 시 마우스와 함께 PC의 키보드를 사용한다.

설정을 마치고 [Finish] 버튼을 누르면 앞에서 만든 에뮬레이터가 등록된다.

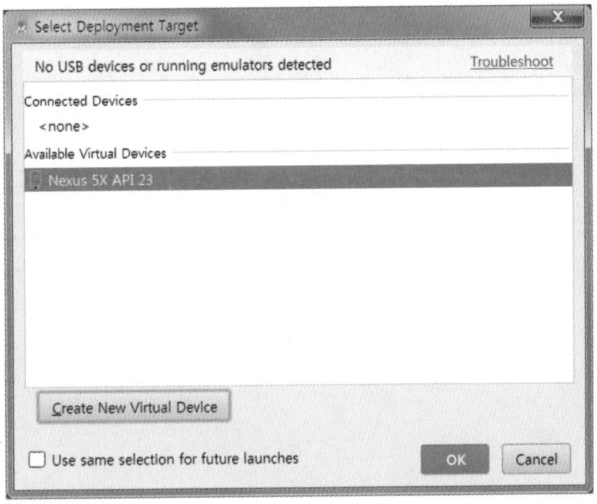

그림 1-32 에뮬레이터 목록에 추가된 AVD

에뮬레이터가 등록되었으므로 위의 창에서 [OK] 버튼을 누르면 에뮬레이터가 기동된 후 프로젝트가 실행된다. 이 프로젝트는 단말기 화면에 'Hello World!'를 출력하는 것이다.

그림 1-33 **프로젝트 실행 결과**

- ❶ 단말기 전원 On/Off
- ❷ 스피커 볼륨 증가
- ❸ 스피커 볼륨 감소
- ❹ 단말기를 왼쪽으로 90° 회전
- ❺ 단말기를 오른쪽으로 90° 회전
- ❻ 단말기 화면의 스크린샷 이미지 저장
- ❼ 단말기의 특정 부분 확대 표시
- ❽ 직전 화면으로 복귀(Back Key)
- ❾ 초기 화면으로 복귀(Home Key)
- ❿ 최근에 실행한 앱 목록 표시
- ⑪ 단말기의 세부 옵션 설정

에뮬레이터는 여러 개 등록할 수 있으므로 여러 종류의 디바이스에서 테스트할 경우, 테스트하려는 디바이스를 각각 에뮬레이터로 등록하고 에뮬레이터별로 프로젝트를 실행해서 그 결과를 비교하면 될 것이다.

이것으로 안드로이드 스튜디오의 설치 과정이 모두 끝났다. 앞에서 테스트용으로 작성한 프로젝트는 더 이상 사용할 일이 없으므로, 안드로이드 스튜디오를 종료한 후 프로젝트 폴더를 삭제한다.

1.6 안드로이드 스튜디오의 한글 설정

안드로이드 스튜디오의 2.2 버전은 Layout의 Preview 창에서 한글이 깨지는 현상이 있다. 이 것은 한글의 기본 글꼴이 잘못 설정되어 생기는 문제이다.

[안드로이드 설치 폴더/plugins/android/lib/layoutlib/data/fonts/fonsts.xml] 파일을 메모장 등에서 열고, 검색어로 'ko'를 입력해서 다음 구문을 찾는다.

```
<family lang="ko">
    <font weight="400" style="normal" index="1">NotoSansCJK-Regular.ttc</font>
</family>
```

여기서 글꼴 'NotoSansCJK-Regularttc'를 'NanumGothic.ttf'로 바꾼다. 나눔 글꼴은 기본으로 포함되어 있다. 수정이 끝나면 파일을 저장하고 안드로이드 스튜디오를 다시 시작한다.

1.7 HAXM의 VT 설정

인텔의 HAXM(Hardware Accelerated Execution Manager, 하드웨어 가속 실행 관리자)은 VT(Virtualization Technology, 가상화 기술)를 사용해서 PC의 가상 디바이스를 하드웨어적으로 가속한다. 이 기능은 PC의 가상 디바이스를 하드웨어적으로 가속하므로 안드로이드 에뮬레이터에서 구동되는 앱의 실행 속도가 아주 빨라진다. HAXM의 하드웨어 가속 기능은 소프트웨어적인 처리보다 10배 이상 퍼포먼스를 향상시킨다고 한다.

그림 1-16의 [SDK Components Setup] 창에서 HAXM 옵션을 선택하면 HAXM이 자동으로 설치된다. 그런데 이 기능을 사용하려면 PC의 CPU가 인텔 제품이어야 하며, ROM BIOS에 VT 옵션이 설정되어 있어야 한다. PC의 CPU에 VT 기능이 있는지의 여부는 CPU-Z나 Speccy와 같은 유틸리티로 확인할 수 있다.

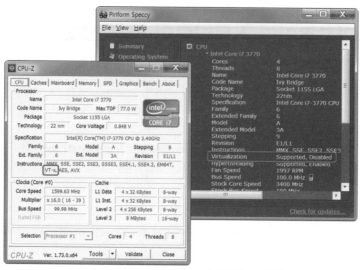

그림 1-34 **CPU-Z와 Speccy에 표시된 VT 상태**

위 그림을 보면 CPU-Z에는 VT 상태만 표시되지만, Speccy에는 CPU가 VT를 지원하나 현재 비활성화되어 있다고 표시되어 있다.

VT의 활성화는 마더보드의 ROM BIOS 설정 화면에서 설정한다. 다음 그림은 ASROCK 보드의 BIOS 설정 화면이다. 사용하는 보드에 따라 다르겠지만 VT 옵션은 대부분 [Advanced] 메뉴에 있다.

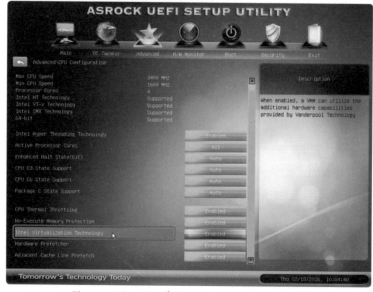

그림 1-35 **ROM BIOS의 Virtualization Technology 옵션**

ROM BIOS의 VT 옵션을 새로 설정한 경우에는 HAXM을 다시 설치할 필요가 있다. 인텔 홈 페이지에서 HAXM을 검색해서 다운로드한 후 설치해도 되지만, 안드로이드 스튜디오를 설치할 때 다운로드된 파일을 이용하는 것이 편할 것이다. [SDK 폴더/extra/intel/Hardware_Accelerated_Execution_Manager] 폴더에 설치 파일이 있다.

그림 1-36 HAXM 설치 파일

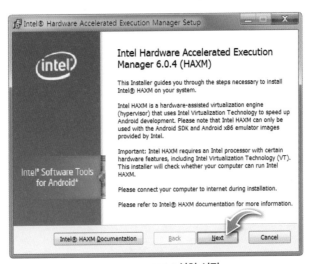

그림 1-37 HAXM 설치 시작

이어 HAXM이 사용할 RAM의 크기를 설정하는 창이 나타나므로 기본값을 선택한다. 메모리의 크기는 PC에 설치된 전체 메모리를 기준으로 설정하므로 PC에 따라 다르게 표시될 것이다. [Next] 버튼을 누르면 설치가 시작된다. 이후에 설정할 옵션은 없다.

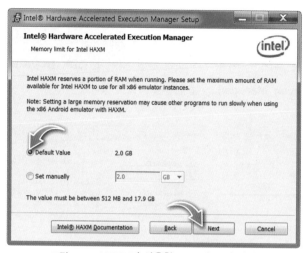

그림 1-38 HAXM가 사용할 RAM의 크기 설정

제 **2** 장

안드로이드
프로그래밍의 기초

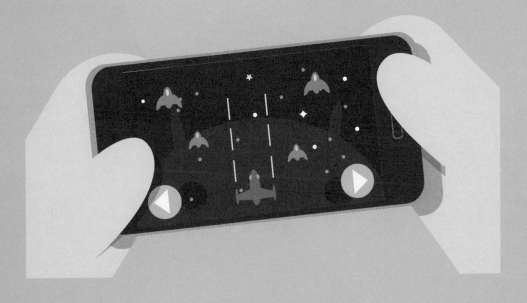

2.1 안드로이드 프로젝트의 시작

안드로이드 앱 개발은 프로젝트 단위로 생성 및 관리된다.

2.1.1 새로운 프로젝트 만들기

안드로이드 스튜디오의 시작 화면에서 [Start a new Android Studio Project] 메뉴를 실행하거나, 안드로이드 스튜디오가 이미 실행 중이라면 [File ➡ New ➡ New Project] 메뉴를 실행해서 새로운 프로젝트를 만든다.

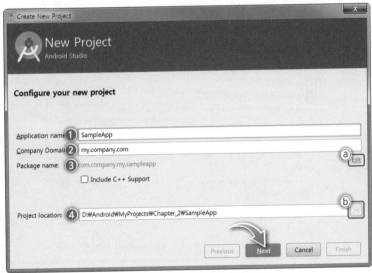

그림 2-1 **새로운 프로젝트 만들기**

❶ Application name 앱의 이름이며, 프로젝트 이름이기도 하다. 공백을 포함할 수 있지만 한글은 사용할 수 없다. 한글 이름의 앱을 만들 경우에는 일단 영문 이름으로 프로젝트를 만든 후 프로젝트에 포함되어 있는 strings.xml이나 AndroidManifest.xml을 수정한다.

❷ Company Domain 회사 도메인으로, 인터넷 주소와는 다른 개념이다. 4단위 이내의 단어로 작성하며, 마침표('.')로 단어를 구분한다. 한글과 공백 등의 특수문자는 사용할 수 없다.

❸ Package name 안드로이드가 앱을 식별하는 명칭이다. 안드로이드는 Package name으로 앱을 구분하므로 Package name은 고유한(세상에 하나밖에 없는) 명칭이어야 한다. 안드로이드 스튜디오는 Company Domain을 역순으로 배치한 후 Application name을 연결해서 패키지 이름을 만들지만, ⓐ의 [Edit]을 누르면 이것을 수정할 수 있다. 한글과 공백 등의 특수문자는 사용할 수 없다.

❹ **Project location**　프로젝트가 저장될 폴더이다. 이 폴더에 Application name과 같은 폴더가 생성되며, 프로젝트에 관련된 파일들이 저장된. ⓑ의 버튼을 누르면 저장 폴더와 폴더명을 바꿀 수 있다. 프로젝트를 저장할 경로에 한글이 포함되면 안 된다.

입력이 완료되면 [Next] 버튼을 눌러 다음 단계로 진행한다.

2.1.2 Target Device 설정

프로젝트의 기본 사항을 입력한 후에는 이 앱을 실행할 디바이스와 앱을 실행하기 위한 최소한의 API 버전을 설정한다.

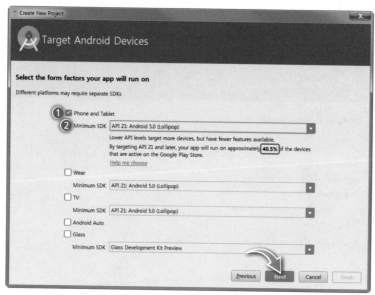

그림 2-2 **Target Device와 Minimum SDK 설정**

❶ **Phone and Tablet**　폰과 태블릿 PC를 대상으로 한다. 안드로이드 Wear나 안드로이드 TV 등에서도 실행할 앱을 만들 경우에는 실행할 디바이스를 추가로 선택한다.

❷ **Minimum SDK**　앱을 실행할 수 있는 최소한의 API 버전을 설정한다. 안드로이드의 가장 초기 버전인 API 1.0으로 설정하면 모든 폰에서 실행될 수 있겠지만, 최신 폰에서 지원하는 기능을 사용할 수 없게 된다. 따라서 오래된 버전 사용자는 포기하는 것이 좋다.

위의 그림은 Minimum SDK를 'API 21 Android 5.0 (Lollipop)'으로 설정하고 있으며, 그 아래에 구글 플레이 스토어에서 이 버전과 호환되는 앱의 점유율이 40.5%라고 표시되어 있다. 설정을 마쳤으면 [Next] 버튼을 눌러 다음 단계로 진행한다. Activity를 추가하는 창이 나타날 것이다.

2.1.3 Activity 추가

PC용 프로그램이 기능 단위로 구성되는 데 비해 모바일 앱은 화면 단위로 구성된다. 액티비티는 단말기에 표시되는 하나의 화면으로, PC의 창(Window)과는 다른 개념이다. 하나의 화면에는 하나의 액티비티만 표시할 수 있으며, 액티비티를 임의의 위치에 배치할 수도 없다(안드로이드의 새로운 버전인 Android Nuget은 두 개 이상의 액티비티를 표시할 수 있다).

화면에 뭔가를 표시하는 앱은 최소한 하나 이상의 액티비티가 있어야 하며, 여러 개의 액티비티가 있는 앱은 필요에 따라 액티비티를 선별적으로 표시한다. 이때 다른 액티비티에 의해 화면 점유권을 잃은 액티비티는 백그라운드 상태로 전환되거나 메모리에서 소멸된다.

안드로이드 스튜디오에는 구글 지도나 사용자 로그인 등 실제의 앱에서 사용할 수 있는 액티비티와 Navigation Drawer Activity, Scrolling Activity 등 안드로이드 디자인 서포트 라이브러리의 새로운 기능을 활용할 수 있는 액티비티가 여러 개 있다.

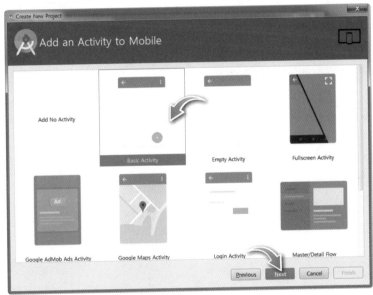

그림 2-3 **Activity 추가**

우리는 기본 액티비티(Basic Activity)를 사용할 것이므로 이것을 선택하고 [Next] 버튼을 누른다. 액티비티를 추가하면 액티비티에 대한 정보를 입력하는 창이 나타난다.

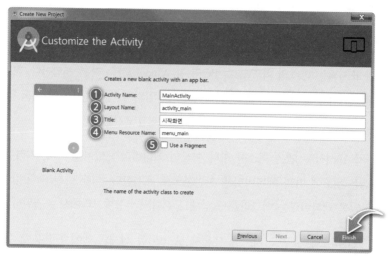

그림 2-4 **Activity 추가**

1 **Activity Name** 액티비티 이름으로, 이 이름과 같은 새로운 java class 파일이 생성된다. 액티비티 이름은 영문자와 숫자, '_'만 사용할 수 있으며, 대문자로 시작하는 것이 관습이다(Java의 class명은 대문자로 시작한다).

2 **Layout Name** 액티비티에 표시할 화면(View라고 한다)의 구성을 설정하는 파일이다. 이 이름으로 xml 파일이 생성된다. Layout 등의 리소스 파일명은 모두 소문자로 작성한다. 이것은 규칙(대문자를 포함하면 에러)이다.

3 **Title** 필요시 단말기의 타이틀 바 등에 표시할 액티비티 이름으로, 한글과 공백 등을 사용할 수 있다.

4 **Menu Resource Name** 메뉴 구성을 설정하는 리소스 이름으로 소문자로 작성한다. 이 이름으로 xml 파일이 생성된다.

5 **Use a Fragment** 프라그먼트는 액티비티의 구성 요소로서 여러 View를 담을 수 있는 컨테이너이다. 프라그먼트를 이용하면 View를 그룹화할 수 있으므로 액티비티의 구조가 간단해진다.

작성이 끝나면 [Finish] 버튼을 눌러 설정한 내용으로 새로운 프로젝트를 생성한다.

 참고
안드로이드의 리소스 이름 작성 규칙

안드로이드는 메뉴, 이미지, 사운드 등의 리소스 파일은 모두 소문자를 사용한다. Windows는 파일명의 대소문자는 무시하므로 Main_Menu.xml과 main_menu.xml을 같은 것으로 처리한다. 그러나 안드로이드의 기반이 되는 Linux는 파일명의 대소문자를 구분하므로 이들을 별개의 파일로 취급한다. 안드로이드는 리소스 파일명에 대소문자가 섞여 있을 때 Windows 방식인지 Linux 방식인지의 혼란을 피하기 위해, 리소스 파일명은 모두 소문자로 작성하는 것으로 규정하였다(대문자를 포함하면 에러).

새로운 프로젝트가 만들어지면 Shift + F10 키를 눌러서 프로젝트를 실행한다. 아래 그림은 단말기를 가로로 회전한 상태이다. 현재 단말기에 표시된 내용은 안드로이드 5.0 롤리팝(API 21)부터 채용된 안드로이드 디자인 서포트 라이브러리(Android Design Support Library)가 적용된 상태이다. 안드로이드 디자인 서포트 라이브러리에 대한 설명은 구글 등에서 찾을 수 있으므로 한 번쯤 읽어 보기 바란다.

그림 2-5 **프로젝트 실행 결과**

❶ **Statusbar** 단말기의 상태와 작동 상태 등을 표시한다. 아래로 드래그하면 알림 메시지가 표시된다. 흔히 '안테나 표시줄'이라고도 한다.

❷ **Toolbar** 안드로이드 디자인 서포트 라이브러리에서는 AppBar라고 한다. 앱의 제목이나 간단한 설명, 검색 버튼, 아이콘, 메뉴 등을 배치할 수 있다. AppBar는 기존의 Titlebar와 Actionbar를 대체한 새로운 기능으로 롤리팝 이상부터 사용할 수 있으며, AppBar가 나타나거나 사라질 때 애니메이션 효과가 적용된다.

❸ **Option Menu** 클릭(터치)하면 관련 메뉴가 나타난다. 메뉴에 표시할 내용은 개발자가 직접 작성한다. 구형 단말기는 별도의 메뉴 버튼이 있고, 그 버튼을 누르면 화면 아래에 메뉴가 표시되지만, 요즈음의 단말기는 메뉴 버튼을 소프트웨어적으로 처리하며 화면의 오른쪽 위에 표시된다.

❹ **View** 앱의 본체에 해당하며, ❷의 Toolbar도 View의 일부분이다.

❺ **Floating Action Button** 작업 가능한 동작(예를 들면 전화 번호 목록에서 메시지 작성 등)을 나타내는 동그란 버튼이다. 현재는 이 버튼을 클릭하면 스낵바에 ❻의 메시지가 표시된다.

❻ **Snackbar** 간단한 메시지를 표시하기 위한 영역으로 화면 아래에 표시된다. 스낵바는 메시지 표시 후 2~4초 후에 자동으로 사라지는데, 사라지기 전에 오른쪽으로 밀어서 없앨 수도 있다. 스낵바가 나타나고 사라질 때 애니메이션 효과가 적용되며, 스낵바에 액션을 추가할 수 있다. 스낵바는 안드로이드 디자인 서포트 라이브러리에 포함된 기능이다.

❼ **뒤로 가기(Back)** 직전 화면으로 돌아가는 버튼이다.

❾ **홈(Home)** 단말기의 시작 화면으로 돌아가는 버튼이다.

❽ **최근에 실행한 앱 목록** 이 버튼을 누르면 전에 실행한 적이 있는 앱의 목록이 표시된다.

❷~❻까지가 MainActivity에서 처리하는 부분이다. AVD의 구성은 실제의 단말기와 조금 차이가 있을 수 있다. 제조 회사에서는 표준 인터페이스를 바탕으로 새로운 기능 등을 추가하여 단말기를 제조하기 때문이다. 우리나라에서 제조되는 폰은 대부분 ❼과 ❾의 버튼 위치가 서로 바뀌어 있다.

2.2 안드로이드 스튜디오의 구조

안드로이드 프로젝트는 이클립스나 IntelliJ 등의 툴을 이용해서 작성할 수도 있지만, 우리는 안드로이드 스튜디오를 설치했으므로 이후의 모든 작업은 안드로이드 스튜디오에서 진행한다.

2.2.1 안드로이드 스튜디오의 구성

안드로이드 스튜디오는 기본적으로 다음과 같이 구성되어 있다.

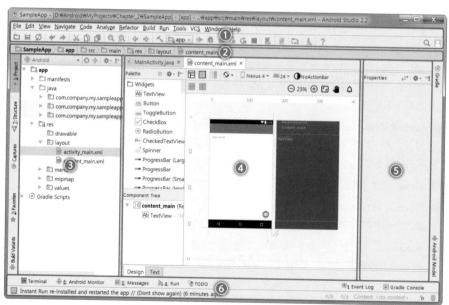

그림 2-6 안드로이드 스튜디오의 화면 구성

❶ **메뉴와 툴바** 기본적인 메뉴와 자주 사용하는 버튼으로 구성된다.

❷ **내비게이션** 현재 활성화되어 있는 파일의 경로를 표시한다.

❸ **프로젝트 매니저** 프로젝트의 구조를 표시하는 데 사용하지만, 필요에 따라 다른 툴을 표시할 수 있다. 공식 명칭은 Tool Windows이다.

❹ **위젯 패널과 디자인 에디터** View 디자인에 필요한 각종 위젯과 단말기 모양의 View 에디터가 있다.

❺ **속성 패널** View 에디터에 설치한 위젯의 속성을 표시한다.

❻ **메시지와 작업표시줄** 프로젝트 개발 및 빌드에 필요한 각종 메시지와 현재의 작업 상태에 대한 각종 정보가 표시된다.

안드로이드 프로그램은 기능(Process)과 화면(View)을 독립적으로 구성한다. 기능적인 부분은 java, View는 xml로 작성한다. 그림 2-6의 화면은 View를 표시하고 있는 상태이다. 위의 화면에서 MainActivity.java 탭을 클릭하면 다음과 같은 코드 에디터가 나타난다.

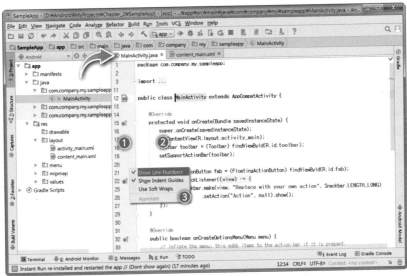

그림 2-7 안드로이드 스튜디오의 코드 에디터

❶ **Gutter** 행 번호, Break Point, 함수의 접기/펼치기 등이 표시된다. 행 번호가 보이지 않으면 이곳을 오른쪽 클릭하고, ❸의 단축 메뉴에서 [Show Line Numbers] 옵션을 설정한다.

❷ **Indent Grid** 코드를 들여 쓸 때 시작과 끝을 표시해 주는 안내선이다.

❸ **Popup Menu** Gutter에서 마우스 오른쪽 버튼을 클릭하면 나타나는 단축 메뉴이다.

2.2.2 안드로이드 프로젝트의 구조

현재 프로젝트 매니저에는 다음과 같은 정보가 표시되어 있다. 다음 그림의 맨 위에 표시된 app를 모듈(Module)이라고 한다. 기본적으로 모듈의 내용이 표시되지만, 실제의 프로젝트 구조는 좀 더 복잡하다.

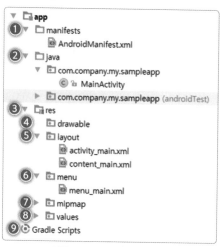

그림 2-8 **프로젝트의 구조**

❶ **manifests** AndroidManifest.xml이 수록된 폴더이다. AndroidManifest는 앱의 실행 환경을 설정하는 파일로, 앱의 제목, 앱에 포함된 Activity, 앱의 사용 권한(인터넷 접속, 전화걸기 등) 등을 관리한다.

❷ **java** 개발자에 의해 작성되는 모든 java 소스 코드를 저장한다. 현재 MainActivity.java가 수록되어 있다.

❸ **res** 앱에서 사용하는 각종 리소스 파일을 저장하는 곳이다.

❹ **drawable** 버튼 이미지, 스프라이트 등 각종 이미지 파일은 이곳에 저장한다.

❺ **layout** View의 구조를 설계한 xml 파일을 저장한다.

❻ **menu** 메뉴의 구조를 설계한 xml 파일을 저장한다.

❼ **mipmap** 앱의 아이콘 이미지가 크기별로 저장되어 있다.

❽ **values** 앱에서 사용하는 각종 문자열(string), 컬러 팔레트, 앱의 스킨 등을 저장한다.

❾ **Gradle Scripts** 프로젝트를 컴파일하기 위한 각종 스크립트 파일이 저장되어 있다.

2.2.3 레이아웃 에디터의 구성

안드로이드 디자인 서포트 라이브러리를 사용한 액티비티는 화면(View)의 Layout을 구성하기 위해 두 개의 xml을 사용한다. 우리의 경우 content_xml과 activity_main.xml이 각각 작성되어 있다. 아래 그림은 content_xml이 표시된 상태이다. Layout은 [Design]과 [Text] 두 개의 탭이 있으며, Design Tab은 다음과 같이 구성되어 있다.

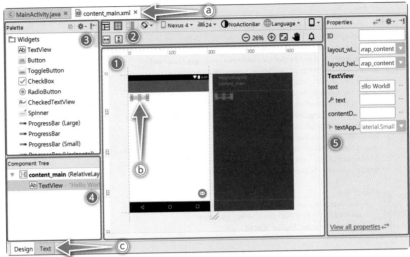

그림 2-9 Design 탭의 구성

ⓐ 현재 편집 중인 파일

ⓑ View에 설치되어 있는 TextView 위젯

ⓒ Design/Text 탭

❶ **View 에디터**　View에 위젯을 배치한다.

❷ **Toolbar**　단말기의 종류, 안드로이드 버전 등을 설정하는 버튼이 있다.

❸ **Palette**　안드로이드가 제공하는 각종 위젯이 수록되어 있다.

❹ **Component Tree**　View에 배치된 위젯의 계층구조를 표시한다.

❺ **Properties**　위젯의 세부 속성을 설정한다.

2.3 Layout의 구조

안드로이드 프로젝트는 Activity와 Activity에 표시할 View의 구조를 정의하는 Layout으로 구성된다.

2.3.1 content_main.xml의 구조

레이아웃 에디터에서 Text 탭을 클릭하면 xml 파일의 내용이 표시된다.

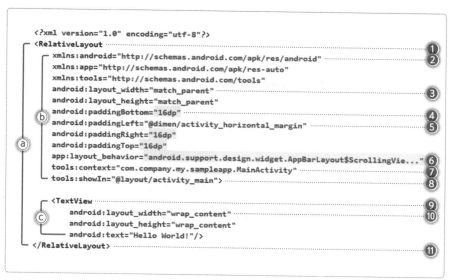

```
<?xml version="1.0" encoding="utf-8"?>
<RelativeLayout ·······························································  ①
    xmlns:android="http://schemas.android.com/apk/res/android"  ②
    xmlns:app="http://schemas.android.com/apk/res-auto"
    xmlns:tools="http://schemas.android.com/tools"
    android:layout_width="match_parent"  ③
    android:layout_height="match_parent"
    android:paddingBottom="16dp"  ④
    android:paddingLeft="@dimen/activity_horizontal_margin"  ⑤
    android:paddingRight="16dp"
    android:paddingTop="16dp"
    app:layout_behavior="android.support.design.widget.AppBarLayout$ScrollingVie..."  ⑥
    tools:context="com.company.my.sampleapp.MainActivity"  ⑦
    tools:showIn="@layout/activity_main">  ⑧

    <TextView
        android:layout_width="wrap_content"  ⑨
        android:layout_height="wrap_content"  ⑩
        android:text="Hello World!"/>
</RelativeLayout>  ⑪
```

그림 2-10 content_main.xml의 구조

ⓐ Layout

ⓑ Layout의 속성

ⓒ TextView 위젯의 속성

❶ RelativeLayout의 시작. Layout은 View에 설치할 위젯의 배치 형식을 설정하는 View이다. RelativeLayout은 위젯의 위치를 특정한 위젯으로 부터의 상대적인 거리로 설정한다.

❷ 'http://'로 시작되는 것은 Layout의 스키마 네임스페이스가 정의되어 있는 참조 링크이다. 이것은 프로젝트가 빌드될 때 SDK에 수록되어 있는 Java class로 대치된다.

❸ match_parent는 View나 위젯의 크기(너비 및 높이)를 부모의 크기에 맞추는 속성이다.

❹ View의 아래쪽과 안쪽 여백을 '16dp'로 설정한다. ❹와 같이 값이 할당된 부분의 바탕이 연두색으로 되어 있는 곳은 실제 값이 다른 곳에 설정되어 있음을 의미한다. 이 부분을 클릭하면 ❺와 같이 실제로 참조되는 파일이 표시된다.

❺ 왼쪽과 안쪽 여백은 @dimen의 'activity_horizontal_margin'이다. @dimen은 res/values/ dimens.xml을 의미하며, 이 파일에 activity_horizontal_margin이 16dp로 설정되어 있다.

❻ Toolbar를 AppBar로 설정하는 부분이다. 클릭하면 '@string/appbar_scrolling_view_behavior'로 바뀐다.

❼ Activity의 식별 정보이다. tools:은 실제의 단말기에는 나타나지 않는 태그이므로 이 문장은 삭제해도 된다.

❽ 이 파일은 activity_main.xml에서 읽힌다는 것을 표시하는 태그이다.

❾ TextView 위젯이다. TextView는 화면에 단어나 문장 등을 표시한다.

❿ wrap_content는 위젯의 크기를 표시할 내용과 일치시키는 속성이다.

⓫ RelativeLayout의 끝이다.

레이아웃의 xml은 안드로이드 API 버전에 따라 조금씩 다르게 만들어지므로 여러분의 화면은 이 그림과는 조금 다를 수 있다. xml의 구성 요소 중 중요한 부분을 행 단위로 설명했지만, 초심자에게는 외계어나 다름없을 것이다.

레이아웃의 xml은 처음부터 끝까지 개발자가 직접 입력하는 경우는 거의 없다. 새로운 xml 파일을 만들고 필요한 Layout을 설치하면 기본적인 골격이 자동으로 만들어지므로, 개발자는 Layout에 필요한 위젯을 배치하고 속성만 설정하면 된다. 위젯의 속성은 xml에서 직접 작성할 수도 있지만, 그림 2-9의 Properties에서 설정하면 되므로 지레 겁먹을 필요는 없다.

2.3.2 Layout의 작성 규칙

안드로이드의 레이아웃은 다음과 같은 규칙으로 작성한다.

1. 레이아웃은 xml로 작성하며, 안드로이드 스튜디오에서 새로운 레이아웃을 만들면 기본적인 골격이 자동으로 추가된다.

2. 레이아웃은 다른 레이아웃이나 위젯을 담는 컨테이너이며, 각각의 종류에 따라 위젯의 배치 방식이 달라진다. 레이아웃은 그림 2-9의 Palette/Layouts 카테고리에 수록되어 있으므로 필요한 것을 단말기의 View에 끌어다 둔다.

3. 위젯은 레이아웃 내부에 설치되는 각종 컨트롤(Control)이며, 그림 2-9의 Palette 탭에 수록되어 있으므로 필요한 것을 레이아웃에 배치하고 속성을 설정한다.

4. 레이아웃이나 위젯은 시작 태그와 끝 태그가 있다.

레이아웃이나 위젯의 시작 태그와 끝 태그는 다음과 같은 형식으로 작성한다.

```xml
<?xml version="1.0" encoding="utf-8"?>
<레이아웃이름 ❶
    xmlns:android="안드로이드 스키마 네임스페이스" ❷
    android:레이아웃_속성="값"
    android:레이아웃_속성="값"> ❸

    <위젯이름 ❹
        android:위젯_속성="값"
        android:위젯_속성="값"/> ❺
    </위젯이름> ❻
</레이아웃이름> ❼
```

❶ 레이아웃의 시작.

❷ 레이아웃의 스키마 네임스페이스. 새로운 레이아웃을 만들면 자동으로 추가된다.

❸ 레이아웃이나 위젯의 마지막 속성 끝에는 '>'를 붙여서 속성이 모두 끝났음을 명시한다.

❹ 레이아웃이나 위젯의 이름 앞에는 '<'를 붙여서 새로운 위젯이나 레이아웃이 시작됨을 명시한다.

❺ 위젯이 마지막 속성과 함께 끝나면 '/>'를 붙여서 위젯이 끝났음을 명시한다.

❻ ❺의 '/>' 대신 이 형식으로 레이아웃이나 위젯의 끝을 명시해도 된다. 이 형식을 사용할 때는 ❺의 마지막 속성 다음에 '>'를 붙인다('/>'를 붙이면 에러).

❼ 레이아웃의 끝.

레이아웃에 사용할 위젯이 여러 개인 경우에는 ❹~❺(또는 ❻)를 반복해서 순서대로 배치한다.

2.3.3 Layout의 추가

안드로이드 스튜디오에서 [File ➡ New ➡ XML ➡ Layout XML File] 메뉴를 실행하면 새로운 레이아웃을 추가할 수 있다. 여기에서 파일명과 형식을 설정하면 레이아웃 파일이 자동으로 만들어진다.

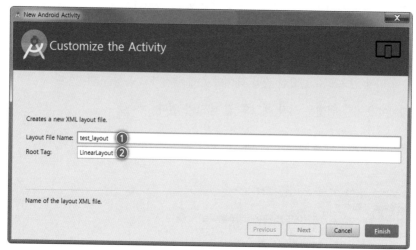

그림 2-11 **새로운 레이아웃 파일 작성**

❶ **Layout File Name** 공백을 포함하지 않는 소문자로 작성한다. 이 파일은 res/layout 폴더에 저장된다.

❷ **Root Tag** 레이아웃의 종류이다. 그림 2-9의 Palette/Layouts에 수록된 레이아웃 중의 하나로 설정한다.

새로운 추가된 레이아웃은 다음과 같을 것이다.

```
<?xml version="1.0" encoding="utf-8"?>
<LinearLayout xmlns:android="http://schemas.android.com/apk/res/android"
    android:layout_width="match_parent"
    android:layout_height="match_parent">

</LinearLayout>
```

레이아웃은 Activity에서 호출해야 활성화되므로 위의 레이아웃은 프로젝트 실행에 아무 영향을 주지 않는다.

2.3.4 activity_main.xml의 구조

activity_main.xml 역시 안드로이드 디자인 서포트 라이브러리를 사용하도록 작성된 것으로 다음과 같이 되어 있다.

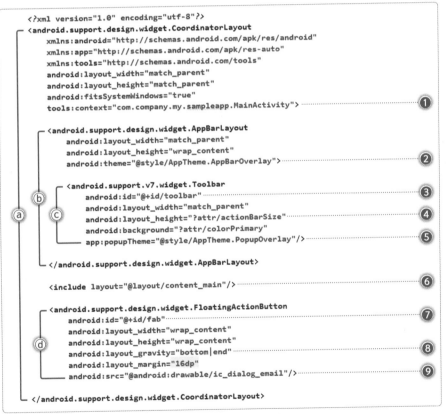

그림 2-12 activity_main.xml의 구조

ⓐ 안드로이드 디자인 서포트 라이브러리에 추가된 **CoordinatorLayout**

ⓑ 안드로이드 디자인 서포트 라이브러리에 추가된 **AppBar**

ⓒ **Toolbar**는 AppBar에 포함된 하나의 위젯이다.

ⓓ 안드로이드 디자인 서포트 라이브러리에 추가된 **Floating Action Button**

❶ tools:은 실제의 단말기에는 영향을 주지 않는 태그이므로 이 문장은 없어도 된다.

❷ AppBar의 테마를 설정하는 부분으로, '@style'은 'res/values/styles.xml'을 의미한다.

❸ @+id/는 위젯의 id를 설정하는 부분으로, id는 변수명과 같은 개념이다. id는 대소문자와 숫자, '_' 등을 사용해서 작성하며, 하나의 xml에 같은 id가 중복될 수 없다(xml이 다르면 상관없다).

❹ ?attr/는 현재 테마에 설정된 값을 적용하라는 의미이다. 실제의 값은 'res/values/styles.xml'에 있다.

❺ Toolbar의 PopupOverlay 형식으로, 이 값 또한 'res/values/styles.xml'에 있다.

❻ 이 위치에 content_main.xml을 삽입해서 View를 구성한다.

❼ Floating Action Button의 id로, MainActivity에서는 'fab'를 참조해서 액션 등을 설정한다.

❽ Floating Action Button의 위치를 설정하는 곳으로, layout_gravity는 부모 View 안에서의 정렬 속성이다. 수직 위치는 top/center/bottom, 수평 위치는 start/end로 설정한다. 이 값을 'top|start'로 바꾸고 프로젝트를 실행하면 플로팅 액션 버튼이 화면의 왼쪽 상단에 나타나는 것을 확인할 수 있을 것이다.

❾ 플로팅 액션 버튼의 아이콘 파일이다. @android:은 안드로이드에 내장된 리소스임을 의미하며, 사용자가 작성한 아이콘 파일을 사용할 때는 이 접두어를 붙이지 않는다.

이 또한 외계어 수준이지만, 안드로이드 스튜디오에서 새로운 액티비티를 추가하면 액티비티에 사용할 레이아웃을 자동으로 만들어 주므로 애써 이 내용을 외울 필요는 없다.

참고

dp / dip / sp

단말기 화면의 해상도는 1인치에 몇 픽셀이 들어가는가를 나타내는 단위인 dpi(Dot Per Inch)로 표시한다. 모바일 단말기의 화면은 종류에 따라 저해상도(120dpi), 중해상도(160dpi), 고해상도(240dpi), 초고해상도(320dpi) 등으로 구분된다.

dip는 픽셀에 독립적인(Density Independent Pixel) 단위로, 단말기의 다양한 해상도를 지원하기 위해 안드로이드에 도입된 개념이다. 안드로이드는 위젯의 크기 등을 픽셀이 아니라, 단말기의 화면에 대한 비율로 설정함으로써, 단말기의 해상도가 다르더라도 위젯이 같은 비율로 표시되도록 하고 있다. 안드로이드에서는 길이나 크기 단위로 dp(또는 dip), sp, px를 사용한다. 다음은 xml에서의 사용 예이다.

```
android:layout_width="16dp"     dp 대신 dip를 사용해도 된다.
android:layout_height="16px"    px는 사용하지 않는 것이 좋다.
android:textSize="24sp"         글자의 크기는 sp로 설정한다.
```

2.4 MainActivity의 구조

MainActivity.java는 Class 파일이며, 프로젝트 실행에 필요한 기본적인 내용이 추가되어 있다. 다음은 MainActivity.java의 기본 구조이다. 지면을 절약하기 위해 일부 주석문은 삭제했다.

```
package com.company.my.sampleapp;                                          ①
                                                                          ②
import ...
public class MainActivity extends AppCompatActivity {

    @Override
    protected void onCreate(Bundle savedInstanceState) {
        super.onCreate(savedInstanceState);
        setContentView(R.layout.activity_main);                          ⑤

        Toolbar toolbar = (Toolbar) findViewById(R.id.toolbar);          ⑥
        setSupportActionBar(toolbar);
                                                                          ④
        FloatingActionButton fab = (FloatingActionButton) findViewById(R.id.fab);
        fab.setOnClickListener((view) → {
                Snackbar.make(view, "Replace with your own action", Snackbar.LENGTH_LONG)   ⑦
                        .setAction("Action", null).show();
        });
    }                                                                     ③

    @Override
    public boolean onCreateOptionsMenu(Menu menu) {
        // Inflate the menu; this adds items to the action bar if it is present.
        getMenuInflater().inflate(R.menu.menu_main, menu);               ⑧
        return true;
    }

    @Override
    public boolean onOptionsItemSelected(MenuItem item) {
        // Handle action bar item clicks here. The action bar will
        int id = item.getItemId();                                       ⑨

        return super.onOptionsItemSelected(item);
    }
}
```

그림 2-13 **MainActivity.java의 내용**

ⓐ Activity에서 참조하는 xml 파일을 연다. 여기에서는 activity_main.xml이 열릴 것이다.

ⓑ 현재 참조하고 있는 개체의 조상(Parent) Class 파일을 연다.

ⓒ 접힌 코드를 펼친다.

ⓓ 해당 함수를 접은 상태로 표시한다.

❶ 안드로이드 Class는 패키지 이름으로 시작한다.

❷ Class 실행에 필요한 라이브러리를 명시하는 부분이다. '...'으로 표시된 부분을 클릭하면 필요한 라이브러리 목록을 확인할 수 있다.

❸ Activity Class이다. Activity는 외부에서 호출될 수 있도록 public으로 작성한다. Method(이하 함수) 위에 표시된 @Override는 조상의 Class에 있는 것을 수정해서 사용한다는 의미이다.

❹ Activity가 만들어질 때 자동으로 수행되는 onCreate( ) 함수로, Class의 생성자와 같은 역할을 한다.

❺ activity_main.xml에 설정된 내용을 단말기에 표시한다. setContentView( )가 호출되면, 레이아웃에 설치한 위젯이 모두 활성화된다. 이 함수는 중요한 것이므로 기억해 둘 필요가 있다.

❻ activity_main.xml에 배치한 Toolbar가 작동할 수 있도록 한다.

❼ 사용자가 Floating Action Button을 누르면 Snackbar에 'Replace....' 메시지를 표시한다. 소스 코드에 있는 '→'는 코드가 접혀 있는 부분으로, Gutter의 '⊞'를 누르면 전체 코드가 표시된다. 현재 이 부분이 노란색의 경고 표시가 되어 있는데, 그것은 fab가 지역변수로 선언되어 있기 때문이다. 이것을 전역 변수로 만들면 경고 표시가 없어질 것이지만, 무시해도 프로젝트 실행에는 영향을 주지 않는다.

❽ menu_main.xml을 옵션 메뉴로 만든다. ❻의 Toolbar가 옵션 메뉴를 만들 때 이 함수가 실행된다.

❾ 사용자가 옵션 메뉴의 아이템을 터치하면 처리할 부분을 작성하는 곳이다.

위의 함수 중 'onCreate...'와 같이 'on'으로 시작하는 것은 모두 **콜백**(Callback) 또는 **이벤트**(Event) 함수로, 안드로이드 내부에서 자동으로 호출되거나 사용자의 터치 등에 반응해서 호출된다. 즉, 개발자가 직접 호출할 필요가 없는 함수이다.

전체 코드를 블록화해서 설명했지만, 이것 역시 초심자들에게는 외계어 수준일 것이다. 우선은 액티비티의 전체적인 흐름만 이해하면 된다.

2.5 Widget 다루기

위젯은 앱에서 사용할 목적으로 디자인된 각종 **컨트롤**(Control)이다. 안드로이드는 다양한 위젯을 제공하는데, 안드로이드가 제공하지 않는 위젯은 개발자가 직접 만들 수도 있다.

2.5.1 위젯 추가와 속성 설정

새로운 레이아웃을 만들고 여기에 몇 가지 위젯을 추가해 본다. 안드로이드 스튜디오에서 [File ➡ New ➡ XML ➡ Layout XML File] 메뉴를 실행해서 새로운 레이아웃을 만들고, 이름을 'my_layout'으로 작성한다.

Root Tag는 RelativeLayout이다. [File ➡ New ➡ XML] 메뉴가 보이지 않으면 프로젝트 매니저를 클릭한 후 메뉴를 연다.

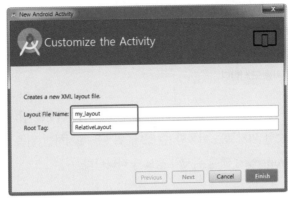

그림 2-14 새로운 레이아웃 추가

레이아웃이 열리면 [Palette] 패널에서 TextView를 뷰로 끌어다 놓는다. TextView는 화면에 글자를 표시하는 용도로 사용한다.

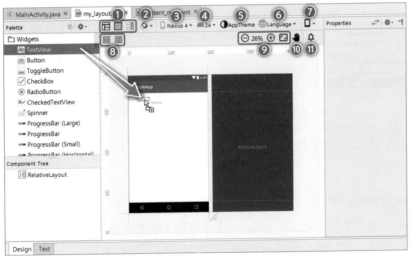

그림 2-15 View에 TextView 위젯을 배치한다.

❶ View의 표시 형식을 설정한다.

❷ 단말기의 방향(가로/세로)을 설정한다.

❸ 단말기의 종류를 설정한다. 기본값이 Nexus 4로 설정되어 있으므로 이 값을 에뮬레이터의 API와 같은 것으로 설정하는 것이 좋다. 단말기의 종류에 따라 해상도가 달라진다.

❹ View에 표시할 단말기의 버전을 설정한다. 단말기의 버전에 따라 View의 모양이 조금 달라진다.

❺ 앱의 테마를 설정한다.

❻ View의 사용 언어를 설정한다. 다국어 버전을 만들 때 사용하는 기능이다.

❼ View의 해상도나 방향에 따른 레이아웃을 새로 만든다.

⑧ 위젯의 폭/높이를 레이아웃의 전체로 확장/축소한다.

⑨ 단말기를 확대/축소한다.

⑩ 단말기를 확대한 경우 표시할 영역을 설정한다.

⑪ 경고/오류 메시지를 표시한다.

레이아웃의 위젯 위치는 픽셀 단위로 조절되는 것이 아니므로 위젯을 임의의 위치로 이동하는 것은 곤란하지만 비슷한 위치로는 이동할 수 있다. 위젯을 설치하면 왼쪽 아래의 **[Component Tree]**와 오른쪽의 **[Properties]** 탭에 위젯의 정보가 나타난다.

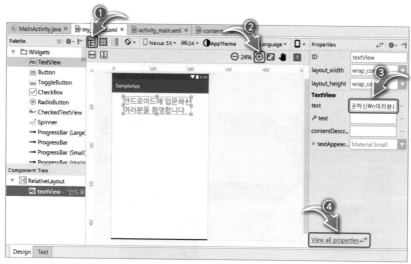

그림 2-16 **TextView의 속성 설정**

Component Tree는 화면을 구성하는 레이아웃과 위젯의 계층 구조를 표시하며, Properties는 위젯의 속성을 설정하는 곳이다. TextView에 표시할 내용은 Properties의 text 속성에서 작성한다. 문장의 중간에서 행을 바꿀 경우에는 그 위치에 '\n'을 입력한다.

❶ View의 표시 형식을 바꾼다.

❷ View를 확대한다.

❸ TextView에 글자를 입력한다.

❹ TextView의 글자 크기는 'View all properties'를 클릭한 후 textSize 속성에서 설정한다.

다음은 TextView, Button, EditText 등에 표시하는 글자의 속성이다.

> **fontFamily** 글꼴 이름으로, 안드로이드 스튜디오에 설치된 글꼴만 사용할 수 있다.
>
> **textAlignment** 글자의 정렬 방식으로, start(왼쪽)/center(가운데)/end(오른쪽) 중의 하나를 사용한다.

textColor　글자의 색깔. 16진수를 사용할 경우에는 앞에 '#'를 붙인다.

textSize　글자의 크기를 sp 단위로 설정한다.

textStyle　글자의 형식. normal, bold, italic으로 설정한다.

typeface　안드로이드에 내장된 글꼴을 사용한다.

다음에는 TextView 아래에 Button을 하나 추가해 본다. Button에 표시할 내용도 text 속성에서 작성하며, 글자의 크기 역시 textSize 속성에서 sp 단위로 설정한다.

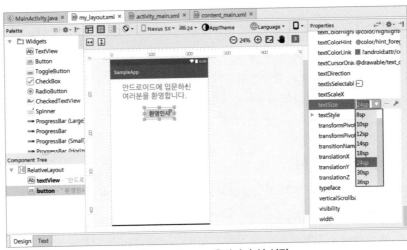

그림 2-17 **Button 추가와 속성 설정**

TextView와 Button의 속성 설정이 끝나면 xml은 다음과 비슷한 내용으로 되어 있을 것이다. 속성의 순서는 바뀌어도 상관이 없다.

```xml
<?xml version="1.0" encoding="utf-8"?>
<RelativeLayout xmlns:android="http://schemas.android.com/apk/res/android"
    xmlns:tools="http://schemas.android.com/tools"
    android:layout_width="match_parent"
    android:layout_height="match_parent">

    <TextView
        android:layout_width="wrap_content"
        android:layout_height="wrap_content"
        android:text="안드로이드에 입문하신\n여러분을 환영합니다."
        android:layout_marginStart="50dp"
        android:layout_marginTop="17dp"
        android:id="@+id/textView"
        android:textSize="24sp"
        android:layout_alignParentTop="true"
        android:layout_alignParentStart="true" />
```

```
<Button
    android:layout_width="wrap_content"
    android:layout_height="wrap_content"
    android:layout_below="@+id/textView"
    android:layout_centerHorizontal="true"
    android:layout_marginTop="32dp"
    android:text="환영인사"
    android:textSize="24sp"
    android:id="@+id/button" />

</RelativeLayout>
```

위의 xml에 한글을 사용한 부분의 바탕색이 노란색으로 경고 표시가 되어 있다. 이것은 text 속성에 한글을 사용했기 때문이다. 앱을 다국어 버전으로 만들 경우에는 출력할 내용을 언어 별로 파일을 작성한 후, text 속성에는 파일의 경로와 출력할 내용의 id를 설정한다. 우리의 프로젝트는 다국어 버전을 만들지 않으므로 이와 같은 종류의 경고는 모두 무시한다.

2.5.2 Layout의 표시

이제 작성한 my_layout을 단말기 화면에 표시한다. 앞에서 살펴본 바와 같이 main_activity.xml 은 content_main.xml을 삽입(Include)하는 구조로 되어 있으므로 content_main.xml 대신 우리 가 작성한 my_layout을 끼워 넣으면 될 것이다. main_activity.xml을 다음과 같이 수정한다.

```
<include layout="@layout/content_main"/>   ← 이 문장을 아래 문장으로 수정
<include layout="@layout/my_layout"/>
```

파일을 저장하고 Shift + F10 키를 눌러 프로젝트를 실행하면 앞에서 만든 View가 표시되는 것을 확인할 수 있을 것이다.

그림 2-18 **프로젝트 실행 결과. 단말기를 가로로 회전했다.**

실행 결과를 보면 글자의 일부분이 **AppBar**에 가려져 있다. 이것은 RelativeLayout이 AppBar에 가려진 것이다. **AppBar**는 높이가 유동적이므로 AppBar의 높이가 바뀔 때마다 RelativeLayout의 기준 위치를 자동으로 설정하는 부분이 필요하다. 이 기능은 안드로이드 디자인 서포트 라이브러리에 마련되어 있으므로 가져다 쓰면 된다.

my_layout.xml에 다음의 1행을 추가한다. 이 문장은 content_main.xml에도 있으므로 복사/붙여넣기로 입력한다.

```
<?xml version="1.0" encoding="utf-8"?>
<RelativeLayout xmlns:android="http://schemas.android.com/apk/res/android"
    app:layout_behavior="@string/appbar_scrolling_view_behavior"   ← 추가
    xmlns:tools="http://schemas.android.com/tools"
    android:layout_width="match_parent"
    android:layout_height="match_parent">
```

위의 문장을 추가하면 'app'가 빨간색으로 표시되면서 에러 메시지가 나타나는데, 이것은 'app'의 스키마 네임스페이스가 없기 때문이다. 커서를 app에 두고 Alt + Enter 키를 누르면 app의 네임스페이스가 자동으로 추가되고, 에러 메시지가 없어진다.

```
<?xml version="1.0" encoding="utf-8"?>
<RelativeLayout xmlns:android="http://schemas.android.com/apk/res/android"
    xmlns:app="http://schemas.android.com/apk/res-auto"   ← 자동으로 추가된 부분
    app:layout_behavior="@string/appbar_scrolling_view_behavior"
    xmlns:tools="http://schemas.android.com/tools"
    android:layout_width="match_parent"
    android:layout_height="match_parent">
```

프로젝트를 다시 실행하면 레이아웃의 내용이 제대로 표시되는 것을 확인할 수 있다.

그림 2-19 **Layout**의 수정 결과

그런데 단말기를 가로 방향으로 돌린 탓에 TextView가 왼쪽으로 치우쳐 있다. 단말기의 방향을 바꾸더라도 TextView가 항상 단말기의 가운데에 있으면 좋을 것이다. 위젯의 위치를 왼쪽/가운데/오른쪽으로 배치할 때에는 layout_centerHorizontal 속성을 설정한다. TextView를 선택한 후 속성 탭에서 이 속성을 설정한다.

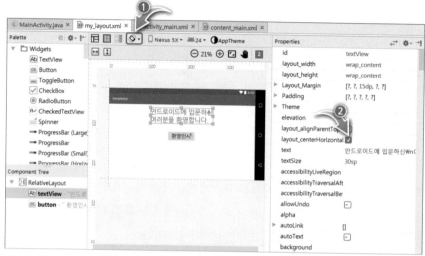

그림 2-20 **TextView를 단말기의 수평-중앙에 배치**

2.5.3 앱의 타이틀 바꾸기

AppBar의 타이틀은 프로젝트를 만들 때 입력한 Application Name이 표시된다. 앱의 타이틀은 다음과 같은 세 가지 방법으로 바꿀 수 있다.

1 AndroidManifest.xml에서 설정

AndroidManifest.xml은 다음과 같이 되어 있다. application의 label이 단말기에 표시할 앱의 제목이므로 여기에서 설정한다.

```
AndroidManifest.xml

<?xml version="1.0" encoding="utf-8"?>
<manifest xmlns:android="http://schemas.android.com/apk/res/android"
    package="com.company.my.sampleapp">

    <application
        android:allowBackup="true"
        android:icon="@mipmap/ic_launcher"
        android:label="SampleApp"    ← 이 값을 바꾼다.
```

```
        android:supportsRtl="true"
        android:theme="@style/AppTheme">
        <activity
            android:name=".MainActivity"
            android:label="@string/app_name"
            android:theme="@style/AppTheme.NoActionBar">
            <intent-filter>
                <action android:name="android.intent.action.MAIN" />

                <category android:name="android.intent.category.LAUNCHER" />
            </intent-filter>
        </activity>
    </application>

</manifest>
```

2 strings.xml에서 설정

AndroidManifest.xml에는 앱의 이름이 표시되어 있지만, 그 부분을 클릭하면 프로젝트의 이름이 저장되어 있는 '@string/app_name'으로 바뀐다. values/strings.xml을 열면 다음과 같은 내용이 수록되어 있으므로 여기에서 바꿔도 같은 결과가 된다.

strings.xml

```
<resources>
    <string name="app_name">SampleApp</string>    ← 이 값을 바꾼다.
    <string name="action_settings">Settings</string>
</resources>
```

3 MainActivity에서 설정

이 방법은 MainActivity에서 직접 작성하는 것으로, 명시적이고 간편하므로 대부분의 개발자들은 이 방법을 사용한다.

MainActivity.java

```
public class MainActivity extends AppCompatActivity {

    @Override
    protected void onCreate(Bundle savedInstanceState) {
        super.onCreate(savedInstanceState);
        setContentView(R.layout.activity_main);

        setTitle("환영 인사");    ← 추가
        .......................
    }
}
```

이 문장을 추가하고 프로젝트를 다시 실행하면 바뀐 타이틀이 표시되는 것을 확인할 수 있다.

그림 2-21 앱의 타이틀이 바뀐 상태

2.5.4 버튼의 이벤트 처리

레이아웃의 버튼을 터치하면 간단한 메시지를 표시하는 부분을 추가할 것이다. MainActivity. java에서 처리한다. 현재 MainActivity에 FloatingActionButton의 선언과 이벤트 처리 부분이 있으므로 이것을 통째로 복사해서 필요한 부분만 몇 군데 수정한다.

```java
FloatingActionButton fab = (FloatingActionButton) findViewById(R.id.fab);
    fab.setOnClickListener(new View.OnClickListener() {
        @Override
        public void onClick(View view) {
            Snackbar.make(view, "Replace with your own action",
            Snackbar.LENGTH_LONG)
                    .setAction("Action", null).show();
        }
    });
```

복사

```java
❶Button button = (Button) findViewById(R.id.button);
❹button.setOnClickListener(new View.OnClickListener() {
        @Override
        public void onClick(View view) {
            Snackbar.make(view, "안드로이드에 오신 여러분을 환영합니다.",
            Snackbar.LENGTH_LONG)
                    .setAction("Action", null).show();
        }
    });
}
```

❷ ❸

❶ Button의 Class명이다.

❷ 버튼에 할당하는 변수명이므로 변수명 규칙에 맞게 작성한다.

❸ xml의 Button 위젯 id이다. xml에서 id를 변경하지 않았으면 'button'으로 되어 있을 것이다.

❹ ❷의 변수명이다.

몇 군데 빨간색으로 된 에러 표시가 보인다. 이것은 Button class를 import하지 않아 Button을 알 수 없는 식별자로 인식하기 때문이다. xml에서 한 것과 같은 방법으로, 커서를 Button에 두고 Alt + Enter 키를 누르면 Button Class가 import된다. MainActivity의 첫 부분에 있는 import를 열어 보면 맨 아래에 Button이 추가된 것을 확인할 수 있다. Alt + Enter 키는 새로운 Class를 사용할 때마다 사용되므로 잘 기억해 둘 필요가 있다.

```
import android.os.Bundle;
import android.support.design.widget.FloatingActionButton;
import android.support.design.widget.Snackbar;
import android.support.v7.app.AppCompatActivity;
import android.support.v7.widget.Toolbar;
import android.view.View;
import android.view.Menu;
import android.view.MenuItem;
import android.widget.Button;    ← 추가된 부분
```

이제 Shift + F10 키를 눌러 프로젝트를 실행하고, 버튼을 클릭하면 Snackbar 메시지를 볼 수 있을 것이다.

그림 2-22 **Snackbar에 메시지가 표시된 상태**

2.5.5 EditText 다루기

EditText는 id나 비밀번호 등 글자를 입력하는 위젯이다. 이것은 위젯 패널의 [Text Fields] 카테고리에 있으므로 필요한 것을 사용한다. 앞에서 만든 레이아웃에 id와 비밀번호를 입력하는 위젯을 각각 설치하고, 확인 버튼을 누르면 사용자가 입력한 내용을 표시하는 기능을 추가한다. 레이아웃은 다음과 같이 구성할 것이다. 　File 2_5_SampleApp

View의 위젯은 끌어다 놓은 위치에 설치되지 않고, 먼저 설치된 위젯을 기준으로 layout이 적용되어 제멋대로 배치되므로 초심자는 레이아웃을 구성하는 데 어려움을 겪을 수 있다. 초심자의 경우 다음 순서대로 위젯의 속성을 설정해 가면서 하나씩 배치하는 것이 작업하기 쉬울 것이다.

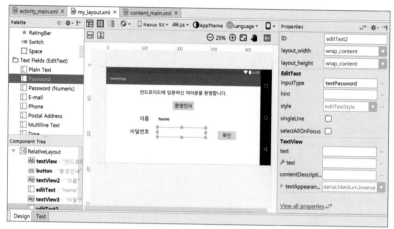

그림 2-23 Layout의 구성

1 Layout의 Padding 설정

View를 가로 방향으로 회전한 후, [Component Tree]에서 RelativeLayout을 선택하고 padding all 속성을 20으로 설정한다. padding은 부모로부터의 안쪽 여백으로, 이 속성은 이후에 설치하는 모든 위젯이 화면의 가장자리로부터 20dip의 여백이 적용된다.

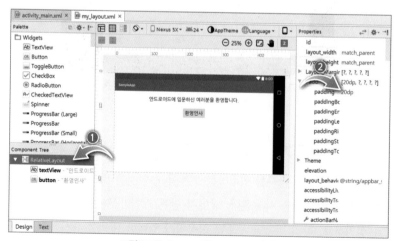

그림 2-24 Layout의 Padding 설정

2 TextView와 Button의 속성

TextView는 문장에 있는 '\n'을 제거한다. Button은 layout_marginTop을 20으로 설정한다. 버튼은 현재 TextView를 기준으로 설치되었으므로 이 속성은 버튼과의 수직 거리를 20dp로 설정할 것이다.

3 TextView 추가

TextView를 하나 추가한다. 추가한 TextView가 버튼을 기준으로 설치되도록 버튼의 바로 아래로 이동한다. TextView의 layout_marginTop과 Right를 각각 40과 200으로 설정해서 TextView를 버튼의 왼쪽으로 이동한다. text 속성을 '이름'으로 바꾸고, textSize를 24sp로 설정한다. 이 프로젝트에 사용하는 모든 위젯의 textSize는 24sp이다.

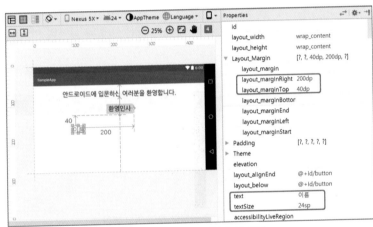

그림 2-25 TextView의 속성 설정

TextView의 속성은 xml에 다음과 같이 설정되어 있을 것이다.

```
<TextView
    android:layout_width="wrap_content"        위젯의 폭은 글자의 폭과 같음
    android:layout_height="wrap_content"       위젯의 높이는 글자의 높이와 같음
    android:layout_below="@+id/button"         위젯을 button의 아래에 배치
    android:layout_alignEnd="@+id/button"      오른쪽 기준은 button의 오른쪽
    android:layout_marginTop="40dp"            위쪽 여백은 button으로부터 40dp
    android:layout_marginRight="200dp"         오른 여백은 button으로부터 200dp
    android:text="이름"
    android:textSize="24sp"
    android:id="@+id/textView2" />
```

RelativeLayout은 이와 같이 특정한 위젯을 기준으로 해서 자신의 위치를 결정하므로, 기준이 되는 위젯의 크기나 위치가 바뀌면 그 위젯을 참조하는 모든 위젯의 위치가 바뀌어 애써 디자인한 위젯이 흩어지므로 주의하여야 한다.

4 Plane Text 추가

Plane Text는 키보드로부터 자료를 입력받는 EditText이다. 위젯 패널의 [Text Fields]에 여러 종류의 입력 위젯이 수록되어 있는데, 세부적인 속성만 조금 다를 뿐 모두 같은 EditText이다. 프로젝트를 실행한 후 사용자의 이름을 입력받을 수 있도록 Plane Text를 하나 추가한다. Plane Text는 '이름'을 기준으로 설치되도록 '이름' 아래에 배치한다.

layout_marginStart를 100, layout_alignBaseline을 textView2(앞에서 추가한 '이름')로 설정하면 Plane Text가 '이름'의 오른쪽으로 이동할 것이다. layout_marginStart는 기준점으로부터의 시작 위치이고, layout_alignBaseline은 글자의 아래쪽을 다른 위젯의 글자의 아래에 맞추는 속성이다.

그림 2-26 **속성을 설정한 후의 위치 변화**

5 TextView 추가

TextView를 하나 더 추가한다. 기준 위치가 '이름'의 아래가 되도록 배치하고, layout_marginTop을 30으로 설정한다. text 속성은 '비밀번호'이다.

6 Password 추가

Password를 '비밀번호' 아래에 추가한다. layout_marginStart 100, layout_alignBaseline을 textView3('비밀번호')로 설정해서 '비밀번호'의 오른쪽에 배치한다.

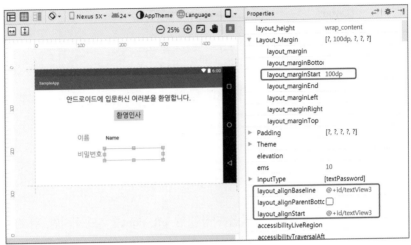

그림 2-27 **Password의 속성**

7 Button 추가

Button은 Password를 기준으로 설치하고 layout_marginStart를 40으로 설정한다. 이것으로 View 디자인이 끝났으므로 프로젝트를 실행해서 제대로 나타나는지 확인한다.

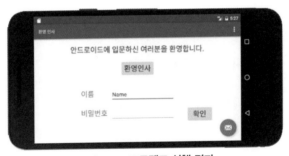

그림 2-28 **프로젝트 실행 결과**

안드로이드 에뮬레이터에서 한글을 입력하려면, 현재 사용하고 있는 AVD에 한글 키보드 apk 를 설치해야 한다. 구글 등에서 검색하면 한글 키보드 설치 방법과 apk를 다운받을 수 있을 것이다. 이 과정은 별도로 다루지 않으므로 각자 설치하기 바란다.

8 Margin과 Padding

Margin은 위젯의 바깥쪽 여백, Padding은 위젯의 안쪽 여백이다.

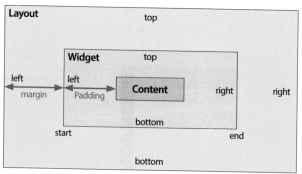

그림 2-29 **Margin과 Padding**

Margin과 Padding에서는 왼쪽과 오른쪽을 지정할 때 left, right를 사용하지만, 위젯의 위치나 글자의 정렬 방식 등을 상대적인 위치로 설정할 때에는 start와 end를 사용한다.

2.5.6 Button의 OnClickListener

OnClickListener는 위젯의 클릭(또는 터치)을 처리하는 이벤트 함수로, 앞에서 작성한 버튼의 Listener는 다음과 같이 작성되어 있다.

```java
❶ Button button = (Button) findViewById(R.id.button);
❷ button.setOnClickListener(new View.OnClickListener() {
      @Override
      public void onClick(View view) {
          Snackbar.make(view, "안드로이드에 오신 여러분을 환영합니다.",
          Snackbar.LENGTH_LONG)
              .setAction("Action", null).show();
      }
});
```

❶ 버튼 위젯을 변수 button에 할당한다.

❷ 변수 button에 OnClickListener를 설정한다.

❷의 setOnClickListener( )가 Listener를 설정하는 함수인데, 함수의 매개변수(Parameter)로 **new View.OnClickListener()**라는 콜백 함수(위 그림의 점선 부분)를 할당하고 있다. Java에서는 함수의 매개변수로 함수(익명의 메서드)를 사용하는 것이 가능하므로, 이러한 형식을 사용하면 OnClickListener를 직접 작성할 수 있어 간편하다.

그런데 화면의 버튼이 많은 경우에는 버튼의 수만큼 익명의 메서드가 필요하므로 중복되는 부분이 많아져 프로그램이 불필요하게 길어지는 문제가 있다. 프로그램의 작성 원칙은 '일단 구현하고, 비슷한 기능은 복사해서 사용하고, 중복된 내용이 많아지면 정리한다'이다.

앞의 소스에서 익명의 메서드를 별도의 함수로 만들면 setOnClickListener( )는 다음과 같은 형식이 될 것이다.

button.setOnClickListener(함수명);

우리의 프로젝트에는 2개의 버튼과 1개의 Floating Action Button이 있는데, 이 버튼들은 클릭 (또는 터치)의 용도로만 사용되므로 3개의 버튼이 공통으로 사용하는 Listener를 만들면 프로그램이 훨씬 짧고 깔끔해진다. MainActivity의 onCreate( ) 함수를 다음과 같이 수정한다. 옵션 메뉴는 사용하지 않으므로 옵션 메뉴와 관련된 2개의 함수는 모두 삭제한다.

```
public class MainActivity extends AppCompatActivity {

    @Override
    protected void onCreate(Bundle savedInstanceState) {
        super.onCreate(savedInstanceState);
        setContentView(R.layout.activity_main);

        setTitle("환영 인사");

        Toolbar toolbar = (Toolbar) findViewById(R.id.toolbar);
        setSupportActionBar(toolbar);

   ❶ findViewById(R.id.fab).setOnClickListener(onButtonClick);
   ❷ findViewById(R.id.button).setOnClickListener(onButtonClick);
   ❸ findViewById(R.id.button2).setOnClickListener(onButtonClick);
    } // onCreate

        ← onButtonClick() 함수는 이곳에 작성한다.
} // Activity
```

❶ FloatingAction 버튼
❷ '환영인사' 버튼
❸ '확인' 버튼

아직 onButtonClick 함수를 작성하지 않아 빨간색의 에러 표시가 나타났다. onButtonClick( ) 함수는 다음과 같이 작성한다.

```
// 버튼 처리        ❶                    ❷                        ❸
Button.OnClickListener onButtonClick = new Button.OnClickListener() {

};  ← 끝에 ';'을 붙인다.
```

❶ Listener의 인터페이스(Interface)이다.

❷ 앞에서 버튼에 할당한 함수명이다.

❸ 인터페이스와 같은 형식으로 메모리를 할당한다.

빨간색 밑줄이 그어진 ❸을 클릭하고 Alt + Enter 키를 누르면 다음과 같이 함수 내부에 추가 가능한 코드 목록이 표시되므로, 맨 위에 있는 [Implement methods] 항목을 선택해서 Listener에 필요한 함수를 추가한다.

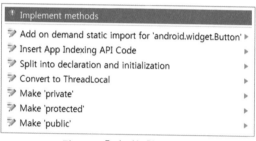

그림 2-30 **추가 가능한 코드 목록**

이어 추가할 메서드를 지정하는 창이 나타나는데, 메서드가 하나밖에 없으므로 [OK] 버튼을 누른다.

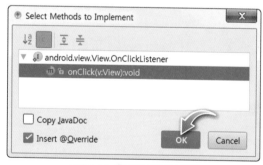

그림 2-31 **추가할 메서드 선택**

onClick( ) 함수는 다음과 같은 형식으로 추가된다.

```
// 버튼 처리
Button.OnClickListener onButtonClick = new Button.OnClickListener() {

    @Override
    public void onClick(View view) {

    }

}};
```

추가된 onClick(View view)는 이 함수의 매개변수로 이름이 'view'인 View(위젯도 View이다)가 온다는 의미이다. view는 매개변수 이름이므로 임의로 변경해도 된다. 우리는 매개변수로 view 의 id를 조사해서 어떤 버튼이 이 함수를 호출하는지를 판단하는 부분을 추가할 것이다.

2.5.7 View의 EditText를 변수에 저장

우리의 레이아웃에는 이름과 비밀번호를 입력받기 위한 EditText가 두 개 있다. 사용자가 이름 과 비밀번호를 입력하고 [확인] 버튼을 누르면 입력한 내용을 스낵바에 표시할 것이다. 이렇게 하려면 EditText를 미리 변수로 만들어 둘 필요가 있다.

EditText 위젯을 저장할 변수는 버튼의 Listener에서도 통용되어야 하므로 Activity 전체에 통 용되는 전역 변수로 작성한다. 전역 변수는 함수보다 먼저 선언해야 하므로 Activity의 첫 부분 에 다음의 내용을 입력한다.

```
public class MainActivity extends AppCompatActivity {

    EditText edName;
    EditText edPword;

    @Override
    protected void onCreate(Bundle savedInstanceState) {
        ................
    } // onCreate

    // 버튼 처리
    Button.OnClickListener onButtonClick = new Button.OnClickListener() {
        ................
    };

} // Activity
```

빨간 색의 에러 표시가 나타나면 [Alt] + [Enter] 키를 눌러 필요한 class를 import하는 것은 이제 상식이다. 다음에는 레이아웃에 설치된 EditText를 찾아서 변수에 저장한다. 이 부분은 onCreate( ) 함수의 맨 끝에 작성하면 될 것이다.

```
protected void onCreate(Bundle savedInstanceState) {
    .................
    edName = (EditText) findViewById(R.id.editText);
    edPword = (EditText) findViewById(R.id.editText2);
} // onCreate
```

위의 문장을 통해서 위젯은 findViewById(view의 id)로 찾을 수 있으며, 같은 형(type)의 변수에만 저장할 수 있음을 알 수 있다.

2.5.8 클릭한 버튼의 식별

버튼의 Listener에 추가된 onClick( ) 함수는 클릭한 버튼을 매개변수 view로 구해 주므로 view. getId( )로 클릭한 버튼을 식별할 수 있다. 버튼의 Listener에 다음 내용을 추가한다.

```
// 버튼 처리
Button.OnClickListener onButtonClick = new Button.OnClickListener() {
 ❶ String msg = "";

    @Override
    public void onClick(View view) {
     ❷ switch ( view.getId() ) {
            case R.id.button :
                msg = "여러분을 환영합니다.";
                break;
         ❸ case R.id.button2 :
                msg = "이름 : " + edName.getText() + " 비밀번호 : " + edPword.getText();
                break;
            case R.id.fab :
                msg = "Float Action Button을 누르셨습니다.";
        }

     ❹ Snackbar.make(view, msg, Snackbar.LENGTH_LONG).setAction("Action", null).
                                                                      show();
    } // onClick
};
```

❶ 메시지를 저장할 변수를 만든다. Java에서는 문자열을 String으로 선언하며, String은 Class이므로 첫 문자가 대문자이다.

❷ view.getId( )는 위젯의 id를 구하는 함수이다.

❸ TextView나 EditText에 입력된 내용은 getText( )로 읽는다. 값을 쓸 때는 setText( )이다.

❹ Snackbar에 메시지를 표시한다.

Snackbar는 Snackbar.make( ).setAction( ).show( ) 형식으로 사용하며, make( )에 스낵바를 호출한 View, 출력할 내용, 몇 초 정도 표시할 것인지를 설정한다. Snackbar.*LENGTH_LONG*, Snackbar.*LENGTH_SHORT*로 메시지를 몇 초 정도 화면에 표시할 것인지를 정할 수 있다.

이제 프로그램을 실행하면 버튼을 누를 때마다 변수 msg에 설정한 내용이 스낵바에 표시되는 것을 확인할 수 있을 것이다.

그림 2-32 **프로젝트 실행 결과**

안드로이드는 매우 다양한 위젯을 제공하지만, 이 책의 목적인 게임 개발에는 사용되지 않는 것이 대부분이므로 나머지 위젯의 사용법은 각자가 학습해야 할 것이다.

제 **3** 장

텍스트 기반 게임

3.1 숫자 맞추기

TextView와 EditText, 버튼을 이용해서 숫자를 맞추는 간단한 게임을 만들어 본다. 단말기가 1~1000 사이의 숫자를 제시하면 사용자가 몇 번 만에 맞추는지 판별하는 게임이다.

File 3_1_RandomNumber

3.1.1 게임 제작의 목적

이 게임은 TextView, EditText, Button으로 구성된다. 이 게임을 통해서 다음의 내용을 학습하게 될 것이다.

- 난수 만들기
- EditText의 값을 읽고 쓰기, Focus 이동하기
- 문자열의 비교, 문자열을 정수로 변환하기
- TextView에 글자 출력하기
- 버튼의 Listener 처리
- 새로운 함수(Method) 만들기

3.1.2 게임의 처리 조건

게임은 다음과 같은 조건을 만족하도록 구성한다.

1. 단말기는 500~1000 사이의 난수를 제시한다.
2. 사용자가 숫자를 입력하면 판정 결과를 '정답/크다/적다'의 형식으로 출력한다.
3. 숫자를 맞출 때까지 반복해서 입력하며, 입력 횟수를 표시한다.
4. Floating Action Button을 누르면 게임을 초기화하고 새로운 숫자를 제시한다.

3.1.3 View Design

새로운 프로젝트를 시작하고, 단말기의 View를 다음과 같이 구성한다. Activity를 만들 때 자동으로 추가되는 content_main.xml에 디자인한다.

그림 3-1 View 디자인

표 3-1 **위젯의 속성. 위젯의 textSize는 모두 24sp이다.**

위젯 이름	위젯 id	속성	값	비고
❶ TextView	**textView**	layout_centerHorizontal	On	수평 가운데
❷ Number	**editText**	layout_width	100dp	위젯의 폭
❸ Button	**button**	기본값		
❹❺ TextView	**textCount** **textResult**	기본값		
❻ Floating ActionButton	**fab**	srcCampat	ic_menu_revert	

❻의 Floating Action Button은 activity_main.xml에 있다. 버튼을 선택하고 속성 탭에서 **srcCompat** 속성의 오른쪽에 있는 [...] 버튼을 클릭하면 [**Resources**] 창이 나타나므로 [**Drawable**] 탭을 선택하고 적당한 아이콘을 고른다.

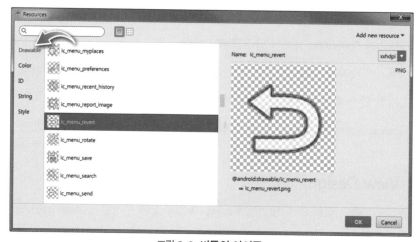

그림 3-2 버튼의 아이콘

3.1.4 난수 만들기

난수는 게임에 필수적인 요소이다. 난수는 Math.random( ) 함수를 이용해서 만들 수도 있고, Random 개체를 이용해서 만들 수도 있다. Random 개체를 사용할 경우에는 Alt + Enter 키로 java.util.Random Class를 import해 두어야 한다. 다음은 난수를 발생하는 예이다.

```java
double d = Math.random();      // 0 <= d < 1

Random rnd = new Random();     // Random 개체 생성
int n1 = rnd.nextInt();        // -2147483648 <= n1 <= 2147483647
int n2 = rnd.nextInt(500);     // 0 <= n2 < 500
```

Math.random( )으로 생성한 난수는 1보다 작은 실수이므로 정수 난수가 필요한 경우에는 이 것을 정수로 변환하는 과정이 필요하다.

▶ 일정한 범위의 난수

게임에서는 대부분 일정한 범위의 난수가 필요하다. 일정한 범위의 난수는 다음 식으로 구한다.

난수 = random(큰 수 − 작은 수 + 1) + 작은 수;

이 식의 큰 수와 작은 수는 각각 난수에 포함된다. 다음은 200~300 사이의 정수 난수를 구하는 예로, 200과 300도 난수에 포함된다.

```java
int n1 = (int) Math.floor( Math.random() * 101 ) + 200;

Random rnd = new Random();
int n2 = rnd.nextInt(101) + 200;
```

이 소스는 Math.random( )과 Random 개체로 각각 난수를 구하는 것이다. Math.random( )은 난수의 소수 부분을 잘라낸 후 정수로 변환하는 과정이 필요하므로 조금 번거롭다. Random 개체를 사용할 때, 난수를 한 번만 만드는 경우라면 위의 마지막 두 문장을 다음과 같이 하나로 만들 수 있다.

```java
int n2 = new Random().nextInt(101) + 200;
```

위의 문장을 여러 번 사용한다고 해서 에러가 발생하는 것은 아니다. 그렇지만 여러 번

사용하면, 매번 새로운 Random 개체를 생성하고, 사용이 끝난 개체는 가비지 컬렉터(Garbage Collector)가 제거해야 하므로 속도 면에서 손해이다.

3.1.5 MainActivity class의 구성

우리의 프로젝트는 옵션 메뉴를 사용하지 않으므로 옵션 메뉴와 관련된 부분은 모두 삭제하고, 다음과 같이 구성한다. 이 구성은 이 이후에 만드는 게임에도 공통적으로 적용될 것이다.

```java
public class MainActivity extends AppCompatActivity {

    ❶ 전역 변수 선언 영역

    @Override
    protected void onCreate(Bundle savedInstanceState) {
        super.onCreate(savedInstanceState);
        setContentView(R.layout.activity_main);

        ❷ setTitle("숫자 맞추기");

        Toolbar toolbar = (Toolbar) findViewById(R.id.toolbar);
        setSupportActionBar(toolbar);

        findViewById(R.id.fab).setOnClickListener(onButtonClick);

        ❸ 초기화 부분

    } // onCreate

    // Button Event
    Button.OnClickListener onButtonClick = new Button.OnClickListener() {

        @Override
        public void onClick(View v) {

        }

    };                                                      ❹ 버튼 처리 함수

    ❺ 프로그램 실행에 필요한 함수

} // activity
```

❶ **전역 변수 선언 영역** Activity 전체에 통용되는 전역 변수를 선언한다. 전역 변수의 사용은 되도록 자제하는 것이 좋으므로 다른 함수에서 참조되는 변수만 전역 변수로 사용한다.

❷ **타이틀 설정** 필요시 게임의 타이틀을 설정한다.

❸ **초기화 부분** 변수를 초기화하거나 버튼에 Listener를 할당하는 등 프로그램이 시작될 때 처리할 부분을 작성한다. 이 부분이 길어지면 별도의 함수를 만들어서 처리하는 것도 바람직하다.

④ **버튼 처리 함수** 모든 버튼이 공통으로 사용하는 이벤트 함수이다.

⑤ **프로그램 실행에 필요한 함수** 프로그램 실행에 필요한 함수는 직접 만들어서 추가한다.

위의 코드는 오류가 없으며, `Shift` + `F10` 키로 실행되어야 한다.

3.1.6 전역 변수 만들기

이 게임이 필요한 전역 변수는 난수, 입력 횟수, EditText, TextView 등이다. 액티비티 전역에 통용되는 변수를 선언하고 초기화하는 부분을 작성한다.

```
public class MainActivity extends AppCompatActivity {

❶  Random rnd = new Random();        // 난수 class
❷  int count = 0;                    // 사용자 입력 횟수
❸  int num;                          // 난수

❹  EditText edNum;                   // 입력 위젯
    TextView txtCount;               // 사용자 입력 횟수 출력
    TextView txtResult;              // 판정 결과 출력

    @Override
    .........................
} // activity
```

❶ Random 객체(Object)를 만들고 초기화한다.

❷ 사용자의 입력 횟수를 저장할 정수형 변수를 만들고 초기화한다.

❸ 난수를 저장할 변수를 만든다.

❹ 위젯을 저장할 변수를 만든다.

Java는 초기화하지 않은 변수는 변수의 타입으로 초기화한다. int나 double 등 수치 변수는 0, boolean은 false, String은 " "(null string)이 된다. ❸의 난수는 프로그램의 초기화 부분에서 값을 난수로 설정할 것이므로 변수의 초깃값을 생략하였다.

참조형(Reference type 또는 Object)의 변수(❹부터)는 초기화하지 않으면 null이 된다. null은 '없음'을 의미하는데, 변수의 값이 없는 것인지 아니면 메모리에 변수를 할당하지 않은 상태인지를 구분할 수 없는 아주 애매한 것이다. 여담이지만 null이라는 개념을 처음 만든 토니 호어(Tony Hoare, Quick Sort를 발명한 사람)가 '10억(billion) 달러짜리 실수였다'라고 회고한 적 있다. null을 사용하는 프로그래밍 언어(Java 포함)에서 null과 관련된 버그가 엄청나게 많기 때문이다.

3.1.7 Activity의 초기화 부분

다음에는 변수를 초기화하는 부분을 작성한다. onCreate( ) 함수의 맨 마지막에 작성하면 될 것이다.

```java
protected void onCreate(Bundle savedInstanceState) {
    ..................

    // 버튼의 Listener 설정
❶  findViewById(R.id.fab).setOnClickListener(onButtonClick);
    findViewById(R.id.button).setOnClickListener(onButtonClick);

    // 위젯 읽기
    edNum = (EditText) findViewById(R.id.editText);
    txtCount = (TextView) findViewById(R.id.textCount);
    txtResult = (TextView) findViewById(R.id.textResult);

    // 난수 만들기
    num = rnd.nextInt(501) + 500;

    // 위젯 초기화 함수 호출
❷  clearFields();
}
```

❶ 노란 바탕색이 있는 문장은 경고 표시이다. 이 문장에 마우스를 가져가면 'NullPointException이 발생할 수도 있다'는 메시지가 나타난다. 변수를 사용하지 않고, 개체에 곧바로 Listener를 할당했기 때문이다. 프로그램에서 직접 참조하지 않은 개체는 굳이 변수로 만들 필요가 없으므로 이와 같은 종류의 경고는 모두 무시한다.

❷ 빨간색으로 표시된 문장은 에러 표시이다.

위젯의 초기화는 clearFields( )라는 함수를 만들어서 처리할 것인데, 아직 함수를 만들지 않았으므로 함수 호출문에 빨간색의 에러 표시가 있다. 커서를 이곳에 두고 Alt + Enter 키를 누르면 다음과 같은 단축 메뉴가 나타나므로 맨 위에 있는 Create method 'clearFields'를 선택해서 새로운 함수(Method)를 만든다.

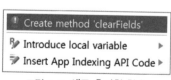

그림 3-3 새로 추가할 함수

새로 만들어진 clearFields( ) 함수는 다음과 같이 작성한다.

```
// Widget 초기화
private void clearFields() {
    txtCount.setText("입력횟수 : " + count);
    txtResult.setText("");
    edNum.setText("");
}
```

위의 소스에서 경고 표시가 있는 것은 TextView에 한글을 할당했기 때문이다. 이곳에서
`Ctrl` + `F1` 키를 눌러 도움말을 보면 '출력할 내용을 리소스(values/strings.xml)로 만든 후 그것
을 이용하라'는 권장 사항이 있는데, 우리는 다국어 버전을 만들 것이 아니므로 이와 같은 경
고도 모두 무시한다.

3.1.8 Button의 Listener 작성

버튼의 Listener는 사용자가 버튼을 눌렀을 때의 처리 부분으로 다음과 같이 작성한다.

```
// Button Event
Button.OnClickListener onButtonClick = new Button.OnClickListener() {
    @Override
    public void onClick(View v) {
        switch ( v.getId() ) {
            case R.id.fab :          // Floating Action Button
                num = rnd.nextInt(501) + 500;
                count = 0;
                clearFields();
                break;
            case R.id.button :       // 확인 버튼
                checkValue();
        }
    }
};
```

위의 코드는 Floating Action Button을 누르면 새로운 난수를 만든 후 카운터를 0으로 설정하
고, View의 위젯을 초기화한다. [확인] 버튼을 누르면 checkValue() 함수를 호출한다.

아직 checkValue() 함수를 만들지 않았으므로 커서를 이 위치에 두고 `Alt` + `Enter` 키를 눌러
새로운 함수를 만든다. 이때 함수의 통용 범위를 설정하는 툴 팁이 추가로 나타나므로 두 번
째 항목을 지정한다.

그림 3-4 함수의 통용 범위 설정

첫 번째 항목은 외부에서는 호출할 수 없는 익명의 함수를 만드는 것으로, 이것을 선택하면 onClick( ) 아래에 함수가 만들어진다. 이 함수는 onClick( )에서만 호출하므로 익명의 함수로 만들어도 문제가 되지는 않지만, 전체적인 구조로 볼 때 일반 함수로 만드는 것이 좋을 것 같다.

3.1.9 게임 결과 판정

이 게임의 핵심적인 부분이다. 사용자가 입력한 값을 숫자로 변환해서 난수와 비교하고, 그 결과를 View에 표시하는 과정이다.

```
// 결과 판정
private void checkValue() {
    // 입력받은 값 읽기
 ❶ String str = edNum.getText().toString();

    // 빈 문자인지 판정
 ❷ if ( str.equals("") ) {
        txtResult.setText("500~1000 사이의 숫자를 입력하세요.");
        return;
    }

    // 문자열을 정수로 변환
 ❸ int n = Integer.parseInt(str);

    // 정답 여부 판정
    if (n == num) {
        str = "정답입니다.";
    } else if (n > num) {
        str = n + "보다는 적습니다.";
    } else {
        str = n + "보다는 큽니다.";
    }

    // 입력 횟수 증가
    count++;

    // 판정 결과 표시
    txtCount.setText("입력횟수 : " + count);
    txtResult.setText(str);

    // 다음 입력을 위해 입력한 숫자를 지우고 포커스 이동
    if (n != num) {
```

```
    ④ edNum.setText("");
    ⑤ edNum.requestFocus();
    }
}
```

❶ 사용자가 입력한 값을 변수에 저장한다. getText( )는 문자열이 저장된 주소를 구하는
참조형(Reference type) 함수이므로, 이것을 문자열로 변환(메모리에 새로운 문자열 복사)해야 변수에
할당할 수 있다.

❷ equals( )는 문자열이나 오브젝트를 비교하는 함수로, 값이 같으면 true, 다르면 false를 리턴한다.
str==""은 변수 str의 주소가 null인지를 묻는 전혀 다른 의미이므로, 문자열을 비교할 때 '=='
연산자를 사용하면 안 된다.

❸ 입력한 문자열을 정수로 변환한다.

❹ 다음 입력을 위해 입력된 값을 지운다. 값을 지우지 않고 블록 설정을 해서, 다음 값을 입력할 때
자동으로 지워지도록 할 경우에는 이 문장을 **edNum.selectAll( );**로 바꾼다.

❺ 입력 위젯으로 포커스(입력 초점)를 이동한다.

이제 프로젝트를 실행하면 게임을 즐길 수 있다.

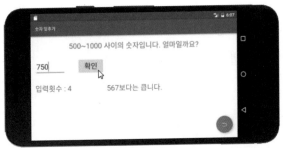

그림 3-5 **프로젝트 실행 결과**

이진 검색(Binary Search)

정렬(Sort)되어 있는 자료를 검색하는 방법 중 이진 검색이라는 알고리즘이 있다. 이것은 자료 범위의
중간 값을 찾은 후 대소 여부에 따라 왼쪽이나 오른쪽의 중간 값을 다시 찾는 방법으로, 검색 범위를
절반씩 줄여 가며 검색하는 것이다. 이진 검색은 검색 횟수가 $\log_2 N$인 대단히 우수한 알고리즘이다.

이 게임의 경우 500~1000의 중간 값인 750을 입력한 후, 대소 여부에 따라 500~750 또는
750~1000의 중간 값을 입력함으로써 검색 범위를 절반씩 좁혀 가면 $\log_2 500 ≒ 9$이므로 최악의 경우
라도 9번 만에 찾을 수 있다. $\log_2 500$은 2의 몇 제곱이 500인가를 의미하는 것으로 $2^9 = 512$이므로 최
악의 검색 횟수가 9이다.

3.2 제비뽑기

여기 네 장의 카드가 있고, 그중 한 장에 당첨 표시가 되어 있다. 당신에게 당첨 표시가 있는 카드를 고르는 행운이 있을 것인가?

File 3_2_Fortune

3.2.1 게임 제작의 목적

이 게임은 TextView와 Button으로 구성된다. 이 게임을 통해서 다음의 내용을 학습하게 될 것이다.

- 위젯에 tag 달기
- 연속적인 버튼의 Listener 처리
- Activity의 종료

3.2.2 게임의 처리 조건

게임은 다음과 같은 조건을 만족하도록 구성한다.

1. 단말기는 1~4 사이의 난수를 제시하고, 각각의 값을 버튼1~버튼4에 할당한다.
2. 사용자가 버튼을 누르면 그것이 난수와 일치하는지를 조사한다.
3. Floating Action Button을 누르면 게임을 종료한다.

3.2.3 View Design

새로운 프로젝트를 시작하고, 앞의 게임에서 한 것과 같은 방법으로 단말기의 View를 구성한다.

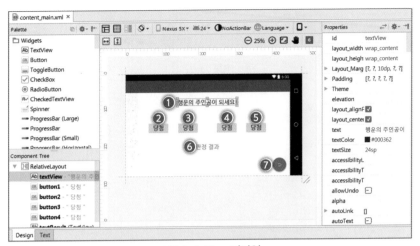

그림 3-6 **View 디자인**

표 3-2 **위젯의 속성. 위젯의 textSize는 모두 24sp이다.**

위젯 이름	위젯 id	속성	값	비고
❶ TextView	**textView**	layout_marginTop layout_centerHorizontal	10dp On	위쪽 여백 수평 가운데
❷~❺ Button	**button1~ button4**	기본값		
❻ TextView	**textResult**	layout_centerHorizontal	On	수평 가운데
❼ Floating ActionButton	**fab**	srcCompat	ic_menu_revert	

❻의 Floating Action Button은 activity_main.xml에 있다. 버튼을 선택하고 속성 탭에서 **srcCompat** 속성의 오른쪽에 있는 [...] 버튼을 클릭하면 [**Resources**] 창이 나타나므로 Drawable 탭을 선택해서 적당한 아이콘을 고른다.

3.2.4 버튼에 tag 달기

tag는 View나 위젯에 붙이는 꼬리표와 같은 것으로, **tag**는 숫자, 문자, 개체 등을 임의로 설정할 수 있다. button1~button4에 1~4의 **tag**를 달아 두면 어느 버튼이 눌렸는지를 **tag**로 식별할 수 있으므로 버튼 처리 부분이 단순해진다. 버튼이 네 개이므로 네 군데 모두 태그를 추가한다.

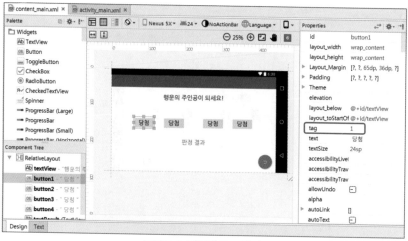

그림 3-7 버튼에 Tag 달기

3.2.5 버튼의 Listener 할당하기

MainActivity의 onCreate() 함수에 버튼의 Listener를 할당하는 부분을 추가한다. 앞의 프로젝트에서 사용한 방법은 다음과 같다.

```
findViewById(R.id.fab).setOnClickListener(onButtonClick);

findViewById(R.id.button1).setOnClickListener(onButtonClick);
findViewById(R.id.button2).setOnClickListener(onButtonClick);
.......................................
```

정석과도 같은 방법이지만, 버튼이 20개쯤 된다면 프로그램이 아주 길어지는 문제가 있다. 우리는 버튼의 id에 button1~button4와 같이 끝에 연속적인 숫자를 붙였으므로 버튼에 Listener를 할당하는 부분은 다음과 같이 처리할 수 있다.

```
for (int i = 0; i < 4; i++) {
    findViewById( R.id.button1 + i ).setOnClickListener(onButtonClick);
}
```

안드로이드의 R.id.button1은 R.java에 button1로 등록된 변수의 값을 의미한다. 이게 무슨 말이냐 하면, 안드로이드는 View에 위젯을 추가하고 id를 설정하면 별도의 R.java 파일에 id명과 같은 변수를 하나 추가하고 값을 설정한다. R.java의 변수명은 알파벳순으로 배치되며, 1씩 증가한 값이므로 R.id.button1+n과 같은 식이 성립하는 것이다.

R.java의 내용은 사용자가 직접 수정하는 것이 금지되어 있으며, 프로젝트가 빌드될 때마다 새로운 내용으로 갱신된다. 프로젝트 매니저가 Android로 설정된 상태에서는 R.java가 나타나지 않지만, 프로젝트 매니저를 Packages로 설정하면 R.java의 내용을 확인할 수 있다.

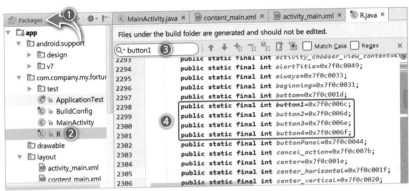

그림 3-8 R.java에 수록된 변수 목록

❶ 프로젝트 매니저의 표시 형식을 Packages로 바꾼다.

❷ 이곳을 더블클릭해서 R.java를 연다.

❸ `Ctrl` + `F` 키를 눌러 찾기를 활성화하고 'button1'을 입력한다.

❹ button의 id가 순서대로 저장되어 있으며, 값이 1씩 증가하고 있다.

위젯의 id는 알파벳순으로 정렬되는 것이지 끝의 숫자 기준이 아니다. 따라서 button1~button20까지 연속적인 숫자를 붙인 경우, R.java의 변수는 button1, button10, button11, button2, button20, button3, …의 순서가 될 것이다. 이런 문제를 피하려면 button01, button02, …와 같이 숫자 앞에 '0'을 붙여서 확실한 순서가 유지되도록 해야 한다.

다음은 MainActivity의 전체 소스이다.

```
public class MainActivity extends AppCompatActivity {

❶ TextView txtResult;      // 당첨 결과 표시

    @Override
    protected void onCreate(Bundle savedInstanceState) {
        super.onCreate(savedInstanceState);
        setContentView(R.layout.activity_main);

        Toolbar toolbar = (Toolbar) findViewById(R.id.toolbar);
        setSupportActionBar(toolbar);

        findViewById(R.id.fab).setOnClickListener(onButtonClick);
```

```
        // Button에 Listener 설정
        for (int i = 0; i <= 3; i++) {
            findViewById(R.id.button1 + i).setOnClickListener(onButtonClick);
        }

        // TextView 위젯 읽기
    ❷ txtResult = (TextView)findViewById(R.id.textResult);
    }

    // Button 처리
    Button.OnClickListener onButtonClick = new Button.OnClickListener() {
        @Override
        public void onClick(View v) {
            if (v.getId() == R.id.fab) {
            ❸ finish();
            } else {
            ❹ String tag = findViewById(v.getId()).getTag().toString();
            ❺ checkValue(tag);
            }
        }
    };

    // 당첨 확인
    private void checkValue(String tag) {
    ❻ int ntag = Integer.parseInt(tag);

        // 1~4의 난수 만들기
        int r = new Random().nextInt(4) + 1;
        String msg = tag + "번 버튼 : ";

    ❼ if (ntag == r) {
            msg += "축하합니다! 당첨되셨습니다.";
        } else {
            msg += "안타깝습니다. 다음 기회에 도전하세요.";
        }

        txtResult.setText(msg);
    }
}
```

❶ TextView 타입의 전역 변수를 만든다. 다른 곳에서 참조하는 변수는 전역 변수이어야 한다.

❷ TextView를 변수에 저장한다. 당첨 결과 표시용이다.

❸ Activity의 실행을 종료한다.

❹ 클릭한 버튼의 tag를 구한다. 버튼을 변수로 만들지 않았으므로 findViewById( )로 버튼 위젯을 구한 후 tag를 읽는다.

❺ 당첨 판정 함수를 호출한다. 이때 tag를 매개변수로 전달해서 버튼을 식별할 수 있도록 한다.

❻ String 타입인 tag를 정수로 변환한다.

❼ 버튼 번호(tag)와 난수가 같은지 비교한다.

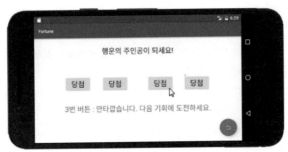

그림 3-9 프로젝트 실행 결과

3.2.6 프로그램의 종료

안드로이드에서는 프로그램을 종료하는 것이 쉽지 않다. 안드로이드의 설계 철학이 '모든 애플리케이션(이하 앱)은 동등하며, 항상 실행할 수 있는 상태이어야 한다'이므로, 한 번 실행된 프로세스는 메모리가 허락하는 한 영원히 종료되지 않는다.

안드로이드 개발팀은 모바일 디바이스 사용자들이 동영상을 보던 중에 문자 메시지를 확인하고, 전화를 걸다가 다시 동영상을 보는 등 짧은 시간에 여러 앱을 번갈아 사용한다는 점에 주목하고, 최대한 앱 사이의 전환이 빠르도록 사용자가 앱을 종료한다는 개념 자체를 생각하지 않게 프레임워크를 디자인했다고 한다. 그렇기 때문에 안드로이드에서는 앱의 종료라는 개념 자체가 존재하지 않는다.

그렇지만 개발자들은 앱을 종료하면 메모리에서 완전히 제거되어, 운영체제가 더 이상 그 앱에 대해 신경 쓸 필요가 없는 상태가 되기를 바란다. 안드로이드에서는 다음과 같은 방법으로 앱을 종료할 수 있다.

```
❶ finish();
❷ finishAffinity();
❸ finishAndRemoveTask();
❹ moveTaskToBack(true);
❺ android.os.Process.killProcess(android.os.Process.myPid());
❻ System.exit(0);
```

❶ 현재 활성화된 Activity를 종료하고, 화면의 제어권을 다른 Activity에 넘긴다. 현재의 Activity가 Root이거나 Activity가 하나인 경우(Activity가 하나라면 당연히 자신이 Root이다) 홈 화면으로 복귀한다. 프로그램이 종료된 것처럼 보이지만 여전히 Task(최근에 사용한 앱 목록)와 Process(메모리의 실행 코드)는 살아 있다. 앱을 다시 실행하면 메모리에 살아 있는 Activity의 onCreate( )를 수행하므로 앱의 초기화 부분이 시작된다.

❷ finish( )와 비슷하지만, Root가 아닌 Activity에서도 홈 화면으로 복귀한다. 이것 역시 Task와 Process가 살아 있다.

❸ Activity를 종료하고 홈 화면으로 복귀한다. 최근 사용 목록(Task)을 삭제하므로 Process가 종료된 것처럼 보이지만 Process는 여전히 살아 있다.

❹ 홈 화면으로 복귀한다. 이것은 화면의 전환이지 앱의 종료는 아니다. 앱을 다시 실행하면 onCreate( )를 수행하지 않으므로 직전의 상태로 나타난다.

❺ 앱에 할당한 리소스를 모두 회수하고 홈 화면으로 복귀한다. Process는 삭제되지만 최신 실행 목록은 유지 된다. 앱을 실행하면 초기 상태로 실행된다.

❻ (에러 등의 원인으로 인한) 앱의 강제 종료이다. 앱에 할당한 리소스를 모두 회수하고 프로세스를 삭제한다. 강제 종료이므로 홈 화면으로 복귀할 때의 애니메이션이 실행되지 않으며, 경우에 따라 앱에 할당한 메모리가 회수되지 않을 수 있다. 구글은 이 함수의 사용을 자제할 것을 권고한다.

모바일 디바이스처럼 자원이 제한된 환경에서, 한 번 실행한 프로세스를 무한정 유지하는 것은 전력 소모 면에서도 좋은 방법은 아닌 것처럼 생각되지만, 안드로이드 운영체제가 그렇게 생겼으므로 어쩔 도리가 없다. 위의 방법 중 자신이 필요로 하는 것을 선택해서 앱을 종료하면 될 것이다. 내 경험으로는 ❺와 ❻을 연속으로 실행하면 확실하게 종료되는 것 같다.

제 **4** 장

ImageView를
이용한 게임

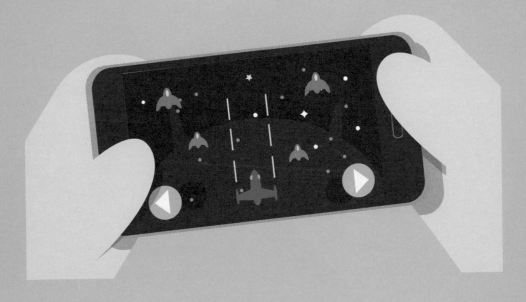

4.1 윷놀이

화면에 네 개의 윷이 있고 버튼을 눌러 윷을 던지는 것으로, 완전한 게임이 아니라 윷을 표시하는 방법을 ImageView로 구현한 것이다. ◀File▶ **4_1_YutGame**

그림 4-1 **프로젝트 실행 결과**

4.1.1 게임 제작의 목적

이 게임은 ImageView와 Button으로 구성된다. 이 게임을 통해서 다음 내용을 학습하게 될 것이다.

- 윷놀이의 기본 원리
- 안드로이드 프로젝트에 Image 넣기
- ImageView에 이미지 표시하기
- 배열을 사용하는 법
- 난수의 결과를 ImageView에 이미지로 표시하기

4.1.2 게임의 처리 조건

게임은 다음과 같은 조건을 만족하도록 구성한다.

1. 사용자가 버튼을 누르면 난수를 만들어서 윷의 상태를 만든다.
2. 윷의 상태를 네 장의 ImageView에 표시한다.
3. ImageView 아래에 '도, 개, 걸, 윷, 모'의 고유 명칭을 표시한다.

4.1.3 윷놀이의 기본 개념

윷은 둥근 막대기를 반으로 잘라 놓은 것으로. 각각의 윷은 바닥(평평한 면)과 등(둥근 면)이 있다. 윷놀이는 네 개의 윷을 던져 각 윷의 상태에 따라 1~5(도, 개, 걸, 윷, 모)의 득점을 하는 전통 놀이이다. 바닥을 보인 윷의 개수가 득점이며, 네 개의 윷이 모두 등이 나올 때에는 5점을 획득한다.

윷의 바닥과 등을 각각 '⬭'와 '⬬'라고 하면, 각 윷의 발생 확률과 경우의 수는 다음과 같다.

이름	발생 확률	경우의 수
도	4/16	
개	6/16	
걸	4/16	
윷	1/16	
모	1/16	

따라서 네 개의 윷에 대해 각각 0, 1의 난수를 발생한 후 이것을 조합해서 점수를 결정해야지, 윷 전체에 대해 1~5의 난수로 처리하면 '도~모'의 발생 확률이 같아져서 현실성이 떨어진다.

4.1.4 프로젝트에 이미지 추가

먼저, 프로젝트에 사용할 이미지를 준비한다. 자신이 직접 이미지를 구한 경우, 이미지의 파일명은 반드시 소문자로 작성해야 한다.

그림 4-2 **프로젝트에 필요한 이미지 리소스**

새로운 프로젝트를 만들고, 준비해 둔 이미지를 프로젝트에 추가한다. 이미지 파일은 [res/drawable] 폴더에 넣는다. 추가하려는 파일을 복사(Ctrl + C) 한 후 [res/drawalble] 폴더에 붙여넣기(Ctrl + C)하면 리소스 파일로 추가된다.

그림 4-3 **이미지 파일 추가**

Drag&Drop으로 추가할 경우에는 프로젝트 매니저의 표시 형식을 Packages로 설정한 후 [drawable] 폴더에 파일을 끌어다 놓는다.

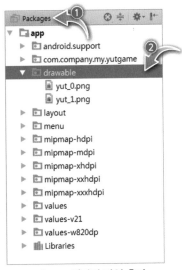

그림 4-4 **이미지 파일 추가**

4.1.5 View Design

View는 다음과 같이 구성할 것이다. content_main.xml에 구성한다.

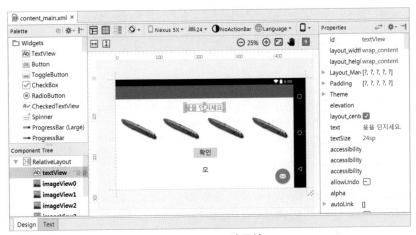

그림 4-5 **View의 구성**

초심자의 경우 ImageView를 위와 같이 배치하는 것이 쉽지 않을 것이므로 다음과 같은 방법을 사용한다.

① Layout의 단말기 종류를 에뮬레이터와 같은 것으로 설정한다. 이 책의 경우 Nexus 5X이다.

② Layout에 ImageView를 하나 추가하고 맨 왼쪽에 배치하면 [Resources] 창이 열리므로, 여기에서 할당할 이미지를 선택한다. 이미지를 잘못 선택한 경우에는 src 속성 오른쪽에 있는 [...] 버튼을 눌러서 이미지를 다시 할당한다.

그림 4-6 이미지 리소스 할당

③ ImageView의 layout_width와 layout_height 속성을 각각 140과 90으로 설정해서 이미지의 크기를 조금 줄인다(속성 창에서는 숫자에 단위를 지정하지 않으면 자동으로 dp가 붙는다).

④ Text(xml) 탭에서 <ImageView>를 복사해서 4개 만들고, id를 imageView0~imageView3으로 설정한다.

```
<ImageView
    android:layout_width="140dp"
    android:layout_height="90dp"
    android:id="@+id/imageView0"    ← ImageView의 id 끝에 0~3을 붙인다.
    android:layout_below="@+id/textView"
    android:layout_alignParentStart="true"
    android:layout_marginTop="20dp"
    android:src="@drawable/yut_0"/>
```

⑤ Design 탭으로 돌아오면 ImageView 4개가 같은 위치에 있으므로 [Component Tree]에서 imageView3을 선택하고 오른쪽 끝으로 이동한다.

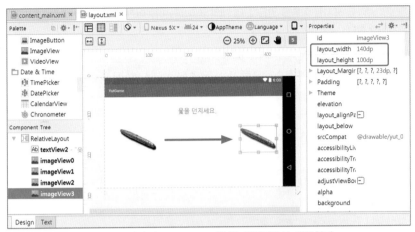

그림 4-7 **겹쳐진 ImageView3을 맨 오른쪽으로 이동한다.**

⑥ imageView2와 imageView1도 오른쪽으로 이동하면 ImageView 4개가 1열로 배치된다.

⑦ imageView3과 imageView2의 layout_marginRight를 각각 30dp로 설정해서 간격을 조금 벌린다.

ImageView를 배치한 후에는 그 아래에 Button과 TextView를 배치하고 속성을 설정한다.

표 4-1 **위젯의 속성. 위젯의 textSize는 모두 24sp이다.**

위젯 이름	위젯 id	속성	값	비고
TextView	**textView**	layout_marginTop layout_centerHorizontal	10dp On	위쪽 여백 수평 가운데
ImageView	**imageView0~imageView3**	기본값		
Button	**button**	layout_marginTop	20dp	위쪽 여백
TextView	**textResult**	layout_marginTop	25dp	위쪽 여백

4.1.6 배열 만들기

배열(Array)은 연속된 공간에 자료를 순서대로 저장하므로, 배열에 저장된 자료는 반복문으로 간단히 처리할 수 있다. 이 프로젝트에서는 이미지 이름과 이미지 뷰, 난수 등을 모두 배열로 처리할 것이다. Activity의 전역 변수 영역에 배열과 필요한 변수를 선언한다.

```
❶ String[] yutName = { "모", "도", "개", "걸", "윷" };
❷ int[] yut = new int[4];
❸ int[] yutImg = { R.drawable.yut_0, R.drawable.yut_1 };
❹ ImageView[] imgView = new ImageView[4];
```

❶ 게임의 결과를 표시할 이름을 만든다. 네 개의 윷(0 또는 1)을 더한 값이 득점이므로 '모'가 맨 먼저 위치해야 한다.

❷ 네 개의 윷에 할당할 난수를 저장할 배열이다.

❸ 이미지 리소스는 R.java에 정수 값으로 저장되므로 이와 같은 형식으로 설정한다.

❹ ImageView를 저장할 배열이다.

비교적 간단한 내용이므로 Activity 전체 소스를 싣는다.

```java
public class MainActivity extends AppCompatActivity {

    // 윷의 이름
    String[] yutName = { "모", "도", "개", "걸", "윷" };

    // 난수
    Random rnd = new Random();
    int[] yut = new int[4];

    // Image Resource & ImageView
    int[] yutImg = { R.drawable.yut_0, R.drawable.yut_1 };
    ImageView[] imgView = new ImageView[4];

    // 게임 결과 표시용
    TextView txtResult;

    //---------------------------
    // onCreate
    //---------------------------
    @Override
    protected void onCreate(Bundle savedInstanceState) {
        super.onCreate(savedInstanceState);
        setContentView(R.layout.activity_main);

        Toolbar toolbar = (Toolbar) findViewById(R.id.toolbar);
        setSupportActionBar(toolbar);

        // 버튼의 Listener
        findViewById(R.id.fab).setOnClickListener(onButtonClick);
        findViewById(R.id.button).setOnClickListener(onButtonClick);

        // ImageView 읽기
        for (int i = 0; i < 4; i++) {
            imgView[i] = (ImageView) findViewById(R.id.imageView0 + i);
        }

        txtResult = (TextView) findViewById(R.id.textResult);
    }
    //---------------------------
    // Button의 Listener
    //---------------------------
```

```
Button.OnClickListener onButtonClick = new Button.OnClickListener() {
    @Override
    public void onClick(View v) {
        if ( v.getId() == R.id.button ) {
            setGameResult();
        }
    }
};

//-----------------------------
// 게임 결과 표시
//-----------------------------
private void setGameResult() {
    int s = 0;

    for (int i = 0; i < 4; i++) {
      ❶ int n = rnd.nextInt(2);      // 0 or 1
        s += n;                       // 난수 합계

      ❷ imgView[i].setImageResource( yutImg[n] );
    }

    ❸ txtResult.setText( yutName[s] );
}

} // activity
```

❶ 0 또는 1인 난수를 만든다.

❷ ImageView에 이미지를 표시할 때는 setImageResource(이미지 id) 함수를 사용한다.

❸ TextView에 게임 결과를 표시한다.

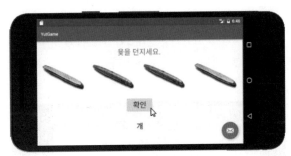

그림 4-8 **게임 실행 결과**

4.1.7 난수의 발생 빈도 조절

이 게임을 여러 번 실행해 보면 게임의 결과가 4.1.3절의 확률과 비슷하다는 것을 느낄 수 있을 것이다. 그런데 실제로 윷을 던져서 놀이를 해 본 사람들은, '윷'보다는 '모'가 더 많이 나오고,

'개'와 '걸'은 거의 비슷하게 나오는 것으로 생각한다. 그 이유는 아마도 윷의 한쪽은 평평하고 다른 쪽은 곡면이어서, 윷을 굴리듯이 던지면 아무래도 둥근 쪽이 나타날 가능성이 크기 때문일 것이다.

이 게임에서 난수를 만들 때 밑면과 윗면에 어느 정도의 핸디캡을 적용해 주면 실제의 상황에 조금 더 가까워질 수 있을 것이다. 예를 들어, 0과 1의 발생 빈도를 3:2로 조절하려면 식을 다음과 같이 수정한다.

① `int n = rnd.nextInt(2);`   // 0과 1의 발생 비율 = 1:1
② `int n = rnd.nextInt(5) % 2;`   // 0과 1의 발생 비율 = 3:2

rnd.nextInt(5)는 0~4의 난수를 구하므로 이것을 2로 나눈 나머지를 구하면 각각 0, 1, 0, 1, 0 이 되어 0과 1의 비율이 3:2가 됨을 알 수 있다. 발생 빈도를 반대로 해서 2:3의 비율이 되게 하려면 다음 식을 사용한다.

② `int n = (rnd.nextInt(5) + 1) % 2;`   // 0과 1의 발생 비율 = 2:3

위의 식을 응용하면 난수의 발생 비율을 다양하게 조절할 수 있을 것이다.

4.2 가위바위보 게임

이 장에서는 이미지와 ImageButton을 이용해서 단말기와 가위바위보를 하는 게임을 만든다. 게임 자체는 단순하지만 처리할 내용은 조금 복잡하다.   `File` 4_2_Rock_Paper

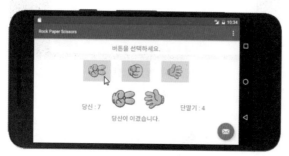

그림 4-9 **프로젝트 실행 결과**

4.2.1 게임 제작의 목적

이 게임은 ImageButton과 ImageView로 구성된다. 이 게임을 통해서 다음의 내용을 학습하게 될 것이다.

- ImageButton 사용법
- Option Menu 사용법
- Snackbar 사용법
- Bitmap 사용법
- Bitmap의 이미지를 좌우로 뒤집기
- 가위바위보의 승패를 판단하는 법

4.2.2 게임의 처리 조건

게임은 다음과 같은 조건을 만족하도록 구성한다.

1. 화면에 가위, 바위, 보 이미지가 표시된 버튼이 있다.
2. 사용자가 위의 버튼을 누르면 단말기가 난수를 발생해서 자신의 숫자를 정한다.
3. 가위바위보의 승패 표시용 이미지는 ImageView에 표시한다.
4. 사용자가 Option Menu에서 게임을 초기화할 수 있도록 한다.

4.2.3 프로젝트에 이미지 추가

이 프로젝트는 다음과 같은 이미지 리소스가 필요하다.

그림 4-10 **프로젝트에 필요한 이미지 리소스**

새로운 프로젝트를 만들고, 준비해 둔 이미지를 프로젝트에 추가한다.

4.2.4 View Design

View는 다음과 같이 구성할 것이다. content_main.xml에 구성한다.

그림 4-11 **View의 구성**

표 4-2 **위젯의 속성. 위젯의 textSize는 모두 24sp이다.**

위젯 이름	위젯 id	속성	값	비고
❶ TextView	**textView**	layout_marginTop layout_centerHorizontal	10dp On	위쪽 여백 수평 가운데
❷~❹ ImageButton	**imageButton1** **imageButton2** **imageButton3**	layout_width layout_height src scaleType tag	100dp 80dp img_1~3 fitCenter 0, 1, 2	버튼의 가로 크기 버튼의 세로 크기 이미지 리소스 이미지 표시 방법 Tag
❺ TextView	**textYou**	기본값		
❻❼ ImageView	**imageView1** **imageView2**	layout_marginTop layout_marginLeft	10dp 20dp	위쪽 여백 왼쪽 여백
❽ TextView	**textCom**	기본값		
❾ TextView	**textResult**	layout_marginTop	20dp	위쪽 여백

4.2.5 전역 변수 만들기

먼저 Activity 전체에 통용되는 전역 변수를 만든다. Activity의 전역 변수 영역에 작성한다.

```java
public class MainActivity extends AppCompatActivity {
    // 가위, 바위, 보 이미지 배열
    int[] imgRes = { R.drawable.img_1, R.drawable.img_2, R.drawable.img_3 };

    // 가위, 바위, 보 값 (0, 1, 2)
    int you = 0;
    int com = 0;

    // 승패 횟수
    int win = 0;
    int lose = 0;

    // 결과 표시용 ImageView
    ImageView imgViewYou;
    ImageView imgViewCom;

    // 승패 횟수 표시용
    TextView txtYou;
    TextView txtCom;

    // 판정 결과 표시용
    TextView txtResult;
```

4.2.6 게임 초기화

ImageButton에 Listener를 설정하고 View의 위젯을 변수에 저장하는 등의 게임 초기화 부분이다. Activity의 onCreate( )에 작성한다.

```java
protected void onCreate(Bundle savedInstanceState) {
    .......................

    // 버튼의 Listener 설정
    findViewById(R.id.fab).setOnClickListener(onButtonClick);
    for (int i = 0; i < 3; i++) {
        findViewById(R.id.imageButton1 + i).setOnClickListener(onButtonClick);
    }

    // ImageView 읽기
    imgViewYou = (ImageView) findViewById(R.id.imageView1);
    imgViewCom = (ImageView) findViewById(R.id.imageView2);

    // TextView
    txtYou = (TextView) findViewById(R.id.textYou);
    txtCom = (TextView) findViewById(R.id.textCom);
    txtResult = (TextView) findViewById(R.id.textResult);

    // 게임 초기화
    initGame();
}
```

특별한 내용이 없는 평범한 코드이다. 다음에는 게임의 초기화 함수를 작성한다.

```java
// 게임 초기화
private void initGame() {
    win = 0;
    lose = 0;

    // 결과 표시
    txtYou.setText("당신 : 0");
    txtCom.setText("단말기 : 0");
    txtResult.setText("");

    // ImageView 초기화
    imgViewYou.setImageResource(R.drawable.question);
    imgViewCom.setImageResource(R.drawable.question);
}
```

4.2.7 Option Menu 사용하기

옵션 메뉴는 사용자가 단말기의 메뉴 버튼을 누르면 툴바 오른쪽에 나오는 메뉴이다. 새로운 프로젝트를 만들 때 옵션 메뉴 관련 함수가 추가되어 있으므로 이것을 수정해서 사용한다. 옵션 메뉴의 항목은 menu_xml에 작성한 후 표시할 수도 있고, 코드에서 직접 추가할 수도 있다. 메뉴 항목을 별도의 xml로 만드는 것은 번거로운 작업이므로 여기에서는 코드로 직접 추가한다.

```java
// 옵션 메뉴 만들기
@Override
public boolean onCreateOptionsMenu(Menu menu) {
    menu.add(0, 1, 0, "다시 시작");
    menu.add(0, 2, 1, "종료");
    menu.add(0, 3, 2, "About");
    return true;
}
```

옵션 메뉴의 항목은 menu.add(그룹번호, 메뉴 id, 표시 순서, "표시내용")과 같은 형식으로 추가한다. 위의 메뉴는 프로젝트를 실행할 때 다음과 같이 표시될 것이다.

그림 4-12 옵션 메뉴의 표시 형식

이어 메뉴 항목을 눌렀을 때 처리하는 부분이다.

```
// 옵션 메뉴 Item Select
@Override
public boolean onOptionsItemSelected(MenuItem item) {
    // 메뉴 id 읽기
❶  switch( item.getItemId() ) {
        case 1 :    // 다시 시작
❷        initGame();
            break;
        case 2 :    // 종료
❸        finishAffinity();
            break;
        case 3 :    // About
❹        View v = findViewById(R.id.imageButton1);
❺        Snackbar.make(v, "가위바위보 Ver 1.0", Snackbar.LENGTH_LONG)
                                        .setAction("OK", null).show();

    }

❻  // return super.onOptionsItemSelected(item);
❼  return true;
}
```

❶ 메뉴 항목의 id를 구한다. 이 id는 menu.add( )에서 설정한 id이다.

❷ "다시 시작"은 게임 초기화 함수를 호출한다.

❸ "종료"는 앱을 종료한다.

❹ Snackbar에 사용할 View를 구한다. Snackbar는 첫 번째 인수로 View를 입력받으므로 (여기에서는 View가 필요하지 않지만) 형식을 맞추기 위해 임의의 View를 구한다.

❺ Snackbar에 메시지를 표시한다.

❻ 부모의 옵션 메뉴 처리 함수를 호출하는 부분이다. 이 게임에서는 부모의 옵션 메뉴를 호출할 필요가 없으므로 주석으로 막아 두었다.

❼ onOptionsItemSelected( ) 함수는 boolean 값을 리턴하므로 true나 false를 리턴하도록 작성한다.

Snackbar의 setAction( )은 Snackbar 오른쪽에 지정한 문자열을 표시하고, 그 문자열을 클릭할 때 처리할 액션을 설정한다. 액션이 null이므로 지정한 문자열은 화면에 표시되지 않는다. 다음은 setAction( )에 액션을 추가하고, 문자열을 클릭하면 액티비티를 종료하는 예이다.

```
Snackbar.make(v, "가위바위보 Ver 1.0", Snackbar.LENGTH_LONG)
    .setAction("OK", new View.OnClickListener() {
        @Override
        public void onClick(View v) {
            finish();
        }
    })
    .show();
```

4.2.8 Button의 Listener와 승패 판정

이제 버튼의 Listener와 게임의 승패를 판정하는 부분을 작성한다.

```
// Button Listener
Button.OnClickListener onButtonClick = new Button.OnClickListener() {
    @Override
    public void onClick(View v) {
        if ( v.getId() == R.id.fab ) {
            return;
        } else {
        ❶ String tag = v.getTag().toString();
        ❷ you = Integer.parseInt(tag);
        ❸ SetGameResult();
        }
    }
};
```

❶ 클릭한 버튼의 tag를 구한다. 이 값은 '0'~'2'일 것이다.

❷ tag를 정수로 변환해서 사용자가 누른 값으로 설정한다.

❸ 게임의 승패를 판정하는 함수를 호출한다.

가위바위보의 승패는 다음과 같이 정해진다. 가위, 바위, 보의 값을 각각 0, 1, 2라고 하면 다음과 같으므로,

가위(0) < 바위(1) < 보(2) < 가위(0)

이기는 값에서 지는 값을 빼면 1 또는 -2가 된다. 따라서 게임의 승패를 판정하는 함수는 다음과 같이 작성할 수 있다.

```
// 게임 승패 처리
private void SetGameResult() {
❶ com = new Random().nextInt(3);      // 0~2의 난수
❷ int k = you - com;

    // 승패 판정
    String str = "";
    if ( k == 0 ) {
        str = "비겼습니다.";
    } else if ( k == 1 || k == -2 ) {
        str = "당신이 이겼습니다.";
        win++;
    } else {
        str = "당신이 졌습니다.";
        lose++;
    }

    // Image 표시
    SetImages();

    // 결과 표시
    txtYou.setText("당신 : " + win);
    txtCom.setText("단말기 : " + lose);
    txtResult.setText(str);
}
```

❶ 단말기의 값을 0~2의 난수로 설정한다.

❷ 두 값의 차이를 구한다.

4.2.9 이미지 뒤집기

사용자와 단말기의 값(0~2)을 ImageView에 표시할 차례이다. 가위바위보는 서로 마주 보고 (또는 등을 지고) 하는 것이므로 나와 단말기의 이미지는 서로 대칭인 상태로 표시해야 한다. 따라서 단말기의 이미지는 좌우로 뒤집어 표시한다.

```
// 이미지 표시
private void SetImages() {
❶ imgViewYou.setImageResource( imgRes[you] );
❷ imgViewCom.setImageResource( imgRes[com] );

    // Bitmap 만들기
❸ Bitmap orgImg = BitmapFactory.decodeResource( getResources(), imgRes[com] );

    // 이미지를 뒤집을 Matrix
❹ Matrix matrix = new Matrix();
❺ matrix.setScale(-1, 1);
```

```
    // 이미지 뒤집기
❻ Bitmap revImg = Bitmap.createBitmap(orgImg, 0, 0, orgImg.getWidth(),
                                         orgImg.getHeight(), matrix, false);
❼ imgViewCom.setImageBitmap(revImg);
}
```

❶ 사용자의 값을 ImageView에 표시한다.

❷ 단말기의 값을 ImageView에 표시한다. 이 이미지는 좌우로 뒤집을 것이므로 사실 이 문장은
   필요하지 않다.

❸ 이미지 리소스를 Bitmap으로 만든다.

❹ Matrix( )는 행렬 연산에 사용하는 class이지만, Bitmap의 반전이나 회전에도 자주 사용된다.

❺ Matrix.setScale(x, y)는 행렬 요소에 곱을 적용하는 연산인데, 비트맵을 대칭으로 변환할 경우에도
   사용된다. 이미지를 좌우로 뒤집을 경우에는 setScale(-1, 1), 상하로 뒤집는 경우는 setScale(1, -1)이다.

❻ Matrix를 이용해서 새로운 비트맵을 만든다.

❼ 새로 만든 비트맵을 ImageView에 표시한다.

Bitmap은 이미지를 다룰 때 필수적인 요소이므로 나중에 장을 달리하여 자세히 설명할 것이
다. 우선은 위에서 사용한 함수로 이미지 리소스를 읽고, 새로운 비트맵을 만든다는 정도만
알고 넘어가자.

이것으로 모든 부분이 완성되었다. 다음은 프로젝트의 실행 결과이다.

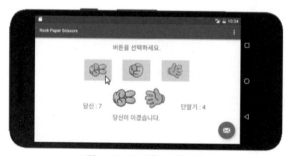

그림 4-13 프로젝트 실행 결과

제 **5** 장

Custom View와 Sprite

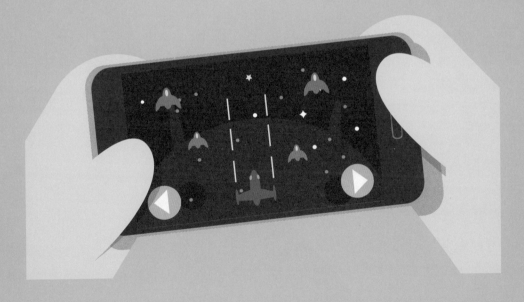

5.1 Custom View

Custom View는 사용자가 직접 만드는 View로, 안드로이드의 View나 위젯을 사용하지 않고 Canvas에 직접 출력하여 새로운 처리를 하는 경우에 사용한다. Custom View는 단말기의 화면 전부를 사용하도록 구성할 수도 있고, UI의 구성 요소처럼 화면의 일부분만 사용하도록 할 수도 있다. ⟨File⟩ 5_1_CustomView

5.1.1 Custom View 만들기

먼저 새로운 프로젝트를 만든다. 액티비티는 어느 것이라도 상관없지만, 우리에게 익숙한 Basic Activity를 사용하는 것으로 한다. Custom View는 Class로 만드는데, MainActivity 내부의 Inner Class로 만들 수도 있고 별도의 독립된 Class로 만들 수도 있다.

액티비티의 구성이 간단한 경우에는 Inner Class로 만드는 것이 더 간편할 수 있지만, 일단 안드로이드 스튜디오가 제공하는 기능을 이용해서 만들어 본다. 프로젝트 매니저에서 [app]를 클릭하고 [File ➡ New ➡ UI Component ➡ Custom View] 메뉴를 실행해서 Custom View를 만든다. View Class에 새로 만들 View의 이름을 입력한다. 이 이름으로 새로운 Java Class 파일이 만들어진다. 여기에서는 Class 이름을 GameView로 하였다.

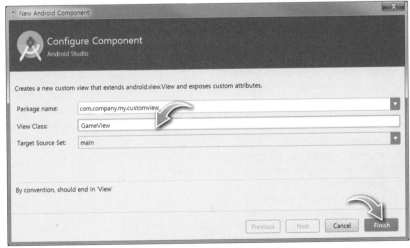

그림 5-1 **Custom View 만들기**

Custom View를 만들면 Class 파일과 샘플 layout이 추가된다.

1 샘플 레이아웃

추가된 sample_game_view.xml의 Design 탭을 열면 다음과 같은 레이아웃이 나타난다.

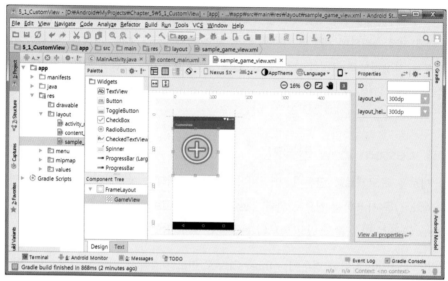

그림 5-2 sample_game_view.xml의 Layout

이것은 Custom View가 UI의 일부분으로 사용될 수 있다는 것을 보여 주는 것으로, Custom View로 새로운 위젯을 만들 때에는 여기에 있는 속성을 상당 부분 활용할 수 있지만, 게임에는 그다지 도움이 되지는 않는다. xml은 다음과 같이 되어 있다.

sample_game_view.xml
```
<FrameLayout xmlns:android="http://schemas.android.com/apk/res/android"
    xmlns:app="http://schemas.android.com/apk/res/com.company.my.customview"
    android:layout_width="match_parent"
    android:layout_height="match_parent">

    <com.company.my.customview.GameView   ← 패키지명 + View이름
        android:layout_width="300dp"
        android:layout_height="300dp"
        android:background="#ccc"
        android:paddingBottom="40dp"
        android:paddingLeft="20dp"
        app:exampleColor="#33b5e5"
        app:exampleDimension="24sp"
        app:exampleDrawable="@android:drawable/ic_menu_add"
        app:exampleString="Hello, GameView" />

</FrameLayout>
```

Custom View를 UI의 일부분으로 사용할 경우에는 이와 같이 <패키지명+View class명>과 같은 형식으로 레이아웃을 설정하지만, Activity를 사용하지 않고 Custom View에서 모든 것을 처리할 경우에는 레이아웃이 필요하지 않다.

2 GameView.java

우리가 작업하게 될 Class로. 여러 개의 함수가 수록되어 있다.

GameView.java

```java
package com.company.my.customview;

import ...

public class GameView extends View {
❶ private String mExampleString;
    ...............

❷ public GameView(Context context) {
        super(context);
        ...............
    }

❸ public GameView(Context context, AttributeSet attrs) {
        super(context, attrs);
        ...............
    }

❹ public GameView(Context context, AttributeSet attrs, int defStyle) {
        super(context, attrs, defStyle);
        ...............
    }

    private void init(AttributeSet attrs, int defStyle) {
        ....................
    }

    private void invalidateTextPaintAndMeasurements() {
        ....................
    }

    @Override
❺ protected void onDraw(Canvas canvas) {
        super.onDraw(canvas);
        ....................
    }

    public String getExampleString() {
        ....................
    }
```

```
        public void setExampleString(String exampleString) {
            ....................
        }

        public int getExampleColor() {
            ....................
        }

        public void setExampleColor(int exampleColor) {
            ....................
        }

        public float getExampleDimension() {
            ....................
        }

        public void setExampleDimension(float exampleDimension) {
            ....................
        }

        public Drawable getExampleDrawable() {
            ....................
        }

        public void setExampleDrawable(Drawable exampleDrawable) {
            ....................
        }
    }
```

❶ class의 전역 변수 선언 영역이다.

❷ class의 생성자 형식 1이다.

❸ class의 생성자 형식 2이다.

❹ class의 생성자 형식 3이다.

❺ Canvas를 이용해서 화면에 출력하는 부분으로 Custom View의 본체에 해당한다.

5.1.2 Custom View의 생성자

GameView의 class에는 생성자가 세 개 있는데 이것을 모두 사용하는 것은 아니고, GameView를 표시하는 방식에 따라 셋 중 어느 하나를 사용한다. 따라서 사용하지 않는 생성자는 삭제해도 된다.

◻1 public GameView(Context context)

단말기의 화면 전체를 Custom View로 사용할 때 필요한 생성자이다. 이 방식을 사용하면, layout이 필요하지 않으며, MainActivity에서는 다음과 같이 GameView를 호출한다.

```
setContentView( new GameView(this) );
```

이 방식의 호출은 안드로이드의 UI를 사용하지 않는다. 따라서 화면에 위젯을 설치할 수 없으므로, 버튼과 같은 위젯이 필요하면 이미지를 이용해서 자신이 직접 처리해야 한다.

◻2 public GameView(Context context, AttributeSet attrs)

Custom View를 UI의 일부분으로 사용할 때 필요한 생성자이다. 이 방식을 사용하면, 게임 실행 중에 옵션 메뉴나 버튼 등의 위젯을 사용할 수 있다. 이 방식은 액티비티에서 사용하는 레이아웃(activity_main.xml이나 content_main.xml 등)에 Custom View의 크기와 위치 등의 속성을 작성해야 한다. MainActivity에서 처리할 내용은 없다. 다음은 레이아웃의 xml에서 Custom View의 속성을 작성하는 예로써, View의 이름은 <패키지명+View의 class명>이다.

```
<com.company.my.customview.GameView
    android:layout_width="match_parent"
    android:layout_height="match_parent" />
```

◻3 public GameView(Context context, AttributeSet attrs, int defStyle)

Custom View의 개별적인 속성을 미리 xml로 만들어 두고, Custom View에서 이 파일을 참조해야 할 경우에 사용한다. 작동 방식은 ◻2와 같으며, 게임에서 이 형식을 사용하는 경우는 거의 없다.

5.1.3 GameView의 호출

GameView.java에는 우리에게 필요하지 않은 함수들이 있으므로 GameView.java에서 불필요한 것을 모두 삭제하고, 다음 부분만 남겨 둔다.

```java
package com.company.my.customview;

import ...

public class GameView extends View {

    // 생성자(1)
    public GameView(Context context) {
        super(context);
    }

    // 생성자(2)
    public GameView(Context context, AttributeSet attrs) {
        super(context, attrs);
    }

    // 화면 그리기
    @Override
    protected void onDraw(Canvas canvas) {

    }

} // GameView
```

실제의 개발에는 생성자(1)과 생성자(2) 중 어느 하나만 필요하지만, GameView를 두 가지 방법으로 호출하기 위해 생성자를 두 개 남겨 두었다.

1 화면의 일부분 사용

Custom View가 화면의 일부분을 사용할 경우에는 레이아웃의 xml에 Custom View를 설정해야 한다고 설명한 바 있다. content_main.xml에 다음 내용을 추가한다.

```xml
<?xml version="1.0" encoding="utf-8"?>
<RelativeLayout xmlns:android="http://schemas.android.com/apk/res/android"
    ..........................
    tools:showIn="@layout/activity_main">

    <TextView
        android:layout_width="wrap_content"
        android:layout_height="wrap_content"
        android:text="Hello World!" />

    <com.company.my.customview.GameView   ← 추가
    ❶ android:id="@+id/gameView"
    ❷ android:layout_width="match_parent"
        android:layout_height="match_parent"
```

```
    ❸ android:layout_marginTop="30dp"
    ❹ android:background="#e0ffe0" />

</RelativeLayout>
```

❶ View의 id를 설정한다.

❷ View를 레이아웃의 크기로 확장한다.

❸ View가 TextView를 가리지 않도록 위쪽 여백을 준다. TextView를 제거할 경우에는 이 문장을
   삭제한다.

❹ View의 배경색이다.

❶의 id는 없어도 에러는 아니지만 id가 있는 것이 좋다. id가 있으면 GameView를 변수에 저
장한 후 여러모로 활용할 수 있기 때문이다.

프로젝트를 실행하면 GameView가 TextView 아래의 전체 부분을 차지하는 것을 볼 수 있
다. 화면에서 엷은 연두색으로 표시된 부분이 GameView이다. Floating Action Button과
옵션 메뉴 등이 정상적으로 작동한다. GameView의 가장자리에 흰색 부분이 있는 것은
RelativeLayout에 Padding 속성이 설정되어 있기 때문이다.

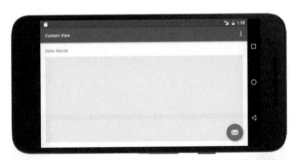

그림 5-3 Custom View를 TextView 아래에 배치한 상태

２ 전체 화면 사용

이번에는 GameView가 단말기의 전체 화면을 사용하도록 호출해 본다. MainActivity.java를
일부분 수정해야 한다.

```
public class MainActivity extends AppCompatActivity {

    @Override
    protected void onCreate(Bundle savedInstanceState) {
        super.onCreate(savedInstanceState);
```

```
        // setContentView(R.layout.activity_main);   ◀ 주석 처리해서 실행을 막는다.
        setContentView( new GameView(this) );   ◀ 추가

//      Toolbar toolbar = (Toolbar) findViewById(R.id.toolbar);
//      setSupportActionBar(toolbar);
//
//      FloatingActionButton fab = (FloatingActionButton) findViewById(R.id.fab);
//      fab.setOnClickListener(new View.OnClickListener() {
//        @Override
//        public void onClick(View view) {
//          Snackbar.make(view, "Replace with your own action", Snackbar.
                                                                LENGTH_LONG)
//              .setAction("Action", null).show();
//        }
//      });
    }
    ........................
}
```

레이아웃은 액티비티에서 setContentView( )로 호출해야 레이아웃에 포함된 위젯이 활성화된다. 그런데 setContentView(GameView)와 같이 GameView를 직접 호출하면 activity_main.xml의 위젯이 활성화되지 않는다.

따라서 레이아웃의 위젯을 참조하는 문장을 모두 주석 처리해서 실행을 막지 않으면 에러가 발생한다. 안드로이드 스튜디오에서 여러 행의 문장을 주석으로 만들거나 주석을 해제할 경우에는 블록 설정 후 Ctrl + / 키를 입력한다. 위와 같이 불필요한 문장을 주석 처리하고 프로젝트를 시작하면 텅 빈 화면이 나타난다.

그림 5-4 **Custom View**를 전체 화면으로 확대한 상태

5.1.4 GameView의 작업 영역 구분

GameView의 작업 영역을 다음과 같이 구분해서 변수 등을 관리하기 쉽게 한다.

```
class GameView extends View {

    ┌─────────────────────────────────────────────────────────┐
    │ ❶ 전역 변수 선언 영역                                          │
    └─────────────────────────────────────────────────────────┘

    public GameView(Context context) {
        super(context);

        ┌─────────────────────────────────────────────────────┐
        │ ❷ 변수 초기화 영역                                       │
        └─────────────────────────────────────────────────────┘
    }

    public void onDraw(Canvas canvas) {

        ┌─────────────────────────────────────────────────────┐
        │ ❸ 실제로 화면에 그리는 영역                               │
        └─────────────────────────────────────────────────────┘
    }
}
```

❷의 변수 초기화는 생성자에서 하는데, 생성자는 앞에서 설명한 형식 1과 형식 2 중 자신이 필요한 것을 사용한다.

5.1.5 Custom View의 크기 구하기

Custom View의 크기는 반드시 알아야 한다. 그래야 스프라이트 등이 화면을 벗어나는 것을 방지할 수 있다. View의 크기는 단말기의 종류나 Custom View가 전체 화면을 사용하느냐 레이아웃의 일부분을 사용하느냐에 따라 달라질 것이다.

Custom View의 크기를 구하는 방법은 몇 가지 있지만, View의 크기가 변하거나 단말기의 방향이 바뀌면 자동으로 호출되는 콜백 함수를 사용하는 것이 편하다. 이 함수로 구한 값은 픽셀 단위이다.

```
@Override
protected void onSizeChanged(int w, int h, int oldw, int oldh) {
    super.onSizeChanged(w, h, oldw, oldh);

}
```

이 함수는 직접 작성해도 되지만, [Code ➡ Override Methods] 메뉴(단축키 Ctrl + O)를 이용해서 추가하는 것이 편하다. 이 메뉴를 누르면 다음과 같은 창이 나타나므로 검색어로 'onSize'를 입력해서 추가한다.

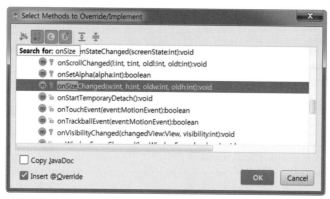

그림 5-5 **Callback 함수 추가**

단, 이 함수는 생성자보다 늦게 호출되며 여러 번 호출될 수 있다. 따라서 생성자에서는 화면의 크기를 알 수 없다는 것을 염두에 두고 사용해야 한다.

다음은 전역 변수 w, h를 선언하고 이 함수를 GameView에 추가하면, View의 크기가 바뀔 때마다 이 함수가 호출되어 변수 w, h에 새로운 값이 저장된다. 다음은 GameView에서 화면의 해상도를 단말기의 정중앙에 출력하는 예이다.

GameView.java

```java
public class GameView extends View {

    int w, h;      // 화면의 폭과 높이(픽셀)

    // 생성자(1)
    public GameView(Context context) {
        super(context);
    }

    // 생성자(2)
    public GameView(Context context, AttributeSet attrs) {
        super(context, attrs);
    }

    // View의 해상도 구하기
    @Override
    protected void onSizeChanged(int w, int h, int oldw, int oldh) {
        super.onSizeChanged(w, h, oldw, oldh);

        this.w = w;
        this.h = h;
    }

    // 화면 그리기
    @Override
```

```java
    protected void onDraw(Canvas canvas) {
        Paint paint = new Paint();                          // 화면 출력용 Paint
        paint.setColor(Color.BLACK);                        // Paint의 색상 설정

        paint.setTextSize(60);                              // 글자 크기
        paint.setTextAlign(Paint.Align.CENTER) ;            // 글자의 정렬 방식

        // 화면 출력용 문자열 만들기
        String str = String.format("화면 해상도 : %d x %d", w, h);

        // Canvas에 글자 출력
        canvas.drawText(str, w / 2, h / 2, paint);
    }

} // GameView
```

위의 프로그램에서 보듯이 화면 출력은 **Paint**와 **Canvas**를 통해서 이루어진다. **Canvas**는 화면, **Paint**는 그림을 그리는 붓에 해당한다. 다음은 생성자(1)과 생성자(2)의 형식으로 각각 **GameView**를 호출한 결과이다. 생성자(2)의 경우 content_main.xml의 **TextView**를 제거하고, **RelativeLayout**의 **Padding**을 제거해서 레이아웃의 여백을 없앴다.

그림 5-6 단말기의 해상도 표시

Nexus5의 화면 해상도가 1080×1920인데, 왼쪽 그림의 출력 결과는 1080×1731이다. 단말기 맨 아래의 [Back] 버튼 등이 View의 일부분을 차지하고 있고, 화면에는 보이지 않지만 상태 표시줄이 여전히 화면 맨 위의 영역을 차지하기 때문이다.

오른쪽 그림은 화면 해상도가 두 번 출력되었다. View가 만들어질 때 onSizeChanged( )가 호출되고, Toolbar를 만든 후에 다시 onSizeChanged( )가 호출되었기 때문이다.

GameView를 어떤 형식으로 호출해야 하는지는 중요한 문제는 아니지만, 이 책에서는 추후 옵션 메뉴와 Floating Action Button 등을 활용할 수 있도록 두 번째 생성자를 사용하는 것으로 한다.

5.2 Sprite의 출력

스프라이트(Sprite)는 게임에서 일련의 동작을 수행하는 이미지이다. 스프라이트로 사용할 이미지는 그림의 여백 부분이 투명해야 하므로 png 형식의 파일을 사용하는 것이 좋다. 또한, 안드로이드의 리소스는 소문자를 사용하므로 파일명은 반드시 소문자, 숫자, '_'를 이용해서 작성한다. 이 프로젝트는 단말기의 중앙에 엽기 토끼를 출력하는 것이다. `File` 5_2_Rabbit

그림 5-7 단말기의 중앙에 엽기 토끼를 표시한다.

이 프로젝트는 다음과 같은 이미지 리소스가 필요하다.

그림 5-8 프로젝트에 필요한 이미지 리소스

1 GameView 추가

GameView의 구조는 앞의 프로젝트와 같으므로 그것을 복사해서 사용할 것이다. 먼저 새로운 프로젝트를 만든다. 이 책의 경우 프로젝트 이름은 5_2_Rabbit이다. 안드로이드 스튜디오에서 [File ➡ Open] 메뉴를 실행해서 5_1_CustomView 프로젝트를 연다. 이렇게 하면 컴퓨터에 안드로이드 스튜디오가 두 개 실행된다.

5_1_CustomView가 실행 중인 안드로이드 스튜디오의 프로젝트 매니저에서 GameView를 복사(Ctrl + C)한 후, 5_2_Rabbit을 실행 중인 안드로이드 스튜디오의 프로젝트 매니저에 붙여넣기(Ctrl + V)하면 GameView가 새로운 Class로 등록된다. 프로젝트 매니저에서 Ctrl + 드래그로 추가할 수도 있다.

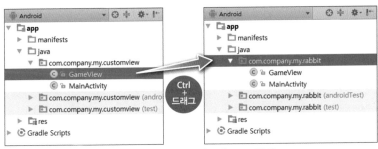

그림 5-9 다른 프로젝트의 Class 복사

어떤 방법을 사용하든 붙여넣을 위치는 패키지명이 표시된 곳이다.

2 content_main.xml 복사

같은 방법으로 앞의 프로젝트에서 수정해 둔 content_main.xml을 복사한다. 같은 이름의 파일이 있으므로 덮어쓸 것인지를 묻는 대화상자가 나타나면 [Overwrite] 버튼을 누른다.

그림 5-10 다른 프로젝트의 xml 파일 복사

복사가 끝나면 5_1_CustomView가 실행 중인 안드로이드 스튜디오를 닫는다. 복사한 content_main.xml은 패키지명을 현재의 패키지 이름으로 바꾸어야 한다. 수정할 곳이 두 군데이다. 다음 소스에 빨간색으로 표시했다.

```xml
<?xml version="1.0" encoding="utf-8"?>
<RelativeLayout xmlns:android="http://schemas.android.com/apk/res/android"
    ....................
    tools:context="com.company.my.rabbit.MainActivity"
    tools:showIn="@layout/activity_main">

    <com.company.my.rabbit.GameView
        android:id="@+id/gameView"
        android:layout_width="match_parent"
        android:layout_height="match_parent"
        android:background="#e0ffe0" />

</RelativeLayout>
```

③ GameView 수정

[res/drawable] 폴더에 준비한 이미지를 추가하고, GameView를 다음과 같이 수정한다.

GameView.java

```java
public class GameView extends View {
    // 토끼 이미지와 리소스
❶  Bitmap rabbit;
❷  int[] imgRes  = { R.drawable.rabbit_1, R.drawable.rabbit_2 };

    int w, h;        // 화면의 크기
    int x, y;        // 토끼의 좌표
    int rw, rh;      // 토끼 이미지의 크기

    // 생성자
    public GameView(Context context, AttributeSet attrs) {
        super(context, attrs);

❸      rabbit = BitmapFactory.decodeResource( context.getResources(), imgRes[0] );
❹      rw = rabbit.getWidth() / 2;
        rh = rabbit.getHeight() / 2;
    }

    // 화면의 크기 구하기
    @Override
    protected void onSizeChanged(int w, int h, int oldw, int oldh) {
        super.onSizeChanged(w, h, oldw, oldh);

        this.w = w;
        this.h = h;

❺      x = w / 2;       // 토끼의 좌표를 화면 중앙으로 설정
        y = h / 2;
    }

    // 그리기
```

```
    @Override
    protected void onDraw(Canvas canvas) {
    ❻ canvas.drawBitmap(rabbit, x - rw, y - rh, null);
    }

} // GameView
```

❶ 이미지를 표시할 Bitmap을 준비한다.

❷ 토끼 이미지의 리소스를 배열에 저장한다.

❸ 이미지 리소스를 비트맵으로 변환한다.

❹ 이미지의 폭과 높이의 절반 값을 구한다.

❺ 토끼의 좌표를 화면 중앙으로 설정한다.

❻ 비트맵을 화면 가운데에 표시한다.

BitmapFactory.decodeResource( )는 이미지 리소스를 비트맵으로 변환한다. 이 함수는 비트맵을 다룰 때에는 공식처럼 사용되는 것이므로 잘 기억해 두어야 한다.

비트맵을 표시할 때 ❻의 x-rw, y-rh와 같이 토끼의 좌표에서 이미지 크기의 절반을 빼는 것은, 비트맵의 출력은 이미지의 왼쪽 위가 기준 위치이기 때문이다. 아래 그림과 같이 이미지의 폭과 높이를 고려해서 (x-w, y-h)에 출력하면 이미지의 가운데 부분이 (x, y)가 된다.

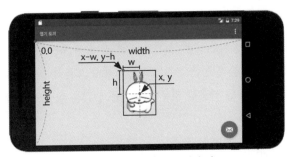

그림 5-11 단말기와 이미지의 좌표

이미지는 표시할 위치에서 절반 크기를 뺀 곳에 출력하는 것이 중요하다. 이렇게 하지 않으면 충돌 처리나, 이미지가 화면을 벗어났는지 등을 판단할 때 아주 번거로워진다.

5.3 Sprite의 이동

화면의 토끼가 일정한 속도로 이동하는 프로그램을 작성한다.　　　　`File` 5_3_SpriteRabbit

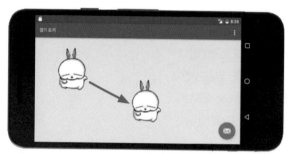

그림 5-12 토끼가 일정한 속도로 이동한다.

스프라이트를 움직이려면 스프라이트의 초기 좌표를 정해 두고, 이 값을 조금씩 바꿔 가면서
이동한 좌표에 다시 그린다. 스프라이트는 onDraw( )에서 그리고 있으므로 Timer나 Handler
등을 이용해서 주기적으로 그려야 한다.

5.3.1 Handler 사용하기

Handler는 안드로이드가 제공하는 스레드(Thread)의 한 종류로써 메인 스레드와의 통신이 주
된 목적이지만, 특정한 부분을 일정한 간격으로 반복해서 호출하는 용도로도 사용할 수 있다.
이와 같은 목적으로 Handler를 사용할 경우에는 다음과 같은 형식으로 작성한다.

```
Handler mHandler = new Handler() {
    public void handleMessage(Message msg) {
        <반복해서 처리할 부분>
        mHandler.sendEmptyMessageDelayed(<메시지 id>, <지연 시간>);
    }
};
```

핸들러는 그 자체로는 작동하지 않으므로 한 번은 외부에서 호출해야 한다. 위와 같이 작성된
핸들러는 다음과 같이 호출한다.

```
mHandler.sendEmptyMessageDelayed(<메시지 id>, <지연 시간>);
```

핸들러의 메시지(Message)는 실행 중인 프로세스(Process)에 정보를 전달하기 위한 수단으로, 안드로이드에는 여러 종류의 메시지가 정의되어 있다. 메시지는 안드로이드 내부의 메시지 큐에 도착한 순서대로 쌓이는데, 메시지를 받은 프로세스는 메시지가 지시하는 처리를 한다.

핸들러에게 특별한 조건 없이 반복 실행만 요구할 경우에는 메시지를 사용하지 않으므로 대부분 메시지 id를 0으로 설정한다. Handler는 안드로이드가 제공하는 것과 Java.util이 제공하는 것이 있는데, 사용법이 다르다. 여기에서는 안드로이드가 제공하는 것을 사용한다. import에 다음과 같이 선언되어 있어야 한다.

```
....................
import android.os.Handler;
import android.os.Message;
....................
```

다음은 Handler를 이용해서 토끼를 이동하는 천천히 이동하는 예이다. 변수 선언부에서는 토끼의 초기 위치를 미리 정하고, 토끼의 이동 속도를 추가했다. 핸들러는 생성자에서 호출한다.

GameView.java

```
public class GameView extends View {
    // 토끼 이미지와 리소스
    Bitmap rabbit;
    int[] imgRes  = { R.drawable.rabbit_1, R.drawable.rabbit_2 };

    int w, h;        // 화면의 크기
    int rw, rh;      // 이미지의 폭과 높이

 ❶  int x = 300;     // 토끼의 초기 좌표
    int y = 200;

 ❷  int sx = 3;      // 토끼의 이동 속도
    int sy = 2;

    // 생성자
    public GameView(Context context, AttributeSet attrs) {
        rabbit = BitmapFactory.decodeResource( context.getResources(), imgRes[0] );
        rw = rabbit.getWidth() / 2;
        rh = rabbit.getHeight() / 2;

 ❸      mHandler.sendEmptyMessageDelayed(0, 10);
    }

    // 화면의 크기 구하기
    @Override
    protected void onSizeChanged(int w, int h, int oldw, int oldh) {
```

```
        super.onSizeChanged(w, h, oldw, oldh);

        this.w = w;
        this.h = h;
    }

    // 그리기
    @Override
    protected void onDraw(Canvas canvas) {
        canvas.drawBitmap(rabbit, x - rw, y - rh, null);

    ❹  x += sx;
        y += sy;
    }

    // Handler
    Handler mHandler = new Handler() {
        public void handleMessage(Message msg) {
        ❺  invalidate();
        ❻  mHandler.sendEmptyMessageDelayed(0, 10);
        }
❼  };

} // GameView
```

❶ 토끼의 초기 좌표를 미리 설정한다.

❷ 토끼의 이동 방향과 속도를 정한다.

❸ 핸들러를 호출한다.

❹ 토끼의 좌표에 이동 속도를 누적한다.

❺ 화면을 다시 그린다. 이 함수는 onDraw( )를 호출한다.

❻ 핸들러를 호출한다.

❼ 핸들러의 끝에는 ';'을 붙인다.

핸들러의 지연 시간은 밀리세컨드(ms)이다. sendEmptyMessageDelayed(0, 10)은 10/1000초이므로, 이 핸들러는 1초에 100번 호출되어 토끼는 (3, 2)×100의 속도로 이동할 것이다.

그런데 운영체제(OS)는 다른 처리를 하는 도중에 시간이 날 때 스레드를 처리한다. 운영체제가 바쁠 때에는 스레드의 요청에 즉각 응답하지 못하여 처리가 늦어질 수도 있고, 메시지 큐가 가득 찬 경우에는 스레드의 요청 자체가 무시된다.

결론적으로 말하면, 핸들러(스레드)의 호출은 정확한 주기가 아니라는 것과 핸들러의 Delayed(0, 10)을 Delayed(0, 0)으로 고친다고 해서 토끼가 10배 빨리 이동하는 것은 아니라는 점이다. 현재의 하드웨어로는 1/1000초 이내에 onDraw( )의 실행을 끝낼 수가 없기 때문이다.

5.3.2 Back Key로 종료하기

이 프로그램은 지속적으로 토끼를 이동하므로, 일단 프로그램을 실행하면 토끼가 화면을 빠져나가도 무한정 진행되어 빈 화면만 남게 된다. 이런 경우에는 단말기의 Back 키로 Activity의 실행을 중지시키면 좋을 것이다. MainActivity의 적당한 곳에 다음 함수를 추가한다.

```java
MainActivity.java

@Override
public void onBackPressed() {
    finish();
}
```

onBackPressed( )는 사용자가 단말기의 뒤로 가기 버튼을 누르면 호출되는 콜백 함수이다. 이제 프로젝트를 실행하고 단말기의 [Back] 키를 누르면 Activity가 종료되고 홈 화면으로 돌아가는 것을 확인할 수 있다.

5.3.3 벽과의 충돌 탐지

게임에서 스프라이트가 벽이나 바닥과 충돌하거나 화면을 벗어나면 다음 방법 중의 어느 한 가지로 처리한다.

① 그 방향의 이동을 무시한다(FPS 게임, 퍼즐 게임 등).
② 반대 방향으로 반사한다(블록 격파 등).
③ 화면의 반대 방향에서 다시 나타난다(적기, 운석 출현 등).
④ 스프라이트가 소멸된다(총알, 미사일 등).

이 프로젝트는 ②의 방법을 사용해서 토끼가 화면의 가장자리에 도달하면 반대 방향으로 반사하게 할 것이다. onDraw( ) 함수만 수정하면 된다.

```java
GameView.java

protected void onDraw(Canvas canvas) {
    x += x;                            // 토끼 이동
    if (x < rw || x > w - rw) {        // 화면의 좌우를 벗어났나?
        sx = -sx;                      // 이동 방향을 반대로 설정
        x += sx;                       // 토끼 원위치
    }

    y += sy;                           // 토끼 이동
    if (y < rh || y > h - rh) {        // 화면의 상하를 벗어났나?
```

```
            sy = -sy;                      // 이동 방향을 반대로 설정
            y += sy;                       // 토끼 원위치
        }

        canvas.drawBitmap(rabbit, x - rw, y - rh, null);
    }
```

작동 원리는 간단하다. 일단 토끼를 이동한 후 화면 가장자리를 넘어서는 경우에는 이동 방향
을 반대로 바꾸고, 토끼를 원위치에 둔다. 이렇게 하고 토끼를 출력하면 토끼가 화면을 벗어나
지 않는다.

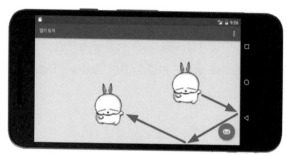

그림 5-13 **토끼가 화면의 가장자리에서 반사한다.**

안드로이드 기반의 게임을 만들 때 염두에 두어야 하는 것은, 사용자의 단말기의 종류가 제각각
이라는 것이다. 따라서 스프라이트나 오브젝트에 절대 좌표를 사용하면 단말기에 따라 표시 위
치가 달라진다는 것을 명심해야 한다. 따라서 절대 좌표의 사용은 최대한 자제하고, 대신 스프
라이트의 위치 등은 항상 화면의 비율과 자신의 크기 등을 기준으로 처리하는 것이 원칙이다.

5.3.4 토끼의 애니메이션

토끼의 이미지가 두 장이므로, 일정한 간격으로 이미지를 바꿔서 토끼가 움직이는 간단한 Cell
Animation을 추가할 것이다. 현재 핸들러가 1초에 100회 호출되므로 핸들러의 호출 횟수를 카
운터에 저장하고, 이 값을 참조해서 이미지가 교대로 표시되도록 한다. 이미지를 두 개 사용할
것이므로 Bitmap을 배열로 만들고 변수도 두 개 추가한다.

```
GameView.java

public class MyView extends View {
    Bitmap rabbit;                      ← 삭제
  ❶ Bitmap[] rabbit = new Bitmap[2];    ← 위의 변수를 배열로 변경
    ................
```

```
❷ int counter = 0;      // Loop Counter   ← 추가
❸ int imgNum = 0;       // 토끼 이미지 번호  ← 추가

    // 생성자
    public MyView(Context context) {
        super(context);

        // 토끼 이미지를 배열에 읽기   ← 수정 및 추가
        rabbit[0] = BitmapFactory.decodeResource( getResources(), imgRes[0] );
        rabbit[1] = BitmapFactory.decodeResource( getResources(), imgRes[1] );

        // 토끼의 폭과 높이
        rw = rabbit[0].getWidth() / 2;   ← 수정
        rh = rabbit[0].getHeight() / 2;  ← 수정
        .................
    }

    // 화면 그리기
    public void onDraw(Canvas canvas) {
        .................
        counter++;                         // 카운터 증가  ← 추가
❹     if (counter % 50 == 0) {
❺         imgNum = 1 - imgNum;            // 0과 1을 교대로 반복한다.
        }

        canvas.drawBitmap( rabbit[imgNum], x - w, y - rh, null );  ← 수정
    }
```

❶ 토끼 이미지를 저장할 비트맵을 배열로 만든다.

❷ Handler에 의해 호출되는 onDraw( )의 실행 횟수를 저장할 변수이다.

❸ 토끼의 이미지 번호를 저장할 변수이다.

❹ 현재의 카운터가 50의 배수인지 조사한다.

❺ 이미지 번호를 0과 1이 교대로 반복하도록 설정한다.

❹의 counter % 50은 직전의 설정 후 0.5초가 경과했는지를 조사하는 것이다. 현재 Handler는 10/1000초 간격으로 호출되므로 counter는 1초에 100번 증가한다.

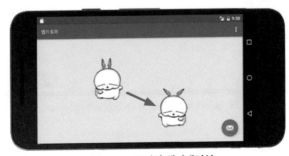

그림 5-14 **토끼의 애니메이션**

5.4 Touch로 Sprite 제어

모바일 단말기의 화면을 만지면 Touch 이벤트가 발생한다. 안드로이드에서 자주 사용하는 Touch 이벤트는 다음의 세 가지이다. AVD에서는 마우스 버튼이 Touch를 대신한다.

ACTION_DOWN 화면에 손이 닿았을 때(ButtonDown)
ACTION_UP 화면에서 손을 떼었을 때(ButtonUp)
ACTION_MOVE 화면을 누른 상태로 손을 이동할 때(Drag)

5.4.1 onTouchEvent( ) 함수 추가

앞의 프로젝트에 손가락(마우스)으로 토끼를 이동하는 기능을 추가한다. GameView에 onTouchEvent( ) 함수를 추가한다. 간단한 함수이므로 직접 작성해도 되지만, 안드로이드 스튜디오가 제공하는 Override Methods 기능을 이용해서 추가하는 것이 편하다.

커서를 이벤트 함수를 추가할 위치로 이동하고(Handler 앞이 좋을 것이다) [Code ➡ Override Methods] 메뉴를 실행하거나 Ctrl + O 키를 누른다. 추가할 함수 목록이 나타나면 ❶과 ❷의 버튼을 활성화하고, 검색어로 'onTouch'를 입력해서 onTouchEvent( ) 함수를 찾는다.

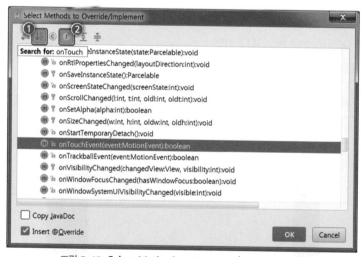

그림 5-15 **Select Methods to Override/Implement 창**

다음과 같은 함수가 추가될 것이다.

```
@Override
public boolean onTouchEvent(MotionEvent event) {
    <Touch가 있을 때 처리할 부분>
    return super.onTouchEvent(event);
}
```

위의 return super.onTouchEvent(event)는 Touch를 처리한 후 조상의 Touch 이벤트를 다시 호출하는 문장인데, 조상의 Touch 이벤트를 호출할 필요가 없는 경우에는 return true로 처리한다.

5.4.2 터치 위치로 토끼 이동

화면을 터치하면 그 위치로 토끼를 이동하는 기능을 추가한다. 화면의 터치 위치는 event. getX( ), event.getY( )로 구할 수 있으므로 토끼의 좌표를 이 값으로 바꾸면 될 것이다. 이 함수는 float형이므로 정수로 변환해서 할당한다.

GameView.java

```
public boolean onTouchEvent(MotionEvent event) {
    if ( event.getAction() == MotionEvent.ACTION_DOWN ) {
        x = (int) event.getX();    // 토끼 위치 변경
        y = (int) event.getY();
    }

    return true;
}
```

프로젝트를 실행하고 화면을 클릭하면 그 위치로 토끼가 옮겨지는 것을 확인할 수 있다. 토끼의 이동 방향을 설정하는 것이 아니라 토끼의 좌표를 바꾸는 것이므로 토끼는 순간 이동한다.

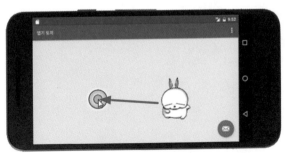

그림 5-16 **화면을 터치한 위치로 토끼가 옮겨진다.**

5.4.3 Touch Move로 이동 방향 바꾸기

이제 Touch Move로 토끼의 이동 방향과 속도를 바꾸는 기능을 추가한다. ACTION_DOWN과 ACTION_UP 좌표를 각각 구한 후 이것을 비교하면 어느 정도 이동했는지를 알 수 있다.

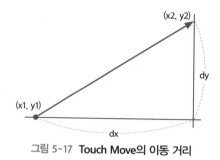

그림 5-17 **Touch Move의 이동 거리**

ACTION_DOWN의 좌표는 계속 사용할 수 있도록 전역 변수로 설정한다. GameView의 변수 영역의 맨 아래에 변수를 두 개 추가한다.

```
float x1, y1;    // 터치 시작 위치
```

onTouchEvent( ) 함수를 다음과 같이 수정한다.

GameView.java

```java
public boolean onTouchEvent(MotionEvent event) {
    if ( event.getAction() == MotionEvent.ACTION_DOWN ) {
        // x = (int) event.getX();
        // y = (int) event.getY();
        x1 = event.getX();
        y1 = event.getY();
    }

    if ( event.getAction() == MotionEvent.ACTION_UP ) {
        float x2 = event.getX();
        float y2 = event.getY();

        ❶ sx = (int)(x2 - x1) / 100;
        ❷ sy = (int)(y2 - y1) / 100;
    }

    return true;
}
```

이 소스는 ❶과 ❷에서 각 방향의 이동 거리를 구한 후 100으로 나눈 값을 이동 속도로 설정하고 있다. 이제 프로젝트를 실행하고 화면을 드래그하면 토끼가 그 방향으로 이동하는 것을 볼 수 있다. 물론, 터치만 하면 이동 거리가 0이므로 토끼가 정지한다.

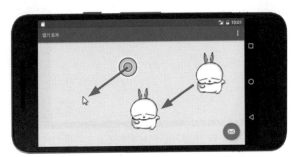

그림 5-18 **Touch Move로 토끼를 이동한다.**

5.4.4 전체 화면 사용하기

대부분의 게임은 타이틀 바와 상태 표시줄이 필요하지 않으므로 이것을 제거할 필요가 있다. 타이틀 바와 상태 표시줄을 제거하는 방법은 안드로이드의 API 버전에 따라 조금씩 다른데, MainActivity의 onCreate( )에서 설정한다. 우리의 액티비티는 AppCompatActivity를 상속받고 있으므로, 이 경우 다음과 같은 방법으로 제거한다.

MainActivity.java

```
protected void onCreate(Bundle savedInstanceState) {
    super.onCreate(savedInstanceState);
    setContentView(R.layout.activity_main);

    Toolbar toolbar = (Toolbar) findViewById(R.id.toolbar);
    setSupportActionBar(toolbar);

❶  getWindow().setFlags(WindowManager.LayoutParams.FLAG_FULLSCREEN,
                          WindowManager.LayoutParams.FLAG_FULLSCREEN);
❷  getSupportActionBar().hide();
    ........................
}
```

❶ 상태 표시줄을 감춘다. 같은 파라미터를 두 개 사용하는 점에 유의한다.

❷ 타이틀 바(AppBar)를 감춘다. 이 문장은 반드시 Toolbar 설정 이후에 두어야 한다.

이 문장을 추가하고 프로젝트를 실행하면 단말기가 전체 화면으로 전환된 것을 확인할 수 있다.

그림 5-19 단말기를 전체 화면으로 전환한 상태

5.4.5 Custom View의 제어

이것은 MainActivity에서 GameView의 실행을 제어하는 것을 의미한다. 예를 들어 MainActivity의 옵션 메뉴에 '시작', '중지' 등과 같은 메뉴를 추가하고, 이것으로 GameView의 실행을 On/Off 하거나, Floating Action Button을 눌러 토끼의 이동을 일시정지/재시작 하는 등의 작업이다.

이와 같은 처리를 하려면 MainActivity에서 GameView를 변수로 만들어 두고, GameView 내부의 변수를 직접 변경하거나, GameView의 함수를 실행해야 한다. 먼저 MainActivity에서 GameView를 다룰 변수를 추가하고 여기에 GameView를 저장한다.

```
MainActivity.java

public class MainActivity extends AppCompatActivity {

❶  GameView gameView;        // GameView 저장

    @Override
    protected void onCreate(Bundle savedInstanceState) {
        super.onCreate(savedInstanceState);
        setContentView(R.layout.activity_main);

        // Actionbar 만들기
        Toolbar toolbar = (Toolbar) findViewById(R.id.toolbar);
        setSupportActionBar(toolbar);

        // Statusbar 감추기
        getWindow().setFlags(WindowManager.LayoutParams.FLAG_FULLSCREEN,
                                WindowManager.LayoutParams.FLAG_FULLSCREEN);
        // Actionbar 감추기
❷      // getSupportActionBar().hide();
```

```
            setTitle("엽기 토끼");
    ❸   gameView = (GameView) findViewById(R.id.gameView);
            ........................
    }
```

❶ GameView를 저장할 전역 변수를 만든다.

❷ 옵션 메뉴는 Actionbar에 나타나므로 액션 바를 감추는 부분을 주석 처리한다.

❸ GameView를 변수에 저장한다.

GameView를 변수에 저장하려면 content_main.xml의 GameView에 id 속성이 있어야 한다. 이 것에 대해서는 5.3.1절에서 설명한 바 있다. GameView는 class이지만 View를 상속받고 있으므로 ❸의 형식으로 읽어 들인다.

1 옵션 메뉴 만들기

옵션 메뉴는 4.2.7절에서 다뤄 본 적이 있다. 다음과 같이 메뉴 항목을 세 개 추가하고 처리 내용을 입력한다.

MainActivity.java

```java
@Override
public boolean onCreateOptionsMenu(Menu menu) {
    menu.add(0, 1, 0, "Handler 시작");
    menu.add(0, 2, 1, "Handler 중지");
    menu.add(0, 3, 2, "프로그램 종료");

    return true;
}

@Override
public boolean onOptionsItemSelected(MenuItem item) {
    switch ( item.getItemId() ) {
        case 1 :
        ❶ gameView.mHandler.sendEmptyMessageDelayed(0, 10);
            break;
        case 2 :
        ❷ gameView.mHandler.removeMessages(0);
            break;
        case 3 :
            finish();
    }

    return true;
}
```

❶ GameView의 Handler를 호출한다.

❷ GameView의 Handler를 중지한다. Handler는 메시지를 처리하는 것이므로, 처리할 메시지가 없으면 정지한다.

그림 5-20 **옵션 메뉴가 표시된 상태**

2 Floating Action Button

이번에는 Floating Action Button을 누르면 Pause/Play가 토글되는 기능을 추가해 본다. on/off를 교대로 반복해야 하므로 boolean형의 변수가 하나 필요하다. 변수를 MainActivity에 추가해서 처리할 수도 있고, GameView에 추가해서 처리할 수도 있다. 이 변수는 토끼의 동작을 제어하는 것이므로 GameView에 추가하는 것이 좋다. GameView에 boolean형의 변수를 public으로 선언하고, Handler를 조금 수정한다.

```
GameView.java
public class GameView extends View {
    ........................
❶  public boolean isRun = true;

    // 생성자
    public GameView(Context context, AttributeSet attrs) {
        ........................
    }

    // Handler
    Handler mHandler = new Handler() {
        public void handleMessage(Message msg) {
❷          if (isRun) {
                invalidate();
            }
            mHandler.sendEmptyMessageDelayed(0, 10);
        }
    };

} // GameView
```

❶ 화면 갱신(onDraw( ) 실행) 여부를 결정하는 boolean형의 변수를 public으로 선언한다.

❷ isRun 상태이면 화면을 다시 그린다.

위의 Handler는 지속적으로 호출이 되지만, isRun의 상태에 따라 화면을 그리므로 isRun이 false이면 토끼가 정지한다. MainActivity의 처리는 다음과 같다.

```java
MainActivity.java

fab.setOnClickListener(new View.OnClickListener() {
    @Override
    public void onClick(View view) {
      ❶ gameView.isRun = !gameView.isRun;
    }
});

@Override
public boolean onOptionsItemSelected(MenuItem item) {
    switch ( item.getItemId() ) {
        case 1 :
          ❷ gameView.isRun = true;
          ❸ gameView.mHandler.sendEmptyMessageDelayed(0, 10);
            break;
        case 2 :
          ❹ gameView.isRun = false;
          ❺ gameView.mHandler.removeMessages(0);
            break;
        case 3 :
            finish();
    }

    return true;
}
```

❶ GameView의 변수의 값을 반전한다.

❷❸ 둘 중 한 가지 방식을 사용한다.

❹❺ 둘 중 한 가지 방식을 사용한다.

이 프로젝트는 게임의 공통 요소인 스프라이트의 표시와 이동을 간략하게 다뤄 본 것이다. 실전에서의 움직임은 가속, 감속, 중력, 충돌 등 물리적인 요소가 추가되지만, 스프라이트의 이동과 표시는 이 프로젝트와 별로 다를 것은 없다. 따라서 이 프로젝트의 내용을 잘 습득해 둘필요가 있다.

5.4.6 단말기의 방향 설정

이 책의 프로젝트는 대부분 단말기를 가로 방향으로 설정한다. 책의 지면을 줄일 목적도 있지만, 공간의 활용도가 세로 방향에 비해 크기 때문이다. 프로젝트를 AVD에서 실행하면 단말기의 방향을 가로/세로로 바꿀 때마다 화면이 자동으로 전환된다. 그런데 실제의 모바일 디바이스는 기종에 따라 화면 전환이 자동으로 처리되지 않고, 세로 방향으로 고정되기도 한다.

모바일 디바이스의 화면 방향은 AndroidManifests에서 설정할 수도 있고, **액티비티**에서 설정할 수도 있다. 다음은 AndroidManifests에서 화면 방향을 설정하는 예이다. 화면 방향은 액티비티 단위로 설정할 수 있으므로 Activity 섹션에서 설정한다.

```
AndroidManifests.xml

<activity
    android:name=".MainActivity"
    android:screenOrientation="portrait"    ← 액티비티의 화면 방향 설정
    .....................
</activity>
```

portrait 세로 모드로, Back 버튼이 화면 아래에 위치한다. 기본 모드이다.

reversePortrait 180° 회전한 세로 모드로, Back 버튼이 화면 위에 위치한다.

landscape 왼쪽으로 90° 회전한 가로 모드로, Back 버튼이 화면 오른쪽에 위치한다.

reverseLandscape 오른쪽으로 90° 회전한 가로 모드로, Back 버튼이 화면 왼쪽에 위치한다.

fullSensor 지이로 센서의 방향에 따라 화면을 실시간으로 전환한다.

액티비티에서 설정할 때에는 onCreate( )에서 설정한다.

```
@Override
protected void onCreate(Bundle savedInstanceState) {
    super.onCreate(savedInstanceState);
    setRequestedOrientation(ActivityInfo.SCREEN_ORIENTATION_PORTRAIT);
    setContentView(R.layout.activity_main);
    .....................
}
```

_PORTRAITE 위의 portrait와 같다.

_REVERSE_PORTRAIT 위의 reversePortrait와 같다.

_LANDSCAPE 위의 landscape와 같다.

_REVERSE_LANDSCAPE 위의 reverseLandscape와 같다.

_FULL_SENSOR 위의 fullSensor와 같다.

어느 방법을 사용하든 실행 결과는 같으므로 자신이 편한 방법을 사용하면 될 것이다. 이 책에서는 화면의 방향을 강제하지는 않지만, 화면을 특정 방향으로 고정할 경우에는 MainActivity에서 설정하는 것으로 하였다. 화면의 방향은 AndroidManifests나 액티비티 어느 한 곳에서 설정하면 되지만, 둘 다 설정한 경우에는 AndroidManifests의 설정은 무시된다.

앱의 실행 중에 화면의 방향이 바뀌면, 방향이 바뀔 때마다 액티비티의 onDestroy( )가 호출된 후 onCreate( )를 다시 호출하므로 해당 화면의 액티비티가 초기화된다.

제 **6** 장

Canvas와 Bitmap

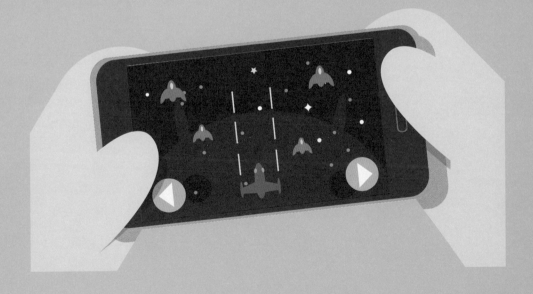

6.1 Canvas 다루기

안드로이드의 화면 출력은 모두 Canvas를 통해서 이루어진다. Canvas는 비트맵이나 텍스트를 출력하기도 하지만, 점, 선, 네모, 원 등의 도형을 직접 그리는 함수와 이미지를 특수한 형태로 변형하는 함수를 제공한다.

6.1.1 Canvas의 주요 함수

다음은 Canvas의 함수 중 자주 사용되는 것들이다.

표 6-1 자주 사용되는 Canvas의 함수

번호	함수	형식	기능
1	drawBitmap	(Bitmap bitmap, float left, float top, Paint paint)	비트맵 출력
2	drawPoint	(float x, float y, Paint paint)	점 그리기
3	drawLine	(float startX, float startY, float stopX, float stopY, Paint paint)	선 그리기
4	drawCircle	(float cx, float cy, float radius, Paint paint)	원 그리기
5	drawRect	(float left, float top, float right, float bottom, Paint paint)	사각형
6	drawText	(String text, float x, float y, Paint paint)	글자 출력
7	drawColor	(int color)	색칠하기
8	drawARGB	(int a, int r, int g, int b)	색칠하기
9	drawPaint	(Paint paint)	색칠하기
10	drawRoundRect	(RectF rect, float rx, float ry, Paint paint)	둥근 사각형
11	drawOval	(RectF oval, Paint paint)	원/타원
12	drawArc	(RectF oval, float startAngle, float sweepAngle, boolean useCenter, Paint paint)	호/부채꼴
13	drawLines	(float[] pts, Paint paint)	연속적인 선
14	drawPath	(Path path, Paint paint)	정의된 도형
15	drawPoints	(float[] pts, int offset, int count, Paint paint)	연속적인 점
16	translate	(float dx, float dy)	평행 이동
17	skew	(float sx, float sy)	기울임
18	rotate	(float degrees)	회전

표 6-1 **자주 사용되는 Canvas의 함수 (계속)**

번호	함수	형식	기능
19	rotate	`(float degrees, float px, float py)`	회전
20	scale	`(float sx, float sy)`	확대/축소
21	scale	`(float sx, float sy, float px, float py)`	확대/축소
22	save( )		현재 상태 저장
23	restore( )		원래 상태로

★ 위의 메서드는 모두 void형이다.
★★ 1~15는 그래픽을 처리하기 위한 함수, 16~23은 Canvas 변형 함수이다.

6.1.2 Canvas 변형 함수

다음은 Canvas의 변형 함수를 사용하는 예이다. 이 함수는 모두 CustomView의 onDraw( )에서 실행된다.   `File` 6_1_CanvasExample

1 translate( )

Canvas를 평행 이동한다. 이 함수를 호출한 이후에 그려지는 모든 그래픽 요소는 이동한 Canvas 위치에 그려진다. 이 함수를 반복해서 호출하면 이동되는 값이 계속 누적된다.

```java
public void onDraw(Canvas canvas) {
    // 1 translate
    Paint paint = new Paint();
 ❶ paint.setColor(0xff2040ff);
 ❷ canvas.drawRect(200, 200, 450, 550, paint);

 ❸ canvas.translate(300, 0);
 ❹ canvas.drawRect(200, 200, 450, 550, paint);

 ❺ Rect rect = new Rect(200, 200, 450, 550);
    canvas.translate(300, 0);
 ❻ canvas.drawRect(rect, paint);

    canvas.translate(300, 0);
    canvas.drawRect(rect, paint);
}
```

❶ 16진수로 색깔을 설정할 때에는 ARGB 형식을 사용한다.

❷ 사각형을 그리고 지정한 색으로 채운다. 출력 위치는 왼쪽 상단과 오른쪽 하단의 좌표로 설정한다.

❸ Canvas를 오른쪽으로 300픽셀 이동한다.

❹ 같은 크기의 사각형을 그린다.

❺ Rect는 사각형 도형을 만든다.

❻ Rect를 사용하면 매번 좌표를 지정하지 않으므로 간편하다.

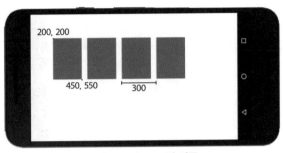

그림 6-1 **Canvas의 이동**

Canvas에 그려진 도형은 View에 투영된다. 따라서 Canvas를 이동한 후 도형을 그리면, View의 도형은 이동한 Canvas의 위치에 표시된다. 이것은 이동뿐만 아니라 회전, 기울이기 등에 공통적으로 적용된다. Canvas를 투명한 레이어로 생각하면 이해하기 쉬울 것이다.

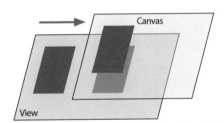

그림 6-2 **Canvas에 그려진 도형은 View에 투영된다.**

2 rotate( )

Canvas를 시계 방향으로 회전한다. 이 함수를 호출한 후에 그려진 도형은 모두 시계 방향으로 회전하며, 중심축을 지정하지 않으면 (0, 0)이 기준점이 된다. 이 함수를 반복해서 호출하면 회전하는 값이 계속 누적된다.

```java
public void onDraw(Canvas canvas) {
    Paint paint = new Paint();
 ❶ paint.setColor(Color.BLUE);

    for (int i = 1; i < 6; i++) {
        canvas.drawRect(1000, 200, 1500, 300, paint);
     ❷ canvas.rotate(40, 900, 360);
    }
}
```

❶ 컬러 상수로 색깔을 설정한다.

❷ Canvas를 시계 방향으로 40° 회전한다. 회전축은 (900, 360)이다.

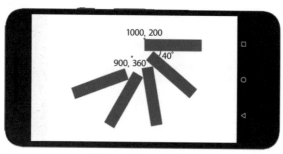

그림 6-3 **Canvas의 회전**

3 skew( )

Canvas의 오른쪽 모서리를 기준으로 수직이나 수평 방향으로 기울인다. 이 메서드를 호출한 후에 그려진 모든 도형은 좌우 또는 상하로 밀쳐진 형태가 된다. 이 함수를 반복해서 호출하면 기울이는 값이 계속 누적된다. 기울이는 값은 $\tan\theta$이므로 45°=1, 30°=0.577f 등과 같이 지정한다.

```
public void onDraw(Canvas canvas) {
    Paint paint = new Paint();
❶  paint.setColor(Color.rgb(0, 80, 255));
❷  RectF rect = new RectF(0, 0, 150, 400);

❸  canvas.translate(100, 200);
    canvas.drawRect(rect, paint);

❹  paint.setColor(Color.argb(255, 255, 0, 0));
    canvas.translate(500, 0);

❺  canvas.skew(1.29f, 0);    // tan50°
    canvas.drawRect(rect, paint);
}
```

❶ rgb( ) 형식으로 색을 지정할 수도 있다.

❷ RectF는 Rect와 유사하지만 float 값을 저장할 수 있다.

❸ 사각형을 그릴 위치로 Canvas를 이동한다.

❹ argb( ) 형식으로도 색을 지정할 수 있다.

❺ Canvas를 x축으로 tan50° 밀친다. Canvas를 밀치면 도형은 반대 방향으로 찌그러진 형태가 된다.

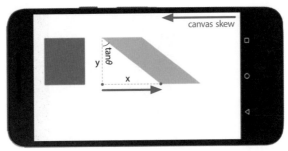

그림 6-4 **skew는 Canvas를 (x, y) 축으로 밀친다.**

4 save( ) / restore( )

현재의 Canvas 상태를 저장하거나 저장된 값으로 Canvas를 복원한다. Canvas는 여러 번 저장할 수 있으며, 저장된 횟수만큼 복원할 수 있다. Canvas의 save( )는 스택(Stack) 형식으로 관리되므로 Canvas를 여러 번 저장한 경우, 가장 최근에 저장된 값부터 역순으로 복원된다. 저장된 데이터가 없는 상태에서 restore( )를 호출하면 에러이다.

```java
public void onDraw(Canvas canvas) {
    Paint paint = new Paint();
    paint.setColor(0x800000ff);            // 반투명한 파란색
    Rect rect = new Rect(0, 0, 400, 400);

    canvas.translate(500, 150);            // 초기 위치
❶   canvas.drawRect(rect, paint);          // 사각형 그리기
    canvas.save();                         // Canvas 저장

    paint.setColor(0x80ff0000);            // 반투명한 빨간색
    canvas.skew(1, 0);                     // x축으로 45° 밀침
❷   canvas.drawRect(rect, paint);          // 가로 방향으로 평행사변형 그리기

    canvas.restore();                      // Canvas 복원 후 다시 저장
    canvas.save();

    paint.setColor(0x8000ff00);            // 반투명한 초록색
    canvas.skew(0, 1);                     // y축으로 45° 밀침
❸   canvas.drawRect(rect, paint);          // 세로 방향으로 평행사변형 그리기

    canvas.restore();
    canvas.translate(400, 400);

    paint.setColor(Color.BLUE);
❹   canvas.drawRect(rect, paint);
}
```

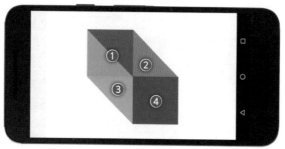

그림 6-5 Skew와 반투명한 컬러를 이용한 도형 그리기

5 scale( )

Canvas를 (x, y) 축으로 지정한 비율로 확대한다. 1보다 크면 확대, 작으면 축소이다. 이 값을
음수로 지정하면 위아래 또는 좌우로 뒤집힌다.

```java
public void onDraw(Canvas canvas) {
    Paint paint = new Paint();
    paint.setColor(Color.BLUE);

    // Diamond 도형
    Path path = new Path();
    path.moveTo(20, 0);
    path.lineTo(320, -150);
    path.lineTo(620, 0);
    path.lineTo(320, 150);
    path.lineTo(20, 0);

    canvas.translate(900, 540);
 ❶  canvas.rotate(45);
    canvas.drawPath(path, paint);

    // 왼쪽
 ❷  canvas.scale(-1, 1);
    canvas.drawPath(path, paint);

 ❸  canvas.rotate(90);
    canvas.drawPath(path, paint);

    // 위쪽
 ❹  canvas.scale(-1, 1);
    canvas.drawPath(path, paint);
}
```

❶ Canvas를 시계 방향으로 45° 회전하고 첫 번째 도형을 그린다.

❷ x축으로 대칭된 도형을 그린다.

❸ Canvas를 90° 추가 회전하고 세 번째 도형을 그린다.

❹ x축으로 대칭된 도형을 그린다.

그림 6-6 **Canvas의 rotate( )와 scale( )을 이용한 도형 그리기**

Canvas를 기준점으로 이동한 후 45° 회전하고 도형을 그리면 위 그림의 ❶이 그려진다. ❶을 x축 대칭으로 그리면 ❷가 되고, Canvas를 90° 다시 회전해서 ❸을 그리고, x축 대칭으로 ❹를 그린다.

6.2 Bitmap의 회전

Canvas의 이미지는 Bitmap으로 구현된다. Canvas에는 Bitmap의 변형과 관련된 함수가 많이 내장되어 있다. 비트맵의 출력은 Custom View에서 구현되므로 프로젝트에 미리 Custom View를 만들어 두어야 한다. 여기에서는 Custom View의 이름을 'GameView'로 하였다.

File 6_2_RotateBitmap

비트맵의 회전은 두 가지의 방법으로 처리할 수 있다. 첫 번째는 Canvas를 이용하는 것이고, 두 번째는 Matrix( )라는 별도의 class를 이용하는 것이다. Canvas를 이용한 회전은 비트맵 자체에는 변형을 주지 않고 비트맵이 회전된 상태만 View에 투영하지만, Matrix( )는 비트맵 자체를 변형시킨다.

비트맵의 변형은 기준점에 따라 출력 형태가 달라지므로 적절한 기준점을 설정해야 한다. 같은 이미지라도 놓인 상태에 따라 기준점이 달라지기 때문이다. 여기에 장미 네 송이가 있다. 같은 이미지인데 놓인 상태가 각각 다르다.

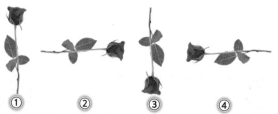

그림 6-7 **각각 다른 방향으로 놓인 장미 이미지**

위의 장미를 꽃가지의 끝을 기준점으로 회전할 경우에는 다음의 식으로 기준점의 좌표를 구한다. 편의상 이미지(rose)와 기준점(rw, rh)을 이미지 번호에 대응하는 배열로 처리했다.

```
rw[1] =  rose[1].getWidth() / 2;
rh[1] =  rose[1].getHeight();

rw[2] =  0;
rh[2] =  rose[2].getHeight() / 2;

rw[3] =  rose[3].getWidth() / 2;
rh[3] =  0;

rw[4] =  rose[4].getWidth();
rh[4] =  rose[4].getHeight() / 2;
```

출력할 위치에서 연산 결과를 뺀 것이 출력 위치이다. 이제 그림 6-7의 이미지를 일정한 간격으로 회전시켜 화면에 표시하는 프로그램을 만들어 본다. 이미지 파일을 프로젝트에 추가한 후 시작한다. 다음은 추가한 이미지를 22.5° 간격으로 회전시켜서 출력하는 예이다.

GameView.java

```
public class GameView extends View {

    // 이미지 리소스와 비트맵 배열
 ❶ int[] imgRes = new int[5];
    Bitmap[] rose = new Bitmap[5];

    // 화면의 중심점
    int cx, cy;

    // 장미의 기준점 배열
    int[] rw = new int[5];
    int[] rh = new int[5];

    // 생성자
    public GameView(Context context, AttributeSet attrs) {
        super(context, attrs);
```

```
        // 장미 이미지를 비트맵으로 만들기
        for (int i = 1; i <= 4; i++) {
    ❷      imgRes[i] = R.drawable.rose_1 + (i - 1);
            rose[i] = BitmapFactory.decodeResource(getResources(), imgRes[i]);
        }

        // 기준점 구하기(1)
        rw[1] =  rose[1].getWidth() / 2;
        rh[1] =  rose[1].getHeight();

        // 기준점 구하기(2)
        rw[2] =  0;
        rh[2] =  rose[2].getHeight() / 2;

        // 기준점 구하기(3)
        rw[3] =  rose[3].getWidth() / 2;
        rh[3] =  0;

        // 기준점 구하기(4)
        rw[4] =  rose[4].getWidth();
        rh[4] =  rose[4].getHeight() / 2;
    }

    // 화면 중심점 구하기
    @Override
    protected void onSizeChanged(int w, int h, int oldw, int oldh) {
        super.onSizeChanged(w, h, oldw, oldh);

        cx = w / 2;
        cy = h / 2;
    }

    // 화면 그리기
    @Override
    protected void onDraw(Canvas canvas) {
    ❸   int n = 1;         // 이미지 번호
    ❹   int mrg = 30;      // 여백

        // 원본 이미지의 기준점 표시용
        Paint paint = new Paint();
        paint.setColor(Color.BLUE);

        // 원본 출력
        canvas.drawBitmap(rose[n], mrg, mrg, null);

        // 원본에 기준점 표시
        canvas.drawCircle(rw[n] + mrg, rh[n] + mrg, 20, paint);

        // 출력 횟수와 회전 각도
        int cnt = 16;
    ❺   float ang = 360f / cnt;

    ❻   canvas.scale(0.9f, 0.9f, cx, cy);
```

```
        // 360° 회전
        for (int i = 1; i <= cnt; i++) {
            canvas.drawBitmap(rose[n], cx - rw[n], cy - rh[n], null);
            canvas.rotate(ang, cx, cy);
        }
    }

} // GameView
```

❶ 리소스와 비트맵을 저장할 배열을 만든다. 배열 번호를 1~4로 사용하기 위해 배열 요소를 하나 더 많도록 만들었다.

❷ for( )문이 1~4로 진행되므로 리소스를 읽을 때에는 변수 i에서 1을 뺀 값으로 처리한다.

❸ 화면에 출력할 이미지 번호이다.

❹ 기본 이미지를 출력할 때 원점(0, 0)으로부터 여백을 주기 위한 것이다.

❺ Java에서는 정수÷정수=정수가 되므로 360f와 같이 실수로 만들어서 연산한다.

❻ 회전하는 장미가 조금 작게 표시되도록 Canvas를 화면 중심 기준으로 90% 축소했다.

❸의 값을 1~4로 바꾸어 가면서 프로그램을 실행해 보면 장미1~4가 표시되는 결과를 각각 확인할 수 있다. Canvas를 360° 회전시켰으므로 1~4의 결과가 모두 같게 나타날 것이다.

그림 6-8 비트맵을 22.5° 간격으로 360° 회전한 결과

위의 그림에 있는 ❶~❹는 장미1~4의 첫 번째 비트맵이 그려지는 곳이다. 예를 들어, 장미3은 ❸부터 시작해서 시계 방향으로 회전하며 그려진다. 따라서 180°만 회전하며 그리면 출력 결과가 전혀 달라진다.

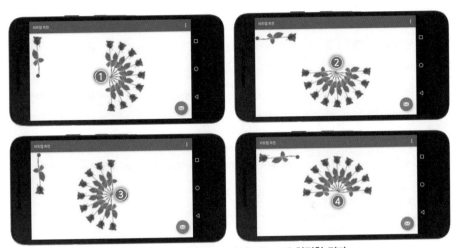

그림 6-9 비트맵을 22.5° 간격으로 180° 회전한 결과

6.3 아날로그 시계

비트맵을 회전시켜서 디지털 시각이 표시되는 아날로그 시계를 만든다. File 6_3_AnalogClock

그림 6-10 디지털 시각이 표시되는 아날로그 시계

이 프로젝트는 다음과 같은 이미지가 필요하다. 시계 바늘은 아래쪽을 기준으로 회전하므로, 제일 긴 바늘(초침)을 기준으로 이미지의 위쪽에 투명한 여백을 주어 크기를 일치시켰다.

그림 6-11 프로젝트에 필요한 이미지 리소스

1 현재 시각 읽기

컴퓨터의 시간은 1970년 1월 1일 00:00:00 GMT(세계 표준시)를 기준으로 현재까지의 경과한 시간을 밀리세컨드로 표현한다. 이 값을 계산하면 정확한 현재 시각을 알 수 있다. 이 값을 계산하는 class가 몇 개 있는데, Java.util이 제공하는 GregorianCalendar( )를 이용하는 것이 편하다. 현재 시각은 다음과 같은 방법으로 구한다.

```
GregorianCalendar calendar = new GregorianCalendar(TimeZone.getTimeZone("GMT+9"));

hour = calendar.get(Calendar.HOUR);      // 12시간제
min = calendar.get(Calendar.MINUTE);
sec = calendar.get(Calendar.SECOND);
```

위의 TimeZone("GMT+9")는 서울의 표준시이다. GregorianCalendar( )는 new로 생성할 때의 시각을 구하므로, 시간이 흘러가는 과정을 표시할 경우에는 화면에 표시할 때마다 새로 생성해야 한다.

2 시계 바늘의 회전 각도

초침이 360° 회전하면 60초가 되므로 1초=360÷60=6°이다. 이것은 분침도 같다. 시침은 360÷12=30°이다. 그런데 초침과 분침이 회전하면, 시침도 미세하게 움직이므로 이것을 고려해서 계산한다. 시계 바늘의 회전각은 다음 식으로 구할 수 있다. 분침은 초침 회전각을 반영하고, 시침은 분침의 회전각을 반영하는 방식이다.

```
rSec = sec * 6;                  // 초침
rMin = min * 6 + rSec / 60;      // 분침
rHour = hour * 30 + rMin / 12;   // 시침
```

다음은 화면 가운데에 아날로그 시계를 표시하고, 그 아래에 0.1초 단위의 디지털 시간을 표시하는 예이다.

GameView.java

```
public class GameView extends View {
    // 화면 중심점
    int cx, cy;

    // 문자판과 시계 바늘을 표시할 비트맵
    Bitmap clock;
    Bitmap[] pin = new Bitmap[3];
```

```java
// 시, 분, 초, 밀리초
int hour, min, sec, msec;

// 시계 바늘의 회전 각도
float rHour, rMin, rSec;

// 시계와 바늘의 크기
int cw, pw, ph;

//------------------------------
// 생성자
//------------------------------
public GameView(Context context, AttributeSet attrs) {
    super(context, attrs);

    // 비트맵 읽기
    clock = BitmapFactory.decodeResource(getResources(), R.drawable.clock);
    for (int i = 0; i < 3; i++) {
 ❶ pin[i] = BitmapFactory.decodeResource(getResources(), R.drawable.pin_1 + i);
    }

    // 시계와 바늘의 크기
    cw = clock.getWidth() / 2;
 ❷ pw = pin[0].getWidth() / 2;
 ❸ ph = pin[0].getHeight() - 60;

    // Handler 호출
 ❹ mHandler.sendEmptyMessageDelayed(0, 100);
}

//------------------------------
// 화면 중심점 구하기
//------------------------------
@Override
protected void onSizeChanged(int w, int h, int oldw, int oldh) {
    super.onSizeChanged(w, h, oldw, oldh);

    cx = w / 2;
    cy = h / 2;
}

//------------------------------
// 화면 그리기
//------------------------------
@Override
protected void onDraw(Canvas canvas) {
 ❺ canvas.scale(0.9f, 0.9f, cx, cy);
 ❻ canvas.save();

    // 문자판
    canvas.drawBitmap(clock, cx - cw, cy - cw, null);

    // 시침
    canvas.rotate(rHour, cx, cy);
    canvas.drawBitmap(pin[2], cx - pw, cy - ph, null);
```

```
            // 분침
    ❼ canvas.rotate(rMin - rHour, cx, cy);
       canvas.drawBitmap(pin[1], cx - pw, cy - ph, null);

            // 초침
    ❽ canvas.rotate(rSec - rMin, cx, cy);
       canvas.drawBitmap(pin[0], cx - pw, cy - ph, null);
       canvas.restore();

            // 디지털 시간 표시
       Paint paint = new Paint();
       paint.setTextSize(60);
       paint.setTextAlign(Paint.Align.CENTER);

    ❾ String str = String.format("%d : %d : %d.%d", hour, min, sec, msec);
       canvas.drawText(str, cx, cy + cw + 100, paint);
    }

    //----------------------------
    // 현재 시간 읽기
    //----------------------------
    private void GetTime() {
        // 시간 읽기용 calendar
        GregorianCalendar calendar = new GregorianCalendar(
                                      TimeZone.getTimeZone("GMT+9") );

        hour = calendar.get(Calendar.HOUR);
        min = calendar.get(Calendar.MINUTE);
        sec = calendar.get(Calendar.SECOND);
    ❿ msec = calendar.get(Calendar.MILLISECOND) / 100;

        // 시계 바늘 각도 계산
        rSec = sec * 6;
        rMin = min * 6 + rSec / 60;
        rHour = hour * 30 + rMin / 12;
    }

    //----------------------------
    // Handler
    //----------------------------
    Handler mHandler = new Handler() {
        public void handleMessage(Message msg) {
    ⓫      GetTime();
    ⓬      invalidate();
            mHandler.sendEmptyMessageDelayed(0, 100);
        }
    };

} // GameView
```

❶ 시계 바늘은 초침, 분침, 시침 순서로 저장된다.

❷ 초침의 폭을 구한다. 초침, 분침, 시침의 크기가 각각 다르지만, 여백을 설정해서 이미지의 크기가
같도록 만들었으므로 어느 것을 구하더라도 같은 값이 된다.

❸ 시계 바늘의 높이에서 60을 뺀다. 시계 바늘은 이 값만큼 아래 부분이 겹쳐진 상태로 회전할 것이다.

❹ 핸들러를 호출한다. 시간 계산은 핸들러가 처리한다.

❺ 이미지가 너무 커서 Canvas를 90% 축소했다.

❻ 이 이후에 Canvas를 회전할 것이므로 현재 상태를 보존한다.

❼ 분침을 그릴 때에는 시침을 그릴 때 회전한 Canvas의 회전 값을 고려한다.

❽ 초침은 분침을 그릴 때 회전한 Canvas의 회전 값을 고려한다.

❾ 화면에 표시할 디지털 시간을 만든다.

❿ 밀리세컨드는 0.1초 표시에 사용할 것이므로 100으로 나눈 정수 값을 취한다.

⓫ 시간을 계산하는 함수를 호출한다.

⓬ onDraw( ) 함수를 호출한다.

그림 6-12 아날로그 시계와 디지털 시간

현재 시각이 12시 38분인데, 위의 시각은 0시 38분으로 표시되었다. 0시는 자정을 의미하므로 이렇게 출력되면 곤란하다. Calendar.HOUR가 12시간제 시간을 구하므로 이것이 오전인지 오후인지를 구분해 줄 필요가 있다. 변수를 하나 추가하고 이 값을 읽어 온다. 디지털 시각을 만들기 전에 이것을 반영해야 할 것이다.

```
private void GetTime() {
    .................
    amPm = calendar.get(Calendar.AM_PM);   ◀ 추가 (amPm은 int형의 전역 변수로 선언해 둔다.)
    .................
}

protected void onDraw(Canvas canvas) {
    .................
    // 오후 0시인가?
    if (amPm == 1 && hour == 0) {
        hour += 12;
    }

    String str = String.format("%d : %d : %d.%d" , hour, min, sec, msec);
    .................
}
```

이제 프로젝트를 다시 실행하면 오후 0시가 12시로 표시되는 것을 확인할 수 있다.

그림 6-13 **0시가 12시로 수정되었다.**

앞의 시계는 Canvas로 출력하므로 Canvas 변형 함수를 이용하면 왜곡된 형태의 시계를 만들 수 있다. ❻의 canvas.save( ) 앞에 다음 문장을 1행씩 추가해서 실행해 본다.

❶ canvas.scale(-1f, 1, cx, cy);   // Canvas를 좌우로 반전
❷ canvas.scale(1, -1, cx, cy);   // Canvas를 상하로 반전
❸ canvas.rotate(90, cx, cy);   // Canvas를 90° 회전
❹ canvas.skew(-0.36f, 0);   // Canvas를 tan20° 비틀기

그림 6-14 **Canvas 변형 함수를 실행한 결과**

6.4 오뚝이

화면을 터치하면 오뚝이가 좌우로 흔들리다 정지하는 프로그램을 만든다. **File** 6_4_RolyPoly

그림 6-15 **화면을 터치하면 오뚝이가 좌우로 흔들린다.**

이 프로젝트는 다음과 같은 이미지 리소스가 필요하다.

그림 6-16 **프로젝트에 필요한 이미지 리소스**

1 프로젝트의 전역 변수

이 프로젝트에는 다음과 같은 전역 변수가 필요하며, GameView( )에서 선언한다.

```java
// 비트맵
Bitmap imgBack;    // 배경
Bitmap toy;        // 오뚝이
Bitmap shadow;     // 그림자

// 화면 폭과 높이
```

```
int w, h;           // 화면의 크기
int cx, cy;         // 오뚝이의 회전축

// 오뚝이와 그림자 크기
int tw, th;
int sw, sh;

// 회전 각도, 이동 방향, 좌우 한계
int ang = 0;
int dir = 0;
int lLimit = -15;
int rLimit = 15;
```

2 배경 이미지의 확대

단말기의 종류에 따라 해상도가 다르므로 배경 이미지를 단말기의 크기로 확대할 필요가 있다. 이미지를 확대하려면 이미지를 비트맵으로 만든 후 Bitmap.createScaledBitmap( ) 함수를 이용해서 새로운 비트맵을 만든다.

```
imgBack = BitmapFactory.decodeResource(getResources(), R.drawable.back);
imgBack = Bitmap.createScaledBitmap(imgBack, width, height, true);
```

createScaledBitmap( )이 비트맵을 확대/축소하는 함수이다. 이 함수의 옵션 true는 비트맵을 확대/축소할 때 경계면을 부드럽게 처리할 것인지(true)를 결정하는 것이다. 이 값을 false로 하면 확대/축소의 속도는 빨라지지만 이미지기 거칠어신다.

3 비트맵 읽기

비트맵을 읽은 후 배경 이미지를 View의 크기로 확대한다. 이 과정은 한 번만 수행하면 되므로 GameView의 생성자에서 처리하면 좋겠지만, onSizeChanged( )는 생성자보다 늦게 실행되므로 생성자에서는 화면의 크기를 알 수가 없다. 이런 문제를 피하기 위해 비트맵을 읽는 부분을 별도의 함수로 만들고, onSizeChanged( )에서 이것을 호출하는 구조로 작성한다.

```
// View의 해상도 구하기
@Override
protected void onSizeChanged(int w, int h, int oldw, int oldh) {
    super.onSizeChanged(w, h, oldw, oldh);

    this.w = w;             // 화면의 폭
    this.h = h;             // 화면의 높이
```

```
    cx = w / 2;                    // 가로축의 중앙
❶   cy = (int) (h * 0.8f);         // 세로축의 80%

    getBitmap();                   // 비트맵 만들기
}

// 비트맵 만들기
private void getBitmap() {
    toy = BitmapFactory.decodeResource(getResources(), R.drawable.toy);
    shadow = BitmapFactory.decodeResource(getResources(), R.drawable.shadow);
    imgBack = BitmapFactory.decodeResource(getResources(), R.drawable.back);

    // 배경 이미지 확대
    imgBack = Bitmap.createScaledBitmap(imgBack, w, h, true);

    // 오뚝이의 크기
    tw = toy.getWidth() / 2;
❷   th = toy.getHeight();

    // 그림자 크기
    sw = shadow.getWidth() / 2;
    sh = shadow.getHeight() / 2;
}
```

❶ 오뚝이와 그림자를 출력할 위치를 세로축의 80% 지점으로 설정했다.

❷ 오뚝이는 자신의 바닥을 회전축으로 회전하므로 높이를 2로 나누지 않는다.

4 이미지 배치

화면에 이미지를 배치해서 어떤 상태로 보이는지 확인할 필요가 있다. onDraw( )의 비트맵은 z-index(화면 표시 우선순위) 개념이 없으므로 출력하는 순서대로 표시된다. 따라서 배경 ➡ 그림자 ➡ 오뚝이 순서로 출력한다.

```
// 화면 그리기
@Override
protected void onDraw(Canvas canvas) {
    canvas.drawBitmap(imgBack, 0, 0, null);        // 배경
    canvas.drawBitmap(shadow, cx - sw, cy - sh, null);   // 그림자
    canvas.drawBitmap(toy, cx - tw, cy - th, null);      // 오뚝이
}
```

여기까지 작성한 후 프로젝트를 실행하면 화면의 가운데에 오뚝이가 나타난다.

그림 6-17 프로젝트 실행 결과

4 오뚝이의 회전

화면을 터치하면 오뚝이가 좌우로 흔들리는 기능을 추가한다. 먼저 오뚝이가 흔들릴 때의 좌우 한계는 변수에 ±15°로 설정되어 있다.

그림 6-18 오뚝이가 회전할 때의 좌우 한계

오뚝이가 회전할 때 좌우의 한계점에 도달하면 한계점의 폭을 좁히고, 오뚝이의 회전 방향을 반대로 바꿔 주면 오뚝이는 좌우로 회전하다 한계점이 0이 되면 정지할 것이다. 오뚝이의 회전은 다음과 같이 처리할 수 있다.

```
// 오뚝이 회전 각도 계산
private void RotateToy() {
    // 회전 각도 누적
    ang += dir;

    // 회전각이 좌우의 한계에 도달했는가?
    if (ang <= lLimit || ang >= rLimit) {
        lLimit++;         // 왼쪽 한계
        rLimit--;         // 오른쪽 한계
        dir = -dir;       // 회전 방향 반전
        ang += dir;       // 회전각 원위치
    }
}
```

onDraw( )에서 RotateToy( ) 함수를 호출하여 회전각을 구하고, 그 각도만큼 canvas를 회전시킨 후 오뚝이를 그리면 될 것이다.

```
protected void onDraw(Canvas canvas) {
    // 배경과 그림자
    canvas.drawBitmap(imgBack, 0, 0, null);
    canvas.drawBitmap(shadow, cx - sw, cy - sh, null);

    RotateToy();                             // 회전각 구하기
    canvas.rotate(ang, cx, cy);              // canvas 회전
    canvas.drawBitmap(toy, cx - tw, cy - th, null);
    canvas.rotate(-ang, cx, cy);             // canvas 원위치
}
```

위에서 보듯이 배경과 그림자는 canvas를 고정한 상태에서, 그리고 오뚝이는 canvas를 회전시킨 후 그린다. 오뚝이를 그린 다음에는 canvas를 원래의 상태로 되돌려야 다음 작업에 영향을 주지 않는다.

5 Touch Event

사용자가 화면을 터치하면 오뚝이가 회전하도록 회전 방향과 좌우 한계 값을 설정한다.

```
@Override
public boolean onTouchEvent(MotionEvent event) {
    if (event.getAction() == MotionEvent.ACTION_DOWN) {
        lLimit = -15;          // 좌우 한계 설정
        rLimit = 15;

        if (dir == 0) {        // 정지 상태이면
            dir = -1;          // 왼쪽으로 회전
        }
    }

    return true;
}
```

6 Handler

오뚝이가 지속적으로 회전해야 하므로 Handler가 필요하다.

```
Handler mHandler = new Handler() {
    public void handleMessage(Message msg) {
        invalidate();
```

```
        mHandler.sendEmptyMessageDelayed(0, 10);
    }
};
```

위의 핸들러를 생성자에서 호출해 주면 작업 끝이다.

```
// 생성자
public GameView(Context context, AttributeSet attrs) {
    super(context, attrs);
    mHandler.sendEmptyMessageDelayed(0, 10);  ← 추가
}
```

제 **7** 장

Touch의 판정

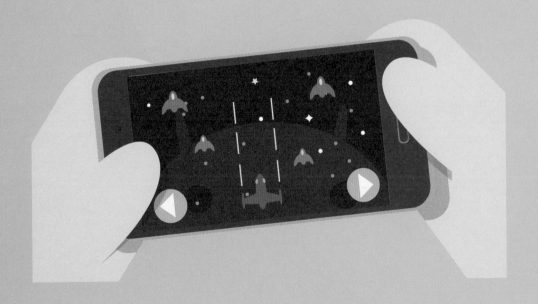

7.1 사각형 영역의 판정

다음과 같은 사각형의 과녁이 있을 때, 사용자가 어느 사각형을 터치했는지 판정하는 프로그램을 작성한다.

File 7_1_SquareTarget

그림 7-1 터치한 위치에 총알 자국을 표시하고 점수를 출력한다.

Canvas에 그려진 도형은 단순한 그래픽 요소이지 위젯이 아니다. 따라서 사용자가 도형을 터치하더라도 이것에 관련된 이벤트는 일어나지 않는다. 그러므로 게임에서는 onTouchEvent( ) 함수로 터치 좌표를 구한 후, 어느 도형을 터치했는지 직접 판정해야 한다.

도형이 사각형일 때에는 Rect( )를 이용해서 간단히 구할 수 있다. Rect( )는 사각형의 좌표를 담고 있는 오브젝트로, 사각형 영역에 겹쳐 있는지 또는 완전히 포함되어 있는지를 판정하는 함수를 제공한다. 도형의 터치 여부를 판정할 때에는 contains( )를 사용한다.

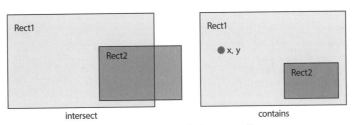

그림 7-2 intersect( )와 contains( )

이 프로젝트는 다음과 같은 이미지 리소스가 필요하다.

그림 7-3 **프로젝트에 필요한 이미지 리소스**

프로그램에서는 과녁의 사각형과 같은 크기의 Rect( )를 세 개 만든 후 터치 위치가 어느 영역에 있는지를 판정하면 된다. 이 경우 맨 안쪽의 사각형부터 판정해야 한다.

7.1.1 기본 골격 만들기

기본적인 View를 만들고 배경과 과녁을 표시한 후 세부적인 부분은 나중에 추가한다.

```
GameView.java

public class GameView extends View {
❶   // 배경과 과녁의 비트맵
    Bitmap imgBack;
    Bitmap target;

    int w, h;          // 화면의 크기
    int cx, cy;        // 화면의 중심점
    int tw;            // 과녁의 크기

    int score = 0;     // 현재 점수
    int total = 0;     // 누적 점수

❷   RectF[] rect = new RectF[3];     // 터치 판정 영역
❸   Paint paint = new Paint();       // 점수 출력용 Paint

    //-----------------------------
    // 생성자
    //-----------------------------
    public GameView(Context context, AttributeSet attrs) {
        super(context, attrs);
    }

    //-----------------------------
    // View의 해상도 구하기
    //-----------------------------
    @Override
```

```
protected void onSizeChanged(int w, int h, int oldw, int oldh) {
    super.onSizeChanged(w, h, oldw, oldh);

    this.w = w;              // 화면의 폭과 높이
    this.h = h;
    cx = this.w / 2;         // 화면의 중앙
    cy = this.h / 2;

    getBitmap();             // 비트맵 만들기
    getArea();               // 터치 영역 만들기
}

//----------------------------
// 비트맵 만들기
//----------------------------
private void getBitmap() {
    target = BitmapFactory.decodeResource(getResources(), R.drawable.target);
    tw = target.getWidth() / 2;

    // 배경 이미지 확대
    imgBack = BitmapFactory.decodeResource(getResources(), R.drawable.back);
    imgBack = Bitmap.createScaledBitmap(imgBack, w, h, true);
}

//----------------------------
// 화면 그리기
//----------------------------
@Override
protected void onDraw(Canvas canvas) {
    canvas.drawBitmap(imgBack, 0, 0, null);
    canvas.drawBitmap(target, cx - tw, cy - tw, null);

    // 점수
    paint.setColor(Color.WHITE);
    paint.setTextSize(60);
    paint.setTextAlign(Paint.Align.LEFT);

    String str1 = "득점 : " + score;
    String str2 = "총점 : " + total;
    canvas.drawText(str1, 100, 100, paint);

    paint.setTextAlign(Paint.Align.RIGHT);
    canvas.drawText(str2, w - 100, 100, paint);
}

//----------------------------
// 터치 판정 영역
//----------------------------
private void getArea() {

}

} // GameView
```

❶ 총알 자국은 별도의 Class로 처리할 것이므로 여기서 만들지 않는다.

❷ RectF( )는 Rect( )와 같지만 좌표를 float형으로 저장한다.

❸ 화면 출력용 Paint는 미리 만들어야 가비지 컬렉션의 대상에서 제외된다.

전체적인 구조는 앞의 프로젝트와 다름이 없다.

7.1.2 Log 출력

과녁의 사각형 좌표를 RectF( )에 저장해야 한다. 이 부분은 조금 생각해 볼 필요가 있다. 안드로이드는 이미지를 표시할 때 원본 크기로 그리는 것이 아니라, 단말기의 해상도에 따라 적절한 비율로 확대/축소하므로 현재 화면에 그려진 이미지와 원본 이미지와는 차이가 생긴다.

content_main.xml을 보면 실제 이미지가 표시되는데, 원본은 아주 작은 이미지라는 것을 알 수 있다.

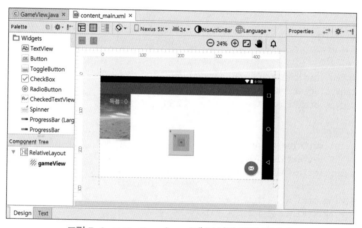

그림 7-4 content_main.xml에 표시된 원본 이미지

과녁의 사각형이 하나인 경우에는 getWidth( )로 이미지의 크기를 구하면 되지만, 이 프로젝트처럼 사각형 안에 다른 사각형이 있는 경우에는 안쪽 사각형의 크기를 알 수가 없다. 따라서 원래 디자인했던 사이즈와 화면 사이즈의 비율을 가지고, 안쪽 사각형의 크기를 구하는 방법을 사용한다. 일단 화면에 그려진 과녁의 크기가 얼마인지 로그에 출력한다.

```java
// 터치 판정 영역
private void getArea() {
    Log.v("과녁의 크기 : ", tw * 2 + "  -----");
}
```

로그는 프로그램의 실행 과정을 별도의 기록으로 남기는 것이다. 안드로이드의 로그는 Log.v, Log.e, Log.i 등 몇 가지 형태가 있다. Log.v는 **Verbose**의 의미로, 주로 변수의 값 등을 출력할 때 사용한다. 로그는 <태그, 값>의 형식으로 사용하는데 둘 다 문자열이다. 로그의 값에는 수치를 지정할 수 없으므로 이와 같이 임의의 문자열과 연결해서 문자 형식으로 입력했다.

프로젝트를 실행한 후 안드로이드 스튜디오의 작업 표시줄에 있는 [Android Monitor] 탭을 누르면 로그를 확인할 수 있다.

그림 7-5 **안드로이드 스튜디오의 Log 표시**

7.1.3 터치 판정 영역 만들기

실제의 이미지는 사각형의 크기가 각각 280, 180, 80 픽셀인데, 앞의 로그를 보면 이미지 크기가 738이므로 3배 가까이 확대되어 표시된 셈이다. 우리는 280과 738의 비율을 구해서 각각의 사각형 영역을 만들어야 한다.

```java
// 터치 판정 영역
private void getRect() {
    // 화면 확대 비율
❶ float r = tw * 2 / 280f;
❷ float[] size = { 280 * r * 0.5f, 180 * r * 0.5f , 80 * r * 0.5f  };

    for (int i = 0; i < 3; i++) {
❸     rect[i] = new RectF( cx - size[i], cy - size[i], cx + size[i], cy + size[i]);
    }
}
```

❶ 화면에 그려진 이미지의 확대 비율을 구한다. tw는 이미지의 절반 크기이므로 2를 곱한다.

❷ 사각형 영역을 ❶의 비율로 확대한다. 이 값은 좌표가 아니라 사각형의 절반 크기이다. 나눗셈보다는 곱셈이 속도가 빠르므로 2로 나누지 않고 0.5를 곱했다.

❸ ❷에서 구한 값을 중심점에 반영하여 최종 좌표를 구한다.

7.1.4 점수 판정

화면을 터치하면 몇 점인지 계산하는 함수를 추가한다. 이 함수는 onTouchEvent( )에서 호출할 것이다.

```java
// 점수 판정
private int CheckScore(int x, int y) {
    // 각 사각형의 점수
    int[] n = { 6, 8, 10 };

    score = 0;
    for (int i = 2; i >= 0; i-- ) {
        if ( rect[i].contains(x, y) ) {
            score = n[i];
            total += score;
            break;
        }
    }

    return score;
}
```

터치 영역을 판정할 때에는 위와 같이 맨 안쪽의 영역부터 바깥으로 진행하며 판정한다.

7.1.5 BulletHole Class 만들기

사용자가 과녁을 터치하면 그 위치에 총알구멍을 표시한다. 사용자가 과녁을 여러 번 터치하면 그만큼 총알구멍을 만들어야 하므로, 총알구멍을 별도의 Class로 구성한다. 이 Class는 터치 좌표와 총알구멍 이미지만 저장하고, 화면 출력은 onDraw( )에서 할 것이다.

총알구멍 Class는 별도의 파일(외부 Class)로 만들어도 되고, GameView에 포함된 Inner Class로 만들어도 된다. Inner Class로 만들면 GameView의 자원을 활용할 수 있으므로 프로그램이 간편해진다. GameView의 맨 끝에 다음 내용을 추가한다.

```java
// 총알구멍
class BulletHole {
❶   public int x, y;        // 위치
    public int w, h;        // 크기
    public Bitmap hole;

    // 생성자
❷   public BulletHole(int x, int y) {
❸       this.x = x;
```

```
        this.y = y;
❹     hole = BitmapFactory.decodeResource(getResources(), R.drawable.hole);

        w = hole.getWidth() / 2;
        h = hole.getHeight() / 2;
    }
  } // BulletHole

} // GameView
```

❶ 외부에서 변수에 직접 접근할 수 있도록 public으로 선언한다.

❷ 생성자에서 총알구멍의 위치를 받아온다.

❸ 총알구멍의 위치를 변수에 저장한다.

❹ 총알구멍의 비트맵 이미지를 만들어 저장한다.

생성자로 터치 위치를 전달받아 변수에 저장하고, 총알구멍 비트맵을 만드는 간단한 Class
이다. 이 Class는 사용자가 과녁을 터치하면 하나씩 만들어서 별도의 장소에 저장하고,
onDraw( )에서 저장된 자료를 일괄 출력할 것이다. Class의 출력을 간편하게 처리할 수 있도록,
Class의 변수는 public으로 선언하였으며 getter와 setter는 사용하지 않았다.

7.1.6 ArrayList 만들기

ArrayList는 다양한 형식의 자료를 저장할 수 있는 자료 구조이다. 배열이 고정된 크기를 갖는
반면, ArrayList는 크기가 유동적이며, 자료를 임의로 추가/삭제/변경할 수 있다. GameView의
전역 변수 영역의 맨 끝에 다음 1행을 추가한다.

```
ArrayList<BulletHole> mHole = new ArrayList<BulletHole>();
```

위의 문장은 mHole이라는 변수에 BulletHole Class를 메모리가 허용하는 한 무제한으로 저장
할 수 있게 한다.

7.1.7 Touch Event 만들기

Touch Event에서는 터치 위치가 Rect( )의 어느 영역인지 판정하고, 과녁 안쪽을 터치한 경우에
는 ArrayList에 총알구멍을 하나씩 추가한다.

```
// Touch Event
@Override
public boolean onTouchEvent(MotionEvent event) {
    if (event.getAction() == MotionEvent.ACTION_DOWN) {
        int x = (int) event.getX();
        int y = (int) event.getY();

    ❶  if ( CheckScore(x, y) > 0 ) {
        ❷      mHole.add( new BulletHole(x, y) );
            }

    ❸  invalidate();
        }
        return true;
}
```

❶ 터치 영역의 점수를 구하는 함수를 호출해서 득점이 있는지 조사한다.

❷ 득점이 있으면 mHole에 BulletHole Class를 추가한다.

❸ 터치 처리가 끝나면 화면을 갱신해서 총알구멍이나 점수를 다시 표시한다.

7.1.8 ArrayList 출력

이제 마지막 작업으로, mHole에 저장된 자료를 화면에 출력한다. onDraw( )에서 과녁을 그린 후에 출력하면 될 것이다.

```
// 화면 그리기
@Override
protected void onDraw(Canvas canvas) {
    canvas.drawBitmap(imgBack, 0, 0, null);
    canvas.drawBitmap(target, cx - tw, cy - tw, null);

    // 총알구멍
    for (BulletHole tmp : mHole) {
        canvas.drawBitmap(tmp.hole, tmp.x - tmp.w, tmp.y - tmp.h, null);
    }
    ..............................
}
```

위의 for( )문은 다른 언어의 foreach( )에 해당하며, 이것을 풀어쓰면 다음과 같다.

```
for (int i = 0; i < mHole.size(); i++) {
    BulletHole tmp = mHole.get(i);
    canvas.drawBitmap(tmp.hole, tmp.x - tmp.w, tmp.y - tmp.h, null);
}
```

이 프로젝트는 Class와 ArrayList가 사용되어 초심자에게는 조금 어려울 수 있다. Class와 ArrayList는 장을 달리하여 설명할 것이므로, 이해가 되지 않는 부분은 그냥 넘어가도 된다.

7.2 원의 내부 판정

다음과 같은 동그란 과녁을 터치했을 때, 어느 원의 영역인지를 판정하는 프로그램을 작성한다.

File 7_2_CircleTarget

그림 7-6 **원형 과녁의 판정**

7.2.1 원의 공식으로 판정하기

어느 한 점이 원의 내부에 있는지를 판정하려면 원의 공식을 사용한다.

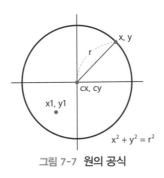

그림 7-7 **원의 공식**

중심점이 (cx, cy), 반지름이 r인 원의 내부에 있는 점 (x1, y1)은 다음과 같은 부등식이 성립한다.

$$(cx-x1)^2 + (cy-y1)^2 < r^2$$

이 프로젝트에는 세 개의 원이 있으므로 각 원의 반지름을 배열에 저장해 두고 맨 안쪽의 원부터 판정하면 될 것이다. 기본적인 처리 절차는 앞의 사각형 과녁과 같으므로 바뀐 부분만 싣는다.

```
...........................
RectF[] rect = new RectF[3];        // 터치 판정 영역   ← 삭제
float[] radius = new float[3];      // 원의 반지름   ← 추가

// 터치 판정 영역
private void getArea() {
    // 화면 확대 비율
❶  float r = tw / 140f;
    int[] org = { 140, 90, 40 };

    for (int i = 0; i < 3; i++) {
     ❷ radius[i] = org[i] * r;
    }
}

// 점수 판정
private int CheckScore(int x, int y) {
    // 각 원의 점수
    int[] n = { 6, 8, 10 };

    score = 0;
    for (int i = 2; i >= 0; i-- ) {
     ❸ if ( Math.pow(cx - x, 2) + Math.pow(cy - y, 2) < radius[i] * radius[i] ) {
            score = n[i];
            total += score;
            break;
        }
    }

    return score;
}
```

❶ 과녁의 확대 비율을 구한다.

❷ 터치 영역을 판정할 원의 반지름을 확대 비율로 설정한다.

❸ 원의 공식을 이용해서 어느 원의 내부인지 판정한다.

그림 7-8 **프로젝트 실행 결과**

7.2.2 Floating Action Button으로 게임 초기화

MainActivity의 Floating Action Button을 누르면 게임을 초기화시키는 기능을 추가한다. 게임을 초기화하는 함수를 하나 만들고, Floating Action Button의 Listener에서 그것을 호출하면 될 것이다.

```
GameView.java

// 게임 초기화
public void initGame() {
    mHole.clear();
    score = total = 0;
    invalidate();
}
```

ArrayList와 점수 등을 초기화하고, 화면을 다시 그리도록 하는 간단한 함수이다. MainActivity에서는 다음과 같은 방법으로 위의 함수를 호출한다.

```
MainActivity.java

FloatingActionButton fab = (FloatingActionButton) findViewById(R.id.fab);
fab.setOnClickListener(new View.OnClickListener() {
    @Override
    public void onClick(View view) {
        ((GameView)findViewById(R.id.gameView)).initGame();   ← 함수 호출
    }
});
```

GameView를 미리 변수에 저장하지 않고, 직접 호출할 경우에는 findViewById( )로 찾은 View를 GameView로 형변환(Type Casting)한 후 함수를 호출한다.

7.3 부채꼴 영역의 판정

둥근 과녁이 부채꼴 모양으로 나누어져 있을 때, 어느 조각을 터치했는지를 판정하는 프로그램을 작성한다.

File 7_3_SectorTarget

그림 7-9 **부채꼴 영역의 판정**

위의 그림과 같은 과녁이 있을 때, 화살표가 어느 원 내부에 있는지를 판단하는 것은 앞에서 사용한 방법을 적용한다. 여기에 회전각을 계산하는 과정이 추가될 것이다.

아래 그림의 점 (x, y)는 반지름이 r인 원주 위에 있다. 이 점을 원점과 잇고, 수선을 그리면 직각삼각형이 된다. 이 삼각형의 꼭지각 θ를 구하면, (x, y)가 수평선으로부터 **시계 반대 방향** (CCW: Counter Clock Wise)으로 몇 도 회전했는지 알 수 있다.

그림 7-10 **점의 회전 각도**

$\tan^{-1}$는 tangent의 역함수로, arctan(또는 atan)라고 한다. Java에서는 atan( ) 함수로 각도를 구한다.

θ = atan(y/x)   -180°~180°

θ = atan2(y, x)   -180°~180°

atan2( ) 함수의 값은 다음과 같이 측정되므로, 결과 값이 음수(-)이면 360을 더해서 0~360° 범위로 만든다.

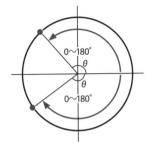

그림 7-11 atan( ) 함수의 측정 범위

위에서 구한 각도는 라디안(Radian)이므로 이것을 60분법(Degree)으로 변환하는 과정도 필요하다.

rad = deg * π / 180

deg = rad * 180 / π

이 식을 모르더라도 toDegree( ), toRadian( ) 함수가 있으므로 그것을 사용하면 된다. 중심점이 (cx, cy)인 원을 터치한 점의 좌표 (x, y)가 이루는 각도는 다음 식으로 구한다.

```
float deg = (float) -Math.toDegrees( Math.atan2(y - cy, x - cx) );
if (deg < 0) deg += 360;
```

식을 음수(-)로 만든 것은 수학과 단말기의 y축이 반대로 되어 있기 때문이다. 이렇게 구한 각을 과녁에 표시된 부채꼴의 각도(30)로 나누면 몇 번째 섹터인지 알 수 있다. 게임에 따라 각도 계산이 필요한 경우가 있으므로 위의 처리 과정을 잘 익혀 두는 것이 좋을 것이다.

이제 사용자가 터치한 영역의 점수를 출력하는 프로그램을 만든다. 기본적은 처리 과정은 앞의 프로젝트와 다르지 않으므로 바뀐 부분만 싣는다. 우선 총알구멍이 다트 화살로 바뀌었으므로 이미지의 기준점을 다시 잡아야 할 것이다. 그림 7-9와 같이 터치한 위치에 화살의 끝을 표시한다.

```
// 점수 판정
private int CheckScore(int x, int y) {
    // 각 섹터의 점수
❶  int[] n = { 10, 6, 12, 4, 15, 8, 10, 6, 12, 4, 15, 6 };

    // 각도 계산
❷  float deg = (float) -Math.toDegrees( Math.atan2(y - cy, x - cx) );
❸  if (deg < 0) deg += 360;

    // 몇 번째 섹터인가?
❹  int idx = (int) (deg + 15) % 360 / 30;
    score = 0;
    for (int i = 2; i >= 0; i-- ) {
        if ( Math.pow(cx - x, 2) + Math.pow(cy - y, 2) < radius[i] * radius[i] ) {
❺          score = n[idx] * (i + 1);
            total += score;
            break;
        }
    }

    return score;
}

// 총알 구멍
class BulletHole {
    ................
        w = 0;
        h = hole.getHeight();  ← 수정
    }
} // BulletHole
```

❶ 각 부채꼴 영역의 점수로, 3시를 기준으로 해서 시계 반대 방향(CCW)으로 처리한 것이다.

❷ 수학과 단말기는 y축이 반대로 되어 있으므로 '-'를 붙여야 CCW 회전각이 구해진다. '-'를 붙이지 않으면 CW 회전각이 구해질 것이다.

❸ 회전각을 0~360° 범위로 고정한다.

❹ 회전각이 몇 번째 부채꼴에 해당하는지 구한다.

❺ 맨 안쪽 원부터 점수의 3배, 2배, 1배로 처리한다.

게임에서 각도 계산 방식을 CCW로 하느냐 CW로 하느냐는 개발자가 정하기 나름이다. 일반적으로 수평선을 기준으로 하는 각도 계산은 CCW, 12시 방향을 기준으로 하는 각도 계산은 CW가 이해하기 쉽다.

❹에서 회전각에 15°를 더한 것은, 부채꼴이 ±15° 범위에 있으므로 이것을 0~30°로 바꾸기 위한 것이다. 다음 그림과 같이 과녁을 CCW로 15° 회전한 셈이다. 각도에 15를 더하면 360을 초과하는 경우가 생기므로 더한 이 값을 360으로 나눈 나머지로 처리한다.

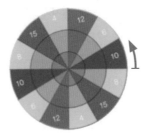

그림 7-12 **과녁의 회전**

이제 프로젝트를 실행하고 과녁을 터치하면 각 영역의 점수가 표시되는 것을 확인할 수 있다.

그림 7-13 **프로젝트 실행 결과**

7.4 다각형 과녁의 판정

6각형의 과녁이 부채꼴 모양으로 나누어져 있을 때, 어느 조각을 터치했는지를 판정하는 프로그램을 작성한다.

File 7_4_PolygonTarget

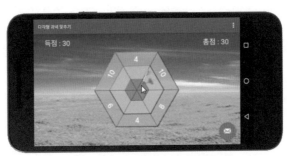

그림 7-14 **다각형 과녁의 터치 판정**

과녁이 다각형으로 되어 있는 경우에는 판정 절차가 조금 복잡하다. 터치한 영역이 다각형의 내부에 포함되는지를 판정해야 하는데, 이것을 처리하는 함수가 없기 때문이다. Java.awt(GUI를 위한 라이브러리)는 Polygon 개체가 있으므로 contains( )로 다각형의 내부인지를 판정할 수 있지만, 안드로이드에는 Polygon 개체가 없다.

7.4.1 다각형 내부 판정

임의의 점이 다각형의 안쪽에 있는지를 판정하는 방법은 몇 가지 있지만, 여기에서는 수평으로 직선을 그어 그 직선이 다각형의 변과 만나는 횟수를 세는 알고리즘을 사용할 것이다. 변과 만나는 횟수가 홀수 개이면 점이 다각형의 내부에 있는 것이고, 짝수(0도 짝수이다) 개이면 다각형의 밖이다. 이때 직선은 한쪽 방향으로만 그린다.

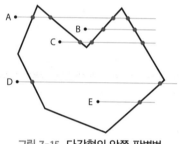

그림 7-15 **다각형의 안쪽 판별법**

위의 그림은 점 A, B, C, D, E에서 오른쪽으로 수평선을 그었을 때 다각형의 변과 만나는 곳을 표시한 것이다. 점 C, E는 다각형 안쪽에 있으며, 교점이 각각 3, 1로 홀수 개이다. 나머지는 다각형의 밖에 있고, 교점이 짝수 개이다.

이 방법은 볼록 다각형이나 오목 다각형에 모두 적용될 수 있으며, 다각형을 그리는 방향이 CCW(왼쪽)이든 CW(오른쪽)이든 상관없이 사용할 수 있다. 직선을 그릴 때에는 한쪽 방향으로만 그려야 하므로, 점이 다각형 변의 왼쪽에 있는 것만 유효한 것으로 처리한다.

점이 선분의 왼쪽에 있는지 오른쪽에 있는지를 판별하려면 두 점을 지나는 **직선의 기울기 공식**이 필요하다. 다음 그림과 같이 하나의 점과 선분이 있을 때, 조사하려는 점 p에서 수평선을 그어 선분과 만나는 점을 (x, y)라 하면 다음과 같은 비례식이 성립한다.

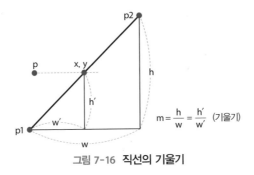

그림 7-16 직선의 기울기

위 그림의 식에서 m = h/w, h′ = w′·m이 되므로 이것을 좌표로 풀어쓰면

① m = (p2.y − p1.y) / (p2.x − p1.x)　　**기울기**

② (y − p1.y) = (x − p1.x) · m　　　　**높이 = 밑변×기울기**

②의 식의 x가 있는 항을 좌변으로 이동하고, 양변을 m으로 나누면

(x − p1.x) = (y − p1.y) / m

∴ x = p1.x + (y − p1.y) / m

위의 x는 선분 위에 있으므로 조사하려는 점 p.x가 x보다 작은 경우에는 선분의 왼쪽, 크면 오른쪽, 같으면 선분 위에 있는 셈이다. 이 과정을 처리하는 함수는 다음과 같이 만들 수 있다. 이 함수는 주어진 점 (x, y)에서 그은 수평선이 선분 (p1, p2)와 교차하는지와, 교차하는 경우 점이 선분의 왼쪽에 있는지를 판정하는 것이다.

```java
// 선분의 교차 여부 판정
private boolean hitTest (int x, int y, Point p1, Point p2) {
    boolean hit = false;

    // 점이 선분과 교차하는가? (화면 기준 CCW or CW)
    if ( (y < p1.y && y >= p2.y) || (y > p1.y && y <= p2.y) ) {
        // 기울기
        float m = (float) (p2.y - p1.y) / (p2.x - p1.x);

        // 교차점의 x좌표
        float px = p1.x + (y - p1.y) / m;

        // x가 교점의 왼쪽에 있는가?
        if (x < px) {
            hit = true;
        }
    }

    return hit;
}
```

7.4.2 정다각형 꼭짓점의 좌표

이 프로젝트에서 사용하는 과녁은 정육각형이다. 원에 내접하는 정다각형의 꼭짓점은 원의 반지름과 내각으로 구할 수 있다. 다음은 반지름이 r인 원주 위에 있는 점이 수평선으로부터 시계 반대 방향으로 θ만큼 회전한 점 (x, y)의 좌표를 구하는 식이다.

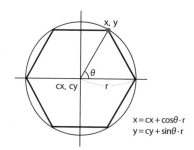

$$x = cx + \cos\theta \cdot r$$
$$y = cy + \sin\theta \cdot r$$

그림 7-17 **원주 위에 있는 점의 좌표**

컴퓨터와 수학은 y축이 반대로 되어 있으므로 위의 식을 y=cy-sinθ*r로 바꾸어서 적용한다. 6각형은 θ를 0~360°까지 60° 간격으로 증가시키면서 계산하면 될 것이다. 프로젝트의 과녁은 6각형이 3개 중첩되어 있으므로 각각의 꼭짓점을 2차원 배열에 저장한다. 이 과정은 다음과 같다.

```
Point[][] pt = new Point[3][7];        // 꼭짓점 배열 추가
.........................

// 터치 판정 영역
private void getArea() {
    // 화면 확대 비율
    float r = tw / 140f;
❶ int[] org = { 140, 90, 40 };

    for (int i = 0; i < 3; i++) {
        radius[i] = org[i] * r;

        // 꼭짓점의 좌표 계산
        for (int j = 0; j < 6; j++) {
❷         double rad = Math.toRadians(60 * j);
            double x = cx + Math.cos(rad) * radius[i];
            double y = cy + Math.sin(rad) * radius[i];

❸         pt[i][j] = new Point( (int)x, (int)y );
        }

        // 마지막 점은 시작점
❹     pt[i][6] = new Point( pt[i][0] );
    }
}
```

① 6각형에 외접하는 원의 반지름이다.

② 삼각함수는 라디안을 사용하므로 60분법을 라디안으로 변환한다.

③ 꼭짓점의 좌표를 배열에 저장한다.

④ 다각형의 마지막 점은 시작점과 같다.

여기서는 3시 방향을 기준으로 시계 반대 방향으로 꼭짓점을 구하므로 CCW 도형이다. 이 방법은 정다각형의 경우에만 사용할 수 있다. 따라서 정다각형이 아닌 경우에는 각 꼭짓점의 좌표를 수동으로 계산해서 직접 입력해야 한다.

7.4.3 다각형 내부와 삼각형 영역 판정

화면을 터치할 때 6각형 내부의 어느 삼각형 영역인지를 판정하는 부분이다. 6각형이 3개이므로 맨 안쪽 6각형부터 조사한다.

```java
// 점수 판정
private int CheckScore(int x, int y) {
    // 각 섹터의 점수
    int[] n = { 10, 4, 10, 6, 4, 8, 10 };

    // 각도 계산
    double deg = -Math.toDegrees( Math.atan2(y - cy, x - cx) );
    if (deg < 0) deg += 360;

    // 몇 번째 섹터인가?
    int idx = (int) (deg / 60);

    score = 0;
    for (int i = 2; i >= 0; i-- ) {
 ❶      int count = 0;

        // (x,y)에서 그은 수평선이 각 변과 교차되는지 조사
        for (int j = 0; j < 6; j++) {
 ❷          if ( hitTest(x, y, pt[i][j], pt[i][j + 1]) ) {
                count++;
            }
        } // for j

        // 교차된 선분의 합이 홀수이면 득점
        if (count % 2 == 1) {
            score = n[idx] * (i + 1);
            total += score;
            break;
        }
    } // for i

    return score;
}
```

❶ (x, y)에서 그은 수평선이 각 변과 교차하는 횟수를 초기화한다.

❷ 수평선이 선분과 교차하는지, 또 선분의 왼쪽에 있는지를 조사한다.

처리 절차의 이해를 돕기 위해 GameView.java의 전체 소스를 싣는다.

GameView.java

```java
public class GameView extends View {
    // 배경과 과녁의 비트맵
    Bitmap imgBack;
    Bitmap target;

    int w, h;           // 화면의 크기
    int cx, cy;         // 화면의 중심점
    int tw, th;         // 과녁의 크기

    int score = 0;      // 현재 점수
    int total = 0;      // 누적 점수

    float[] radius = new float[3];      // 원의 반지름
    Point[][] pt = new Point[3][7];     // 꼭짓점

    Paint paint = new Paint();

    // 총알 보존용 ArrayList
    ArrayList<BulletHole> mHole = new ArrayList<BulletHole>();

    //-----------------------------
    // 생성자
    //-----------------------------
    public GameView(Context context, AttributeSet attrs) {
        super(context, attrs);
    }

    //-----------------------------
    // View의 해상도 구하기
    //-----------------------------
    @Override
    protected void onSizeChanged(int w, int h, int oldw, int oldh) {
        super.onSizeChanged(w, h, oldw, oldh);

        this.w = w;         // 화면의 폭과 높이
        this.h = h;

        cx = w / 2;         // 화면의 중앙
        cy = h / 2;

        getBitmap();        // 비트맵 만들기
        getArea();          // 터치 영역 만들기
    }
```

```java
//-----------------------------
// 비트맵 만들기
//-----------------------------
private void getBitmap() {
    target = BitmapFactory.decodeResource(getResources(), R.drawable.target);
    tw = target.getWidth() / 2;
    th = target.getHeight() / 2;

    // 배경 이미지 확대
    imgBack = BitmapFactory.decodeResource(getResources(), R.drawable.back);
    imgBack = Bitmap.createScaledBitmap(imgBack, w, h, true);
}


//-----------------------------
// 터치 판정 영역
//-----------------------------
private void getArea() {
    // 화면 확대 비율
    float r = tw / 140f;
    int[] org = { 140, 90, 40 };

    for (int i = 0; i < 3; i++) {
        radius[i] = org[i] * r;

        // 꼭짓점의 좌표 계산
        for (int j = 0; j < 6; j++) {
            double rad = Math.toRadians(60 * j);
            double x = cx + Math.cos(rad) * radius[i];
            double y = cy - Math.sin(rad) * radius[i];

            pt[i][j] = new Point( (int)x, (int)y );
        }

        // 마지막 점은 시작점
        pt[i][6] = new Point( pt[i][0] );
    }
}


//-----------------------------
// 화면 그리기
//-----------------------------
@Override
protected void onDraw(Canvas canvas) {
    canvas.drawBitmap(imgBack, 0, 0, null);
    canvas.drawBitmap(target, cx - tw, cy - th, null);

    // 화살
    for (BulletHole tmp : mHole) {
        canvas.drawBitmap(tmp.hole, tmp.x - tmp.w, tmp.y - tmp.h, null);
    }

    // 점수
    paint.setColor(Color.WHITE);
    paint.setTextSize(60);
```

```
        paint.setTextAlign(Paint.Align.LEFT);

        String str1 = "득점 : " + score;
        String str2 = "총점 : " + total;
        canvas.drawText(str1, 100, 100, paint);

        paint.setTextAlign(Paint.Align.RIGHT);
        canvas.drawText(str2, w - 100, 100, paint);
    }

    //----------------------------
    // 점수 판정
    //----------------------------
    private int CheckScore(int x, int y) {
        // 각 섹터의 점수
        int[] n = { 10, 4, 10, 6, 4, 8, 10 };

        // 각도 계산
        double deg = -Math.toDegrees( Math.atan2(y - cy, x - cx) );
        if (deg < 0) deg += 360;

        // 몇 번째 섹터인가?
        int idx = (int) (deg / 60);

        score = 0;
        for (int i = 2; i >= 0; i-- ) {
            int count = 0;

            // (x,y)에서 그은 수평선이 각 변과 교차되는지 조사
            for (int j = 0; j < 6; j++) {
                if ( hitTest(x, y, pt[i][j], pt[i][j + 1]) ) {
                    count++;
                }
            } // for j

            // 교차된 선분의 합이 홀수이면 득점
            if (count % 2 == 1) {
                score = n[idx] * (i + 1);
                total += score;
                break;
            }
        } // for i

        return score;
    }

    //----------------------------
    // 선분의 교차 여부 판정
    //----------------------------
    private boolean hitTest (int x, int y, Point p1, Point p2) {
        boolean hit = false;

        // 점이 선분과 교차하는가? (화면 기준 CCW or CW)
        if ( (y > p1.y && y <= p2.y) || (y < p1.y && y >= p2.y) ) {
```

```
            // 기울기
            float m = (float) ((p2.y - p1.y)) / (p2.x - p1.x);

            // 교차점의 x좌표
            float px = p1.x + (y - p1.y) / m;

            // x가 교점의 왼쪽에 있는가?
            if (x < px) {
                hit = true;
            }
        }
    }

    return hit;
}

//-----------------------------
// Touch Event
//-----------------------------
@Override
public boolean onTouchEvent(MotionEvent event) {
    if (event.getAction() == MotionEvent.ACTION_DOWN) {
        int x = (int) event.getX();
        int y = (int) event.getY();

        if ( CheckScore(x, y) > 0 ) {
            mHole.add( new BulletHole(x, y) );
        }

        invalidate();
    }
    return true;
}

//-----------------------------
// 게임 초기화
//-----------------------------
public void initGame() {
    mHole.clear();
    score = total = 0;
    invalidate();
}

//-----------------------------
// 총알구멍
//-----------------------------
class BulletHole {
    public int x, y;        // 위치
    public int w, h;        // 크기
    public Bitmap hole;

    // 생성자
    public BulletHole(int x, int y) {
        this.x = x;
        this.y = y;
```

```
        hole = BitmapFactory.decodeResource(getResources(), R.drawable.dart);

        w = 0;
        h = hole.getHeight();
    }
  } // BulletHole

} // GameView
```

그림 7-18 프로젝트 실행 결과

제 **8** 장

Class와
ArrayList

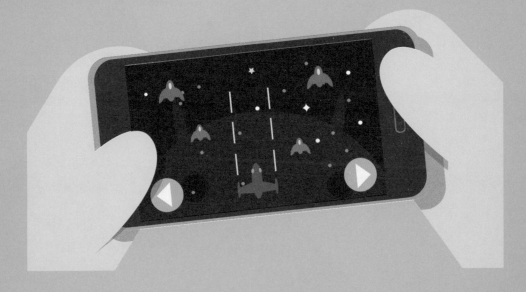

8.1 Class

우리는 앞에서 Bullet이라는 Class를 사용한 적이 있다. 앞에서 사용한 Bullet은 단순히 총알구 멍이나, 화살의 위치 정보만 가지고 있는 자료 묶음에 지나지 않는다. 이 장에서는 Class를 이 용해서 조금 더 융통성 있는 오브젝트를 만들 것이다.

8.1.1 Class의 사용 목적

OOP(Object Oriented Programming)는 부품 객체(Object)를 먼저 만들고, 이것을 하나씩 조립해서 완성된 프로그램을 만드는 방식이다. OOP의 객체는 물리적으로 존재하는 것(화면에 보이는 것) 일 수도 있고, 물리적으로는 존재하지 않지만 추상적으로 존재하는 것(화면에는 보이지 않는 것) 도 있다. Class는 OOP의 객체(Object)를 구성하는 기본 요소이며, 객체의 설계 명세서이다.

Java 프로그램의 기본 단위는 Class이다. Java를 사용하는 안드로이드의 프로그램의 기본 단위 도 당연히 Class이다. 따라서 안드로이드 프로그램을 개발하려면 좋든 싫든 Class를 다룰 줄 알아야 하며, 앞에서 사용한 MainActivity, GameView도 Class로 구성되어 있다.

Class를 사용하면 다음과 같은 장점이 있다.

1. 연관된 여러 종류의 자료를 하나의 묶음(Object)으로 만들 수 있다(Member).
2. Object에 일련의 동작(Action)을 추가할 수 있다(Method).
3. 비슷하지만 기능이 다른 Object를 쉽게 만들 수 있다(상속).
4. Object의 자료 중 비공개 자료는 은폐할 수 있다(은닉).

이외에도 많은 장점이 있지만(장점이 많은 만큼 단점도 많다), 앞으로 우리가 만들어 갈 Class는 주로 1과 2의 목적을 가지게 될 것이다.

1 연관된 자료의 묶음

이름, 전화번호, 회사, 주소 등이 수록된 명함처럼 연관된 자료를 묶어서 다루기 위해서 사용 하는 Class이다. 예로, Point( )는 (x, y)를 묶어서 하나의 변수로 다루는 용도 외에는 다른 기 능이 없다. 또, 앞에서 사용한 Bullet( ) Class도 총알구멍이나 화살의 좌표와 이미지 등을 저장 하는 기능뿐이다.

2 Object로서의 Class

Object를 자료의 집합으로서 뿐만 아니라, 여기에 특정한 처리 능력을 부여하여 자료를 좀 더 융통성 있게 다룰 목적으로 사용한다. 게임에서, 날아가는 총알, 터지는 불꽃, 움직이는 캐릭터 등은 모두 Class로 구성해서 특정한 동작을 부여한 것이다. 총알은 지정한 방향으로 이동하다, 목표물에 맞거나 화면을 벗어나면 사라지는 기능, 불꽃은 일정 시간 동안 화염과 연기의 애니메이션을 실행하고 소멸하는 기능, 캐릭터는 각각의 상황에 맞는 적절한 동작의 구현 등이다. 이 장은 Object로서 Class를 만드는 과정을 설명한다.

8.1.2 Class의 구성

Class는 다음과 같은 형식으로 작성한다.

```
❶ public class 클래스명 [extends 조상class] {
        ❷ class의 전역 변수

    ❸ public 클래스명() {
        class가 만들어질 때 처리할 내용(생성자)
    }

    ❹ private void 메소드명() {
        class가 처리하게 될 동작
    }
}
```

❶ Class를 별도의 Java 파일로 만들 경우에는 'class' 앞에 public을 붙인다. 또, 이미 만들어진 Class에 새로운 기능을 추가할 목적으로 Class를 만들 경우에는 extends를 사용한다(상속).

❷ Class 내부에 통용되는 전역 변수이다. 이 변수를 외부에서 참조해야 하는 경우에는 public, Class 내부에서만 사용할 경우에는 private로 선언한다. 이것을 생략하면 default가 되는데, public과 private의 중간 정도에 해당한다.

❸ Class 생성자(Constructor)이다. 생성자는 Class 이름과 같은 public 함수이며, 반환 타입(Type)이 없다. 하나의 Class에 매개변수가 다른 여러 개의 생성자를 사용할 수 있다. 생성자는 Class의 인스턴스(Instance)가 만들어질 때 최초로 한 번 실행된다.

❹ 장차 Class가 수행할 부분이다. 이 함수를 Class 외부에서 호출할 필요가 있는 경우에는 public으로 선언한다.

public class

Class는 개별적인 Java 파일로 만들 수도 있고, 여러 개의 Class를 하나의 Java 파일에 수록할 수도 있다. 여러 개의 Class를 하나의 Java 파일에 수록할 경우에는 맨 처음에 만든 Class에만 public을 붙인다. public을 붙인 Class는 같은 이름의 Java 파일이 만들어지며, 파일명과 Class 이름이 같아야 한다. 하나의 파일에 하나의 Class만 있는 경우는 당연히 public Class이다.

생성자(Constructor)

Class는 오브젝트의 설계 명세서이므로 그 자체로는 동작하지 않고, 새로운 **인스턴스**를 만들어서 메모리에 탑재해야 사용할 수 있다. 생성자는 Class가 메모리에 탑재될 때 자동으로 실행되는 메서드(함수)이다. 생성자는 Class의 변수를 초기화하거나 외부에서 전달된 매개변수 등을 변수에 저장하는 등의 용도로 사용한다.

이 책은 Java의 문법을 다루는 교과서가 아니므로, 앞으로 만들 게임에 꼭 필요한 부분만 간단히 설명했다. Class는 초심자에게 어려운 개념일 수 있으나, 프로젝트를 만들어 가면서 Class를 다루다 보면 자연스럽게 습득할 수 있으므로 너무 문법적인 측면에 연연할 필요는 없다.

8.2 ArrayList

Java의 배열은 동일한 데이터 타입의 자료만 저장할 수 있고 크기가 고정되어 있지만, ArrayList는 저장하는 자료의 종류가 제한되지 않으며 그 크기는 메모리의 용량에 의해서만 제한된다. ArrayList는 리스트 형태의 자료를 배열 구조로 가지고 있는 객체이며, 저장된 데이터의 **인덱스**를 통해 필요한 데이터로 직접 접근할 수 있다. 다음은 ArrayList가 제공하는 함수들이다.

표 8-1 **ArrayList의 함수**

Return Type	함수	기능
boolean	add(E element)	마지막 위치에 요소 추가
void	add(int index, E element)	지정한 위치에 요소 추가
boolean	addAll(Collection c)	집합형 자료를 마지막 위치에 일괄 저장
boolean	addAll(int index, Collection c)	집합형 자료를 지정한 위치에 일괄 저장
void	clear()	모든 요소 삭제

표 8-1 **ArrayList의 함수 (계속)**

Return Type	함수	기능
Object	clone()	ArrayList 인스턴스 복사
boolean	contains(Object o)	지정한 요소가 있는지 조사
void	ensureCapacity(int minCapacity)	요소의 최소 수 설정
E	get(int index)	요소 구하기
int	indexOf(Object o)	요소의 번호(시작은 0)
boolean	isEmpty()	요소가 하나도 없는지 조사
Iterator	iterator()	이터레이터(요소 접근자) 구하기
int	lastIndexOf()	마지막 요소 번호
E	remove(int index)	지정된 위치의 요소 삭제
boolean	remove(Object o)	최초로 검출된 지정한 요소 삭제
boolean	removeAll(Collection c)	지정한 집합 자료 일괄 삭제
void	removeRange(int fromIndex, int toIndex)	지정한 범위의 모든 요소 삭제
boolean	retainAll(Collection c)	집합 요소와 다른 것 일괄 삭제(교집합 구하기)
E	set(int index, E element)	지정한 위치의 요소 치환
int	size()	전체 요소 수
List<E>	subList(int fromIndex, int toIndex)	지정한 범위의 요소를 리스트로 만들기
Object[]	toArray()	요소 전체를 배열로 만들기
<T> T[]	toArray(T[] a)	요소 전체를 지정한 타입의 배열로 만들기
void	trimToSize()	빈 공간 삭제

8.3 Object의 동적 생성

화면을 터치하면 그 위치에 비눗방울이 나타나서 임의의 방향으로 이동한다. 화면을 터치할 때마다 새로운 비눗방울이 나타나는 프로그램을 작성한다. **File** 8_3_FloatingBubble

그림 8-1 터치한 위치에 비눗방울이 나타나서 스스로 이동한다.

이 프로젝트는 다음의 이미지 파일이 필요하다.

그림 8-2 프로젝트에 필요한 이미지 리소스

8.3.1 Bubble class

먼저 비눗방울을 Class로 만든다. 새로운 프로젝트를 시작하고, 프로젝트 매니저에서 패키지명을 클릭한 후 [New ➡ Java Class] 메뉴를 실행해서 새로운 Java Class를 만든다. 패키지명을 클릭하지 않고 Class를 만들면 엉뚱한 위치에 만들어질 수 있으므로 주의한다.

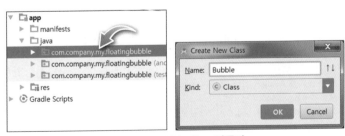

그림 8-3 Bubble Class 만들기

1 변수 추가

Bubble.java 파일이 만들어지면 필요한 변수를 추가한다.

```
Bubble.java

// 움직이는 비눗방울
public class Bubble {
    private int w, h;            // 화면의 크기
    private int sx, sy;          // 비눗방울의 이동 방향

    public Bitmap bubble;        // 비눗방울 비트맵
    public int x, y, bw;         // 비눗방울의 위치, 크기
} // Bubble
```

위의 변수 중 public으로 선언된 것은 GameView에서 직접 참조할 변수이다. OOP 관련 자료에는 정보의 은닉성(Information Hiding)을 위해 Class의 변수는 모두 private로 하고, 외부와 소통이 필요한 변수는 getter/setter로 불리는 별도의 public 함수를 만들어서 접근하는 것이 좋다고 되어 있다.

OOP 관점에서는 교과서적인 내용이다. 그렇지만 게임은 하드웨어의 성능을 최대한 끌어내는 것이 중요한 이슈이므로, getter/setter를 거치는 불필요한 동작으로 소중한 자원을 낭비할 여유가 없다. 게임 제작에서는 시스템의 성능을 향상시킬 수 있다면 할 수 있는 모든 방법과 편법이 동원되기도 한다.

2 생성자

생성자에서는 GameView에서 넘겨받은 매개변수를 자신의 변수에 저장하고, 비눗방울과 이동 속도 등을 설정한다.

```
// 생성자
public Bubble(Context context, int sw, int sh, int px, int py) {
    w = sw;        // 화면의 크기
    h = sh;
    x = px;        // 비눗방울의 초기 위치
    y = py;

    // 비눗방울의 크기를 랜덤하게 설정
    Random rnd = new Random();
    bw = rnd.nextInt(101) + 50;   // 50~150

    // 비눗방울 만들기
❶  bubble = BitmapFactory.decodeResource(context.getResources(), R.drawable.bubble);
❷  bubble = Bitmap.createScaledBitmap(bubble, bw * 2, bw * 2, true);
```

```
    // 비눗방울의 이동 속도
    sx = rnd.nextInt(5) + 1;      // 1~5;
    sy = rnd.nextInt(5) + 1;

    // 이동 방향을 +/-로 설정
    sx = rnd.nextInt(2) == 0 ? sx : -sx;
    sy = rnd.nextInt(2) == 0 ? sy : -sy;
}
```

❶ 비눗방울 이미지의 리소스를 구한다. View나 Activity를 상속받지 않는 Class는 Context를 구할 수 없으므로 생성자의 매개변수로 Context를 전달받는다.

❷ 비트맵을 랜덤한 크기로 확대한다. 매개변수 true는 비트맵을 확대/축소할 때 경계 부분을 부드럽게 만드는 옵션이다.

Bubble Class는 View나 Activity를 상속받지 않으므로 화면의 크기, Context 등을 알 수 없다. 따라서 Context와 화면 크기 등은 생성자의 매개변수로 받아서 처리한다.

3 비눗방울의 이동

비눗방울이 이동하다 화면의 좌우 경계에 닿으면 반대 방향으로 반사하는 함수를 만든다. 이 함수는 GameView에서 호출할 것이다.

```
// 비눗방울 이동 <-- GameView
public void update() {
    x += sx;
    y += sy;

    // 좌우의 끝인가?
    if (x < bw || x > w - bw) {
        sx = -sx;
        x += sx;
    }

    // 상하의 끝인가?
    if (y < bw || y > h - bw) {
        sy = -sy;
        y += sy;
    }
}
```

위의 moveBubble( ) 함수는 비눗방울의 좌표만 바꿀 뿐 화면에 그리는 기능은 없다. Bubble Class에는 Canvas가 없으므로 화면에 출력할 수 없기 때문이다. 따라서 비눗방울은 GameView의 onDraw( ) 함수가 일괄 출력한다.

8.3.2 GameView

GameView( )는 앞에서 사용한 것과 크게 다르지 않다.

▌1 변수 만들기

GameView의 변수는 외부에서 참조할 것이 없으므로 모두 private으로 선언한다.

```
GameView.java
public class GameView extends View {
    private Context context;     // Context 저장용

    // 배경과 화면 크기
    private Bitmap imgBack;
    private int w, h;

    // 비눗방울 저장용
    private ArrayList<Bubble> mBubble = new ArrayList<Bubble>();
    private Paint paint = new Paint();
    ................
} // GameView
```

▌2 생성자

Context를 저장하고 핸들러를 기동한다.

```
// 생성자
public GameView(Context context, AttributeSet attrs) {
    super(context, attrs);

    // Context 저장, 핸들러 기동
    this.context = context;
    mHandler.sendEmptyMessageDelayed(0, 100);    ← Handler 호출
}
```

배경 이미지는 onSizeChanged( )에서 만드는데, onSizeChanged( )는 생성자보다 늦게 실행되므로 핸들러를 너무 빨리 기동하지 않도록 한다. 핸들러가 기동되면 자동으로 onDraw( ) 함수가 실행되는데, 배경 이미지를 미처 만들지 않은 상태에서 배경 그리기를 시도하면 Null Point Exception 에러가 발생한다. 위의 생성자는 0.1초 후에 핸들러를 기동한다.

3 **화면 크기 구하기**

onSizeChanged( ) 함수에서 화면의 크기를 구하고, 배경 이미지를 화면 크기로 확대한다.

```java
@Override
protected void onSizeChanged(int w, int h, int oldw, int oldh) {
    super.onSizeChanged(w, h, oldw, oldh);

    // 화면의 폭과 높이
    this.w = w;
    this.h = h;

    // 배경 이미지
    imgBack = BitmapFactory.decodeResource(getResources(), R.drawable.sky);
    imgBack = Bitmap.createScaledBitmap(imgBack, w, h, true);

    mHandler.sendEmptyMessageDelayed(0, 10);  // ← Handler 호출
}
```

핸들러가 너무 빨리 기동되어 생기는 문제를 근본적으로 해결하려면, 생성자가 아니라 onSizeChanged( )에서 핸들러를 기동한다. 이 방법을 사용할 경우에는 생성자에서 핸들러를 호출하는 문장은 삭제한다.

생성자는 GameView가 만들어질 때 단 한 번 호출되지만, onSizeChanged( ) 함수는 View의 크기가 바뀔 때마다 호출된다. MainActivity는 View를 만든 후에 타이틀 바를 추가하므로 View가 만들어질 때 한 번, 타이틀 바가 추가될 때 이 함수가 다시 호출될 것이다. 물론 전체 화면을 사용하면 한 번 호출된다.

4 **화면 그리기**

onDraw( ) 함수에서 배경과 비눗방울을 그린다. 배경을 먼저 그려야 한다.

```java
// 화면 그리기
@Override
protected void onDraw(Canvas canvas) {
    canvas.drawBitmap(imgBack, 0, 0, null);

    // 비눗방울 그리기
    for (Bubble tmp : mBubble) {
        canvas.drawBitmap(tmp.bubble, tmp.x - tmp.bw, tmp.y - tmp.bw, null);
    }
}
```

위의 for( )문은 다른 언어의 forEach( )에 해당하는 것으로, mBubble에 저장된 자료를 임시 변수 tmp에 순차적으로 읽어 온다.

4 비눗방울의 생성과 이동

이 함수는 핸들러가 호출한다. mBubble에 저장된 비눗방울의 update( ) 함수를 실행한다.

```
// 비눗방울 이동 <-- Handler
private void moveBubble() {
    for (Bubble tmp : mBubble) {
        tmp.update();
    }
}
```

8.3.3 Touch Event와 Handler

GameView에서 처리할 내용은 끝났으므로 Touch Event와 핸들러를 추가한다.

1 Touch Event

터치한 위치에 비눗방울을 추가하는 간단한 코드이다.

```
// Touch Event
@Override
public boolean onTouchEvent(MotionEvent event) {
    if (event.getAction() == MotionEvent.ACTION_DOWN) {
        int x = (int) event.getX();
        int y = (int) event.getY();

        mBubble.add( new Bubble(context, w, h, x, y) );
    }
    return true;
}
```

오브젝트는 위의 형식과 같이 Class의 생성자를 이용해서 ArrayList에 추가한다.

2 Handler

핸들러는 비눗방울을 이동한 후 화면 그리기를 지시한다.

```java
// Handler
Handler mHandler = new Handler() {
    @Override
    public void handleMessage(Message msg) {
        moveBubble();
        invalidate();
        mHandler.sendEmptyMessageDelayed(0, 10);
    }
};
```

8.3.4 MainActivity

MainActivity에는 Statusbar의 표시를 금지하고 타이틀만 표시한다. 옵션 메뉴 등과 관련된 부분은 모두 삭제해도 된다.

MainActivity.java

```java
public class MainActivity extends AppCompatActivity {

    @Override
    protected void onCreate(Bundle savedInstanceState) {
        super.onCreate(savedInstanceState);
        setContentView(R.layout.activity_main);

        Toolbar toolbar = (Toolbar) findViewById(R.id.toolbar);
        setSupportActionBar(toolbar);

        // Statusbar 감추기
        getWindow().setFlags(WindowManager.LayoutParams.FLAG_FULLSCREEN,
                             WindowManager.LayoutParams.FLAG_FULLSCREEN);

        // 타이틀 감추기
        // getSupportActionBar().hide();
        setTitle("움직이는 비눗방울");

        FloatingActionButton fab = (FloatingActionButton) findViewById(R.id.fab);
        fab.setOnClickListener(new View.OnClickListener() {
            @Override
            public void onClick(View view) {
                finish();        // Activity 종료
            }
        });
    } // onCreate

} // Activity
```

8.3.5 Layout

content_main.xml만 수정하면 된다.

```xml
<?xml version="1.0" encoding="utf-8"?>
<RelativeLayout xmlns:android="http://schemas.android.com/apk/res/android"
    xmlns:app="http://schemas.android.com/apk/res-auto"
    xmlns:tools="http://schemas.android.com/tools"
    android:layout_width="match_parent"
    android:layout_height="match_parent"
    app:layout_behavior="@string/appbar_scrolling_view_behavior"
    tools:context="com.company.my.floatingbubble.MainActivity"
    tools:showIn="@layout/activity_main">

    <com.company.my.floatingbubble.GameView
        android:id="@+id/gameView"
        android:layout_width="match_parent"
        android:layout_height="match_parent"  />

</RelativeLayout>
```

이것으로 프로젝트가 모두 끝났다. 이제 프로젝트를 실행하고 화면을 터치하면 그 위치에 비 눗방울이 나타나서 임의의 방향으로 이동하는 것을 볼 수 있을 것이다. 프로젝트 실행 중에 Floating Action Button을 누르면 프로젝트가 종료된다.

제 **9** 장

이동 방향과
속도

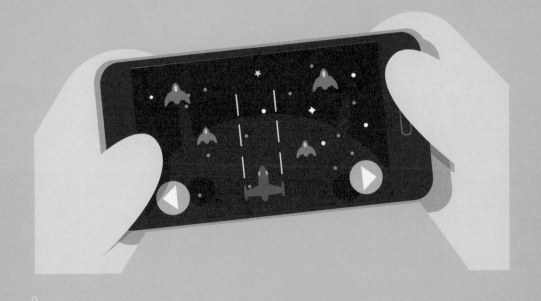

9.1 FPS와 Delta Time

게임은 루프(Loop)의 연속이며, 하드웨어에 의해 실행되는 하나의 루프를 프레임(Frame)이라고 한다.

9.1.1 FPS

하드웨어가 1초에 프레임을 몇 회 실행할 수 있는지는 FPS(Frame Per Second)로 표시한다. FPS가 클수록 하드웨어 성능이 좋은 것이다. 일반적으로 화면이 끊어지지 않고 부드럽다고 인지하는 속도가 초당 60프레임이다. 초당 60프레임이 나오려면 각 프레임을 수행하는 시간이 1000/60=16ms보다 짧아야 한다.

게임의 FPS는 하드웨어의 영향을 받으므로 성능이 좋은 단말기는 높은 FPS를 보이지만, 성능이 낮으면 FPS가 떨어진다. 그러므로 아래와 같이 물체를 일정한 값으로 이동하면, FPS가 높은 기기에서는 빨리 이동하고 낮은 기기는 상대적으로 늦게 움직이는 문제가 있다.

```
초기값:
  sx = 4;     // 이동 속도
루프:
  x += sx;    // 반복해서 이동
```

이와 같은 방식으로 작성하면 FPS가 100인 단말기는 1초 후에 400픽셀을 이동하고, FPS가 10인 단말기는 40픽셀을 이동한다. 게임이 이렇게 단말기의 특성을 타면 곤란하다.

9.1.2 Delta Time

오른쪽 그림은 포물선 운동을 하는 로켓의 궤적으로, 로켓의 높이와 비행 거리, 회전각은 매 순간 변한다. 물리학에서는 로켓의 이동 경로를 여러 구간으로 나누고, 각 구간의 변화율을 구하는 미분 방정식을 사용한다. Delta Time은 이렇게 나누어진 구간의 실행 시간이다.

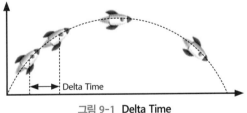

그림 9-1 **Delta Time**

미분의 구간은 작을수록 오차가 적어지므로 게임에서는 프레임 단위로 처리한다. 결국 게임의 Delta Time은 직전 프레임으로부터의 경과 시간이다. Delta Time은 다음과 같이 구한다.

```
long currentTime;
float deltaTime;

루프:
    deltaTime = (System.nanoTime() - currentTime) / 1000000000f;
    currentTime = System.nanoTime();
```

System.nanoTime( )은 단말기 내부에서 매초 10억씩 증가하는 값이므로, 이 값을 10억으로 나누면 소수 6째자리(float형)까지는 정확한 시간이 구해질 것이다.

9.2 이동 방향과 속도

화면에 랜덤한 간격으로 비눗방울이 나타나서 임의의 방향으로 이동한다. 이동하는 비눗방울을 터치해서 터뜨리는 프로그램을 작성한다. `File 9_2_FloatingBubble`

그림 9-2 화면의 비눗방울을 터치하면 비눗방울이 사라진다.

9.2.1 Bubble Class

새로운 프로젝트를 시작하고 Bubble Class를 추가한다.

◼ 변수 추가

사용 용도에 맞게 private과 public으로 구분해서 작성한다.

```
Bubble.java

public class Bubble {
    // 화면의 크기
    private int scrW, scrH;

    // 속도와 이동 방향, Random
    private int speed;
❶   private PointF dir = new PointF();
    private Random rnd = new Random();

    // 현재 시각과 DeltaTime
❷   private long currentTime;
❸   private float deltaTime;

    // 비눗방울의 위치, 크기, 비트맵
    public float x, y;
    public int r;
    public Bitmap bubble;

} // Bubble
```

❶ 이동 방향과 속도가 설정된 Vector이다.

❷ 현재 프레임의 시각이 nanoTime으로 저장된다.

❸ 직전 프레임으로부터의 경과 시간이다.

변수 dir은 오브젝트의 이동을 Vector와 같은 방식으로 처리하기 위한 것이다.

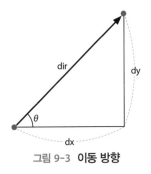

그림 9-3 **이동 방향**

◼ 생성자

비트맵을 만들고 초기화 루틴을 실행한다.

```
// 생성자
public Bubble(Context context, int width, int height) {
    // 화면의 크기
    scrW = width;
    scrH = height;

    // 비눗방울의 크기를 랜덤하게 설정
    r = rnd.nextInt(71) + 50;    // 50~120

    // 비눗방울 만들기
    bubble = BitmapFactory.decodeResource(context.getResources(), R.drawable.bubble);
    bubble = Bitmap.createScaledBitmap(bubble, r * 2, r * 2, true);

    // 비눗방울 초기 설정
    initBubble();
}
```

3 비눗방울의 초기화

비눗방울의 이동 속도와 방향 등을 설정한다. 아래 그림은 원주 위의 점 (x, y)가 수평선을 기준으로 시계 반대 방향(CCW)으로 θ 각도에 있을 때의 좌표를 구하는 식이다.

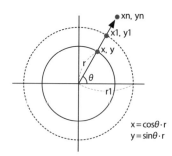

$$x = \cos\theta \cdot r$$
$$y = \sin\theta \cdot r$$

그림 9-4 원주 위에 있는 점의 좌표

위 그림의 반지름 r을 계속해서 늘리면 점 (x, y)는 θ 방향으로 계속 이동한다. 즉, 반지름의 변화율이 초속도인 셈이다. 이 식을 참고해서 초기화 부분을 작성한다.

```
// 비눗방울 초기화
private void initBubble() {
    // 이동 속도
❶  speed = rnd.nextInt(51) + 150;    // 초속 150~200 픽셀

    // 이동 방향 : 0~360도
❷  double rad = Math.toRadians( rnd.nextInt(360) );

❸  dir.x = (float) Math.cos(rad) * speed;
```

```
④  dir.y = (float) -Math.sin(rad) * speed;

    // 초기 위치 = 화면 전체
⑤  x = rnd.nextInt(scrW - r * 4) + r * 2;
    y = rnd.nextInt(scrH - r * 4) + r * 2;

    currentTime = System.nanoTime();
}
```

① 초속도를 정한다. 단말기의 화면의 크기는 픽셀이므로 초속도는 픽셀 단위가 된다.

② 이동 방향을 0~360°로 설정한다.

③ 이동 방향에 초속도를 곱한 값이므로, 결국 1초 동안 이동할 거리이다.

④ 수학과 단말기의 y축은 반대로 되어 있으므로 식을 음수(-)로 처리한다.

⑤ 비눗방울의 초기 위치는 화면의 경계에 걸치지 않는 범위에서 랜덤하게 처리한다.

또, 골치 아픈 수학 공식이 나왔다. 수학을 싫어하는 개발자라면, 지금부터라도 수학과 친해지든지 아니면 게임 개발을 포기하든지 어느 하나를 선택해야 한다. 게임에서 수학과 물리학이 차지하는 비중이 그만큼 크기 때문이다.

4 비눗방울의 이동

메인 루프이므로 deltaTime을 구해서 비눗방울을 현재 프레임에서 이동할 거리만큼 이동한다.

```
// 비눗방울 이동
public void update() {
    // 직전 프레임으로 부터의 경과 시간
    float deltaTime = (System.nanoTime() - currentTime) / 1000000000f;
    currentTime = System.nanoTime();

    x += dir.x * deltaTime;     // 이동
    y += dir.y * deltaTime;

    // 화면의 경계에서 반사
    if (x < r || x > scrW - r) {
        dir.x = -dir.x;
        x += dir.x * deltaTime;     // 원위치
    }

    if (y < r || y > scrH - r) {
        dir.y = -dir.y;
        y += dir.y * deltaTime;
    }
}
```

이처럼 프레임마다 초속도×deltaTime만큼 이동하면, 단말기의 성능과 관계없이 일정한 속도가 유지된다. 예를 들어, FPS가 100인 경우 deltaTime=1/100=0.01초, FPS가 10이라면 deltaTime=1/10=0.1초이다. 초속도가 200인 경우, 각각 200×0.01=2와 200×0.1=20으로 구해진다. 이 값이 현재 프레임에서 이동할 거리이다.

이것을 역산하면 FPS 100은 100×2=200, FPS 10은 10×20=200이 되므로, 두 경우 모두 1초 동안에 200픽셀을 이동한다. 물론 FPS에 따라 부드럽게 이동하느냐 거칠게 이동하느냐의 차이는 있지만, 이동 속도는 FPS에 영향을 받지 않는다.

5 터치의 판정

GameView로부터 터치 좌표를 입력받아, 원의 공식을 이용해서 비눗방울의 내부인지 판정한다.

```java
// Hit Test
public boolean hitTest(float px, float py) {
    boolean hit = false;
    float dist = (x - px) * (x - px) + (y - py) * (y - py);

    return (dist < r * r);
}
```

위의 식은 터치 좌표가 비눗방울의 반지름 내부에 있으면 true를 리턴하므로, GameView에서는 이 값을 참조해서 비눗방울을 삭제하면 될 것이다. 이것으로 Bubble Class의 작업이 모두 끝났다.

9.2.2 GameView의 처리

GameView는 비눗방울의 생성과 화면 표시 등에만 관여하므로 앞의 프로젝트와 크게 달라지는 부분은 없다.

1 변수 추가

배경 이미지와 화면 크기, 비눗방울을 저장할 ArrayList만 있으면 된다.

```java
public class GameView extends View {
    private Context context;    // Context 저장용
```

```
// 배경과 화면 크기
private Bitmap imgBack;
private int w, h;

// Random. 비눗방울 저장용
private Random rnd = new Random();
private ArrayList<Bubble> mBubble = new ArrayList<Bubble>();
```

2 생성자와 onSizeChange( )

생성자에서는 Context를 보존하고, onSizeChange( )에서 배경 이미지를 만들고 핸들러를 기동한다. 기존의 프로젝트와 같은 평범한 코드이다.

```
// 생성자
public GameView(Context context, AttributeSet attrs) {
    super(context, attrs);

    // Context 저장
    this.context = context;
}

// View의 크기 구하기
@Override
protected void onSizeChanged(int w, int h, int oldw, int oldh) {
    super.onSizeChanged(w, h, oldw, oldh);

    // 화면의 폭과 높이
    this.w = w;
    this.h = h;

    // 배경 이미지
    imgBack = BitmapFactory.decodeResource(getResources(), R.drawable.sky);
    imgBack = Bitmap.createScaledBitmap(imgBack, w, h, true);

    // 핸들러 기동
    mHandler.sendEmptyMessageDelayed(0, 10);
}
```

3 화면 그리기

onDraw( ) 함수 역시 특별히 달라진 것은 없다.

```
// 화면 그리기
@Override
protected void onDraw(Canvas canvas) {
    canvas.drawBitmap(imgBack, 0, 0, null);
```

```
        // 비눗방울 그리기
        for (Bubble tmp : mBubble) {
            canvas.drawBitmap(tmp.bubble, tmp.x - tmp.r, tmp.y - tmp.r, null);
        }
    }
```

4 비눗방울 생성 및 이동

새로운 함수를 만들어서 처리한다. 화면이 번잡하지 않도록 비눗방울의 수를 20개 이내로 제한하며, 매 프레임마다 8/1000의 확률로 나타나게 한다. 이 함수는 핸들러가 호출한다.

```
    // 비눗방울 만들기 <-- Handler
    private void makeBubble() {
        if (mBubble.size() < 20 && rnd.nextInt(1000) < 8) {
            mBubble.add( new Bubble(context, w, h) );
        }
    }


    // 비눗방울 이동 <-- Handler
    private void moveBubble() {
        for (Bubble tmp : mBubble) {
            tmp.update();
        }
    }
```

5 터치의 판정

Touch Event로부터 터치 좌표를 전달받아 모든 비눗방울을 조사한다. 터치 위치에 있는 비눗방울은 최초로 발견된 것만 제거한다. ArrayList의 자료는 remove(index) 또는 remove(object)로 삭제한다.

```
    // Hit Test <-- Touch Event
    private void hitTest(float x, float y) {
        for (Bubble tmp : mBubble) {
            if ( tmp.hitTest(x, y) ) {
                mBubble.remove(tmp);
                break;
            }
        }
    }
```

ArrayList에서 하나의 자료만 삭제할 때에는 위의 for( )문 형식을 사용한다. for( )문의 break를 제거하면 터치가 이루어진 모든 자료를 삭제하는데, 여러 개의 자료를 삭제할 경우에 이 형식을 사용하면 에러가 발생하므로 주의한다.

6 Touch Event와 Handler

Touch Event는 터치 좌표를 hitTest( )에 전달하고, 핸들러는 비눗방울의 생성과 이동, 화면 그리기를 지시한다.

```
// Touch Event
@Override
public boolean onTouchEvent(MotionEvent event) {
    if (event.getAction() == MotionEvent.ACTION_DOWN) {
        hitTest( event.getX(), event.getY() );
    }
    return true;
}

// Handler
Handler mHandler = new Handler() {
    @Override
    public void handleMessage(Message msg) {
        makeBubble();
        moveBubble();
        invalidate();
        mHandler.sendEmptyMessageDelayed(0, 10);
    }
};
```

이것으로 프로젝트의 작업이 모두 끝났다. 이 프로젝트는 deltaTime을 이용하므로 비눗방울의 이동은 하드웨어의 특성을 타지 않는다. 그런데 곰곰이 생각해 보면, 화면에 비눗방울이 여러 개 있을 때 각각의 비눗방울이 각자 deltaTime을 계산하는 문제가 있다. 예를 들어, 비눗방울이 20개 있다면 deltaTime을 20번 계산한다.

deltaTime은 모든 오브젝트에 동일하게 적용되는 물리적인 시간인데, 이것을 각각의 오브젝트가 개별적으로 계산하는 것은 소중한 자원의 낭비이다. 따라서 어디에선가 한 번만 계산하고, 그것을 공통으로 사용하면 퍼포먼스의 향상에 도움이 된다. 다음 프로젝트부터는 이와 같은 방법을 사용할 것이다.

9.2.3 잠재적인 위험 요소 제거

이 프로젝트는 터치 이벤트가 발생하면 터치 위치가 풍선의 내부인 경우 그 풍선을 삭제한다.

```
private void hitTest(float x, float y) {
    for (Bubble tmp : mBubble) {
        if ( tmp.hitTest(x, y) ) {
            mBubble.remove(tmp);
            break;
        }
    }
}
```

함수 자체는 아무 문제가 없으므로 프로젝트를 실행하면 정상적으로 실행된다. 즉, 풍선을 터치하면 화면에서 즉시 제거된다. 그런데 프로젝트를 실행하고 화면의 풍선을 마구 터치하다 보면 어쩌다 한 번씩 다음과 같은 에러가 발생하는 경우가 있다.

그림 9-5 **예외 상황(Exception) 에러 발생 화면**

이것은 Handler의 작업 과정에 터치 이벤트가 끼어들어서 생기는 문제이다. Handler는 다음과 같이 함수를 순서적으로 실행한다. 즉, 풍선 만들기 ➡ 이동하기 ➡ 화면 그리기 순서이다.

```
makeBubble();
moveBubble();
invalidate();
```

그런데 이벤트는 끼어들기(인터럽트 Interrupt)의 개념이므로, 위의 함수가 실행되는 중간에 이벤트가 발생할 수 있다. 만일 moveBubble() 함수를 실행하는 중에 이벤트가 발생해서 아직 이동하지 않은 풍선을 삭제해 버리면, moveBubble() 함수는 풍선이 삭제되었다는 사실을 모르기 때문에 삭제된 풍선도 이동하려고 할 것이다. 이때 Null Point Exception 에러가 발생한다.

이런 종류의 에러는 프로젝트를 수십 번 실행하면 한 번 발생할까말까 하므로 개발자는 전혀 알지 못하고 넘어가지만, 게임을 출시한 후 에러가 발생하면 아주 큰 문제가 된다.

이 에러는 이벤트 함수가 오브젝트를 직접 삭제해서 생기는 문제이므로 이벤트 함수가 오브젝트를 직접 삭제하는 대신, 오브젝트에 삭제 표시만 하는 것으로 처리 절차를 바꾼다. 삭제 표시가 있는 오브젝트는 Handler가 일괄 삭제하면 될 것이다.

1 Bubble Class 수정

Bubble Class에 삭제 표시를 위한 변수를 하나 추가하고, hitTest( ) 함수를 다음과 같이 수정한다.

```
Bubble.java
public class Bubble {
    ....................
    // 삭제 표시용
    public boolean isDead;    ← 추가

    // Hit Test
    public boolean hitTest(float px, float py) {
        isDead = (x - px) * (x - px) + (y - py) * (y - py) < r * r;
        return isDead;
    }

} // Bubble
```

hitTest( ) 함수는 터치 위치가 풍선의 내부이면 isDead를 true로 설정한다.

2 GameView의 처리

GameView의 hitTest( ) 함수를 다음과 같이 수정하고, 삭제 표시가 있는 풍선을 한꺼번에 삭제하는 함수를 추가한다.

```
GameView.java
// Hit Test <-- Touch Event
private void hitTest(float x, float y) {
    for (Bubble tmp : mBubble) {
        if (tmp.hitTest(x, y)) break;
    }
}

// 삭제할 풍선 제거 <-- Handler
private void removeDead() {
  ❶ for (int i = mBubble.size() - 1; i >= 0; i--) {
      ❷ if (mBubble.get(i).isDead) {
          ❸ mBubble.remove(i);
        }
    }
}
```

❶ ArrayList의 요소를 여러 개 삭제할 때에는 자료를 역순으로 검색하면서 삭제한다.

❷ 풍선에 삭제 표시가 있는지 조사한다.

❸ 풍선을 제거한다.

ArrayList에서 여러 개의 자료를 삭제할 때에는 역순으로 검색하며 처리한다. ArrayList의 자료를 삭제하면 뒤에 있는 자료가 앞으로 당겨져 빈 곳을 채우는데, for( )문을 오름차순으로 검색하면 앞으로 당겨진 자료는 건너뛰게 되며, for( )문의 index가 맨 마지막에 오면 앞으로 당겨져 없는 자료를 가리키게 되므로 Null Point Exception 에러가 발생할 것이다.

마지막으로, Handler에 removeDead( )를 호출하는 부분을 추가한다.

```
makeBubble();
moveBubble();
removeDead();    ← 추가
invalidate();
```

이것으로 프로젝트는 터치 이벤트의 호출에도 안정적으로 동작할 수 있게 되었다.

9.3 파편 만들기

화면에 비눗방울이 랜덤하게 나타나서 이동한다. 이것을 터치하면 작은 파편으로 분해되어 사방으로 흩어지며 점점 투명해지면서 사라진다. 이와 같은 기능을 하는 프로그램을 작성한다. 앞의 프로젝트를 복사해서 새로운 프로젝트로 만들고, 여기에 필요한 기능만 추가할 것이다.

◀File 9_3_FloatingBubble

그림 9-6 비눗방울을 터치하면 작은 조각으로 흩어진다.

이 프로젝트는 다음과 같은 이미지 리소스가 필요하다.

그림 9-7 프로젝트에 필요한 이미지 리소스

9.3.1 Time Class 만들기

각각의 오브젝트가 사용할 deltaTime을 제공하는 Class를 만든다. Class 이름은 Time이다.

Time.java

```java
public class Time {
❶ static private long currentTime = System.nanoTime();
❷ static public float deltaTime;

    // deltaTime 계산
❸ static public void update() {
        deltaTime = (System.nanoTime() - currentTime) / 1000000000f;
        currentTime = System.nanoTime();
    }
} // Time
```

❶ 정적(static) 변수를 만든다.

❷ 정적 public 변수를 만든다. deltaTime을 다른 오브젝트에게 제공하기 위한 것이다.

❸ deltaTime을 계산한다.

생성자도 없는 아주 간단한 Class이다. 하는 일이라고는 오직 deltaTime 계산뿐이다. 변수와 함수 앞에 있는 **static**은 정적(Static) 처리를 위한 것이다. 정적 변수와 메서드는 프로그램이 실행될 때 자동으로 생성되며, 별도의 메모리에 저장되므로 언제든지 곧바로 참조할 수 있다. 즉, 다음과 같은 호출이 가능하다.

```
Time.update();            // deltaTime을 계산한다.
float t = Time.deltaTime;  // deltaTime을 읽는다.
```

static 변수와 함수는 위와 같이 Class명을 직접 참조할 수 있는데, 이것은 기존의 Bubble Class
와 다른 방식이다. Bubble Class는 일단 인스턴스를 생성해야 호출과 참조가 가능하다.

```
Bubble mBubble = new Bubble(....);    // 인스턴스를 만든다.
mBubble.update();                     // 인스턴스를 참조한다.
canvas.drawBitmap(mBubble.img...);
```

위의 Time Class는 매 프레임마다 한 번만 계산하면 되므로 스레드나 핸들러에서 호출하면 될
것이다. 한 가지 주의할 것은 정적 변수와 메서드는 정적 변수와 메서드만 참조할 수 있다는
것이다. 그렇기 때문의 외부로 공개할 필요가 없는 변수 currentTime도 static으로 선언하였다.
currentTime을 static으로 선언하지 않으면 에러이다.

9.3.2 SmallBubble Class

파편으로 사용할 작은 비눗방울 Class를 만든다. Java의 Class는 새로운 파일로 만들어도 되
고, 하나의 파일에 여러 개의 Class를 수록해도 된다. 프로젝트에 Class 파일이 많지 않다면 별
도의 Java 파일로 만드는 것이 프로젝트 관리에 편하다.

1 변수 추가

SmallBubble Class를 만들고 필요한 변수를 추가한다.

SmallBubble.java
```
public class SmallBubble {
    // 화면 크기
    private int scrW, scrH;

    // 이동 방향, 속도, 수명
    private PointF dir = new PointF();
    private int speed;
    private float life;

    // 현재 위치, 반지름
    public float x, y;
    public int r;
```

```
    // 투명도, 소멸, 이미지
    public int alpha = 255;
    public boolean isDead;
    public Bitmap bubble;
```

Bubble Class와 크게 다르지는 않지만, life, alpha 등의 변수가 추가되었다.

② 생성자

생성자에서는 변수에 초깃값과 이동 방향, 속도 등을 설정한다.

```
    // 생성자
    public SmallBubble(Context context, int sw, int sh, float px, float py) {
        scrW = sw;        // 화면 크기
        scrH = sh;
        x = px;           // 초기 위치
        y = py;

        Random rnd = new Random();

        // 속도, 수명
 ❶      speed = rnd.nextInt(201) + 300;        // 300~500
        // speed = 300;
 ❷      life = (rnd.nextInt(6) + 10) / 10f;    // 1~1.5초

        // 이동 방향
        double rad = Math.toRadians( rnd.nextInt(360) );

        dir.x = (float) Math.cos(rad) * speed;
        dir.y = (float) -Math.sin(rad) * speed;

        // 반지름, 이미지 번호
        r = rnd.nextInt(11) + 10;       // 10~20
        int n = rnd.nextInt(6);         // 이미지 번호

 ❸      bubble = BitmapFactory.decodeResource(context.getResources(), R.drawable.b0 + n);
        bubble = Bitmap.createScaledBitmap(bubble, r * 2, r * 2, true);
    }
```

❶ 파편의 이동 속도이다.

❷ 파편의 수명으로, 이 값이 0 이하가 되면 alpha를 낮춘다.

❸ b0~b5의 이미지를 랜덤하게 사용한다.

이동 속도를 랜덤하게 설정하면 폭파 시의 파편처럼 랜덤하게 흩어지며, 값을 고정하면 둥근 모양으로 흩어진다. 위의 소스에서 speed=300의 주석(//)을 제거하고 프로젝트를 실행하면 다음과 같은 형태의 파편을 보게 될 것이다.

그림 9-8 둥근 모양으로 흩어지는 파편

3 이동과 소멸

Time Class의 deltaTime을 참조해서 이동한다.

```java
// 이동
public void update() {
    x += dir.x * Time.deltaTime;        // 이동
    y += dir.y * Time.deltaTime;

❶  life -= Time.deltaTime;
    if (life < 0) {
❷    alpha -= 5;
        if (alpha < 0) alpha = 0;
    }

    // 화면을 벗어났는가?
    if (alpha == 0 || x < -r || x > scrW + r || y < -r || y > scrH + r) {
❸    isDead = true;
    }
}
```

❶ 남은 수명을 줄인다. deltaTime은 직전 프레임과의 시간 차이이므로 이 값을 1초간 더하면 1이 된다.

❷ 수명이 다하면 alpha를 낮춰서 점점 투명하게 만든다.

❸ 수명이 다하거나 화면을 벗어나면 삭제 표시를 한다.

9.3.3 GameView의 ArrayList

비눗방울의 파편은 GameView에 저장해야 하므로 SmallBubble을 GameView에 ArrayList로 만든다. 파편은 비눗방울이 터질 때, 이후에 작성할 Bubble Class에서 직접 추가할 수 있도록 ArrayList를 static public으로 작성한다. 또, 파편의 투명도를 설정할 Paint도 필요하다.

```
GameView.java
public class GameView extends View {
    .................
    static public ArrayList<SmallBubble> mSmall = new ArrayList<SmallBubble>();
    private Paint paint = new Paint();
}
```

9.3.4 Bubble Class

Bubble Class를 수정한다. 다음은 수정할 부분이다.

1 변수 삭제와 추가

변수를 두 개 삭제하고, 맨 아래에 새로운 변수를 추가한다.

```
Bubble.java
public class Bubble {
    .................
    // 현재 시각과 DeltaTime
    private long currentTime;   ← 삭제
    private float deltaTime;
    .................

    // 추가
    private Context context;    ← 추가
```

2 생성자

생성자의 첫 부분에 Context를 변수에 저장하는 문장을 추가한다.

```
// 생성자
public Bubble(Context context, int width, int height) {
    this.context = context;   ← 추가
    .................
}
```

3 비눗방울 초기화

맨 마지막 문장을 삭제한다. 1 에서 변수를 삭제했으므로 오류 표시가 있을 것이다.

```
// 비눗방울 초기화
//-----------------------------
private void initBubble() {
    .................
    currentTime = System.nanoTime();   ← 삭제
}
```

4 이동

deltaTime을 계산하는 문장을 삭제하고, 식의 deltaTime을 Time.deltaTime으로 바꾼다. 모두
세 군데이다.

```
// 비눗방울 이동
public void update() {
    // 경과 시간
    float deltaTime = (System.currentTimeMillis() - currentTime) / 1000f;
    currentTime = System.currentTimeMillis();

    x += dir.x * Time.deltaTime;   ← 수정
    y += dir.y * Time.deltaTime;
    .....................
}
```

5 터치 판정

터치 판정 부분은 다음과 같이 수정한다. 터치 위치기 비눗방울의 내부이면 GameView의
ArrayList에 비눗방울 파편을 추가하는 절차이다.

```
// Hit Test
public boolean hitTest(float px, float py) {
    isDead = false;
    float dist = (x - px) * (x - px) + (y - py) * (y - py);

    if (dist < r * r) {
      ❶ int cnt = rnd.nextInt(6) + 25;     // 25~30
        for (int i = 1; i <= cnt; i++) {
          ❷ GameView.mSmall.add( new SmallBubble(context, scrW, scrH, x, y) );
        }

        isDead = true;
    }
    return isDead;
}
```

❶ 추가할 파편의 수를 설정한다.
❷ ArrayList에 파편을 추가한다.

ArrayList에 자료를 추가(add)할 때 특별히 추가 위치를 지정하지 않으면 리스트의 맨 끝에 추가된다.

9.3.5 GameView

이제 GameView에 새로운 기능을 추가한다.

⬛1 비눗방울과 파편의 이동

비눗방울의 파편도 이동해야 하므로 비눗방울 이동 함수에 추가한다.

```
// 비눗방울 이동 <-- Handler
private void moveBubble() {
    ................
    // 파편   ← 추가
    for (SmallBubble tmp : mSmall) {
        tmp.update();
    }
}
```

⬛2 화면 그리기

onDraw( ) 함수에 비눗방울 파편을 출력하는 부분을 추가한다. 파편의 투명도는 Paint로 처리한다.

```
// 화면 그리기
@Override
protected void onDraw(Canvas canvas) {
    ....................
    // 비눗방울 파편   ← 추가
    for (SmallBubble tmp : mSmall) {
        paint.setAlpha(tmp.alpha);
        canvas.drawBitmap(tmp.bubble, tmp.x - tmp.r, tmp.y - tmp.r, paint);
    }
}
```

❸ 수명이 다한 파편 제거

수명이 끝난 비눗방울과 파편을 모두 제거한다.

```java
// 수명이 끝난 파편 제거 <-- Handler
private void removeDead() {
    .................

    // 파편
    for (int i = mSmall.size() - 1; i >= 0; i--) {
        if (mSmall.get(i).isDead) {
            mSmall.remove(i);
        }
    }
}
```

❹ Handler

핸들러의 메시지 루프는 다음과 같이 수정한다.

```java
public void handleMessage(Message msg) {
    Time.update();    // deltaTime 계산  ◀ 추가

    makeBubble();
    moveBubble();
    removeDead();    // 수명 끝난 파편 제거
    invalidate();
    mHandler.sendEmptyMessageDelayed(0, 10);
}
```

이것으로 프로젝트의 수정이 모두 끝났다. 이제 프로젝트를 실행하면 화면에 랜덤하게 비눗방울이 나타나고, 그것을 터치하면 작은 파편으로 분해되어 흩어지는 것을 볼 수 있을 것이다.

그림 9-9 비눗방울을 터치하면 작은 조각으로 흩어진다.

제 **10** 장

Thread와
동기화

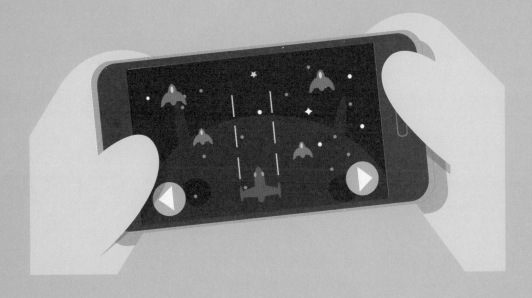

10.1 Thread

지금까지 우리는 Handler를 이용해서 반복 처리를 했다. Handler는 메시지 처리가 주된 목적이지만 반복 처리에도 사용할 수도 있다. 그렇지만 게임과 같이 루프를 고속으로 반복해야 하는 작업에는 적합하지 않다.

10.1.1 Process와 Thread

프로그램을 실행하면 프로그램의 인스턴스(Instance, 프로그램이나 객체의 복사본)가 생성되는데, 이를 프로세스(Process)라고 한다. 프로세스는 운영체제(OS)로부터 메모리 등의 리소스를 할당받아 주어진 절차를 수행한다. 운영체제가 동시에 여러 개의 프로세스를 실행할 수 있는 경우 이를 멀티프로세싱(Multi-processing)이라고 하며, 대부분의 운영체제가 멀티프로세싱을 지원한다.

스레드(Thread)는 프로세스가 실행하는 세부 처리 단위로써, 프로세스가 시작되면 일단 하나의 스레드가 생성된다. 이때 생성되는 스레드를 메인 스레드(Main Thread)라고 한다. 프로세스가 동시에 여러 작업을 처리하려면 서브스레드(Sub-thread)를 만들고, 각각의 스레드에 작업을 할당한다. 이를 멀티스레딩(Multi-threading)이라고 하며, 이것 역시 대부분의 운영체제가 멀티스레딩을 지원한다.

안드로이드는 앱이 실행되면 Main Activity가 메모리에 탑재되면서 메인 스레드가 생성된다. 안드로이드는 멀티스레딩을 지원하지만, 오직 메인 스레드만 UI를 변경할 수 있다. 동시에 두 개 이상의 스레드가 UI의 변경을 시도하면 문제가 될 수 있기 때문이다. 이와 같이 메인 스레드만 UI에 접근할 권한이 있는 운영체제를 단일 스레드 모델이라고 한다. 단일 스레드 모델에서는 메인 스레드만 UI를 변경할 수 있으므로, 메인 스레드를 UI 스레드로 부르기도 한다.

단일 스레드 모델은 애플리케이션을 제대로 구현하지 않으면 낮은 성능을 보일 수 있다. 모든 것이 메인 스레드에서 처리되므로 네트워크 접속 등 긴 작업을 수행하면, UI가 통째로 차단되어 앱이 중단된 것처럼 보인다. 더 나쁜 경우는 메인 스레드가 약 5초 이상 차단되어 있으면 '애플리케이션의 응답 없음(ANR)' 에러가 발생하면서 앱이 종료되는 것이다.

Handler는 메인 스레드를 사용한다. 따라서 메인 스레드가 바쁘면 제대로 응답하지 못하거나 Handler의 메시지를 처리하기 위해 메시지 큐와 루퍼(Looper) 등의 내부 처리 과정이 필요하므로, 게임의 퍼포먼스에 좋지 않은 영향을 준다.

10.1.2 Thread 만들기

안드로이드에서 스레드를 만드는 방법은 몇 가지 있지만, 이 책에서는 기본적인 Java 스레드를 사용할 것이다. 스레드는 Java의 Thread를 상속받아 Class로 만들며, run( ) 함수에 처리할 부분을 작성한다. 다음은 스레드를 만드는 예이다.

```
class GameThread extends Thread {
    @Override
    public void run() {
        <처리할 부분>
    }
}
```

스레드는 run( ) 함수의 실행이 끝나면 자동으로 소멸되므로, 스레드의 소멸을 막기 위해 다음과 같이 무한 루프로 구성한다.

```
class GameThread extends Thread {
 ❶ public boolean canRun = true;

    @Override
    public void run() {
     ❷ while(canRun) {
            <처리할 부분>
        }
    }
}
```

❶ 스레드의 실행 조건을 설정한다. 외부에서 이 값을 false로 바꾸면 스레드가 정지한다.

❷ 스레드가 처리할 부분을 무한 루프로 구성한다.

10.1.3 Thread의 인스턴스와 실행

위의 스레드는 Class이므로 이것을 인스턴스로 만든 후 스레드를 기동하는 절차가 필요하다.

```
private GameThread mThread;        // 스레드 변수
mThread = new GameThread();        // 스레드 인스턴스 생성
mThread.start();                   // 스레드 기동
```

10.1.4 Thread에 의한 반복 처리

게임의 루프를 스레드로 처리하는 프로젝트를 만든다. 별도의 프로젝트를 만들 수도 있지만, Handler로 처리하는 프로젝트를 스레드 처리로 변경하면, 스레드를 사용할 때의 주의할 점을 등을 확인할 수 있을 것이다. 9.3절의 파편 만들기(9_3_FloatingBubble)를 복사해서 새로운 프로젝트로 만들고, 게임 루프를 스레드로 구성한다.　　　　　　　📁 10_1_FloatingBubble2

1️⃣ Thread 만들기

GameView의 Handler 위치에 Thread Class를 만들고, Handler의 처리 내용을 run( ) 함수로 이동한다. Handler는 사용할 필요가 없으므로 Handler와 Handler 호출문은 모두 삭제한다.

```
GameView.java

.................
// Thread
class GameThread extends Thread {
    public boolean canRun = true;

    @Override
    public void run() {
        while (canRun) {
            Time.update();        // deltaTime 계산

            makeBubble();
            moveBubble();
            removeDead();
            postInvalidate();    // 화면 그리기  ← 수정
        }
    }

} // Thread
```

invalidate( )는 View를 다시 그리는 것으로, 메인 스레드(UI Thread)의 함수이다. 서브 스레드는 UI에 직접 접근할 수 없으므로 postInvalidate( )를 이용해서 메인 스레드에게 화면 갱신을 요청한다. run( )의 처리는 GameThread에서 이루어지며, 화면 갱신만 메인 스레드가 처리하는 구조이다. 이렇게 하면 게임 스레드가 작업하는 동안에 메인 스레드는 다른 작업을 할 수 있으므로 전체적인 효율이 좋아진다.

2️⃣ Thread의 생성과 기동

GameThread를 변수로 만들고, 이것을 인스턴스로 만든 후 스레드를 기동한다.

```
public class GameView extends View {
    private Context context;      // Context 저장용
    private GameThread mThread;   ← 추가

    // View의 크기 구하기
    @Override
    protected void onSizeChanged(int w, int h, int oldw, int oldh) {
        .........................
        // 스레드 기동
        if (mThread == null) {
            mThread = new GameThread();
            mThread.start();
        }
    }
}
```

onSizeChanged( )에서 스레드를 기동한다. onSizeChanged( )는 여러 번 호출될 수 있으므로 스레드가 실행 중이면 중복해서 실행하지 않도록 할 필요가 있다. 수정이 끝나면 프로젝트를 실행해서 제대로 작동하는지 확인한다. 스레드를 사용한 결과, 비눗방울이 좀 더 자연스럽게 이동하지만 스레드의 루프가 고속으로 수행되므로 비눗방울 20개가 동시에 화면에 나타나는 문제가 있다.

그림 10-1 **프로젝트를 실행하면 비눗방울 20개가 한꺼번에 나타난다.**

이것은 makeBubble( ) 함수의 비눗방울 발생 빈도를 조절하는 것으로 해결한다. 다음과 같이 처리하면 비눗방울은 스레드의 루프를 2000번 수행할 때마다 1회의 확률로 나타나게 될 것이다.

```
// 비눗방울 만들기 <-- Thread
private void makeBubble() {
    if (mBubble.size() < 20 && rnd.nextInt(2000) < 1) {   ← 수정
        mBubble.add(new Bubble(context, w, h) );
    }
}
```

10.1.5 Thread에 의한 에러

프로젝트를 실행하고 화면을 여러 번 터치하면 다음과 같은 에러와 함께 앱이 종료된다. 이 에러는 프로젝트를 실행할 때마다 불규칙적으로 발생한다.

그림 10-2 **프로젝트의 비정상적인 종료**

이 에러의 원인은 게임 스레드와 메인 스레드가 같은 시간에 동일한 자원을 액세스해서 발생한 것이다. 이 프로젝트의 게임 스레드 루프는 다음과 같다. 게임 스레드는 연산을 담당하고, 메인 스레드는 화면 그리기를 처리하는 방식이다.

```
while (canRun) {
    Time.update();

    makeBubble();
    moveBubble();
    removeDead();
    postInvalidate();      // 메인 스레드 처리
}
```

위의 루프는 운영체제 내부에서 다음과 같이 처리된다.

① 게임 스레드는 일련의 처리를 마친 후, 메인 스레드에게 화면 갱신을 요청하고 다음 루프를 진행한다.
② 메인 스레드는 게임 스레드의 요청을 메시지 큐에 저장하고, 화면을 다시 그린다.
③ 게임 스레드의 처리는 화면 그리기보다 훨씬 빠르므로 시간이 지나면 메인 스레드의 메시지 큐에는 그려야 할 작업이 누적되기 시작한다.

프로젝트 실행 중에 Touch Event가 발생하면 파편이 추가되거나 수명이 끝난 풍선과 파편이 제거된다. 파편의 추가와 제거 등의 연산은 게임 스레드가 담당하므로 그 사실을 모르는 메인 스레드는 삭제되어 없어진 자료를 참조하게 되고, 결과적으로 이러한 에러가 발생하는 것이다.

Handler를 사용하면 화면을 그린 후에 다음 루프를 실행하므로 메시지 큐에 그려야 할 작업이 쌓이지 않는다. 모든 처리를 메인 스레드가 순차적으로 처리하기 때문이다. 그런데 작업을 '연산'과 '화면 그리기'로 나누어서 스레드로 처리하면, 상대적으로 시간이 많이 걸리는 '화면 그리기'의 요청이 누적되는 것이다. 이 에러를 방지하는 방법은 다음과 같이 생각할 수 있다.

1 Game Thread가 화면을 직접 그린다.

화면 그리기를 메인 스레드에게 요청(postInvalidate)하지 않고 게임 스레드가 직접 그리는 방식이다. 이렇게 하면 화면 그리기가 끝난 후 다음 루프를 진행하므로 그려야 할 작업이 누적되지 않을 것이다.

이 방법을 사용하려면, GameView를 SurfaceView 형태로 만들어야 한다. SurfaceView는 메인 스레드 소속이 아니므로 게임 스레드가 직접 화면을 그릴 수 있다. 그런데 SurfaceView는 메인 스레드의 View에 비해 현저하게 속도가 떨어지는 문제가 있다. SurfaceView가 소프트웨어적으로 처리되는 Skia 그래픽스 라이브러리를 사용하는데 비해, UI의 View는 OpenGL의 하드웨어 가속 기능을 사용하기 때문이다.

소프트웨어적인 처리와 하드웨어 가속은 최소한 10배 이상의 성능 차이가 있다. 과거 안드로이드에 하드웨어 가속 기능이 지원되지 않았을 때에는 SurfaceView가 최선의 방법이었지만, 지금으로써는 좋지 않는 선택이다. 현재 안드로이드의 하드웨어 가속 기능은 메인 UI와 OpenGL만 사용할 수 있으므로, 게임 스레드가 화면을 직접 그리는 방식은 포기해야 한다.

2 게임 스레드와 메인 스레드의 작업을 동기화한다.

동기화(Synchronization)는 두 개 이상의 스레드가 같은 자원을 공유할 때 다른 스레드에 의해 자원이 사용 중이면, 선점한 스레드의 작업이 끝날 때까지 기다린 후 자신의 차례가 오면 자원을 사용하는 방식이다. 즉, 우리가 공중 화장실을 이용하는 것처럼 자신의 차례가 올 때까지 기다린다.

10.1.6 Thread의 동기화

동기화가 필요한 오브젝트는 GameView의 ArrayList이므로 이것을 참조하는 부분을 동기화한다.

■1 Bubble Class

Bubble Class에서 비눗방울 파편을 추가하는 부분을 다음과 같이 수정한다. 추가할 부분을 빨간색으로 표시했다.

```java
// Hit Test
public boolean hitTest(float px, float py) {
    isDead = false;
    float dist = (x - px) * (x - px) + (y - py) * (y - py);

    if (dist < r * r) {
        int cnt = rnd.nextInt(6) + 25;      // 25~30
        int idx = GameView.mSmall.size();

        // GameView의 mSmall을 동기화
        synchronized(GameView.mSmall) {   ← 추가
            for (int i = 1; i <= cnt; i++) {
                GameView.mSmall.add(idx, new SmallBubble(context, scrW, scrH, x, y));
                idx++;
            }
        }   ← 추가
        isDead = true;
    }

    return isDead;
}
```

위의 synchronized(GameView.mSmall)은 mSmall이 사용 중이면 기다렸다가 자신의 차례가 오면 자료를 추가하는 것이다.

■2 GameView

GameView는 ArrayList를 참조하는 함수를 모두 수정한다.

```java
// 화면 그리기 - 동기화
@Override
protected void onDraw(Canvas canvas) {
    canvas.drawBitmap(imgBack, 0, 0, null);

    // 비눗방울 그리기
    synchronized (mBubble) {
        for (Bubble tmp : mBubble) {
            canvas.drawBitmap(tmp.bubble, tmp.x - tmp.r, tmp.y - tmp.r, null);
        }
    }
```

```java
        // 비눗방울 파편
        synchronized (mSmall) {
            for (SmallBubble tmp : mSmall) {
                paint.setAlpha(tmp.alpha);
                canvas.drawBitmap(tmp.bubble, tmp.x - tmp.r, tmp.y - tmp.r, paint);
            }
        }
    }

    // 비눗방울 만들기 - 동기화
    private void makeBubble() {
        synchronized (mBubble) {
            if (mBubble.size() < 20 && rnd.nextInt(2000) < 1) {
                mBubble.add(new Bubble(context, w, h));
            }
        }
    }

    // 이동 - 동기화
    private void moveBubble() {
        // 비눗방울
        synchronized (mBubble) {
            for (Bubble tmp : mBubble) {
                tmp.update();
            }
        }

        // 비눗방울 파편
        synchronized (mSmall) {
            for (SmallBubble tmp : mSmall) {
                tmp.update();
            }
        }
    }

    // 수명이 끝난 오브젝트 제거 - 동기화
    private void removeDead() {
        // 풍선
        synchronized (mBubble) {
            for (int i = mBubble.size() - 1; i >= 0; i--) {
                if (mBubble.get(i).isDead) {
                    mBubble.remove(i);
                }
            }
        }

        // 파편
        synchronized (mSmall) {
            for (int i = mSmall.size() - 1; i >= 0; i--) {
                if (mSmall.get(i).isDead) {
                    mSmall.remove(i);
                }
            }
        }
    }
```

이제 프로젝트를 실행하면 에러가 발생하지 않을 것이다.

10.1.7 Thread의 지연

실제의 단말기를 PC에 연결하고 이 프로젝트를 실행하면 풍선의 이동이 매끄럽지 못하고 화면이 조금씩 지연되는 현상이 생긴다. 그 이유는 스레드의 루프가 너무 빨라서 화면 갱신 요청이 메시지 큐가 넘치도록 쌓이기 때문이다. 따라서 스레드의 루프를 일정 시간 지연할 필요가 있다.

스레드는 sleep(<지연 시간>)으로 다음 동작의 실행을 지연할 수 있는데, 지연 시간은 ms(1/1000초)이다. sleep( )은 try~catch 블록과 함께 사용하므로 스레드의 루프를 다음과 같이 수정한다.

```
// Thread
class GameThread extends Thread {
    public boolean canRun = true;

    @Override
    public void run() {
        while (canRun) {
            try {
                Time.update();        // deltaTime 계산

                makeBubble();
                moveBubble();
                removeDead();
                postInvalidate();      // 화면 그리기
                sleep(10);    ◀ 10/1000초 지연
            } catch (Exception e) {
                // Do nothing
            }
        }
    }
} // Thread
```

try~catch는 try 블록을 수행하다 예외(에러)가 발생하면 catch 블록을 수행하도록 지시하는 문장이다. catch문에는 발생한 예외의 종류와 예외 코드를 저장할 변수를 설정한다. 위의 catch에 있는 Exception은 발생한 모든 예외를 처리하며, 예외 코드가 변수 'e'에 저장되지만 처리할 내용이 없으므로 모두 무시될 것이다.

스레드 수행 중에 sleep( ) 함수가 호출되면 Java의 스레드 스케줄러에 의해 run 상태의 스레드가 wait로 바뀌는데, 이때 InterruptedException 예외가 발생하므로 위의 Exception을

InterruptedException으로 바꾸어도 같은 결과가 된다.

이 스레드는 매 루프마다 10/1000초씩 지연되므로 프로젝트는 최대 FPS 100의 속도로 수행될 것이다. 스레드를 지연 처리하도록 수정하였으므로 풍선의 발생 확률을 낮추는 부분을 원래 대로 설정하지 않으면 풍선이 나타나는 주기가 너무 길어지게 된다. 풍선의 발생 주기가 스레드의 루프 횟수에 영향을 받기 때문이다.

```java
// 비눗방울 만들기 <-- Thread
private void makeBubble() {
    if (mBubble.size() < 20 && rnd.nextInt(1000) < 8) {   ← 원상태로 복구
        mBubble.add(new Bubble(context, w, h) );
    }
}
```

오브젝트의 발생 주기가 스레드의 루프 횟수에 영향을 받지 않게 하려면 deltaTime으로 시간을 계산해서 처리해야 하는데, 이 방법은 추후 다른 프로젝트에서 사용할 것이다.

10.1.8 Thread Safe ArrayList

이 프로젝트는 비눗방울과 파편 두 종류의 ArrayList를 사용하므로 동기화하면 문제가 발생하지는 않는다. 그런데 게임의 규모가 커져서 ArrayList의 종류가 늘어나면 어쩌다 한 번씩 Null Point Exception Error가 발생할 수 있다. 그 이유는 Java의 ArrayList 자체가 스레드에 안전하도록 설계되지 않았기 때문이다. 무슨 말이냐 하면,

```java
synchronized (mBubble) {
    int n = mBubble.size();
    .............
}
```

위와 같은 문장이 있을 때 size( ) 함수는 동기 여부와 상관없이 mBubble에 저장된 자료의 수를 구한다. 이때 다른 스레드에서 mBubble의 요소를 추가/삭제하는 중이라면 size( )는 잘못된 정보를 구하게 된다. 따라서 변수 n을 기준으로 어떤 작업을 하게 되면 에러가 발생할 수 있다.

이와 같은 에러를 방지하려면 ArrayList를 스레드로부터 안전한 형태로 만들어야 한다. 스레드로부터 안전한 ArrayList는 다음과 같이 만든다.

```
List<Bubble> mBubble = Collections.synchronizedList( new ArrayList<Bubble>() );
```

GameView의 비눗방울과 파편을 저장하는 ArrayList를 다음과 같이 변경한다.

```
// 비눗방울, 파편
private List<Bubble> mBubble = Collections.synchronizedList(
                                        new ArrayList<Bubble>() );
static public List<SmallBubble> mSmall = Collections.synchronizedList(
                                        new ArrayList<SmallBubble>() );
```

10.1.9 Thread의 완전 종료

프로젝트를 실행한 후 Floating Action Button을 클릭하면 앱이 종료된다. 이 프로젝트의
MainActivity에 다음과 같은 내용이 있기 때문이다.

```
fab.setOnClickListener(new View.OnClickListener() {
    @Override
    public void onClick(View view) {
        finish();
    }
});
```

앱을 종료한 후 AVD에서 최근에 실행한 앱 목록 버튼(□)을 누르면 이 프로젝트가 다시 나타
난다.

그림 10-3 **최근에 실행한 앱 목록**

앱 목록에 있는 프로젝트를 실행하면 비눗방울의 이동 속도가 현저하게 떨어진다. 프로젝트를
종료하고, 다시 앱 목록에 있는 프로젝트 실행을 반복할수록 비눗방울의 이동 속도가 더 떨어
진다. 이때 안드로이드 스튜디오에서 Android Monitor를 보면 앱 목록의 프로젝트를 실행할

수록 사용하는 메모리가 지속적으로 늘어나는 것을 확인할 수 있다. 아래 그림에서 하늘색 부분의 높이가 커질수록 메모리 사용량이 늘어나는 것이다.

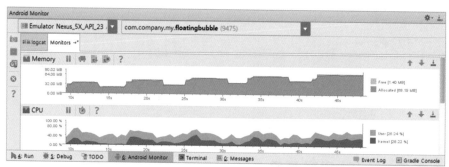

그림 10-4 앱 목록에 있는 프로젝트를 실행할수록 메모리 사용량이 지속적으로 늘어나고 있다.

이것을 보면 앱이 종료될 때 GameThread의 인스턴스가 제거되지 않고, 백그라운드 상태에서 메인 스레드에게 지속적인 화면 그리기를 요청함으로써 메시지가 쌓이는 것으로 추측할 수 있다. 따라서 앱이 종료될 때 스레드를 확실하게 종료시킬 필요가 있다. 스레드의 강제 종료는 다음의 두 가지로 처리할 수 있다.

▣ 앱을 완전히 종료한다

killProcess( )로 앱을 종료하고 프로세스에 할당된 자원을 모두 회수한다. 이렇게 하면 스레드의 인스턴스도 제거될 것이다 사용자가 [Back] 키로 종료할 수도 있으므로 [Back] 키의 처리도 필요하다. onClick( ) 함수를 다음과 같이 수정하고 [Back] 키 처리 함수를 추가한다.

```
MainActivity.java
@Override
protected void onCreate(Bundle savedInstanceState) {
    ................
    fab.setOnClickListener(new View.OnClickListener() {
        @Override
        public void onClick(View view) {
            android.os.Process.killProcess(android.os.Process.myPid());   ◀ 완전 종료
        }
    });
} // onCreate

@Override
public void onBackPressed() {
    android.os.Process.killProcess(android.os.Process.myPid());   ◀ 완전 종료
}
```

2 View가 종료될 때 Thread를 정지한다

게임이 여러 개의 액티비티로 구성된 경우에는 액티비티의 전환이 일어날 것이므로 각각의 액티비티에서 사용하는 스레드를 종료해야 한다. GameView는 액티비티에 속해 있으므로 View가 종료될 때 스레드를 정지시킨다.

GameThread는 변수 canRun이 true이면 루프를 수행하므로 이 값을 false로 바꾸면 스레드에서 수행할 부분이 없어져 스레드가 정지한다. 변수의 값을 바꾸는 것은 GameView의 실행이 종료될 때 처리하면 될 것이다. GameView에 다음 함수를 추가한다.

```
// View의 종료
@Override
protected void onDetachedFromWindow() {
    mThread.canRun = false;  ◀ 추가
    super.onDetachedFromWindow();
}
```

onDetachedFromWindow( )는 View의 실행이 종료될 때 호출되는 콜백 함수이므로 [Code ➡ Override Methods] 메뉴나 Ctrl + O 키를 이용해서 추가하면 될 것이다.

이것으로 스레드로부터 안전한 프로젝트가 되었다. 스레드를 사용하면 고속 처리가 가능하지만 그만큼 신경 쓸 부분이 많다.

제 **11** 장

애니메이션과
사운드

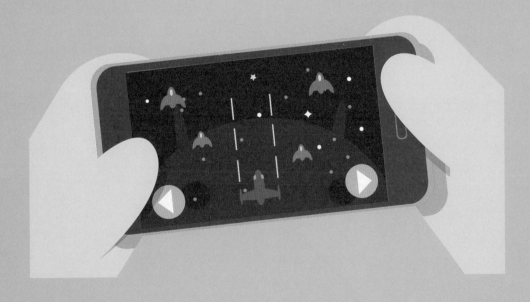

11.1 애니메이션

애니메이션(Animation)은 움직이지 않는 물체를 움직이는 것처럼 보이게 만들어서 물체에 생명을 부여하는 것이다. 애니메이션은 구현하는 방식에 따라 여러 가지가 있지만, 컴퓨터 애니메이션은 다음과 같이 구분한다.

① **Cell Animation** 물체가 움직이는 과정의 정지 이미지를 미리 만들어 두고, 그것을 순서적으로 표시함으로써 물체가 움직이는 효과를 구현하는 방식이다. 구현하기는 쉽지만 다양한 동작을 표현하려면 이에 따른 이미지가 많이 필요하다.

② **Tween Animation** 물체의 동작을 작은 프레임(Frame)으로 나누고, 각각의 프레임에서 물체의 위치, 회전 등의 변화를 미세하게 변경함으로서 물체가 움직이는 효과를 구현하는 방식이다. 이 방식은 물체의 움직임을 각각의 프레임에서 처리해야 하므로 컴퓨터의 높은 연산 능력이 요구된다. 이 책에서 예제로 사용한 풍선의 움직임 등이 이에 해당한다. 참고로 Tween은 'in between(중간)'에서 유래했다.

③ **Key Frame Animation** 전체 애니메이션 중에서 중요한 몇 개의 프레임을 키(Key)로 등록해 두면, 키와 키 사이의 프레임은 컴퓨터가 자동으로 만들어 주는 방식이다. 예를 들어 사람이 걸어갈 때 발의 시작 위치와 발을 내딛었을 때의 위치를 키 프레임으로 등록하면, 발이 이동하는 중간 과정은 컴퓨터가 자동으로 만들어 주는 방식이다. 이 방식의 애니메이션은 물체의 움직임을 자연스럽게 표현할 수 있으므로 3D 애니메이션 영화나 3D 게임에서 많이 사용된다.

이 책의 예제 프로젝트는 대부분 ①의 방식으로 애니메이션을 구현한다. ②의 풍선의 이동 등도 애니메이션으로 볼 수 있지만, 이 책에서 애니메이션으로 표시하는 것은 대부분 Cell Animation을 의미한다.

11.2 사운드

게임에서 사용하는 사운드는 배경 음악과 각종 효과음이다. 게임에서 배경 음악과 효과음을 사용하려면 프로젝트에 오디오 파일을 리소스로 저장해야 한다.

11.2.1 프로젝트에 Audio 파일 추가

오디오 파일은 [res/raw] 폴더에 넣는다. 안드로이드 프로젝트에는 raw 폴더가 없으므로 새로운 폴더를 만든다. 프로젝트 매니저에서 [app] 폴더를 오른쪽 클릭하고, [New ➡ Android Resource Directory] 메뉴를 실행하면 다음과 같은 대화 상자가 나타나므로 Resource Type을 raw로 설정하고 [OK] 버튼을 누른다.

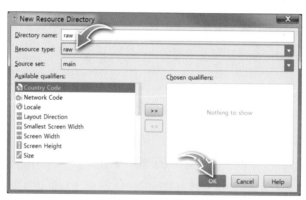

그림 11-1 **raw 폴더 만들기**

다른 방법으로, 프로젝트 매니저에서 [res] 폴더를 오른쪽 클릭하고 [New ➡ Directory] 메뉴를 실행해서 raw 폴더를 직접 만들 수도 있다. raw 폴더를 만들면 프로젝트 매니저에 추가된 폴더가 표시될 것이다.

그림 11-2 **res/raw 폴더 만들기**

폴더를 만든 후에는 **오디오 파일**을 복사해서 raw 폴더에 붙여 넣는다. 안드로이드에서는 wav, mp3, ogg, mid 등 대부분의 사운드 파일을 사용할 수 있다. 사운드 파일은 리소스이므로 파일명을 모두 **소문자**로 작성한다(대문자나 특수 문자를 포함하면 에러이다).

11.2.2 MediaPlayer

안드로이드 멀티미디어 프레임워크는 다양한 미디어를 재생할 수 있다. 오디오, 비디오, 이미지 등을 활용하는 것은 아주 쉽게 구현이 가능하다. resource에 저장된 리소스를 재생할 수도 있고, 파일 시스템에 있는 파일들을 재생할 수도 있으며, 네트워크 연결을 통해서 데이터 스트리밍으로도 활용할 수 있다. 다음은 **MediaPlayer**로 음악을 연주하는 예이다.

```
MediaPlayer mPlayer = MediaPlayer.create(context, R.raw.rondo);    // rondo는 오디오 파일명
mPlayer.setLooping(true);
mPlayer.start();
```

MediaPlayer는 다양한 기능을 제공하지만, 게임에서는 위의 기능만 사용해도 충분하다.

11.2.3 SoundPool

SoundPool은 3초 이내의 짧은 사운드를 재생할 때 사용되며, 하나의 SoundPool에 여러 종류의 사운드 파일을 저장해서 사용한다. SoundPool을 만드는 방법은 안드로이드 API 버전에 따라 다르게 구현한다.

1 롤리팝(API 21) 이전의 버전

롤리팝 이전의 버전은 다음과 같은 방법으로 SoundPool을 만든다.

```
SoundPool mSound = new SoundPool(5, AudioManager.STREAM_MUSIC, 1);
```

이 매개변수의 '5'는 SoundPool이 동시에 재생할 수 있는 스트림 수이며, '1'은 샘플링 품질로 기본값은 '0'이다.

2 롤리팝(API 21) 이상의 버전

롤리팝 이상의 버전에는 사운드의 속성을 세부적으로 설정하기 위해 **AudioAttributes**가 추가되었다.

```
// AudioAttributes 생성
AudioAttributes audioAttributes = new AudioAttributes.Builder()
        .setContentType(AudioAttributes.CONTENT_TYPE_MUSIC)
        .setUsage(AudioAttributes.USAGE_GAME)
        .build();

// SoundPool 생성
SoundPool mSound = new SoundPool.Builder()
        .setMaxStreams(5)
        .setAudioAttributes(audioAttributes)
        .build();
```

AudioAttributes는 SoundPool의 옵션이므로 이것을 사용하지 않을 때에는 다음과 같이 작성할 수 있다.

```
SoundPool mSound = new SoundPool.Builder().setMaxStreams(5).build();
```

3 롤리팝(API 21)의 사운드 오류

모바일 단말기에서 프로젝트를 실행하면 사운드가 재생되지 않는 기종이 있다. 이 단말기를 PC에 연결하고 프로젝트를 실행하면 안드로이드 스튜디오의 Monitor 창에 'AUDIO_OUTPUT_FLAG_FAST denied by client'와 같은 메시지가 나타난다. 이것은 안드로이드의 호환성 문제로, 롤리팝을 탑재한 단말기에 이런 증상이 나타나는 것으로 알려져 있다. 이 증상은 AudioAttributes 옵션을 설정해서 해결한다.

```
AudioAttributes attributes = new AudioAttributes.Builder()
    .setContentType(AudioAttributes.CONTENT_TYPE_MUSIC)
    .setFlags(AudioAttributes.FLAG_AUDIBILITY_ENFORCED)
    .setUsage(AudioAttributes.USAGE_GAME)
    .build();

sound = new SoundPool.Builder().setAudioAttributes(attributes)
                                            .setMaxStreams(5).build();
```

여러 종류의 안드로이드에서 SoundPool을 사용하려면 다음과 같이 구성한다.

```java
SoundPool mSound;       // 전역 변수로 선언

// 롤리팝 이전 버전인가?
if (Build.VERSION.SDK_INT < Build.VERSION_CODES.LOLLIPOP) {
    mSound = new SoundPool(5, AudioManager.STREAM_MUSIC, 1)
} else {
    AudioAttributes attributes = new AudioAttributes.Builder()
        .setContentType(AudioAttributes.CONTENT_TYPE_MUSIC)
        .setFlags(AudioAttributes.FLAG_AUDIBILITY_ENFORCED)
        .setUsage(AudioAttributes.USAGE_GAME)
        .build();

    mSound = new SoundPool.Builder().setAudioAttributes(attributes)
                                    .setMaxStreams(5).build();
}
```

5 **SoundPool의 리소스 추가와 사운드 재생**

SoundPool에 오디오 리소스를 추가하면 각각의 리소스에 정수형의 id가 부여된다. 사운의 재생은 리소스에 부여된 id를 이용한다.

```java
    // Sound 리소스 추가
①  int fireId = mSound.load(context, R.raw.fire, 1);
    int expId = mSound.load(context, R.raw.exp, 1);

    // Sound 재생
②  mSound.play(fireId, 0.9f, 0.9f, 1, 0, 1);
    mSound.play(expId, 1, 1, 1, 0, 1);
```

❶ SoundPool에 오디오 리소스를 추가하고 그 id를 구한다. 매개변수의 '1'은 사운드의 우선순위로, API 매뉴얼에는 추후의 호환성을 위해 '1'로 설정하라고 되어 있다.

❷ 사운드를 재생한다. 매개변수의 순서는 id, 왼쪽 볼륨(0~1), 오른쪽 볼륨, 우선순위, 반복 횟수(-1: 무한 반복), 재생 속도(0.5~2)이다.

11.3 참새 사냥

한 무리의 참새가 화면 오른쪽으로 날아간다. 날아가는 참새를 터치하면 참새가 아래로 추락하며 득점하는 프로젝트를 만든다. 이 프로젝트는 화면을 가로 방향(Landscape)으로 고정한다.

File 11_3_HuntingBird

그림 11-3 참새를 터치하면 참새가 아래로 추락한다.

이 프로젝트는 다음 이미지 리소스가 필요하다. 참새를 애니메이션하기 위해 각각의 동작을 6단계로 표시했다. 참새 이미지는 한 장으로 되어 있으므로 잘라서 각각의 동작을 별도의 비트맵으로 만들어야 한다.

그림 11-4 프로젝트에 필요한 이미지 리소스

이 프로젝트는 배경 음악과 총 발사음을 사용하므로 새로운 프로젝트를 만든 후, 두 개의 오디오 파일을 [raw] 폴더에 추가한다.

11.3.1 참새의 애니메이션

이 프로젝트는 참새의 정지 동작을 각각의 이미지로 만들어 두었으므로 셀 애니메이션으로 처리한다. 먼저, 참새 Class를 만든다. 이 Class는 **deltaTime**을 사용하므로 앞의 프로젝트에 사용한 Time Class를 복사해서 추가해 둔다. 셀 애니메이션에서는 초당 몇 프레임을 재생할 것인지를 결정한 후, 다음 프레임과의 지연 시간을 계산한다. 예를 들어, 초당 10프레임을 재생하려면 지연 시간은 1/10초가 될 것이다.

1 변수 추가

Class에 필요한 변수를 추가한다.

```java
Sparrow.java

public class Sparrow {
    // 화면 크기, 터치 영역
    private int scrW, scrH;
    private RectF rect = new RectF();

    // 이동 속도, 이동 방향
    private int speed;
    private PointF dir = new PointF();

    // 프레임의 지연 시간, 경과 시간, 이미지 번호
 ❶  private float animTime;
 ❷  private float animSpan = 0;
 ❸  private int animNum = 0;

    // 참새 이미지 배열
    private Bitmap[] arrBirds = new Bitmap[6];

    // 참새 위치, 크기
    public float x, y;
    public int w, h;

    // 현재 이미지, 추락할 때 참새 회전, 사망
    public Bitmap bird;
    public int ang  = 0;
    public boolean isDead;
} // Sparrow
```

❶ 이미지를 그린 후 다음 이미지까지 지연할 시간(초)이다.

❷ 이미지를 그린 후 현재 프레임까지 경과한 시간(초)이다.

❸ 현재 그린 이미지 번호이다.

생성자는 다음과 같이 작성한다.

```java
// 생성자
public Sparrow(Context context, int width, int height) {
    scrW = width;      // 화면 크기 보존
    scrH = height;

    // 참새 만들기, 초기화
    makeSprite(context);
    intSparrow();
}
```

3 참새 비트맵 만들기

참새 이미지를 6개의 비트맵으로 분리하고, 각각의 이미지를 배열에 저장한다.

```java
// 참새 이미지 분리
private void makeSprite(Context context) {
    // 원본 이미지 읽기
    Bitmap org = BitmapFactory.decodeResource(context.getResources(),
                                              R.drawable.sparrow);

    // 개별 이미지의 크기
    int bw = org.getWidth() / 6;
    int bh = org.getHeight();

    // 이미지 분해
    for (int i = 0; i < 6;  i++) {
        arrBirds[i] = Bitmap.createBitmap(org, bw * i, 0, bw, bh);
    }

    w = bw / 2;
    h = bh / 2;

    // 초기 이미지
    bird = arrBirds[0];
}
```

4 Class 초기화

참새의 이동 속도, 애니메이션 속도 등을 설정한다.

```
// Class 초기화
private void intSparrow() {
    Random rnd = new Random();

    // 이동 속도
    speed = rnd.nextInt(101) + 700;    // 700~800;

    // 각 프레임의 지연 시간
 ❶ animTime = 0.85f - speed / 1000f;      // 0.15 ~ 0.05초

    // 이동 방향과 속도
    dir.x = speed;
    dir.y = 0;

    // 참새의 초기 위치
 ❷ x = -w * 2;
    y = rnd.nextInt(scrH - 500)  + 100;
}
```

❶ 다음 이미지를 표시할 때까지의 지연 시간이다. 이 값을 초당 프레임 수로 환산하면 1/0.15~1/0.05 ≒
   6.7~20이므로 애니메이션은 초당 6.7~20프레임으로 진행될 것이다.
❷ 참새의 초기 위치는 화면 왼쪽의 바깥, 수직 위치는 랜덤하게 설정한다.

❶의 식은 빨리 이동하는 참새는 애니메이션 간격이 짧고, 느린 참새는 간격을 길게 처리하기
위한 것이다. 애니메이션에 이동 속도를 반영하지 않으면, 날갯짓은 열심히 하는데 느리게 이
동하는 참새가 나타날 수 있다.

5 참새의 이동

참새는 화면 왼쪽에서 오른쪽으로 수평 이동하지만, 추락 중인 참새는 수직 이동한다. 참새가
화면을 벗어나면 소멸 표시를 한다.

```
// 참새 이동
public void update() {
    x += dir.x * Time.deltaTime;
    y += dir.y * Time.deltaTime;

    animationBird();

    // 화면을 벗어났는가?
    if (x > scrW + w || y > scrH + h) {
        isDead = true;
    }
}
```

▣ 참새의 애니메이션

매 프레임마다 deltaTime을 더해서 애니메이션 지연 시간과 비교한다. 추락 중인 참새는 애니메이션하지 않는다.

```java
// 참새 애니메이션
private void animationBird() {
    // 애니메이션 후 경과 시간
    animSpan += Time.deltaTime;

    // 추락 중이면 애니메이션 없음
    if (dir.y > 0 || animSpan < animTime) return;

    animSpan = 0;
    animNum++;

    if (animNum >= 5) {
        animNum = 0;
    }

    bird = arrBirds[animNum];
}
```

위와 같이 시간과 관계되는 모든 연산은 deltaTime으로 처리한다. 이렇게 하면 단말기의 성능과 관계없이 일정한 속도와 시간이 보장된다.

▣ 터치의 판정

참새 위치에 Rect를 설정하고, 터치 위치가 이 영역에 있는지를 조사한다. 추락 중인 참새는 터치를 인정하지 않는다.

```java
// 참새 터치 영역 판정 <-- GameView
public boolean hitTest(float px, float py) {
    // 추락 중이면 득점 없음
    if (dir.y > 0) return false;

    // 참새 위치에 참새 크기의 Rect 만들기
    rect.set(x - w, y - h, x + w, y + h);

    // 터치 위치가 참새 내부인가?
    if ( rect.contains(px, py) ) {
    ❶ dir.y = speed;
        dir.x = 0;

        // 추락 시 180도 회전
    ❷ ang = 180;
    }
```

```
        return (dir.x == 0);
    }
```

❶ 참새의 이동 방향을 수직(화면 아래쪽)으로 바꾼다.
❷ 추락 중인 참새는 이미지를 180도 회전해서 표시한다.

Rect( )는 왼쪽 위의 좌표와 오른쪽 아래의 좌표(크기가 아니다)로 설정한다. 참새의 이동에 사용하는 dir은 방향과 속도를 갖고 있는 Vector이므로 이것을 이용해서 이동 방향을 바꾼다. 현실 세계에서는 참새가 추락할 때 중력 가속도가 적용되는데, 이 프로젝트는 중력을 사용하지 않으므로 추락 동작이 조금 어색할 수 있다. 중력 가속도는 다음 프로젝트에서 다루므로 처리 방법을 습득한 후 스스로 수정해 보기 바란다.

11.3.2 참새의 Collision 설정

참새의 터치 영역을 판정하는 함수는 참새 이미지의 전체 크기로 충돌 판정을 하므로, 이미지의 투명한 부분을 터치해도 득점으로 처리될 것이다. 따라서 실제의 게임에서는 참새 근처를 터치했는데(총알이 빗나갔는데) 참새가 추락하는 문제가 있다. 참새는 연약한 동물이라서 총소리에 놀라 떨어질 수도 있다고 우길 수도 있지만. 포탄이 탱크 근처를 날아가는데 탱크가 대포 소리에 놀라서(?) 폭파되면 곤란하다.

터치 위치가 참새의 내부인지를 정밀하게 판정하려면, 참새의 윤곽을 다각형으로 만들어서 꼭 짓점의 좌표를 모두 구하고, '다각형 과녁의 판정'과 같은 방법을 이용해야 한다. 참새 이미지가 6장이나 되므로 이렇게 처리하면 절차가 너무 복잡해진다.

실제의 게임 제작에서는 물체의 외형에 따라 충돌 탐지 영역을 사각형, 원형, 타원형, 다각형 등으로 미리 설정해 둔다. 이렇게 설정된 영역을 Collision이라고 하는데, 충돌이 Collision의 내부에서 발생한 것인지만 판정한다. 너무 정밀하게 계산하면 퍼포먼스에 심각한 영향을 주기 때문이다.

우리가 사용하는 참새 이미지는 투명한 부분이 너무 많다. 참새의 중앙에 원형의 Collision을 설정하고, Collision의 내부를 터치한 경우에만 득점으로 인정하면, 빗나간 총알에 의해 참새가 추락하는 것을 방지할 수 있다. 대신, 원에 포함되지 않는 날개의 끝 부분 등을 터치하면 득점이 되지 않을 것이다.

이 방법을 사용하려면 충돌 판정 부분을 다음과 같이 변경한다. 원의 공식을 이용해서, 터치 위치가 원의 내부인지를 판정하는 것이다.

```java
// 터치 위치가 참새 내부인가?
float dist = (px - x) * (px - x) + (py - y) * (py - y);
if (dist < h * h * 0.7f) {
    ...............
}
```

위의 식은 참새의 중심부에 참새 높이의 70% 크기의 원을 Collision으로 설정한 경우이다.

11.3.3 GameView

이제 GameView를 만들고 GameThread를 추가한다.

1 GameView의 기본 구조

아직 처리할 내용이 없는 부분은 비워 둔다.

```java
GameView.java

public class GameView extends View {

    // 생성자
    public GameView(Context context, AttributeSet attrs) {
        super(context, attrs);
    }

    // View의 해상도 구하기
    @Override
    protected void onSizeChanged(int w, int h, int oldw, int oldh) {
        super.onSizeChanged(w, h, oldw, oldh);
    }

    // View의 종료
    @Override
    protected void onDetachedFromWindow() {
        super.onDetachedFromWindow();
    }

    // 화면 그리기
    @Override
    protected void onDraw(Canvas canvas) {

    }
```

```java
// 참새 만들기
private void makeSparrow() {

}

// 참새 이동
private void moveSparrow() {

}

// 사망한 참새 제거
private void removeDead() {

}

// 총알 발사 <-- Touch Event
private void fireBullet (float x, float y) {

}

// 게임 초기화 <-- MainActivity
public void initGame() {

}

// Touch Event
@Override
public boolean onTouchEvent(MotionEvent event) {
    return true;
}

// Thread
class GameThread extends Thread {
    public boolean canRun = true;

    @Override
    public void run() {
        while (canRun) {
            try {
                Time.update();          // deltaTime 계산

                makeSparrow();          // 참새 만들기
                moveSparrow();          // 이동
                removeDead();           // 사망한 참새 제거
                postInvalidate();       // 화면 그리기
                sleep(10);
            } catch (Exception e) {
                //
            }
        }
    }
} // Thread

} // GameView
```

실제의 단말기는 스레드의 루프와 화면 갱신 시간의 차이가 AVD보다 클 수 있으므로 sleep( )으로 스레드를 지연시키지 않으면 화면이 버벅거리는 경우가 있다.

2 변수 추가

프로젝트에 필요한 변수를 추가한다. MediaPlay와 SoundPool을 위한 변수도 추가한다.

```
public class GameView extends View {
    private Context context;        // Context 보존용
    private GameThread mThread;      // Thread

    // 배경과 화면 크기
    private Bitmap imgBack;
    private int w, h;

    // 배경 음악, 효과음, 사운드 id
    private MediaPlayer mPlayer;
    private SoundPool mSound;
    private int soundId;

    // 점수 표시용
    private int hit = 0;
    private int miss = 0;

    // 참새 생성 시간과 Paint
❶  private float makeTimer = 0;
    private Paint paint = new Paint();

    // 참새
❷  private List<Sparrow> mSparrow;
```

❶ 일정한 시간 간격으로 참새를 추가하기 위한 것이다.
❷ 참새 저장용 ArrayList는 스레드에 안전하도록 만들기 위해 List로 선언한다.

2 생성자

참새 저장용 ArrayList를 초기화하고 오디오 리소스를 읽어 들인다.

```
// 생성자
public GameView(Context context, AttributeSet attrs) {
    super(context, attrs);
    this.context = context;

    // 참새
    mSparrow = Collections.synchronizedList( new ArrayList<Sparrow>() );
```

```java
// 배경 음악
mPlayer = MediaPlayer.create(context, R.raw.rondo);
mPlayer.setLooping(true);
mPlayer.start();

// 롤리팝 이전 버전인가?
if (Build.VERSION.SDK_INT < Build.VERSION_CODES.LOLLIPOP) {
    mSound = new SoundPool(5, AudioManager.STREAM_MUSIC, 1);
} else {
    AudioAttributes attributes = new AudioAttributes.Builder()
        .setContentType(AudioAttributes.CONTENT_TYPE_MUSIC)
        .setFlags(AudioAttributes.FLAG_AUDIBILITY_ENFORCED)
        .setUsage(AudioAttributes.USAGE_GAME)
        .build();

    mSound = new SoundPool.Builder().setAudioAttributes(attributes)
                                    .setMaxStreams(5).build();
}

// Sound 파일 읽기
soundId = mSound.load(context, R.raw.fire, 1);

// 점수의 글자 크기와 색
paint.setTextSize(60);
paint.setColor(Color.WHITE);
}
```

③ View의 해상도 구하기

배경 이미지를 만들고 스레드를 기동한다.

```java
// View의 해상도 구하기
@Override
protected void onSizeChanged(int w, int h, int oldw, int oldh) {
    super.onSizeChanged(w, h, oldw, oldh);

    this.w = w;     // 화면의 폭과 높이
    this.h = h;

    // 배경 이미지 확대
    imgBack = BitmapFactory.decodeResource(getResources(), R.drawable.back);
    imgBack = Bitmap.createScaledBitmap(imgBack, w, h, true);

    // 스레드 기동
    if (mThread == null) {
        mThread = new GameThread();
        mThread.start();
    }
}
```

스레드를 종료한다.

```java
// View의 종료
@Override
protected void onDetachedFromWindow() {
    mThread.canRun = false;
    super.onDetachedFromWindow();
}
```

5 화면 그리기

게임의 배경과 참새, 점수 등을 출력한다. 추락 중인 참새가 있으므로 Canvas를 회전해서 그린다. 참새를 만드는 부분은 스레드가 호출하므로 동기화하는 것이 안전하다.

```java
// 화면 그리기
@Override
protected void onDraw(Canvas canvas) {
    canvas.drawBitmap(imgBack, 0, 0, null);

    // 참새 그리기
    synchronized (mSparrow) {
        for (Sparrow tmp : mSparrow) {
 ①         canvas.rotate(tmp.ang, tmp.x, tmp.y);
            canvas.drawBitmap(tmp.bird, tmp.x - tmp.w, tmp.y - tmp.w, null);
 ②         canvas.rotate(-tmp.ang, tmp.x, tmp.y);
        }
    }

    // 점수 출력
    paint.setTextAlign(Paint.Align.LEFT);
    canvas.drawText("Hit : " + hit, 100, 100, paint);

    paint.setTextAlign(Paint.Align.RIGHT);
    canvas.drawText("Miss : " + miss, w - 100, 100, paint);
}
```

❶ 회전된 참새가 있을 수 있으므로 Canvas를 참새의 각도로 회전한다.

❷ Canvas의 회전을 복원한다.

6 참새 생성, 이동, 사망한 참새 제거

참새는 0.5초마다 한 마리씩 만드는데, 이 함수는 동기화가 필요하다.

```java
// 참새 만들기
private void makeSparrow() {
    makeTimer -= Time.deltaTime;

    if (makeTimer <= 0) {
        makeTimer = 0.5f;
        synchronized (mSparrow) {
            mSparrow.add( new Sparrow(context, w, h) );
        }
    }
}

// 참새 이동
private void moveSparrow() {
    synchronized (mSparrow) {
        for (Sparrow tmp : mSparrow) {
            tmp.update();
        }
    }
}

// 사망한 참새 제거
private void removeDead() {
    synchronized (mSparrow) {
        for (int i = mSparrow.size() - 1; i >= 0; i--) {
            if (mSparrow.get(i).isDead) {
                mSparrow.remove(i);
            }
        }
    }
}
```

7 총알 발사

이 프로젝트에는 발사되는 총알이 없지만, 화면을 터치하면 총을 발사하는 것으로 한다. 이 함수는 Touch Event가 호출한다. 사운드를 재생하고 터치 위치에 참새가 있는지를 판정한다.

```java
// 총알 발사 <-- Touch Event
private void fireBullet (float x, float y) {
    boolean isHit = false;
    mSound.play(soundId, 1, 1, 1, 0, 1);

    for ( Sparrow tmp : mSparrow ) {
        if (tmp.hitTest(x, y)) {
            isHit = true;
            break;
        }
    }

❶  hit = isHit ? hit + 1 : hit;
❷  miss = isHit ? miss : miss + 1;
}
```

❶ 참새 명중 시의 득점 처리

❷ 명중하지 못할 때의 실점 처리

8 게임 초기화

화면의 참새를 모두 지우고 점수를 초기화한다. 이 함수는 MainActivity의 Floating Action Button에 의해 호출된다.

```
// 게임 초기화 <-- MainActivity
public void initGame() {
    synchronized (mSparrow) {
        ❶ mSparrow.clear();
    }

    hit = miss = 0;
 ❷ invalidate();
}
```

❶ ArrayList를 초기화한다. 동기화하는 것이 안전하다.

❷ 화면을 갱신하는 것은 Main Thread이므로 postInvalidate( )가 아니다.

9 Touch Event

총을 발사하는 함수를 호출한다.

```
// Touch Event
@Override
public boolean onTouchEvent(MotionEvent event) {
    if (event.getAction() == MotionEvent.ACTION_DOWN) {
        fireBullet( event.getX(), event.getY() );
    }
    return true;
}
```

10 Floating Action Button의 처리

Floating Action Button의 Listener가 게임 초기화 함수를 호출하도록 수정한다.

MainActivity.java

```
fab.setOnClickListener(new View.OnClickListener() {
    @Override
    public void onClick(View view) {
```

```
        ( (GameView)findViewById(R.id.gameView) ).initGame();
    }
});
```

GameView는 MainActivity의 View 중 하나이므로 위와 같은 형식으로 GameView의 함수를 실행할 수 있다. 단, MainActivity에서 GameView를 참조하려면 content_main.xml에 GameView의 id 속성이 설정되어 있어야 한다.

11 Back 키의 처리

게임 실행 중에 [Back] 키를 누르면 프로젝트를 완전히 종료하는 코드를 MainActivity에 추가한다.

```
// Back Key 처리
@Override
public void onBackPressed() {
    android.os.Process.killProcess(android.os.Process.myPid());
}
```

이것으로 프로젝트가 모두 끝났다. 이제 게임을 실행하면 신나는 참새 사냥을 할 수 있을 것이다. 이것은 게임이므로 문제가 없지만, 야생의 참새는 농사에 이로운 새이므로 함부로 잡는 것은 좋지 않다고 한다. 이것은 실제로 중국에서 있었던 일이다. 예전에 모택동(마오쩌둥)이 참새를 논에 있는 쌀을 훔쳐 먹는 해로운 새로 인식해서 대대적인 소탕 작전을 벌인 적이 있었다. 참새의 씨가 마르자 논밭에 병충해가 창궐하여 엄청난 흉년이 들었고, 결국 중국 인민 4천만 명이 굶어 죽는 대참사를 낳았다고 한다.

11.4 공용 리소스 만들기

이 프로젝트는 각각의 참새가 애니메이션 이미지를 저장한다. 따라서 화면에 참새가 20마리 있다면 메모리에도 참새 이미지가 20개 저장된다. 이런 식으로 게임을 만들면, 게임의 규모가 커질수록 더 많은 메모리를 사용하게 되어 심각한 메모리 부족 현상이 나타날 수 있다.

이와 같은 문제를 해결하려면 참새의 애니메이션 이미지는 별도의 Class로 만들고, 각각의 참새는 이미지 Class를 참조하도록 한다. Time Class에서 deltaTime을 처리하는 것과 같은 개념이다. 이제 프로젝트를 수정한다. 원본 프로젝트를 복사해서 새로운 프로젝트로 만들고 그것을 수정할 것이다.

〔File〕 11_4_HuntingBird2

1 공용 리소스 만들기

먼저, 참새 이미지를 잘라서 6개의 비트맵으로 만들어 저장하는 Class를 추가한다. 이 Class가 하는 일은 참새 이미지를 잘라서 Bitmap 배열에 저장하는 것이 전부이다.

```java
CommonResources.java

public class CommonResources {
    static public Bitmap[] arBirds = new Bitmap[6];
    static public int bw;
    static public int bh;

    // Set Bitmap <-- GameView
    static public void set(Context context) {
        // 원본 이미지 읽기
        Bitmap org = BitmapFactory.decodeResource(context.getResources(),
                                                   R.drawable.sparrow);

        // 개별 이미지의 크기
        bw = org.getWidth() / 6;
        bh = org.getHeight();

        // 이미지 분해
        for (int i = 0; i < 6;  i++) {
            arBirds[i] = Bitmap.createBitmap(org, bw * i, 0, bw, bh);
        }

        // 이미지의 폭과 높이(1/2)
        bw /= 2;
        bh /= 2;
    }
} // CommonResources
```

2 GameView의 호출

CommonResources는 static 메소드(함수)를 사용하므로 생성자가 필요하지 않다. 대신 위의 setBitmap( ) 함수는 어디에선가 미리 호출해야 한다. 한 번만 호출하면 되므로 GameView의 생성자에서 호출하면 될 것이다.

```java
// 생성자
public GameView(Context context, AttributeSet attrs) {
    ........................
    // 참새 이미지 분리
    CommonResources.set(context);
}
```

3 Sparrow Class 수정

Sparrow Class에 있는 Bitmap 배열과 makeSprite( ) 함수를 모두 삭제하고 생성자를 다음과 같이 수정한다.

```java
// 생성자 : 화면의 크기
public Sparrow(Context context, int sw, int sh) {   ← 생성자의 context 삭제
    scrW = sw;      // 화면 크기 보존
    scrH = sh;

    // 참새 만들기, 초기화
    makeSprite(context);                     ← 삭제
    bird = CommonResources.arBirds[0];       ← 추가
    w = CommonResources.bw;                  ← 추가
    h = CommonResources.bh;                  ← 추가

    intSparrow();
}
```

다음에는 animationBird( ) 함수를 수정한다.

```java
// 참새 애니메이션
private void animationBird() {
    ..................
    bird = arrBirds[animNum];                         ← 삭제
    bird = CommonResources.arBirds[animNum];   ← 추가
}
```

4 참새를 만드는 함수 수정

참새는 GameView의 makeSparrow( )에서 만들고 있으므로 참새를 ArrayList에 추가하는 문장을 수정한다.

```
GameView.java

private synchronized void makeSparrow() {
    makeTimer -= Time.deltaTime;

    if (makeTimer <= 0) {
        makeTimer = 0.5f;
        mSparrow.add( new Sparrow(context, w, h) );    ← context 삭제
    }
}
```

이것으로 프로젝트의 수정 작업이 모두 끝났다. 프로젝트의 실행 결과는 수정하기 전과 다르지 않지만, 프로젝트가 실행될 때 메모리 요구량이 많이 줄어들 것이다. 한 화면에 여러 개 나타날 수 있는 총알, 미사일, 화살 등의 오브젝트는 비트맵 이미지를 별도의 Class에 저장해 두고, 그것을 참조하는 방식으로 구성해야 메모리의 소모를 줄일 수 있다.

제 **12**장

중력의 처리

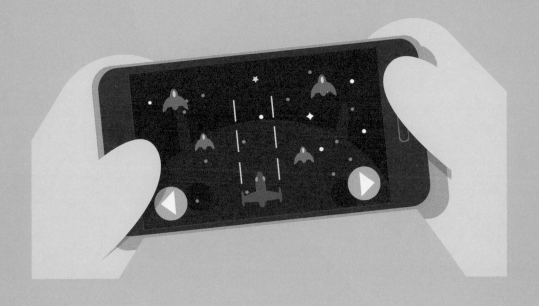

12.1 자유 낙하와 반사

화면을 터치하면 그 위치에 공이 새로 생겨서 화면 아래로 떨어진다. 공이 지면에 부딪치면 통통 튀면서 굴러간다. 이와 같은 방식의 프로젝트를 만든다. <File> 12_1_BounceBall

그림 12-1 **지면에 반사되는 공의 궤적**

이 프로젝트는 다음과 같은 이미지 리소스가 필요하다.

그림 12-2 **프로젝트에 필요한 이미지 리소스**

12.1.1 중력 가속도

모든 물체는 중력의 영향을 받는다. 중력은 가속도가 적용되는데, 지구의 경우 9.81m/sec^2이다. 중력은 물체를 수직으로 끌어당기는 힘이므로, 수평으로 던져진 물체는 그 속도와 상관없이 바닥으로 추락하는 시간이 같다. 따라서 물체가 수평으로 이동하는 속도는 추락 속도에 영향을 주지 않는다. 추락 속도는 중력과 시간에 의해서만 결정되기 때문이다.

다음 그림과 같이 물체가 중력의 힘으로만 추락하는 경우를 자유 낙하라고 하며, 이때 물체의 궤적은 포물선이 된다. 자유 낙하에는 물체의 질량이 영향을 주지 않으므로, 물체의 무게와 상관없이 일정한 중력이 적용된다(갈릴레이의 피사 사탑 실험).

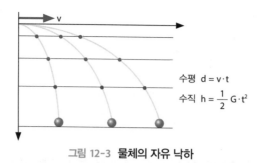

$$\text{수평} \quad d = v \cdot t$$
$$\text{수직} \quad h = \frac{1}{2} G \cdot t^2$$

그림 12-3 **물체의 자유 낙하**

자유 낙하 중인 물체가 t초 동안 이동한 거리와 추락한 높이는 위 그림의 식으로 구한다. 이 식의 v는 초속도(m), G는 중력 가속도 상수 9.81m이다.

이동 중인 물체가 다른 물체와 충돌하면 작용 반작용의 법칙으로 인해 반대 방향의 힘이 생기는데, 이것을 **반발력**이라고 한다. 반발력은 충돌 시의 '힘×반사 계수(반사율)'이다. 반사율은 0~1.0의 값을 갖는데, 0은 소멸, 1은 완전 반사이다. 물리학에서는 '운동 에너지=질량×속도'로 표시하지만, 게임에서는 대부분의 물체에 질량(무게)을 부여하지 않으므로 '운동 에너지=속도'와 같은 개념으로 계산한다.

12.1.2 공용 리소스 만들기

이 프로젝트는 화면에 공이 여러 개 나타나므로 공의 이미지를 별도의 Class로 만들어서 메모리 사용량을 줄인다. Class 이름은 CommonResources이다. 처리할 내용은 비트맵 이미지를 읽고 변수에 저장하는 간단한 것이다.

CommonResources.java

```java
public class CommonResources {
    static public Bitmap ball;      // 공 비트맵
    static public int r = 80;       // 공의 반지름

    // SetBitmap <-- GameView
    static public void set(Context context) {
        ball = BitmapFactory.decodeResource(context.getResources(), R.drawable.ball);
        ball = Bitmap.createScaledBitmap(ball, r * 2, r * 2, true);
    }
}
```

12.1.3 Ball Class

화면에 표시할 공을 처리할 Class이다.

1 변수 추가

중력과 이동 속도 등을 처리해야 하므로 변수가 조금 많다. 변수의 용도를 주석으로 표시했으므로 이해하는 데 어려움은 없을 것이다.

```java
Ball.java

public class Ball {
    // 화면 크기
    private int scrW, scrH;

    // 바닥 높이
    private float ground;

    // 이동, 회전 속도(초속)
❶   private int speed = 300;
❷   private int rotAng = 120;

    // 중력, 반발 계수
❸   private float gravity = 1500f;
    private float bounce = 0.8f;

    // 이동 방향
❹   private PointF dir = new PointF();

    // 공의 위치, 반지름
    public float x, y;
    public int r;

    // 현재 각도, 비트맵, 소멸?
    public float ang;
    public Bitmap ball;
    public boolean isDead;

} // Ball
```

❶ 공이 매초 수평으로 이동하는 속도이며, 단위는 픽셀이다.

❷ 공이 이동할 때 매 초마다 회전하는 각도이며, 단위는 60분법(Degree) 각도이다.

❸ 공이 추락할 때 적용되는 중력으로, 단위는 픽셀이다.

❹ 공이 이동하는 방향 Vector이다.

☑ 생성자

파라미터를 변수에 저장하고, CommonResources에 저장된 비트맵과 반지름을 읽어 온다. 바닥의 높이는 화면 높이의 80%로 설정했다.

```java
// 생성자
public Ball(int width, int height, float px, float py) {
    scrW = width;      // 화면 크기
    scrH = height;
    x = px;            // 터치 위치
    y = py;

    // 공의 이미지와 크기
    ball = CommonResources.ball;
    r = CommonResources.r;

    // 바닥의 높이
    ground = scrH * 0.8f;

    // 공의 이동 방향
    dir.x = speed;
    dir.y = 0;
}
```

☑ 공의 이동

공의 이동과 회전, 중력은 '초속도×deltaTime'으로 계산한다.

```java
// Move
public void update() {
    // 현재의 회전 각도
 ❶  ang += rotAng * Time.deltaTime;

    // 중력
 ❷  dir.y += gravity * Time.deltaTime;

    // 이동
    x += dir.x * Time.deltaTime;
 ❸  y += dir.y * Time.deltaTime;

    // 바닥과 충돌인가?
    if (y > ground) {
        y = ground;

     ❹  dir.y = -dir.y * bounce;   // 반사
    }

    // 화면을 벗어났나?
    isDead = (x > scrW + r);
}
```

❶ 현재의 회전 각도에 '회전 속도×deltaTime'을 누적한다.

❷ 수직 이동 속도에 '중력×deltaTime'을 누적한다.

❸ 수직 위치에 이동 '속도×deltaTime'을 누적한다.

❹ 바닥과 충돌 후, 수직 이동 속도를 반대 방향으로 설정하면 반사가 이루어진다. bounce는 반사 계수로, 초깃값이 0.8f로 되어 있다. 이 값을 1로 바꾸면 100% 반사할 것이다.

중력 가속도는 $1/2Gt^2$인데, $1/2G$를 단말기의 화면에 적당하도록 변수 gravity에 1500픽셀로 정했으므로 $gravity \cdot t^2$을 계산해야 한다. 위의 처리 과정을 보면, ❷에서 시간을 한 번 곱하고 ❸에서 다시 시간을 곱했으므로 $gravity \cdot t^2$을 계산한 셈이다.

❷는 매 프레임마다 수직 이동 속도를 중력의 deltaTime만큼 증가시키므로, 시간의 흐름에 따라 속도가 변한다. 즉, 가속도가 생기며 속도의 순간 변화량은 'gravity×deltaTime'이다. 실제로는 현재의 상승 속도에서 중력을 빼야 하는데, 수학과 단말기의 y축이 반대로 되어 있으므로 더해야 화면 아래로 이동한다.

12.1.4 GameView

GameView는 기존의 프로젝트보다 간단하다. 다음은 전체 소스이다. 공과 관련된 함수는 모두 동기화되어야 한다.

```
GameView.java

public class GameView extends View {
    // Context, Thread
    private Context context;
    private GameThread mThread;

    // 배경과 화면 크기
    private Bitmap imgBack;
    private int w, h;

    // 공 저장용
    private List<Ball> mBall;

    //--------------------------
    // 생성자
    //--------------------------
    public GameView(Context context, AttributeSet attrs) {
        super(context, attrs);

        // Context 저장, 공 비트맵 이미지 처리
        this.context = context;
        CommonResources.set(context);
```

```java
    // 공 저장용 ArrayList
    mBall = Collections.synchronizedList( new ArrayList<Ball>() );
}

//----------------------------
// View의 크기 구하기
//----------------------------
@Override
protected void onSizeChanged(int w, int h, int oldw, int oldh) {
    super.onSizeChanged(w, h, oldw, oldh);

    // 화면의 폭과 높이
    this.w = w;
    this.h = h;

    // 배경 이미지
    imgBack = BitmapFactory.decodeResource(getResources(), R.drawable.field);
    imgBack = Bitmap.createScaledBitmap(imgBack, w, h, true);

    // 스레드 기동
    if (mThread == null) {
        mThread = new GameThread();
        mThread.start();
    }
}

//----------------------------
// View의 종료
//----------------------------
@Override
protected void onDetachedFromWindow() {
    mThread.canRun = false;
    super.onDetachedFromWindow();
}

//----------------------------
// 화면 그리기
//----------------------------
@Override
protected void onDraw(Canvas canvas) {
    canvas.drawBitmap(imgBack, 0, 0, null);

    // 공 그리기
❶  synchronized (mBall) {
        for (Ball tmp : mBall) {
            // 공 회전
            canvas.rotate(tmp.ang, tmp.x, tmp.y);
            canvas.drawBitmap(tmp.ball, tmp.x - tmp.r, tmp.y - tmp.r, null);
            canvas.rotate(-tmp.ang, tmp.x, tmp.y);
        }
    }
}
```

```
//----------------------------
// 공 만들기 <-- Touch Event
//----------------------------
❷ private synchronized void makeBall(float x, float y) {
    mBall.add( new Ball(w, h, x, y) );
}


//----------------------------
// 공 이동
//----------------------------
private synchronized void moveBall() {
    for (Ball tmp : mBall) {
        tmp.update();
    }
}


//----------------------------
// 수명이 끝난 공 제거
//----------------------------
private synchronized void removeDead() {
    for (int i = mBall.size() - 1; i >= 0; i--) {
        if (mBall.get(i).isDead) {
            mBall.remove(i);
        }
    }
}


//----------------------------
// Touch Event
//----------------------------
@Override
public boolean onTouchEvent(MotionEvent event) {
    if (event.getAction() == MotionEvent.ACTION_DOWN) {
        makeBall( event.getX(), event.getY() );
    }

    return true;
}


//----------------------------
// Thread
//----------------------------
class GameThread extends Thread {
    public boolean canRun = true;

    @Override
    public void run() {
        while (canRun) {
            try {
                Time.update();      // deltaTime 계산

                moveBall();
                removeDead();
```

```
                    postInvalidate();      // 화면 그리기
                    sleep(10);
                } catch (Exception e) {
                    //
                }
            }
        }
    } // Thread

} // GameView
```

❶ 공을 동기화해서 화면에 그린다.

❷ 함수가 하나의 ArrayList만 다루는 경우에는 함수 자체를 동기화해도 된다.

이제 게임을 실행하고 화면을 터치하면, 그 위치에 공이 나타나서 통통 튀며 굴러가는 것을 볼 수 있을 것이다.

그림 12-4 **화면을 터치하면, 공이 나타나서 통통 튀면서 굴러간다.**

지표면에 공의 그림자를 표시하면 좀 더 생동감 있는 장면을 연출할 수 있다. 그림자의 처리는 12.3절에서 다루므로 그 방법을 습득한 후 스스로 추가해 보기 바란다.

그림 12-5 **그림자를 표시하면 입체감 있는 화면이 된다.**

12.2 포물선 운동

화면의 왼쪽 아래에 발사를 기다리는 로켓이 있다. 화면을 터치하면 그 방향으로 로켓을 발사하는 프로젝트를 만든다. ▶File 12_2_Rocket

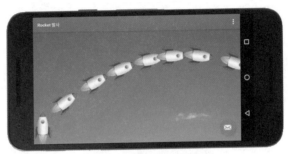

그림 12-6 **로켓의 비행 궤적**

이 프로젝트는 다음의 이미지 리소스가 필요하다.

그림 12-7 **프로젝트에 필요한 이미지 리소스**

12.2.1 포물선 운동의 방정식

포물선 운동은 등속(수평)과 등가속(수직)의 두 성분이 합쳐져서 방향이 변하는 운동이다. 포물선 운동은 위치에 영향을 받지 않는 중력 가속도가 작용한다.

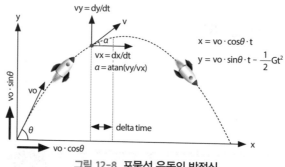

$$vy = dy/dt$$
$$vx = dx/dt$$
$$\alpha = atan(vy/vx)$$
$$x = vo \cdot cos\theta \cdot t$$
$$y = vo \cdot sin\theta \cdot t - \frac{1}{2}Gt^2$$

그림 12-8 포물선 운동의 방정식

위 그림은 초속도가 vo인 물체를 수평선을 기준으로 θ의 각도로 발사할 때, t초 후의 수평 거리 x와 높이 y를 구하는 식이다. 위 그림에서 v는 순간 속도이며, α는 순간 회전각이다. 복잡한 수식이 나오므로 그림만 봐도 어지럽다.

로켓의 수평 속도는 일정하지만(등속), 수직 속도와 회전각은 매 순간 변한다. 수학을 싫어하는 독자라면 머리에 쥐가 날 법도 하다.

12.2.2 Rocket Class

위의 식을 바탕으로 Class를 만든다. 이 프로젝트에서는 화면에 로켓이 하나만 나타나므로 Rocket Class에서 직접 비트맵 이미지를 처리한다.

1 변수 추가

로켓의 이동에 필요한 변수를 추가한다. 속도와 중력의 초깃값은 여러 번 테스트한 결과, 적당한 값으로 설정한 것이다.

```
Rocket.java

public class Rocket {
    // 화면 크기
    private int scrW, scrH;

    // 이동 속도, 중력, 이동 방향
    private int speed = 1000;
    private float gravity = 400f;
    private PointF dir = new PointF();

    // 위치, 로켓 크기
    public float x, y;
    public int w, h;
```

```
    // 현재 각도, 로켓
    public float ang;
    public Bitmap rocket;
} // Rocket
```

2 생성자

이 프로그램은 로켓이 화면 왼쪽 아래에 발사 대기 상태로 고정되어 있으므로, 터치 좌표를 받아 올 필요가 없다. 터치는 로켓의 발사에 사용한다.

```
// 생성자
public Rocket(Context context, int width, int height) {
    scrW = width;      // 화면 크기
    scrH = height;

    // 로켓 이미지
    rocket = BitmapFactory.decodeResource(context.getResources(), R.drawable.rocket);
    w = rocket.getWidth() / 2;
    h = rocket.getHeight() / 2;

    // 로켓 초기화
    reset();
}
```

3 로켓 초기화

이 프로그램은 하나의 로켓을 반복해서 사용할 것이므로 발사된 로켓이 화면의 오른쪽을 벗어나면 로켓을 초기화한다.

```
// 로켓 초기화
private void reset() {
    // 초기 위치 - 화면 왼쪽 아래
    x = w;
    y = scrH - h;

    // 회전각
    ang = 0;
}
```

4 로켓 발사

화면을 터치하면 그 방향으로 로켓을 발사한다. 로켓의 발사 방향은 다음 식으로 구한다.

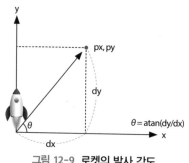

그림 12-9 로켓의 발사 각도

```
// 로켓 발사
public void launch(float px, float py) {
    // 발사 각도
 ❶  double rad = -Math.atan2(py - y - h, px - x);

    // 발사 방향(속도)
 ❷  dir.x = (float) Math.cos(rad) * speed;
 ❸  dir.y = -(float) Math.sin(rad) * speed;
}
```

❶ 터치 위치와 로켓의 맨 아래의 위치를 거리로 환산해서 발사 각도를 구한다. 음수(-)로 만든 것은
   수학과 단말기의 y축이 서로 반대이기 때문이다.

❷❸ 발사 각도에 속도를 곱해서 수평/수직 속도를 구한다.

5 로켓 이동

로켓을 이동하다 화면을 벗어나면 그 상태를 GameView에 통지한다. 매 프레임마다 로켓의 회
전 방향을 계산해야 한다.

```
// Move
public boolean update() {
    boolean canRun = true;

    // 중력
 ❶  dir.y += gravity * Time.deltaTime;

    // 이동
 ❷  x += dir.x * Time.deltaTime;
    y += dir.y * Time.deltaTime;

    // 로켓 회전
 ❸  double rad = -Math.atan2(dir.y, dir.x);
 ❹  ang = 90 - (float)Math.toDegrees(rad);
```

```
    // 화면을 벗어나면 로켓 초기화
    if (x > scrW + h * 2 || y > scrH + h * 2) {
        reset();
        canRun = false;
    }

    return canRun;
}
```

❶ 로켓의 상승 속도를 순간 중력만큼 줄인다. 단말기는 화면 아래쪽이 양(+)의 방향이므로 중력을 더해야 로켓의 상승 속도가 줄어든다.

❷ 현재의 위치에 순간 속도를 누적한다.

❸ 현재의 속도로 회전 방향을 구한다. 이 식은 그림 12-8에 있다.

❹ 수학의 회전 방향(CCW)을 Canvas의 회전 방향(CW)으로 바꾼다.

❹의 식은 12시 방향을 기준으로 해서 시계 방향(CW)으로 회전한 각도를 구한다. 12시(수학의 90°)를 기준으로 한 것은 로켓의 초기 상태가 12시 방향으로 세워져 있기 때문이다.

12.2.3 GameView

로켓의 이동과 회전은 Rocket에서 처리하므로 GameView에서 처리할 내용은 비교적 적다. 또한 스레드가 로켓을 동적 생성하는 것이 아니므로 동기화도 필요하지 않다.

```
GameView.java

public class GameView extends View {
    // Context, Thread
    private Context context;
    private GameThread mThread;

    // 배경, 화면 크기
    private Bitmap imgBack;
    private int w, h;

    // 로켓, 로켓이 발사되었나?
    private Rocket rocket;
    private boolean isLaunch = false;

    //----------------------------
    // 생성자
    //----------------------------
    public GameView(Context context, AttributeSet attrs) {
        super(context, attrs);
        this.context = context;
    }
```

```java
//-----------------------------
// View의 크기 구하기
//-----------------------------
@Override
protected void onSizeChanged(int w, int h, int oldw, int oldh) {
    super.onSizeChanged(w, h, oldw, oldh);

    // 화면의 폭과 높이
    this.w = w;
    this.h = h;

    // 배경 이미지
    imgBack = BitmapFactory.decodeResource(getResources(), R.drawable.sky);
    imgBack = Bitmap.createScaledBitmap(imgBack, w, h, true);

    // 로켓
    rocket = new Rocket(context, w, h);

    // 스레드 기동
    if (mThread == null) {
        mThread = new GameThread();
        mThread.start();
    }
}


//-----------------------------
// View의 종료
//-----------------------------
@Override
protected void onDetachedFromWindow() {
    mThread.canRun = false;
    super.onDetachedFromWindow();
}


//-----------------------------
// 화면 그리기
//-----------------------------
@Override
protected void onDraw(Canvas canvas) {
    canvas.drawBitmap(imgBack, 0, 0, null);

    // 로켓 회전
    canvas.rotate(rocket.ang, rocket.x, rocket.y);
    canvas.drawBitmap(rocket.rocket, rocket.x - rocket.w, rocket.y - rocket.h,
                                                                    null);
    canvas.rotate(-rocket.ang, rocket.x, rocket.y);
}


//-----------------------------
// 로켓 이동
//-----------------------------
private void moveRocket() {
❶  if (isLaunch) {
❷      isLaunch = rocket.update();
```

```
            }
        }

        //-----------------------------
        // Touch Event
        //-----------------------------
        @Override
        public boolean onTouchEvent(MotionEvent event) {
            if (!isLaunch && event.getAction() == MotionEvent.ACTION_DOWN) {
                rocket.launch( event.getX(), event.getY() );
                isLaunch = true;
            }

            return true;
        }

        //-----------------------------
        // Thread
        //-----------------------------
        class GameThread extends Thread {
            public boolean canRun = true;

            @Override
            public void run() {
                while (canRun) {
                    try {
                        Time.update();          // deltaTime 계산

                        moveRocket();
                        postInvalidate();       // 화면 그리기
                        sleep(10);
                    } catch (Exception e) {
                        //
                    }
                }
            }
        } // Thread

} // GameView
```

❶ 로켓이 발사된 상태이면 로켓을 이동한다.

❷ 로켓을 이동한 후 로켓이 화면을 벗어나면 isFire는 false가 된다.

이 프로젝트는 로켓의 발사 방향과 순간 회전 각도를 구하는 것 외에는 크게 어려운 것은 없지만, 복잡한 수식이 나오면 머리 아프다. 아무튼 게임에서 중력은 캐릭터의 점프에도 적용되므로 적어도 중력만큼은 잘 다룰 수 있어야 한다.

12.2.4 단말기의 해상도와 Density

이 프로젝트를 실행하면 로켓이 너무 크게 표시된다. 지금까지의 프로젝트는 비눗방울이나 공의 반지름을 설정해서 이미지 크기를 정했는데, 로켓은 이미지를 그대로 출력하기 때문이다.

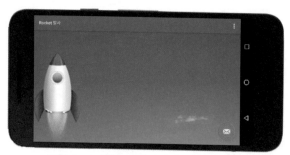

그림 12-10 **너무 크게 표시되는 로켓 이미지**

안드로이드는 비트맵 이미지를 표시할 때, 현재 사용 중인 단말기의 해상도에 맞게 리사이즈하는 것은 '과녁의 터치 판정' 프로젝트에서 확인한 바 있다. 이미지를 원본 크기로 표시할 경우에는 비트맵을 만들 때 다음과 같은 옵션을 사용한다.

```
Rocket.java

// 생성자
public Rocket(Context context, int width, int height) {
    .....................,
    // 비트맵 확대 금지
    BitmapFactory.Options options = new BitmapFactory.Options();
    options.inScaled = false;

    // 로켓 이미지
    rocket = BitmapFactory.decodeResource(context.getResources(), R.drawable.rocket,
                                                              options);
    .....................
}
```

이렇게 하면 단말기에는 실제 비트맵 크기의 로켓이 표시될 것이다.

그림 12-11 해상도 1920×1080 단말기에 표시된 원본 이미지

그런데 이 방법은 현재 사용하고 있는 단말기의 해상도로 이미지의 크기가 고정되므로, 해상도가 다른 단말기에는 이미지가 너무 작거나 크게 표시되는 문제가 있다.

그림 12-12 해상도 2560×1440 단말기에 표시된 원본 이미지

위의 그림에서 보듯이 단말기의 해상도가 높아질수록 이미지는 작게 표시된다.

12.2.5 비트맵 이미지의 Density 설정

안드로이드는 단말기의 해상도(Density)를 Low, Medium. High, X-High, XX-High, XXX-High 등으로 구분한다. 따라서 비트맵을 추가할 때, 이 비트맵이 어느 해상도에 최적화된 것인지를 안드로이드에게 알려 줄 필요가 있다.

◼1 XX-High 폴더 만들기

1920×1080 해상도는 XX-High에 해당하므로 이 폴더를 만들고 여기에 비트맵을 저장한다. 프로젝트 매니저에서 [res] 폴더를 오른쪽 클릭하고, 단축 메뉴의 [New ➡ Android resource directory] 메뉴를 실행한다.

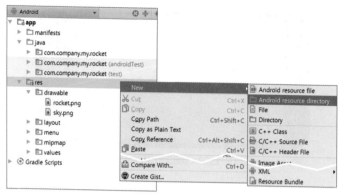

그림 12-13 새로운 drawable 폴더 만들기

[New Resource Directory] 창이 나타나면 Resource type을 drawable로 설정하고, 아래 목록에
서 Density를 선택한 후 추가 버튼을 누른다.

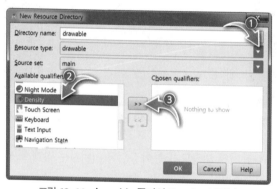

그림 12-14 drawable 폴더의 Density 설정(1)

이어, 다음 창에서 XX-High Density를 설정하고 [OK] 버튼을 누른다.

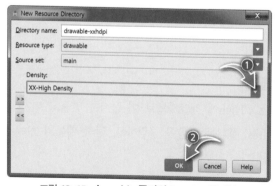

그림 12-15 drawable 폴더의 Density 설정(2)

2 drawable-xxhdip 폴더에 이미지 복사

프로젝트 매니저의 표시 형식을 Package로 바꾸면 새로 만든 폴더가 표시된다. 여기에 [drawable] 폴더의 이미지를 모두 복사한다. 복사 후에는 원본 이미지는 삭제한다(삭제하지 않아도 문제가 되지는 않는다).

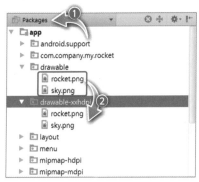

그림 12-16 xxhdpi 폴더에 이미지 복사

이제 프로젝트를 실행하면, 단말기의 해상도와 상관없이 일정한 크기(비율)로 로켓이 표시되는 것을 확인할 수 있다. 물론, 로켓 이미지를 만들 때 비트맵 확대 금지 옵션을 사용하지 않아야 한다.

12.3 걷기와 Jump

별로 귀엽게 생기지 않은 소년이 화면을 가로질러 간다. 이때 화면을 터치하면 소년이 껑충 점프하는 프로젝트를 만든다. `File` 12_3_JumpingBoy

그림 12-17 이동하는 소년의 걷기와 점프의 연속 동작

이 그림에 소년의 점프 높이에 따라 그림자의 크기가 달라지는 것이 나타나 있다. 이 프로젝트는 다음과 같은 이미지 리소스가 필요하다. 소년의 애니메이션 이미지는 하나로 되어 있으므로 분리해서 사용한다. 이 프로젝트부터는 별도의 설명이 없더라도 비트맵 이미지는 항상 drawable-xxhdpi 폴더에 저장한다.

그림 12-18 **프로젝트에 필요한 이미지 리소스**

12.3.1 Boy Class

새로운 프로젝트를 시작하고 소년의 이동과 동작을 처리할 Class를 만든다. 당연한 말이지만, Time Class 추가는 필수이다. 이 프로젝트는 화면에 소년이 한 명만 나타나므로 비트맵 이미지를 Boy에서 처리한다.

1 변수 추가

Class를 만들고 필요한 변수를 private과 public으로 분리해서 추가한다. 애니메이션과 점프, 착지 등을 처리해야 하므로 변수가 제법 많다.

```
Boy.java
public class Boy {
    // 화면 크기
    private int scrW, scrH;

    // 속도, 중력, 이동 방향
    private int speedWalk = 300;
 ❶ private int speedJump = 1000;
 ❷ private int gravity = 2000;
    private PointF dir = new PointF();

    // 애니메이션 속도, 경과 시간
 ❸ private float animSpan = 0.2f;      // 초당 5프레임
    private float animTime = 0;

    // 비트맵, 애니메이션 번호
```

```
        private Bitmap[] arrBoy = new Bitmap[5];
        private int animNum = 0;

        // 현재 위치
        public float x, y;

        // 바닥 높이, 착지 상태인가?
        public int ground;
        public boolean isGround = true;

        // 소년 이미지, 크기
        public Bitmap boy;
        public int w, h;

        // 그림자, 크기, 축소 비율
        public Bitmap shadow;
        public int sw, sh;
    ❹   public float shadowScale;

    } // Boy
```

❶ 점프 파워(점프 초기 속도)이다.

❷ 점프 중에 적용되는 중력이다.

❸ 몇 초 후에 다음 Cell을 표시할 것인지를 결정하는 값이다. 이 값이 크면 느리게 재생되며, 작으면 빠르게 재생된다. 이 값은 이동 속도에 적합하도록 설정한다.

❹ 점프 높이에 따른 그림자의 축소 비율이다.

점프는 중력을 거스르는 힘이다. 따라서 ❶의 값이 클수록 더 높이 점프한다. ❷의 중력은 점프력을 감소시키는 값이므로 이 값이 크면 빨리 추락한다. '점프력:중력'의 비율이 낮으면 점프와 착지는 슬로 모션으로 진행되며, 크면 점프와 착지 과정이 빨라진다. 일반적으로, 중력이 점프력의 1.5~2.5배일 때 적당한 점프 동작이 구현된다.

2 생성자

이 프로그램은 화면 터치가 점프에만 관여하므로 생성자에서 터치 위치를 알 필요가 없다.

```
// 생성자
public Boy(Context context, int width, int height) {
    // 화면 크기, 지면 높이
    scrW = width;
    scrH = height;
    ground = (int) (scrH * 0.9f);

    // 애니메이션 이미지와 그림자 만들기
    makeBitmap(context);
```

```
    // Class 초기화
    initBoy();
}
```

3 비트맵 만들기

소년의 이미지를 각각의 비트맵으로 분리하고 그림자를 만든다.

```
// 비트맵 만들기
private void makeBitmap(Context context) {
    // 소년 이미지
    Bitmap tmp = BitmapFactory.decodeResource(context.getResources(), R.drawable.boy);
    int tw = tmp.getWidth() / 5;
    int th = tmp.getHeight();

    // 이미지 분리
    for (int i = 0; i < 5; i++) {
        arrBoy[i] = Bitmap.createBitmap(tmp, tw * i, 0, tw, th);
    }

    w = tw / 2;
    h = th / 2;

    // 그림자
    shadow = BitmapFactory.decodeResource(context.getResources(), R.drawable.shodow);
    sw = shadow.getWidth() / 2;
    sh = shadow.getHeight() / 2;
}
```

4 Class 초기화

소년이 화면의 오른쪽 끝까지 이동하면 왼쪽에서 다시 나타나도록 변수를 초기화하는 부분
이다.

```
// 초기화
private void initBoy() {
    // 초기 위치
    x = -b * 2;
    y = ground - h;

    // 애니메이션 번호
    isGround = true;
    animNum = 0;
    boy = arrBoy[animNum];
```

```
    // 이동 방향
    dir.x = speedWalk;
    dir.y = 0;
}
```

5 애니메이션

프레임의 경과 시간이 animSpan을 초과하면 다음 이미지를 표시한다. 점프 이미지는 하나밖에 없으므로 점프 중이면 애니메이션을 하지 않는다.

```
// 애니메이션
private void animationBoy() {
    // 점프 중인가?
    if (!isGround) {
        boy = arrBoy[4];
        return;
    }

    // 다음 애니메이션 번호
    animTime += Time.deltaTime;
    if (animTime > animSpan) {
        animNum++;
        animTime = 0;

        // 마지막 Cell인가?
        if (animNum > 3) {
            animNum = 0;
        }
    }

    boy = arrBoy[animNum];
}
```

6 점프

점프는 2단, 3단 등 다단 점프를 허용하느냐에 따라 구현 방법이 달라진다. 여기에서는 다단 점프를 하지 않는 것으로 하였다. 다단 점프를 하지 않는 경우, 소년이 바닥(Ground)에 있을 때만 점프 처리를 한다.

점프는 수직으로 상승하는 힘이므로 수직 이동 방향(dir.y)을 점프 속도로 설정한다. 이 함수는 GameView의 Touch Event가 호출할 것이다.

```
// 점프 <-- Touch Event
public void jump() {
    if (isGround) {
        dir.y = -speedJump;
        isGround = false;
    }
}
```

위의 식에서 점프 속도를 음수(-)로 처리한 것은 단말기는 화면 위가 '-' 방향이기 때문이다.

7 착지

점프한 후에는 중력에 의해 추락한다. 추락 중인 소년이 바닥과 충돌하면 착지로 처리한다.

```
// 착지인가?
private void checkGround() {
    if (y > ground - h) {
        y = ground - h;

        isGround = true;
    }
}
```

8 이동

메인 루프이다. 소년을 이농하고 점프 중이면 중력을 적용한다.

```
// 이동
public void update() {
    // 애니메이션
    animationBoy();

    // 점프 중이면 중력 적용
    if (!isGround) {
      ❶ dir.y += gravity * Time.deltaTime;
    }

    // 이동
    x += dir.x * Time.deltaTime;
    y += dir.y * Time.deltaTime;

    // 그림자 축소 비율
  ❷ shadowScale = y / (ground - h);

    // 지면에 있는 상태인가?
    checkGround();
```

```
        // 화면을 벗어나면 초기화
        if (x > w + bw * 2) {
            initBoy();
        }
    }
```

❶ 중력은 점프 중일 때만 적용한다.

❷ 그림자의 축소 비율을 구한다.

현실 세계의 물체는 항상 중력의 영향을 받는다. 그런데 물체가 지표면(Ground)에 있을 때에
는 중력의 힘을 지표면이 상쇄시키므로 지표면에 있는 물체는 중력의 영향을 받지 않는 것으
로 생각할 수 있다. 게임에서는 이와 같이, 물체가 지표면보다 높이 있는 경우에만 중력을 적
용한다.

또, 현실 세계에서는 사람이 점프한다고 해서 그림자의 크기가 바뀌지는 않지만, 그림자의 크
기를 높이에 비례해서 표시하면 화면에 어느 정도 입체감을 줄 수 있다(착시 효과). 점프 높이
에 따른 그림자의 축소 비율은 다음과 같이 구한다.

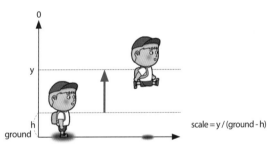

그림 12-19 **점프 높이와 그림자의 축소 비율**

축소 비율을 조절할 경우에는 위 그림의 식을 다음과 같이 변형한다.

shadowScale = (float) Math.pow(y / (ground - bh), k);

여기서, 상수 k>1이면 그림자의 축소 비율이 커지고, k<1이면 적어진다. k=0이면 그림자의 크
기는 변하지 않을 것이다. k=0이거나 k>3이면 그림자에 변화가 없거나 그림자가 너무 작아져
서 화면이 어색해진다. 여러 번 테스트해 보면, k의 값이 0.8~1.5 정도일 때 적당한 입체감이
생기는 것을 확인할 수 있을 것이다.

12.3.2 GameView

대부분의 처리를 Boy Class에서 하므로 GameView의 내용은 비교적 적다. 또한, 소년을 동적 생성하는 것이 아니므로 함수의 동기화도 필요하지 않다.

```java
public class GameView extends View {
    // Context, Thread
    private Context context;
    private GameThread mThread;

    // 배경, 화면 크기
    private Bitmap imgBack;
    private int w, h;

    // 소년
    private Boy myBoy;

    //----------------------------
    // 생성자
    //----------------------------
    public GameView(Context context, AttributeSet attrs) {
        super(context, attrs);
        this.context = context;
    }

    //----------------------------
    // View의 크기 구하기
    //----------------------------
    @Override
    protected void onSizeChanged(int w, int h, int oldw, int oldh) {
        super.onSizeChanged(w, h, oldw, oldh);

        // 화면의 폭과 높이
        this.w = w;
        this.h = h;

        // 배경 이미지
        imgBack = BitmapFactory.decodeResource(getResources(), R.drawable.field);
        imgBack = Bitmap.createScaledBitmap(imgBack, w, h, true);

        // 소년
        myBoy = new Boy(context, w, h);

        // 스레드 기동
        if (mThread == null) {
            mThread = new GameThread();
            mThread.start();
        }
    }
```

```
//----------------------------
// View의 종료
//----------------------------
@Override
protected void onDetachedFromWindow() {
    mThread.canRun = false;
    super.onDetachedFromWindow();
}


//----------------------------
// 화면 그리기
//----------------------------
@Override
protected void onDraw(Canvas canvas) {
    canvas.drawBitmap(imgBack, 0, 0, null);

    // 그림자
❶  canvas.save();
❷  canvas.scale(myBoy.shadowScale, myBoy.shadowScale, myBoy.x, myBoy.ground);

❸  canvas.drawBitmap(myBoy.shadow, myBoy.x - myBoy.sw, myBoy.ground - myBoy.sh,
                                                                         null);
❹  canvas.restore();

    // 소년
    canvas.drawBitmap(myBoy.boy, myBoy.x - myBoy.w, myBoy.y - myBoy.h, null);
}
```

❶ 현재의 canvas를 저장한다.

❷ canvas를 그림자의 축소 비율로 설정한다. 기준점은 소년의 x좌표와 ground이다.

❸ 그림자를 그린다. 출력 위치는 소년의 x좌표와 ground-bh이다.

❹ canvas를 복구한다.

canvas의 scale( )은 scale(1/비율, 1/비율, ...)과 같이 직전의 확대/축소 값의 역수를 설정해서 복원할 수도 있다. 그런데 이 방법은 실수 연산의 오차가 누적되어 시간이 갈수록 이미지가 점점 커지거나 적어지는 현상이 생긴다. canvas의 scale( )은 현재 상태를 기준으로 확대/축소하기 때문이다. 따라서 canvas를 save( ), restore( )하는 것이 가장 좋은 방법이다. 계속해서, 필요한 함수를 작성한다.

```
//----------------------------
// 소년 이동
//----------------------------
private void moveBoy() {
    myBoy.update();
}
```

```
//--------------------------------
// Touch Event
//--------------------------------
@Override
public boolean onTouchEvent(MotionEvent event) {
    if (event.getAction() == MotionEvent.ACTION_DOWN) {
        myBoy.jump();
    }

    return true;
}

//--------------------------------
// Thread
//--------------------------------
class GameThread extends Thread {
    public boolean canRun = true;

    @Override
    public void run() {
        while (canRun) {
            try {
                Time.update();         // deltaTime 계산

                moveBoy();
                postInvalidate();      // 화면 그리기
                sleep(10);
            } catch (Exception e) {
                // 처리할 내용 없음
            }
        }
    } // Thread

} // GameView
```

이 프로젝트는 다단 점프를 허용하지 않는다. 다단 점프는 점프 카운터를 이용해서 구현할 수 있다. 예를 들면 다음과 같은 방법이다.

```
if (jumCnt < 2) {
    jmpCnt++;
    jumpBoy();
}
checkGeound();
if (isGround) jmpCnt = 0;
```

해결 방법을 제공했으므로 다단 점프는 각자 구현해 보기 바란다.

제 13 장

목적지 설정

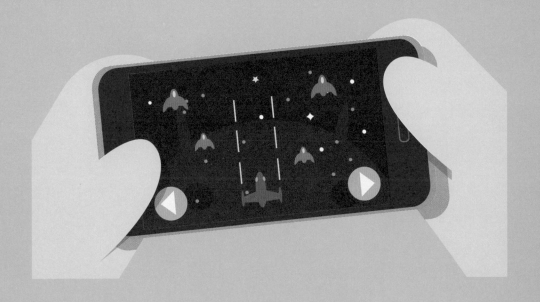

13.1 목적지에서 정지

한 무리의 나비가 한가롭게 날고 있다. 화면의 꽃다발을 이동하면 나비가 일제히 꽃다발로 모여든다. 꽃다발에 모여든 나비는 1~2초 정도 후에 임의의 방향으로 흩어진다. 이와 같은 프로젝트를 만들 것이다.　　　　　　　　　　　　　　　　　　　　File 13_1_Butterfly

그림 13-1 꽃다발을 이동하면 나비가 꽃다발로 날아간다.

이 프로젝트는 다음과 같은 이미지 리소스가 필요하며, 이미지 리소스는 [drawable-xxhdpi] 폴더에 저장한다. 나비는 하나의 이미지로 되어 있으므로 랜덤한 색을 입힌 후 10개로 잘라서 사용한다. 화면에 여러 마리의 나비가 등장하지만, 나비의 색이 제각각이므로 이미지는 나비 Class에서 직접 처리한다.

그림 13-2 프로젝트에 필요한 이미지 리소스

13.1.1 TouchMove의 처리

꽃다발은 TouchMove로 이동하므로 배경을 드래그하면 이동하지 않아야 한다. 새로운 프로젝트를 시작하고 꽃다발 Class를 만든다.

1 변수 추가

새로운 Java Class 파일을 만들고 필요한 변수를 추가한다.

```
Flower.java

public class Flower {
    // 위치, 크기, 비트맵
    public float x, y;
    public int w, h;
    public Bitmap img;
} // flower
```

변수가 아주 단출하다. 꽃다발의 위치와 이미지 크기, 비트맵이 전부인 간단한 Class이다.

2 생성자

Context와 화면의 크기를 매개변수로 받아 비트맵을 만들고, 초기 위치를 설정한다.

```
// 생성자
public Flower(Context context, int width, int height) {
    // 이미지
    img = BitmapFactory.decodeResource(context.getResources(), R.drawable.flower);
    w = img.getWidth() / 2 ;
    h = img.getHeight() / 2;

    Random rnd = new Random();
❶  x = rnd.nextInt(width - w * 2) + w;
❷  y = rnd.nextInt(height - h * 2) + h;
}
```

❶❷ 꽃다발의 초기 위치로, 화면의 범위에서 랜덤하게 설정한다.

3 꽃다발의 이동

Touch Event의 좌표를 전달받아 터치 위치가 꽃다발의 내부이면 좌표를 변경한다.

```
// 이동 <-- Touch Event
public boolean move(float tx, float ty) {
    // 터치 위치가 꽃다발 내부인가? - 원의 공식
    float dist = (tx - x) * (tx - x) + (ty - y) * (ty - y);

    // 꽃다발을 터치하면 그 위치로 이동
    if (dist < w * w) {
        x = tx;
```

```
            y = ty;
            return true;
        } else {
            return false;
        }
    }
```

꽃다발 이미지는 원형과 비슷하므로 꽃다발의 폭과 같은 원을 Collision으로 설정하고, 터치 좌표가 그 내부인지를 판정하는 간단한 내용이다. 위 함수의 return 값은 꽃다발이 이동하면 나비를 불러 모으는 데 사용한다.

13.1.2 TouchMove로 이동하기

GameView를 만들고 Touch Event로 꽃다발을 이동하는 부분을 작성한다. 이 프로젝트는 나비를 한꺼번에 만들 것이므로 동기화를 하지 않아도 된다.

```
GameView.java

public class GameView extends View {
    // Context, Thread
    private Context context;
    private GameThread mThread;

    // 배경, 화면 크기
    private Bitmap imgBack;
    private int w, h;

    // 꽃다발, 나비
    Flower flower;

    //-------------------------------
    // 생성자
    //-------------------------------
    public GameView(Context context, AttributeSet attrs) {
        super(context, attrs);
        this.context = context;
    }

    //-------------------------------
    // View의 크기 구하기
    //-------------------------------
    @Override
    protected void onSizeChanged(int w, int h, int oldw, int oldh) {
        super.onSizeChanged(w, h, oldw, oldh);

        // 화면의 폭과 높이
        this.w = w;
```

```
        this.h = h;

        // 배경 이미지
        imgBack = BitmapFactory.decodeResource(getResources(), R.drawable.field);
        imgBack = Bitmap.createScaledBitmap(imgBack, w, h, true);

        // 꽃다발
        flower = new Flower(context, w, h);

        // 스레드 기동
        if (mThread == null) {
            mThread = new GameThread();
            mThread.start();
        }
    }

    //------------------------------
    // View의 종료
    //------------------------------
    @Override
    protected void onDetachedFromWindow() {
        mThread.canRun = false;
        super.onDetachedFromWindow();
    }


    //------------------------------
    // 화면 그리기
    //------------------------------
    @Override
    protected void onDraw(Canvas canvas) {
        canvas.drawBitmap(imgBack, 0, 0, null);
        canvas.drawBitmap(flower.img, flower.x - flower.w, flower.y - flower.h, null);
    }


    //------------------------------
    // 나비 이동
    //------------------------------
    private void moveButterfly() {

    }

    //------------------------------
    // 목적지 설정 <-- Touch Event
    //------------------------------
    private void setTarget(float x, float y) {
        // 꽃다발 이동
        if ( flower.move(x, y) ) {
            // 나비의 목적지 설정
        }
    }

    //------------------------------
    // Touch Event
    //------------------------------
```

```
@Override
public boolean onTouchEvent(MotionEvent event) {
    if (event.getAction() == MotionEvent.ACTION_MOVE) {
        setTarget( event.getX(), event.getY());
    }

    return true;
}

//----------------------------
// Thread
//----------------------------
class GameThread extends Thread {
    public boolean canRun = true;

    @Override
    public void run() {
        while (canRun) {
            try {
                Time.update();          // deltaTime 계산

                moveButterfly();
                postInvalidate();       // 화면 그리기
                sleep(10);
            } catch (Exception e) {
                //
            }
        }
    }
} // Thread

} // GameView
```

특별히 설명할 것이 없는 평범한 코드이다. 프로젝트를 실행하고 꽃다발을 드래그해서 꽃다발이 마우스 위치로 이동하는지 테스트한다.

그림 13-3 **꽃다발을 드래그해서 이동한다.**

13.1.3 Butterfly Class

나비를 만들고 꽃다발 위치로 이동하는 처리가 필요하다.

1 변수 추가

Butterfly Class를 만들고 필요한 변수를 추가한다. 변수가 제법 많다.

```java
public class Butterfly {
    // 화면 크기, 랜덤
    private int scrW, scrH;
    private Random rnd = new Random();

    // 속도, 이동 방향
    private int speed;
    private PointF dir = new PointF();

    // 애니메이션 속도, 경과 시간
    private float animSpan;
    private float animTime = 0;

    // 비트맵, 애니메이션 번호
    private Bitmap[] arrFly = new Bitmap[10];
    private int animNum = 0;

    // 목적지 최대 근접 거리, 목적지
    private int dist;
    private boolean isTarget;

    // 목적지 도착 여부, 목적지에 머무를 시간
    private boolean reached;
    private float stay;

    // 현재 위치, 목적지 위치
    public float x, y;
    public float tx, ty;

    // 이미지, 크기, 회전 각도
    public Bitmap fly;
    public int w, h;
    public float ang;

} // Butterfly
```

2 생성자

Context와 화면의 크기를 매개변수로 받아 비트맵을 만들고 초기화한다.

```java
// 생성자
public Butterfly(Context context, int width, int height) {
    scrW = width;
    scrH = height;

    // 나비 초기 위치 - 화면 전체
    x = rnd.nextInt(scrW);
    y = rnd.nextInt(scrH);

    // 비트맵 만들기와 초기화
    makeButterfly(context);
    init();
}
```

③ 랜덤한 색의 나비 만들기

추후 GameView에서 15~20마리의 나비를 만드는데, 각각의 나비의 색을 랜덤하게 설정할 것이다. 비트맵의 색상을 바꾸는 방법은 몇 가지 있지만 ColorFilter를 사용하는 것이 여러모로 편하다. 비트맵에 컬러를 입히는 절차는 다음과 같다.

① 원본과 크기가 같은 빈 비트맵을 만든다.
② 비트맵에 입힐 컬러를 ColorFilter에 설정한다.
③ Paint에 ColorFilter를 적용한다.
④ 작업용 비트맵에 원본 이미지와 컬러 필터를 적용한 Paint를 합성해서 출력한다.

```java
// 랜덤한 컬러의 나비 만들기
private void makeButterfly(Context context) {
    // 원본 이미지
❶  Bitmap org = BitmapFactory.decodeResource(context.getResources(),
                                              R.drawable.butterfly);
    w = org.getWidth();
    h = org.getHeight();

    // 컬러를 입힐 작업용 빈 이미지 만들기
❷  Bitmap tmp = Bitmap.createBitmap(w, h, Bitmap.Config.ARGB_8888);
    Paint paint = new Paint();

    // 랜덤한 컬러와 컬러 필터 만들기
❸  int color = rnd.nextInt(0x808080) + 0x808080;
    ColorFilter filter = new LightingColorFilter(color, 0x404040);
❹  paint.setColorFilter(filter);

    // 빈 이미지에 필터를 적용해서 출력
❺  Canvas canvas = new Canvas(tmp);
❻  canvas.drawBitmap(org, 0, 0, paint);

    // 이미지 분리
```

```
    w /= 10;
    for (int i = 0; i < 10; i++) {
❼     arrFly[i] = Bitmap.createBitmap(tmp, w * i, 0, w, h);
    }

    w = w / 2;
    h = h / 2;

    fly = arrFly[0];
}
```

❶ 원본 비트맵을 읽고 크기를 구한다.

❷ 작업용으로 사용할 빈 비트맵과 Paint를 만든다.

❸ 비트맵에 입힐 색을 정한다. 이 값은 0x808080~0xFFFFFF가 된다. RGB 컬러를 16진수로 만든 것이다. 이 색상을 LightingColorFilter( )에 넣는다. 컬러는 최댓값이 0xFFFFFFFF로, 16진수 4자리이므로 변수의 타입은 int형이다.

❹ Paint에 컬러 필터를 설정한다.

❺ 작업용 비트맵에 출력할 Canvas를 만든다.

❻ 작업용 비트맵에 원본 이미지와 컬러 필터를 합성해서 출력한다. 출력 결과는 작업용 비트맵에 반영되며, 화면 출력을 하는 것이 아니다.

❼ 작업용 비트맵을 잘라 배열에 저장한다.

LightingColorFilter(Color1, Color2)는 '원본×Color1+Color2'의 색을 만든다. 여기서 '×'는 비트 연산 and, '+'는 or이다. 따라서 (0xFFFFFF, 0)이면 원본과 같은 색, (?, 0xFFFFFF)는 흰색이 된다. Color1은 원본의 색을 어둡게 만들고, Color2는 밝게 만든다. 따라서 이 값을 적절히 조절하면 다양한 색을 만들 수 있다. 두 값에 따라 밝기뿐만 아니라 원본의 색채가 달라지며, 이 연산은 비트맵의 모든 픽셀에 적용된다.

3 나비 초기화

나비의 이동 속도와 각도, 애니메이션 간격, 꽃다발 위에 머무를 시간 등을 설정한다.

```
// 속도, 방향 설정
private void init() {
    // 속도
❶ speed = rnd.nextInt(101) + 200;     // 200 ~ 300 픽셀

    // 이동 방향
❷ double rad = Math.toRadians( rnd.nextInt(360) );

❸ dir.x = (float) Math.cos(rad) * speed;
    dir.y = (float) -Math.sin(rad) * speed;
```

```
    // 회전 방향
❹  ang = 90 - (float)Math.toDegrees(rad);
❺  animSpan = (rnd.nextInt(8) + 6) / 100f;    // 0.06 ~ 0.13초

    // 목적지에 머무를 시간
    stay = (rnd.nextInt(6) + 10) / 10f;        // 1.0 ~ 1.5초

    // 목적지와의 최대 근접 거리
❻  dist = rnd.nextInt(101) + 50;              // 50 ~ 150 픽셀
    isTarget = reached = false;
}
```

❶ 나비가 1초 동안에 이동할 거리(초속도)이며, 단위는 픽셀이다.

❷ 나비의 이동 방향을 0~360°로 랜덤하게 설정한다.

❸ 이동 속도와 방향을 설정한다. dir.y의 값이 음수(-)임에 주의한다.

❹ 이동 방향으로 나비를 회전시킬 각도이다. 12시 기준 CW로, Canvas의 회전각이다.

❺ 다음 이미지를 표시할 때까지의 애니메이션 지연 시간이다.

❻ 나비를 목적지 좌표 근처까지 유도하기 위한 값이다. 난수로 처리해야 여러 마리의 나비가 꽃다발 위에 고르게 분포된다.

4 나비의 애니메이션

매 프레임마다 deltaTime을 더하고, 이 값이 animSpan보다 크면 다음 이미지를 표시한다.

```
// 애니메이션
private void animationFly() {
    // 다음 애니메이션 번호
    animTime += Time.deltaTime;

    if (animTime > animSpan) {
        animNum++;
        animTime = 0;

        // 마지막 이미지인가?
        if (animNum >= 10) {
            animNum = 0;
        }
    }

    fly = arrFly[animNum];
}
```

5 목적지 판정

나비가 목적지의 50~150 픽셀 이내로 접근하면 이동을 멈추고 대기한다. 대기 시간이 지나면
다시 랜덤하게 이동한다.

```java
// 목적지 근처인가?
private void checkTarget() {
    // 원의 공식
    float r = (x - tx) * (x - tx) + (y - ty) * (y - ty);

    // 목적지에서 50~150 픽셀 이내인가?
    reached = (r <= dist * dist);

    // 목적지에 도착하면
    if (reached) {
        dir.x = dir.y = 0;          // 정지
        stay -= Time.deltaTime;     // 머무르는 시간 감소

        // 시간이 경과되면 초기화 - 랜덤하게 날아가기
        if (stay <= 0) {
            init();
        }
    }
}
```

6 목적지 설정

목적지의 좌표가 정해지면 이동 방향과 각도를 설정한다. 여기에 사용된 공식은 12.2절의 '로
켓 발사'와 같다.

```java
// Target 설정 <-- GameView
public void setTarget(float px, float py) {
    tx = px;        // 목적지 좌표
    ty = py;

    double rad = -Math.atan2(ty - y, tx - x);

    // 이동 방향 및 속도
    dir.x = (float) Math.cos(rad) * speed;
    dir.y = (float) -Math.sin(rad) * speed;

    // 나비의 회전 방향
    ang = 90 - (float)Math.toDegrees(rad);
    isTarget = true;
}
```

⑦ 나비의 이동

목적지가 없거나 목적지에서 출발하는 경우, 나비가 화면을 벗어나면 반대 방향에서 다시 나타나게 처리한다. 즉, 화면의 오른쪽을 벗어나면 왼쪽에서 나타난다.

```
// Move
public void update() {
    // 애니메이션
    animationFly();

    // 이동
    x += dir.x * Time.deltaTime;
    y += dir.y * Time.deltaTime;

    // 목적지가 있는가?
    if (isTarget) {
        checkTarget();
    }

    // 화면을 벗어나면 화면 반대쪽에서 등장
    if (x < -w) x = scrW + w;     // 왼쪽
    if (x > scrW + w) x = -w;     // 오른쪽

    if (y < -h) y = scrH + h;     // 위
    if (y > scrH + h) y = -h;     // 아래
}
```

이것으로 나비의 이동에 대한 처리가 모두 끝났다. 이동 방향과 목적지 설정, 회전 등에 수학적인 처리가 많아 초심자에게는 조금 어려울 수 있다.

고수(高手)가 되기 위해서는 많은 노력이 필요하다. 무협지에 나오는 것처럼 일갑자의 내공을 순식간에 전수하는 방법이 없기 때문이다. 프로그램의 논리를 익히는 가장 좋은 방법은 반복학습이다.

  ① 원본 프로그램을 복사 & 붙여넣기로 작성해서 실행해 본다.
  ② 원본 프로그램을 보고 똑같이 입력한다. 수식이 복잡하거나 이해하기 곤란한 부분은 복사 & 붙여넣기로 작성해서 실행한다.
  ③ 복사 & 붙여넣기로 작성한 부분을 하나씩 직접 입력해서 실행해 본다.
  ④ 전체 구조가 이해될 때까지 ②~③을 반복한다. 도저히 이해가 되지 않는 부분은 통째로 암기한다.

백문이 불여일견(百聞不如一見)이라지만, 백견이 불여일타(百見不如一打)임을 명심해야 한다. 눈으로 백번 보는 것보다는, 한 번이라도 직접 입력해 보는 것이 실력 향상에 훨씬 도움이 된다. 몸짱 만드는 책 백날 본다고 저절로 식스 팩이 생기지는 않는다.

13.1.4 나비의 생성과 이동

나비의 생성과 이동은 GameView에서 처리한다.

1 나비 저장용 ArrayList 추가

전역 변수 영역의 맨 아래에 ArrayList를 추가한다.

```java
GameView.java

public class GameView extends View {
    ..................
    // 꽃다발, 나비
    Flower flower;
    ArrayList<Butterfly> mFly = new ArrayList<Butterfly>();   ← 추가
```

2 나비 만들기

onSizeChanged( ) 함수의 끝에 나비를 만드는 부분을 추가한다.

```java
protected void onSizeChanged(int w, int h, int oldw, int oldh) {
    ..................

    // 나비 만들기
❶   mFly.clear();
    int cnt = new Random().nextInt(6) + 15; // 15~20

    for (int i = 1; i <- cnt; i++) {
❷     mFly.add(new Butterfly(context, w, h));
    }

    // 스레드 기동
    ..................
}
```

❶ ArrayList를 비운다.

❷ ArrayList에 나비를 추가한다.

onSizeChanged( ) 함수는 여러 번 호출될 수 있으므로 ❶과 같이 ArrayList를 비워야 한다. 이 문장을 생략하면 onSizeChanged( ) 함수가 호출될 때마다 나비가 추가되어 기획한 것보다 몇 곱절의 나비가 나타날 수 있다.

3 나비 그리기

onDraw( ) 함수에서 나비의 방향에 따라 canvas를 회전시켜 가며 그린다.

```
protected void onDraw(Canvas canvas) {
    ....................
    // 나비
    for (Butterfly tmp : mFly) {
        canvas.rotate(tmp.ang, tmp.x, tmp.y);
        canvas.drawBitmap(tmp.fly, tmp.x - tmp.w, tmp.y - tmp.h, null);
        canvas.rotate(-tmp.ang, tmp.x, tmp.y);
    }
}
```

4 나비의 이동

나비를 이동하는 부분을 추가한다.

```
// 나비 이동
private void moveButterfly() {
    for (Butterfly tmp : mFly) {
        tmp.update();
    }
}
```

5 목적지 설정

Touch Event에서 꽃다발을 이동하는 함수에 나비의 목적지를 설정하는 부분을 추가한다.

```
// 목적지 설정 <-- Touch Event
private void setTarget(float x, float y) {
    // 꽃다발 이동
    if ( flower.move(x, y) ) {
        // 나비의 목적지 설정
        for (Butterfly tmp : mFly) {   ◀ 추가
            tmp.setTarget(x, y);
        }
    }
}
```

이것으로 프로젝트가 완성되었다. 프로젝트를 실행하고, 꽃다발을 이리저리 끌고 다니면 모든 나비가 꽃다발을 따라오는 것을 확인할 수 있을 것이다.

그림 13-4 꽃다발을 끌고 다니면 나비가 그 뒤를 따라온다.

13.2 목적지와 선형 보간

화면 아래에 X-Wing(영화 스타워즈에 나오는 전투 우주선)이 미션을 수행 중이다. 화면을 터치하면 그 위치로 X-Wing이 빠르게 이동해서 부드럽게 정지한다. X-Wing은 수평으로만 이동하며, X-Wing을 터치하면 날개 양쪽에서 각각 한 발씩 레이저포를 발사한다. 이와 같은 프로젝트를 만든다. 이 프로젝트는 Landscape 모드로 고정한다. <code>File</code> 13_2_XWing

그림 13-5 수평 방향으로 빠르게 출발해서 부드럽게 정지한다.

이 프로젝트는 다음과 같은 이미지 리소스와 레이저 발사 사운드가 필요하다. 이미지 리소스는 drawable-xxhdpi 폴더에, 사운드는 raw 폴더에 넣는다.

그림 13-6 프로젝트에 필요한 이미지 리소스

13.2.1 선형 보간

보간(Interpolation)이란 어떤 구간 p1, p2가 있을 때, p1~p2 사이에 있는 임의의 값을 추정하는 것으로, p1~p2의 구간이 직선 형태일 때는 선형 보간, 직선 형태가 아니면 비선형 보간이라고 한다. 다음 그림은 X-Wing이 p1에서 p2로 이동할 때 거치는 지점 p에 대한 비례식이다.

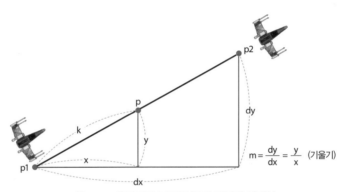

그림 13-7 출발지와 목적지 중간 지점의 비례식

위 그림의 k는 전체 거리에 대한 비율로 $0 \leq k \leq 1$이며, 점 p의 좌표는 다음 식으로 구할 수 있다.

dx = p2.x – p1.x	수평 거리
dy = p2.y – p1.y	수직 거리
p.x = p1.x + k·dx	
p.y = p1.y + k·dx·(dy / dx)	(dx>0) 수직 이동이 아닐 경우
p.y = p1.y + k·dy	(dx=0) 수직 이동의 경우

이 식에서 상수 k=0이면 p1, k=0.5이면 중간 지점, k=1이면 p2가 구해진다.

X-Wing의 좌표를 p1에서 p로 변경한 후 p~p2의 중간 지점으로 변경하고, 또 나머지 절반 구간으로 변경하고, 또 나머지 절반 구간으로 변경하는 식으로 일정한 비율로 이동 거리를 계속 줄이면, 여기에 비례해서 속도는 1→0으로 자연스럽게 줄어들 것이다. 즉, 감속이 되는 셈이다. 선형 보간 공식은 다음 지점의 좌표를 계산할 때 사용한다.

13.2.2 공용 함수 Class 만들기

선형 보간 함수는 다른 프로젝트에도 똑같이 적용할 수 있으므로 별도의 공용 Class로 만든다. 공용 Class에 게임 제작에 필요한 함수를 모두 만들어 두면 게임 엔진처럼 활용할 수 있을 것이다. 새로운 프로젝트를 시작하고 Java Class를 추가한다. Class명은 MathF이다. 이 Class의 함수는 연산 결과를 float형으로 반환하며, 여기에 수록할 함수는 모두 static public 이다.

1 두 지점의 거리 구하기

현재 위치에서 목적지까지의 거리를 구하기 위해 자주 사용된다. 피타고라스 정리를 이용해서 계산한다.

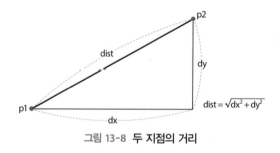

$$dist = \sqrt{dx^2 + dy^2}$$

그림 13-8 두 지점의 거리

점의 좌표는 Point나 (x, y) 형식을 사용하므로 같은 이름의 함수를 두 개 만든다. 아래와 같이 함수의 이름이 같고 매개변수의 형식이 다른 함수를 함수의 오버로딩(Overloading)이라고 한다.

```
MathF.java
public class MathF {
    // 작업용 Point
    static private PointF pos = new PointF();
    static private float dx, dy, m;
```

```
        // distance - 두 점의 거리 (1)
        static public float distance(PointF p1, PointF p2) {
            return (float) Math.sqrt( (p2.x - p1.x) * (p2.x - p1.x) +
                                      (p2.y - p1.y) * (p2.y - p1.y) );
        }

        // distance - 두 점의 거리 (2)
        static public float distance(float x, float y, float px, float py) {
            return (float) Math.sqrt( (x - px) * (x - px) + (y - py) * (y - py) );
        }

    } // MathF
```

2 선형 보간

앞의 선형 보간 알고리즘을 함수로 만든다. 게임 개발자들은 흔히 선형 보간을 Lerp( )라고 부른다.

```
// lerp - 선형 보간
static public PointF lerp(PointF p1, PointF p2, float rate) {
    // 목적지 근처인가?
    if (distance(p1, p2) < 1f) return p2;

    // 수평, 수직 거리
 ❶ dx = p2.x - p1.x;
 ❷ dy = p2.y - p1.y;

    // 수직 방향인가?
    if (dx == 0) {
      ❸ pos.x = p1.x;
        pos.y = p1.y + dy * rate;
    } else {
      ❹ m = dy / dx;                   // 기울기
        pos.x = p1.x + dx * rate;      // 수평 거리*비율
        pos.y = p1.y + dx * m * rate;  // 수평 거리*기울기*비율
    }

    return pos;
}
```

함수 처리에 필요한 변수는 함수의 내부에서 지역 변수를 만들어 사용하는 것이 좋다. 그런데 위의 함수는 변수 ❶❷❸❹가 모두 전역 변수이다. 그 이유는 이렇다.

지역 변수는 사용이 끝나면 자동으로 소멸되는데, 소멸된 변수는 운영체제가 일괄 정리한다. 소멸된 객체나 변수 등을 정리하는 것을 **가비지 컬렉션**(Garbage Collection)이라고 하며, 운영체제가 가비지 컬렉션을 수행할 때에는 다른 처리가 지연된다. 우리가 흔히 랙(Lag, '래그'가 표준어임)

이라고 부르는 현상이 발생하는 것이다.

따라서 게임에서는 되도록 가비지 컬렉션이 일어나지 않도록 하는 것이 좋다. 어쩌다 한 번 호출되는 함수는 지역 변수를 사용해도 문제가 없지만, lerp( )와 같이 매 프레임마다 호출되는 함수는 되도록 객체(Object) 타입의 지역 변수 사용을 자제한다.

엄밀하게 말하면, 가비지 컬렉션은 힙(Heap)이라는 메모리 영역에 저장된 자료를 정리하는 것이고, 함수의 내부에서 사용하는 지역 변수는 스택(Stack) 영역에 저장되며 함수의 호출이 끝나면 자동으로 소멸되므로 가비지 컬렉션 대상은 아니다. 그렇지만 지역 변수는 생성과 소멸 과정을 거쳐야 하므로 전역 변수보다는 몇 사이클 이상 CPU의 자원을 소모한다.

3 HitTest 함수

터치 위치가 원형 Collision의 내부인지 판정하는 함수이다. 지금까지 매번 사용하던 공식이며, 앞으로도 계속 사용될 것이다. 터치 위치를 Point형과 float형 둘 다 사용할 수 있도록 같은 이름의 함수를 두 개 만든다. 앞에서 두 점의 거리를 구하는 함수 distance( )를 만들어 두었으므로 다음과 같이 간단히 처리할 수 있다.

```
// Hit Test(1) - 터치가 원의 내부인가?
static public boolean hitTest(PointF p, float r, PointF t) {
    return (distance(p, t) < r);
}

// Hit Test(2) - 터치가 원이 내부인가?
static public boolean hitTest(float x, float y, float r, float tx, float ty) {
    return (distance(x, y, tx, ty) < r);
}
```

return문은 함수가 아니므로 '( )'가 필요하지 않다. 리턴되는 값이 수식인 경우, 위와 같이 괄호로 묶어서 표시하면 가독성이 좋아진다는 사람도 있고, 괄호가 거치적거려서 가독성을 해친다는 사람도 있다. 결국 return문의 괄호는 개발자의 취향일 따름이다.

PC에는 부동소수점(Floating Point) 연산 전용의 FPU가 있으므로 double형의 자료 연산이 퍼포먼스에 큰 영향을 주지는 않는다(물론, 정수 연산보다는 느리다). 그런데 FPU가 없는 대부분의 모바일 단말기는 부동소수점 연산을 소프트웨어적으로 처리하므로 퍼포먼스에 큰 영향을 준다. 따라서 게임의 퍼포먼스를 떨어뜨리지 않으려면 되도록 **double형**의 값을 리턴하는 Math 함수는 사용하지 않는 것이 좋다.

Math.sqrt( )는 double형의 값을 리턴하므로 hitTest( )를 Math.sqrt( )를 사용하지 않는 형태로 바꾸면 퍼포먼스 향상에 도움이 된다.

```java
// Hit Test(1) - 터치가 원의 내부인가?
static public boolean hitTest(PointF p, float r, PointF t) {
    return (p.x - t.x) * (p.x - t.x) + (p.y - t.y) * (p.y - t.y) < r * r;
}

// Hit Test(2) - 터치가 원의 내부인가?
static public boolean hitTest(float x, float y, float r, float tx, float ty ) {
    return (x - tx) * (x - tx) + (y - ty) * (y - ty) < r * r;
}
```

4 구간 반복 함수

애니메이션과 같이, 변수의 값이 일정한 구간을 반복할 때 이것을 처리할 함수를 만든다.

```java
// Repeat - 구간 반복
static public int repeat(int n, int end) {
    if (++n >= end) n = 0;
    return n;
}
```

이 함수가 있으면 애니메이션 번호는 다음과 같이 한 줄로 처리할 수 있다. 여기서 imgCnt는 이미지의 개수이다.

    animNum = MathF.repeat(animNum, imgCnt);

5 Canvas 회전각 구하기

오브젝트가 목적지로 이동할 때 그 방향으로 오브젝트를 회전시킬 각도를 구한다. '꽃과 나비', '로켓 발사' 등의 프로젝트에서 Canvas의 회전 각도를 구한 공식으로, 12시 기준 CW 각도이다.

```java
// cwDegree - 두 점의 좌표로 Canvas 회전각 구하기
static public float cwDegree(PointF p1, PointF p2) {
    double rad = -Math.atan2(p2.y - p1.y, p2.x - p1.x);
    return 90 - (float) Math.toDegrees(rad);
}
```

6 **값을 일정한 범위로 제한하는 함수**

변수의 값을 일정한 범위로 제한하는 함수를 만든다. 아직은 이와 같은 처리를 한 적이 없지만, 탱크 포신의 회전 범위를 제한하는 등의 경우에 유용하다.

```
// Clamp – min ~ max로 제한
static public float clamp(float org, float min, float max) {
    return Math.max( min, Math.min(org, max) );
}
```

이 함수는 org가 min보다 작으면 min, max보다 크면 max를 리턴한다. min과 max의 범위에 있으면 org를 리턴할 것이다. 식이 min()과 max()로만 되어 있어 초심자에게는 난해할 수도 있다. 위의 식을 풀어서 쓰면 다음과 같다.

```
if (org > max) org = max;
if (org < min) org = min;
return org;
```

탱크 주포의 상하 회전 범위를 –5~30으로 제한하는 경우라면 다음과 같이 사용할 수 있다. 여기서 p는 회전 속도이다.

ang = MathF.clamp(ang + p * Time.deltaTime, -5, 30);

실제이 게임 제자에는 더 많은 함수들이 필요하겠지만, 새로운 식이 필요하면 그때마다 MathF에 추가하기로 한다.

13.2.3 공용 리소스 만들기

이 프로젝트는 화면에 여러 개의 레이저가 나타나므로 레이저의 비트맵 이미지를 저장할 공용 리소스 Class를 만든다. 이렇게 해야 메모리를 절약할 수 있다. 또한, 이 프로젝트는 사운드를 사용한다. 게임의 규모가 커지면 여러 오브젝트가 각각의 사운드를 사용할 수 있으므로 사운드는 공용 리소스에서 처리하는 것이 좋다.

X-Wing은 동시에 여러 개가 나타나지 않지만, 공용 리소스가 있으므로 X-Wing의 이미지도 여기에서 처리한다.

```java
public class CommonResources {
    // X-Wing
    static public Bitmap imgXwing;
    static public int xw, xh;

    // Laser
    static public Bitmap imgLaser;
    static public int Lw, Lh;

    // 사운드, 사운드 id
    static private SoundPool mSound;
    static private int sndLaser;

    //-------------------------------
    // Set Resource <-- GameView
    //-------------------------------
    static public void set(Context context) {
        setXwing(context);
        setLaser(context);
        setSound(context);
    }

    //-------------------------------
    // X-Wing
    //-------------------------------
    static private void setXwing(Context context) {
        imgXwing = BitmapFactory.decodeResource(context.getResources(),
                                                        R.drawable.xwing);

        xw = imgXwing.getWidth() / 2;
        xh = imgXwing.getHeight() / 2;
    }

    //-------------------------------
    // Laser
    //-------------------------------
    static private void setLaser(Context context) {
        imgLaser = BitmapFactory.decodeResource(context.getResources(),
                                                        R.drawable.Laser);

        Lw = imgLaser.getWidth() / 2;
        Lh = imgLaser.getHeight() / 2;
    }

    //-------------------------------
    // Sound
    //-------------------------------
    static private void setSound(Context context) {
        // 롤리팝 이전 버전인가?
        if (Build.VERSION.SDK_INT < Build.VERSION_CODES.LOLLIPOP) {
            mSound = new SoundPool(5, AudioManager.STREAM_MUSIC, 1);
        } else {
            AudioAttributes attributes = new AudioAttributes.Builder()
                .setContentType(AudioAttributes.CONTENT_TYPE_MUSIC)
                .setFlags(AudioAttributes.FLAG_AUDIBILITY_ENFORCED)
```

```
                .setUsage(AudioAttributes.USAGE_GAME)
                .build();

            mSound = new SoundPool.Builder().setAudioAttributes(attributes).
                                                 setMaxStreams(5).build();
        }

        sndLaser = mSound.load(context, R.raw.laser, 1);
    }

    //----------------------------
    // Sound 재생 <-- X-Wing
    //----------------------------
    static public void sndPlay() {
        mSound.play(sndLaser, 1, 1, 1, 0, 1);
    }

} // CommonResources
```

13.2.4 Laser Class

레이저는 화면 위쪽으로만 이동하므로 처리 절차가 비교적 간단하다. 새로운 Java Class에서
처리한다.

Laser.java

```
public class Laser {
    // 화면 크기
    private int scrW, scrH;

    // 속도, 방향
    private  int speed = 1200;
    private PointF dir = new PointF();

    // 현재 위치, 크기
    public float x, y;
    public int w, h;

    // 비트맵, 소멸?
    public Bitmap img;
    public boolean isDead;

    //------------------------------
    // 생성자
    //------------------------------
    public Laser(int width, int height, float px, float py) {
        scrW = width;      // 화면 크기
        scrH = height;
```

```
        x = px;            // 초기 위치
        y = py;

        // 비트맵
        img = CommonResources.imgLaser;
        w = CommonResources.lw;
        h = CommonResources.lh;

        // 이동 방향
        dir.x = 0;
        dir.y = speed;
    }

    //------------------------------
    // Move
    //------------------------------
    public void update() {
        y -= dir.y * Time.deltaTime;

        // 화면을 벗어나면 소거
        if (y < -h) {
            isDead = true;
        }
    }

} // Laser
```

13.2.5 X-Wing Class

X-Wing은 터치 위치까지만 수평으로 이동하므로 각도 계산이 필요하지 않고, 화면을 벗어났는지 판단할 필요도 없다. 또한, 좌표 단위로 이동하므로 속도도 필요 없다.

```
Xwing.java
```
```java
public class Xwing {
    // 화면 크기
    private int scrW, scrH;

    // 목적지, 목적지가 있는가?
    private PointF target = new PointF();
    private boolean isTarget;

    // 위치, 크기
    public PointF pos = new PointF();
    public int w, h;

    // 비트맵
    public Bitmap img;
```

```
//------------------------------
// 생성자
//------------------------------
public Xwing(int width, int height) {
    scrW = width;        // 화면 크기
    scrH = height;

    img = CommonResources.imgXwing;
    w = CommonResources.xw;
    h = CommonResources.xh;

    // 초기 위치 - 화면 아래 가운데
    pos.x = scrW / 2;
    pos.y = scrH - h - 40;
}

//------------------------------
// Move
//------------------------------
public void update() {
    if (isTarget) {
      ❶ pos.set( MathF.Lerp(pos, target, 3f * Time.deltaTime) );

      ❷ if (MathF.distance(pos, target) < 1) {
            isTarget = false;
        }
    }
}

//------------------------------
// set Action <-- Touch Event
//------------------------------
public void setAction(float tx, float ty) {
    // 터치 위치가 X-Wing의 내부인가?
    if ( MathF.hitTest(pos.x, pos.y, w * 0.9f, tx, ty) ) {
        fire();
    } else {
        setTarget(tx, ty);
    }
}

//------------------------------
// set Target - 목적지 설정
//------------------------------
public void setTarget(float tx, float ty) {
  ❸ target.set(tx, pos.y);
    isTarget = true;
}

//------------------------------
// Fire - 동기화
//------------------------------
public void fire() {
    isTarget = false;
```

```
            // 사운드
            CommonResources.sndPlay();
            // 양쪽 날개 끝에 레이저 추가 - 보류
        }

    } // Xwing
```

❶ 보간법으로 좌표를 계산해서 이동하므로 이동 속도가 필요하지 않다. 숫자 3을 높이면 빠르게 이동하며, 낮추면 느리게 이동한다. 어떤 값을 사용하든 목적지에 도착한다.

❷ 목적지에 도착하면 목적지 없음을 설정해서 ❶의 lerp( )가 무한정 실행되는 것을 방지한다. 이 문장이 없어도 ❶의 lerp( )가 목적지를 반환하므로 큰 문제가 되지는 않는다.

❸ 목적지의 수직 위치를 자신과 같게 설정한다. 이 문장에 의해 Xwing은 수평으로만 이동한다.

Java의 함수는 단순 변수(int, float 등)가 아닌 객체(Object)의 값은 객체의 레퍼런스(Reference 메모리 주소)를 전달한다. 따라서 ❶을 아래와 같이 사용하면 pos는 lerp( ) 함수의 값이 아니라, MathF Class의 변수 pos를 가리키게 되므로 특히 주의한다.

```
pos = MathF.lerp(pos, target, 3f * Time.deltaTime);        // 객체를 잘못 사용한 경우
pos.set( MathF.lerp(pos, target, 3f * Time.deltaTime) );   // 객체를 바르게 사용한 경우
```

물론, 연산 결과가 MathF의 변수 pos에 저장되어 있으므로 같은 결과가 나올 것으로 기대되지만, MathF의 다른 곳에서 변수 pos를 사용할 경우 예측할 수 없는 값이 된다. 따라서 Xwing이 제대로 작동하지 않을 수 있다. 이런 종류의 오류는 그 원인을 찾아내기가 아주 곤란하므로 Point( ) 등의 객체를 다룰 때는 항상 set( )으로 값을 설정하는 습관을 들이는 것이 좋다.

❸을 target.set(tx, ty)로 바꾸면 Xwing은 터치 위치로 이동한다. 물론, 회전각을 설정하지 않았으므로 평행 이동이다.

그림 13-9 수직 위치를 고정하지 않으면 터치 위치로 이동한다.

13.2.6 GameView

레이저는 X-Wing이 동적으로 생성하므로 스레드에 안전한 ArrayList로 만들고, 레이저와 관련된 부분은 모두 동기화시킨다. 레이저는 X-Wing에서 추가하므로 **static public**으로 선언해야 한다.

```
GameView.java
public class GameView extends View {
    // Context, Thread
    private Context context;
    private GameThread mThread;

    // 배경과 화면 크기
    private Bitmap imgBack;
    private int w, h;

    // Xwing, Laser
    private Xwing xwing;
    static public List<Laser> mLaser;

    //-----------------------------
    // 생성자
    //-----------------------------
    public GameView(Context context, AttributeSet attrs) {
        super(context, attrs);

        // Context, 비트맵 이미지 처리
        this.context = context;
        CommonResources.set(context);
    }

    //-----------------------------
    // View의 크기 구하기
    //-----------------------------
    @Override
    protected void onSizeChanged(int w, int h, int oldw, int oldh) {
        super.onSizeChanged(w, h, oldw, oldh);

        this.w = w;   // 화면의 폭과 높이
        this.h = h;

        // 배경 이미지
        imgBack = BitmapFactory.decodeResource(getResources(), R.drawable.sky);
        imgBack = Bitmap.createScaledBitmap(imgBack, w, h, true);

        // X-Wing, 레이저
        xwing = new Xwing(w, h);
        mLaser = Collections.synchronizedList( new ArrayList<Laser>() );

        // 스레드 기동
        if (mThread == null) {
            mThread = new GameThread();
```

```java
            mThread.start();
    }
}


//-----------------------------
// View의 종료
//-----------------------------
@Override
protected void onDetachedFromWindow() {
    mThread.canRun = false;
    super.onDetachedFromWindow();
}


//-----------------------------
// 화면 그리기 - 동기화
//-----------------------------
@Override
protected void onDraw(Canvas canvas) {
    canvas.drawBitmap(imgBack, 0, 0, null);

    // Laser
    synchronized (mLaser) {
        for (Laser tmp : mLaser) {
            canvas.drawBitmap(tmp.img, tmp.x - tmp.w, tmp.y - tmp.h, null);
        }
    }

    canvas.drawBitmap(xwing.img, xwing.pos.x - xwing.w, xwing.pos.y - xwing.h,
                                                                    null);
}


//-----------------------------
// 이동
//-----------------------------
private void moveObject() {
    xwing.update();

    synchronized (mLaser) {
        for (Laser tmp : mLaser) {
            tmp.update();
        }
    }
}


//-----------------------------
// 화면을 벗어난 레이저 삭제 - 동기화
//-----------------------------
private void removeDead() {
    synchronized (mLaser) {
        for (int i = mLaser.size() - 1; i >= 0; i--) {
            if (mLaser.get(i).isDead) {
                mLaser.remove(i);
            }
        }
    }
}
```

```
//----------------------------
// Touch Event
//----------------------------
@Override
public boolean onTouchEvent(MotionEvent event) {
    if (event.getAction() == MotionEvent.ACTION_DOWN) {
        xwing.setAction( event.getX(),  event.getY() );
    }

    return true;
}

//----------------------------
// Thread
//----------------------------
class GameThread extends Thread {
    public boolean canRun = true;

    @Override
    public void run() {
        while (canRun) {
            try {
                Time.update();          // deltaTime 계산

                moveObject();
                removeDead();
                postInvalidate();    // 화면 그리기
                sleep(10);
            } catch (Exception e) {
                //
            }
        }
    }
} // Thread

} // GameView
```

X-Wing에서 레이저를 발사하는 부분이 보류되어 있으므로 그 부분을 추가한다.

Xwing.java

```
// Fire - 동기화
public void fire() {
    isTarget = false;

    // 양쪽 날개 끝에 레이저 추가
    CommonResources.sndPlay();
    synchronized (GameView.mLaser) {   ← 추가
        GameView.mLaser.add(new Laser(scrW, scrH, pos.x - w, pos.y - h / 2));
        GameView.mLaser.add(new Laser(scrW, scrH, pos.x + w, pos.y - h / 2));
    }
}
```

13.2.7 Floating Action Button 제거

이 프로젝트는 Floating Action Button을 사용하지 않으므로 이것을 제거할 필요가 있다. 프로젝트를 만들 때 Basic Activity로 시작한 경우에는 다음과 같은 절차로 Floating Action Button을 제거한다.

1 activity_main.xml

Floating Action Button 스키마를 삭제하거나 주석 처리한다. 아래에서 보듯이 xml의 주석은 '<!--'와 '-->'이다.

```
activity_main.xml

<?xml version="1.0" encoding="utf-8"?>
    .....................
    <include layout="@layout/content_main" />

<!--     ← xml 주석 시작
    <android.support.design.widget.FloatingActionButton
        .....................
        android:src="@android:drawable/ic_dialog_email" />
-->      ← xml 주석 끝

</android.support.design.widget.CoordinatorLayout>
```

2 MainActivity

MainActivity의 Floating Action Button 설정 부분을 삭제하거나 주석 처리한다. 여러 행의 주석 처리 및 복원은 블록 설정 후 Ctrl + / 키이다.

```
MainActivity.java

public class MainActivity extends AppCompatActivity {
        .....................
        // Statusbar 감추기
        getWindow().setFlags(WindowManager.LayoutParams.FLAG_FULLSCREEN,
                                WindowManager.LayoutParams.FLAG_FULLSCREEN);
        // getSupportActionBar().hide();
        setTitle("Xwing Fighter");

//      FloatingActionButton fab = (FloatingActionButton) findViewById(R.id.fab);
//          .....................
//      });
    }
        .....................
} // Activity
```

이제 프로젝트를 실행하면, 먼 거리는 X-Wing이 빠르게 이동하고 가까운 거리는 느리게 이동하는 것을 확인할 수 있을 것이다.

13.3 가속과 감속

화면 한가운데에 지구 침략을 노리는 외계인의 우주선이 있다. 화면을 터치하면 우주선이 터치 위치로 이동하고, 우주선을 터치하면 레이저포를 발사한다. 우주선은 부드럽게 출발해서 부드럽게 정지한다. 이와 같은 프로젝트를 만든다. **File** 13_3_Alien

그림 13-10 **우주선은 부드럽게 출발하고 부드럽게 정지한다.**

이 프로젝트는 다음과 같은 이미지와 레이서 발사 사운드가 필요하다. 리소스의 처리 방식은 X-Wing과 같다.

그림 13-11 **프로젝트에 필요한 이미지 리소스**

13.3.1 가감속과 선형 보간

자동차는 출발➡가속➡정속➡감속➡정지 단계로 움직인다. 이 프로젝트는 오브젝트를 이동할 때 자동차의 움직임과 같은 처리를 구현하는 데 목적이 있다.

우주선의 출발과 정지를 부드럽게 하려면 우주선이 출발할 때 가속하고, 정지할 때 감속하는 절차가 필요하다. 이와 같은 기능은 선형 보간으로 처리할 수 있다. 앞에서 사용한 선형 보간은 위치를 계산하므로 속도를 보간하는 함수가 필요하다.

새로운 프로젝트를 만들고, 앞의 프로젝트에서 사용한 MathF, CommonResources, Time Class를 복사한다. 안드로이드 스튜디오에서 프로젝트를 두 개 열어 놓고 파일을 Ctrl + 드래그하면 새로운 Class로 추가된다.

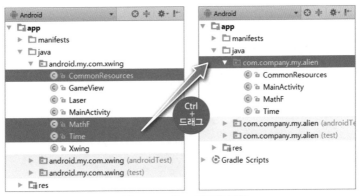

그림 13-12 **Class 파일의 복사**

1️⃣ 선형 보간 함수

시작 값, 끝 값, 증가 비율을 입력받아 결과를 반환하는 함수를 만든다. 이 함수는 MathF Class에 추가한다.

```
MathF.java

// lerp - 선형 보간 (2)
static public float lerp(float start, float end, float rate) {
    return start + (end - start) * rate;
}
```

이 함수는 다음과 같은 형식으로 사용하며, deltaTime에 곱해진 값이 클수록 가속과 감속이 빨라진다.

```
speed = MathF.lerp(speed, maxSpeed, 3 * Time.deltaTime);   // 가속
speed = MathF.lerp(speed, 0, 15 * Time.deltaTime);         // 감속
```

위에서 보듯이 Lerp( )의 매개변수는 현재 속도, 목표 속도, 보간 속도이다.

2 이동 방향 계산

계속해서, 현재 위치와 목적지의 좌표를 입력받아 우주선이 이동할 방향을 계산하는 함수를
만든다. '비눗방울 터뜨리기'에서 사용한 식이다.

```
// direction - 이동 방향
static public PointF direction(PointF p, PointF t) {
    // 3시 방향 기준 CCW로 회전한 각도(라디안)
    m = (float) -Math.atan2(t.y - p.y, t.x - p.x);

    // 이동 방향
    pos.x = (float) Math.cos(m);
    pos.y = -(float) Math.sin(m);

    return pos;
}
```

13.3.2 공용 리소스 Class

공용 리소스 Class를 수정한다. X-Wing이 Alien으로 바뀌었으므로 그 부분만 수정하면 된다.
수정할 변수나 함수 이름에 커서를 두고 Shift + F6 키를 누르면 그 변수/함수를 참조하는
모든 부분의 변수/함수명을 일괄적으로 바꿀 수 있다.

```
CommonResources.java

public class CommonResources {
    // Alien
    static public Bitmap imgAlien;   ◀ 수정
    static public int aw, ah;
    ................

    // Set Resource <-- GameView
    static public void set(Context context) {
        setAlien(context);   ◀ 수정
        setLaser(context);
        setSound(context);
    }

    // Alien
```

```
    static private void setAlien(Context context) {    ← 수정
        imgAlien = BitmapFactory.decodeResource(context.getResources(),
                                                      R.drawable.alien);

        aw = imgAlien.getWidth() / 2;
        ah = imgAlien.getHeight() / 2;
    }
    .................
} // CommonResources
```

13.3.3 Laser 만들기

레이저는 우주선의 회전 방향으로 발사되어야 하므로 생성자에서 우주선의 위치와 방향을 매개변수로 받는다.

Laser.java

```
public class Laser {
    // 화면 크기
    private int scrW, scrH;

    // 속도, 방향
    private int speed = 1200;
    private PointF dir = new PointF();

    // 현재 위치, 크기
    public PointF pos = new PointF();
    public int w, h;
    public float ang;

    // 비트맵, 소멸?
    public Bitmap img;
    public boolean isDead;

    //-----------------------------
    // 생성자
    //-----------------------------
    public Laser(int width, int height, PointF pos, PointF dir, float ang) {
        scrW = width;          // 화면 크기
        scrH = height;

        this.pos.set(pos);     // 초기 위치
        this.dir.set(dir);     // 발사 방향
        this.ang = ang;        // 회전 각도

        img = CommonResources.imgLaser;
        w = CommonResources.Lw;
        h = CommonResources.Lh;
    }
```

```
        //-----------------------------
        // Move
        //-----------------------------
        public void update() {
            pos.x += dir.x * speed * Time.deltaTime;
            pos.y += dir.y * speed * Time.deltaTime;

            // 화면을 벗어나면 소거
            if (pos.x < -w || pos.x > scrW + w || pos.y < -h || pos.y > scrH + h) {
                isDead = true;
            }
        }

    } // Laser
```

13.3.4 우주선 만들기

우주선은 출발과 정지할 때 가속과 감속이 필요하므로 현재가 출발 상태인지를 나타내는 변
수가 필요하다.

1 변수 추가

우주선 제어에 필요한 변수를 추가한다.

```
Alien.java

public class Alien {
    // 화면 크기
    private int scrW, scrH;

    // 속도
 ❶  private final float MAX_SPEED = 1000;
    private float speed = 0;

    // 이동 방향, 목적지
 ❷  private PointF dir = new PointF(0, -1);
    private PointF target = new PointF();

    // 출발할 수 있는가?
    private boolean canStart;

    // 위치, 크기, 회전각
    public PointF pos = new PointF();
    public int w, h;
    public float ang;

    // 비트맵
    public Bitmap img;
}
```

① 변수명 앞에 final이 붙은 것은 상수(Constant)로, 값을 변경할 수 없다는 의미이다. final 변수는 대문자로 작성하는 것이 관례이다.

② 초기 이동 방향은 12시 방향이다. 이 값은 레이저의 초기 방향 설정용이다.

이 프로젝트의 초기 상태는 우주선이 12시 방향을 향하고 있는데, 12시 방향은 단말기의 y축 기준으로 '-y'에 해당한다. ②는 이것을 처리하기 위한 것이다. 이 값을 설정하지 않으면, 초기 상태에서 레이저를 발사하면 레이저가 이동하지 않게 된다.

2 생성자

생성자에서는 공용 리소스에 만들어 둔 비트맵 이미지를 변수에 할당하고, 우주선을 화면 중심에 배치한다.

```
// 생성자
public Alien(int width, int height) {
    scrW = width;            // 화면 크기
    scrH = height;

    // Arien의 이미지
    img = CommonResources.imgAlien;
    w = CommonResources.aw;
    h = CommonResources.ah;

    // 초기 위치 - 화면 가운데
    pos.x = scrW / 2;
    pos.y = scrH / 2;
}
```

3 우주선의 이동

목적지가 정해지면 우주선을 가속하고, 목적지 근처에서는 감속한다. 이 속도를 기준으로 우주선을 이동하는 처리이다.

```
// Move
public void update() {
    // 목적지로 출발
    if (canStart) {
①       speed = MathF.lerp(speed, MAX_SPEED, 3 * Time.deltaTime);
    }

    // 목적지 근처에서 정지
    if (MathF.distance(pos, target) < 50) {
        canStart = false;
```

```
    ❷  speed = MathF.lerp(speed, 0, 15 * Time.deltaTime);
    }

  ❸  pos.x += dir.x * speed * Time.deltaTime;
     pos.y += dir.y * speed * Time.deltaTime;
  }
```

❶ 목적지가 정해지면 최대 속도까지 가속한다. 가속은 여러 프레임에 걸쳐 진행될 것이다. deltaTime에 곱해지는 값이 가속 속도이다.

❷ 목적지 근처에서는 속도가 0이 될 때까지 감속한다. 가속과 마찬가지로 감속은 여러 프레임에 걸쳐 진행된다. deltaTime에 곱해지는 값이 감속 속도이다.

❸ 가속 및 감속으로 산출된 속도로 우주선을 이동한다.

가속은 천천히, 감속은 빠르게 하면 물체의 이동이 자연스럽게 표현된다. 이것은 자동차를 운전하는 것과 같다. 가속은 엔진의 출력에 의해 결정되지만, 감속은 브레이크를 밟는 힘으로 제어하므로 엔진의 출력이 약하더라도 급브레이크를 밟으면 순간적으로 감속할 수 있다. 우주선은 목적지의 50픽셀 근처에서 감속하므로 우주선의 정지 위치가 목적지와 일치하지는 않을 것이다.

❹ 목적지 설정과 레이저 발사

Touch Event가 발생하면, 터치 위치가 우주선의 내부인지 화면의 빈 곳인지를 판정해서 목적지 설정하거나 레이저를 발사하는 처리이다.

```
// 액션 설정 <-- Touch Event
public void setAction (float tx, float ty) {
    // 터치 위치가 우주선의 내부인가?
    if ( MathF.hitTest(pos.x, pos.y, w * 0.9f, tx, ty) ) {
        fire();
    } else {
        start(tx, ty);
    }
}

// 목적지 설정 <-- setAction
private void start(float tx, float ty) {
    target.set(tx, ty);

    // 이동 방향
❶  dir.set( MathF.direction(pos, target) );
❷  ang = MathF.cwDegree(pos, target);

    canStart = true;
}
```

```
// Fire <-- setAction
private void fire() {
    CommonResources.sndPlay();
 ❸ // synchronized (GameView.mLaser) {
    //     GameView.mLaser.add(new Laser(scrW, scrH, pos, dir, ang));
    // }
}
```

❶ 화면의 빈 곳을 터치했을 때 우주선의 이동 방향을 구한다.

❷ 우주선이 이동할 때의 회전 방향을 Canvas 회전 각도로 변환한다.

❸ 아직 GameView를 만들지 않았으므로 임시로 주석 처리했다.

13.3.5 GameView

GameView는 X-Wing과 크게 다르지 않지만 Alien을 그릴 때 회전 각도를 반영한다. 변경된 부분만 싣는다.

GameView.java

```
public class GameView extends View {
    ..................
    // Alien, Laser
    private Alien alien;    ◀ 수정
    static public List<Laser> mLaser;

    // View의 크기 구하기
    @Override
    protected void onSizeChanged(int w, int h, int oldw, int oldh) {
        ..................
        // Alien, Laser
        alien = new Alien(w, h);
        mLaser = Collections.synchronizedList( new ArrayList<Laser>() );
        ..................
    }

    // 화면 그리기 - 동기화
    @Override
    protected synchronized void onDraw(Canvas canvas) {
        canvas.drawBitmap(imgBack, 0, 0, null);

        // Alien    ◀ 수정
        canvas.rotate(alien.ang, alien.pos.x, alien.pos.y);
        canvas.drawBitmap(alien.img, alien.pos.x - alien.w, alien.pos.y - alien.h,
                                                                    null);

        canvas.rotate(-alien.ang, alien.pos.x, alien.pos.y);
```

```
            // Laser  ← 수정
            synchronized (mLaser) {
                for (Laser tmp : mLaser) {
                    canvas.rotate(tmp.ang, tmp.pos.x, tmp.pos.y);
                    canvas.drawBitmap(tmp.img, tmp.pos.x - tmp.w, tmp.pos.y - tmp.h,
                                                                        null);
                    canvas.rotate(-tmp.ang, tmp.pos.x, tmp.pos.y);
                }
            }
        }

        // 이동
        private void moveObject() {
            alien.update();  ← 수정
            ..................
        }

        // Touch Event
        @Override
        public boolean onTouchEvent(MotionEvent event) {
            if (event.getAction() == MotionEvent.ACTION_DOWN) {
                alien.setAction( event.getX(),  event.getY() );  ← 수정
            }

            return true;
        }

        ..................

    } // GameView
```

이제 프로젝트를 실행하고 화면의 빈 곳을 터치하면 우주선이 그 방향으로 부드럽게 출발해서 부드럽게 정지하는 것을 확인할 수 있다.

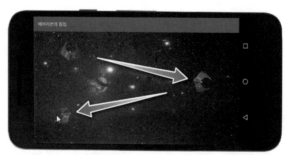

그림 13-13 우주선은 터치 방향으로 회전한 후 이동한다.

마지막으로, 우주선의 fire( ) 함수에 주석으로 막아 둔 문장의 주석을 제거하면 우주선을 터치해서 레이저를 발사할 수 있다.

그림 13-14 완성된 프로젝트의 실행 화면

제 14 장

Press와 Gesture

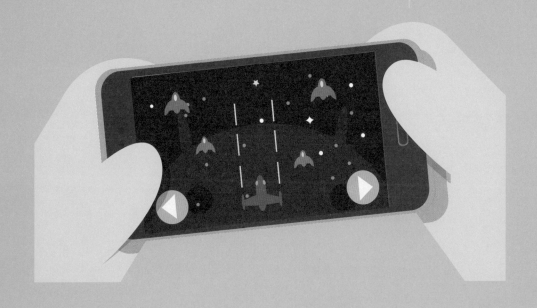

14.1 Press로 이동 및 발사

햇살이 화사한 어느 숲 속에, 거미 한 마리가 먹이를 기다리고 있다. 거미의 왼쪽이나 오른쪽 화면을 누르고 있으면 거미가 그 방향으로 이동하며, 손을 떼면 정지한다. 또, 거미를 누르고 있으면 초당 5회 정도 독액을 발사한다. 이와 같은 프로젝트를 만든다. <kbd>File</kbd> 14_1_Spider

그림 14-1 **거미의 이동과 독액 발사**

이 프로젝트는 다음과 같은 이미지 리소스와 독액 발사 사운드가 필요하다. 거미 이미지는 한 장으로 되어 있으므로 잘라서 애니메이션을 만든다.

그림 14-2 **프로젝트에 필요한 이미지 리소스**

대부분의 게임은 이동 버튼을 누르고(Press) 있으면 이동하고, 손을 떼면 정지한다. 그런데 안드로이드는 Press를 지원하지 않으므로 ACTION_DOWN과 ACTION_UP 이벤트를 이용해서 Press 동작을 구현해야 한다. ACTION_DOWN은 Press의 시작, ACTION_UP은 Press의 끝이다.

안드로이드의 LongTouch는 버튼 등을 오래 누르고 있으면 호출되는 이벤트인데, 이것은 Press와 다른 것이다. LongTouch는 누르고 있는 동안에 이벤트가 한 번 발생하지만, Press는 누르고 있으면 지속적으로 이벤트가 발생해야 한다.

14.1.1 공용 리소스 Class

먼저, 공용 Resource Class를 만든다. 앞의 프로젝트와 유사하므로 복사해서 수정하는 것이
편할 것이다.

CommonResources.java

```java
public class CommonResources {
    // Spider
    static public Bitmap[] arSpider = new Bitmap[5];
    static public int sw, sh;

    // Poison
    static public Bitmap imgPoison;
    static public int pw, ph;

    // 사운드, 사운드 id
    static private SoundPool mSound;
    static int sndPoison;

    //----------------------------
    // Set Resource <-- GameView
    //----------------------------
    static public void set(Context context) {
        setSpider(context);
        setPoison(context);
        setSound(context);
    }

    //----------------------------
    // Spider 이미지
    //----------------------------
    static private void setSpider(Context context) {
        Bitmap tmp = BitmapFactory.decodeResource(context.getResources(),
                                                        R.drawable.spider);
        sw = tmp.getWidth() / 5;
        sh = tmp.getHeight();

        // 이미지 분리
        for (int i = 0; i < 5; i++) {
            arSpider[i] = Bitmap.createBitmap(tmp, sw * i, 0, sw, sh);
        }

        sw /= 2;
        sh /= 2;
    }

    //----------------------------
    // Poison 이미지
    //----------------------------
    static private void setPoison(Context context) {
```

```java
        imgPoison = BitmapFactory.decodeResource(context.getResources(),
                                                 R.drawable.poison);

        pw = imgPoison.getWidth() / 2;
        ph = imgPoison.getHeight() / 2;
    }


    //-----------------------------
    // Sound
    //-----------------------------
    static private void setSound(Context context) {
        // 롤리팝 이전 버전인가?
        if (Build.VERSION.SDK_INT < Build.VERSION_CODES.LOLLIPOP) {
            mSound = new SoundPool(5, AudioManager.STREAM_MUSIC, 1);
        } else {
            AudioAttributes attributes = new AudioAttributes.Builder()
                .setContentType(AudioAttributes.CONTENT_TYPE_MUSIC)
                .setFlags(AudioAttributes.FLAG_AUDIBILITY_ENFORCED)
                .setUsage(AudioAttributes.USAGE_GAME)
                .build();

            mSound = new SoundPool.Builder().setAudioAttributes(attributes)
                                            .setMaxStreams(5).build();
        }

        sndPoison = mSound.load(context, R.raw.poison, 1);
    }

    //-----------------------------
    // Play Sound <-- Spider
    //-----------------------------
    static public void sndPlay() {
        mSound.play(sndPoison, 1, 1, 1, 0, 1);
    }

} // CommonResources
```

14.1.2 Poison 만들기

거미는 회전을 하지 않으므로 독액은 수직으로만 이동할 것이다. 충돌 판정이 없으므로 처리할 내용이 아주 간단하다. 화면 크기도 필요하지 않고, 초기 위치만 있으면 된다.

Poison.java

```java
public class Poison {
    // 속도, 현재 위치, 크기
    private int speed = 1200;
    public float x, y;
    public int r;
```

```
        // 비트맵, 소멸?
        public Bitmap img;
        public boolean isDead;

        //-----------------------------
        // 생성자
        //-----------------------------
        public Poison(float tx, float ty) {
            x = tx;
            y = ty;

            img = CommonResources.imgPoison;
            r = CommonResources.pw;
        }

        //-----------------------------
        // Move & Dead
        //-----------------------------
        public void update() {
            y -= speed * Time.deltaTime;
            isDead = (y < -r);
        }

    } // Poison
```

14.1.3 거미 만들기

거미는 좌우로만 이동하지만, 화면을 누르고 있으면 이동하고 손을 떼면 정지한다. 출발과 정지에 속도를 보간하는 과정이 필요하다.

1 변수 추가

Spider Class를 만들고 전역 변수를 추가한다. 변수가 조금 많지만 사용 용도를 표시했으므로 크게 어렵지는 않을 것이다.

Spider.java

```
public class Spider {
    // 상태 코드
❶  private final int IDLE = 0;
    private final int MOVE = 1;
    private final int STOP = 2;

    // 현재 상태
❷  private int state = IDLE;

    // 화면 크기, 최대 속도, 현재 속도
```

```
    private int scrW, scrH;
    private final float MAX_SPEED = 1000;
    private float speed = 0;

    // 애니메이션 번호, 이미지 수
    private int animNum;
    private int animCnt = 5;

    // 애니메이션 지연 시간, 경과 시간
    private float animSpan = 0.4f;
    private float animTime;

    // 독액 발사 간격, 지연 시간
    private float fireSpan = 0.2f;
❸   private float fireTime = fireSpan;

    // 이동 방향(-1, 0, 1), 발사
    private int dir;
❹   private boolean canFire;

    // 위치, 크기, 비트맵
    public float x, y;
    public int w, h;
    public Bitmap img;

} // Spider
```

❶ 거미의 상태를 대기(0), 이동(1), 정지(2)의 세 단계로 구분한다.

❷ 현재의 거미 상태이다.

❸ 독액 발사 지연 시간을 발사 간격으로 설정해야 첫 발을 발사할 때 지연이 없다.

❹ canFire가 true이면 독액을 기관총 모드로 발사한다.

▣ 생성자와 게임 루프

생성자에서는 공용 리소스의 이미지를 읽고, 게임 루프에서는 상태 코드에 따른 처리를 수행한다.

```
// 생성자
public Spider(int width, int height) {
    scrW = width;
    scrH = height;

    // 초기 이미지
    img = CommonResources.arSpider[0];
    w = CommonResources.sw;
    h = CommonResources.sh;
```

```
        // 초기 위치
        x = scrW / 2;
        y = scrH - h - 10;
    }

    // 게임 루프
    public void update() {
        animation();
❶   if (canFire) {
            firePosion();
        }

❷   switch (state) {
        case MOVE :      // 이동 - 가속
            speed = MathF.lerp(speed, MAX_SPEED, 5 * Time.deltaTime);
            break;
        case STOP :      // 정지 - 감속
            speed = MathF.lerp(speed, 0, 20 * Time.deltaTime);
        }

        x += dir * speed * Time.deltaTime;

        // 화면 가장자리이면 정지
❸   if (x < w || x > scrW - w) {
            // 원위치
            x -= dir * speed * Time.deltaTime;
            dir = 0;
        }
    }
```

❶ 독액 발사가 가능한 상태이면 매 프레임마다 독액을 발사한다. 발사의 지연은 firePosion( ) 함수에서 처리할 것이다.

❷ 거미의 상태에 따라 가속과 감속을 실행한다.

❸ 거미가 화면의 좌우를 벗어나면 거미를 원위치에 두고 즉시 정지한다.

3 독액 발사와 애니메이션

독액은 기관총 모드로 발사되므로 독액을 발사한 후 일정한 시간을 기다렸다가 다음 독액을 발사한다. 애니메이션의 처리와 같은 개념이다. 독액 발사는 새로운 Poison을 추가하므로 GameView와 동기화가 필요하다. 아직 GameView를 만들지 않았으므로 독액 발사 부분은 주석 처리했다.

```
    // 독액 발사 - 동기화
    private void firePosion() {
        fireTime += Time.deltaTime;
```

```
    if (fireTime > fireSpan) {
        fireTime = 0;

        // 사운드, Poison
        CommonResources.soundPoison();
        // synchronized (GameView.mPoison) {
        //     GameView.mPoison.add( new Poison(x, y) );
        // }
    }
}

// 애니메이션
private void animation() {
    animTime += Time.deltaTime;

    if (animTime > animSpan) {
        animTime = 0;
        animNum = MathF.repeat(animNum, animCnt);
        img = CommonResources.arSpider[animNum];
    }
}
```

4 Action의 시작과 종료

이 함수는 GameView의 Touch Event가 호출할 것이다.

```
// Action 시작 <-- ACTION_DOWN
public void startAction(float tx, float ty) {
❶ if ( MathF.hitTest(x, y, w, tx, ty) ) {
        canFire = true;
    } else {
    ❷ dir = (x < tx) ? 1 : -1;
        state = MOVE;
    }
}

// Action 끝 <-- ACTION_UP
public void stopAction() {
❸ canFire = false;
❹ if (state == MOVE) {
        state = STOP;
    }
}
```

❶ 거미를 터치하면 발사 모드를 설정한다.

❷ 터치 위치를 기준으로 거미의 이동 방향을 설정한다.

❸ ACTION_UP은 발사를 중지한다.

❹ 거미가 이동 중이면 정지 모드로 설정해서 감속이 되면서 정지하도록 한다.

14.1.4 GameView

GameView는 Touch Event만 다를 뿐, 앞의 프로젝트와 크게 달라진 것은 없다.

GameView.java

```java
public class GameView extends View {
    // Context, Thread
    private Context context;
    private GameThread mThread;

    // 배경과 화면 크기
    private Bitmap imgBack;
    private int w, h;

    // Spider, Poison
    private Spider spider;
    static public List<Poison> mPoison;

    //----------------------------
    // 생성자
    //----------------------------
    public GameView(Context context, AttributeSet attrs) {
        super(context, attrs);
        this.context = context;

        // Context, 리소스 처리
        this.context = context;
        CommonResources.set(context);
    }

    //----------------------------
    // View의 크기 구하기
    //----------------------------
    @Override
    protected void onSizeChanged(int w, int h, int oldw, int oldh) {
        super.onSizeChanged(w, h, oldw, oldh);

        this.w = w;   // 화면의 폭과 높이
        this.h = h;

        // 배경 이미지
        imgBack = BitmapFactory.decodeResource(getResources(), R.drawable.back);
        imgBack = Bitmap.createScaledBitmap(imgBack, w, h, true);

        // 거미, Poison
        spider = new Spider(w, h);
        mPoison = Collections.synchronizedList( new ArrayList<Poison>() );

        // 스레드 기동
        if (mThread == null) {
            mThread = new GameThread();
            mThread.start();
```

```java
        }
    }


    //----------------------------
    // View의 종료
    //----------------------------
    @Override
    protected void onDetachedFromWindow() {
        mThread.canRun = false;
        super.onDetachedFromWindow();
    }


    //----------------------------
    // 화면 그리기 - 동기화
    //----------------------------
    @Override
    protected void onDraw(Canvas canvas) {
        canvas.drawBitmap(imgBack, 0, 0, null);

        // Poison
        synchronized (mPoison) {
            for (Poison tmp : mPoison) {
                canvas.drawBitmap(tmp.img, tmp.x - tmp.r, tmp.y - tmp.r, null);
            }
        }

        // 거미
        canvas.drawBitmap(spider.img, spider.x - spider.w, spider.y - spider.h,
                                                                    null);
    }


    //----------------------------
    // 이동
    //----------------------------
    private void moveObject() {
        spider.update();

        // Poison
        synchronized (mPoison) {
            for (Poison tmp : mPoison) {
                tmp.update();
            }
        }
    }


    //----------------------------
    // 화면을 벗어난 Poison 삭제 - 동기화
    //----------------------------
    private void removeDead() {
        synchronized (mPoison) {
            for (int i = mPoison.size() - 1; i >= 0; i--) {
                if (mPoison.get(i).isDead) {
                    mPoison.remove(i);
                }
```

```
                }
            }
        }

        //-----------------------------
        // Touch Event
        //-----------------------------
        @Override
        public boolean onTouchEvent(MotionEvent event) {
            if (event.getAction() == MotionEvent.ACTION_DOWN) {
                spider.startAction( event.getX(), event.getY() );
            }

            if (event.getAction() == MotionEvent.ACTION_UP) {
                spider.stopAction();
            }

            return true;
        }

        //-----------------------------
        // Thread
        //-----------------------------
        class GameThread extends Thread {
            public boolean canRun = true;

            @Override
            public void run() {
                while (canRun) {
                    try {
                        Time.update();        // deltaTime 계산

                        moveObject();
                        removeDead();
                        postInvalidate();     // 화면 그리기
                        sleep(10);
                    } catch (Exception e) {
                        //
                    }
                }
            }
        } // Thread

    } // GameView
```

Spider Class의 fire( ) 함수에 주석 처리한 부분의 주석을 제거하면, 화면의 빈 곳을 눌러 거미
를 이동하거나 거미를 눌러 독액을 연속해서 발사할 수 있다. 예쁜 거미줄도 만들어 놨는데,
먹잇감은 언제 오시려나...

14.2 Double Tab으로 점프

어느 화창한 날 오후, 구석기 시대의 소년이 돌도끼를 들고 토끼 사냥에 나섰다. 화면을 드래그(안드로이드에서는 Scroll이라고 한다)하면 소년이 그 방향으로 달려가고, 소년을 터치하면 정지한다. 소년이 달리고 있을 때 화면을 연속해서 두 번 누르면(더블 탭) 소년이 점프한다. 이와 같은 프로젝트를 만든다. `File` 14_2_AncientBoy

그림 14-3 **달리기와 점프의 연속 동작**

기획 의도는 화면을 누르고 있으면 달리기, 손을 떼면 정지, 달리는 도중의 터치는 점프인데, 안드로이드의 AVD에서는 동시에 두 군데 이상을 터치할 수 없으므로 화면을 Scroll하면 무작정 달리는 것으로 하였다.

이 프로젝트는 다음과 같은 이미지 리소스가 필요하다. 소년의 이미지는 한 장으로 되어 있으므로 잘라서 사용한다.

그림 14-4 **프로젝트에 필요한 이미지 리소스**

14.2.1 공용 리소스 만들기

이 프로젝트는 화면에 소년이 한 명밖에 나오지 않지만, 소년의 이미지는 공용 리소스로 처리한다. 사운드가 없으므로 간단한 구조이다.

```java
CommonResources.java

public class CommonResources {
    // 소년
    static public Bitmap[][] arBoy = new Bitmap[3][5];
    static public int bw, bh;

    // 그림자
    static public Bitmap shadow;
    static public int sw, sh;

    //-----------------------------
    // Set Resource <-- GameView
    //-----------------------------
    static public void set(Context context) {
        int animCnt = 5;

        Bitmap tmp = BitmapFactory.decodeResource(context.getResources(),
                                                        R.drawable.boy);

        int tw = tmp.getWidth() / animCnt;
        int th = tmp.getHeight() / 3;

        // 이미지 분리
        for (int i = 0; i < 3; i++) {
            for (int j = 0; j < animCnt; j++) {
                arBoy[i][j] = Bitmap.createBitmap(tmp, tw * j, th * i, tw, th);
            }
        }

        // 이미지 크기
        bw = tw / 2;
        bh = th / 2;

        // 그림자
        sw = bw / 2;
        sh = bh / 4;

        tmp = BitmapFactory.decodeResource(context.getResources(), R.drawable.shadow);
        shadow = Bitmap.createScaledBitmap(tmp, sw * 2, sh * 2, true);
    }

} // CommonResources
```

이 Class는 소년의 이미지를 잘라서 2차원 배열에 저장한다. 이렇게 하면 arBoy[0][ ]은 정지, arBoy[1][ ]은 달리기, arBoy[2][ ]는 점프 동작이 된다.

14.2.2 Boy Class

제스처(Gesture)는 GameView에서 처리할 것이므로 Boy Class에서는 이동과 점프만 처리한다. 이 프로젝트는 가속과 감속을 사용하지 않은 대신 중력과 그림자의 처리가 필요하다.

1️⃣ 변수 추가

Class 구현에 필요한 변수를 용도별로 분리해서 작성한다. 소년의 현재 상태는 '정지', '달리기', '점프' 중의 하나이므로 이것을 상수(final)로 정의해 두고, 여기에 따른 처리를 한다. Spider와 같은 방식이다.

```java
public class Boy {
    // 상태 코드
    private final int IDLE = 0;
    private final int RUN = 1;
    private final int JUMP = 2;

    // 화면 크기
    private int scrW, scrH;

    // 속도, 점프, 중력, 이동 방향
    private float speed = 600;
    private float speedJump = 800;
    private float gracvity = 1200;
    private PointF dir = new PointF();

    // 현재 상태, 애니메이션 번호, 이미지 수
❶  private int state = IDLE;
    private int animNum;
    private int animCnt = 5;

    // 애니메이션 지연 시간, 결과 시간
❷  private float animSpan = 0.2f;
    private float animTime;

    // 위치, 크기, 좌우 방향
    public float x, y;
    public int w, h;
❸  public int leftRight = 1;

    // 지면, 현재 이미지
    public float ground;
    public Bitmap img;

    // 그림자 크기, 비율, 이미지
    public int sw, sh;
    public float sdScale = 1;
    public Bitmap shadow;

} // boy
```

❶ 현재의 상태를 나타낸다. 애니메이션과 달리기, 점프 등은 이 변수에 의존한다.

❷ 애니메이션의 지연 시간이 0.2초이므로 애니메이션은 초당 5프레임으로 진행될 것이다.

❸ 소년이 왼쪽을 향하고 있는 경우에는 이미지를 좌우로 뒤집어서 그려야 하므로 소년의 방향을 Canvas에게 알려 주기 위한 것이다.

2 생성자

화면의 크기를 변수에 저장하고, 소년의 초기 이미지와 그림자, 초기 위치 등을 설정한다.

```java
// 생성자
public Boy(int width, int height) {
    scrW = width;
    scrH = height;

    // 소년 이미지
    img = CommonResources.arBoy[IDLE][0];
    w =  CommonResources.bw;
    h =  CommonResources.bh;

    // 그림자
    shadow = CommonResources.shadow;
    sw = CommonResources.sw;
    sh = CommonResources.sh;

    // 초기 위치
    ground = scrH * 0.85f;
    x = scrW / 2;
    y = ground - h;
}
```

3 Main Loop

소년이 점프 중이면 중력 처리를 한다. 소년이 정지 상태이면 속도가 0이므로 IDLE(정지)은 고려하지 않아도 된다.

```java
// 게임 루프
public void update() {
    animation();

    switch (state) {
        case JUMP:
            dir.y += gracvity * Time.deltaTime;
            sdScale = y / (ground - h);
            checkGround();
            // break 없음 - case RUN 수행할 것
```

```
        case RUN:
            x += dir.x * Time.deltaTime;
            y += dir.y * Time.deltaTime;
    }


    // 화면을 벗어나면 반대 방향에서 등장
    if (x > scrW + w) x = -w;
    if (x < -w) x = scrW + w;
}

// 애니메이션
private void animation() {
    animTime += Time.deltaTime;
    if (animTime > animSpan) {
        animTime = 0;

        animNum = MathF.repeat(animNum, animCnt);
        img = CommonResources.arBoy[state][animNum];
    }
}
```

Java의 switch( )문은 조건에 맞는 처리를 한 후 break문이 없으면 자동으로 그다음 문장을 수행한다(Falling Down). Falling Down은 다음 조건의 코드를 자동 수행하므로 중복을 줄여서 간결한 구조를 만들 수 있지만, break가 없다는 것을 주석 등으로 명시하지 않으면 원래 break가 없는 것인지 개발자가 실수로 누락한 것인지를 알 수가 없다. 그러므로 break가 없는 경우에는 그 이유를 주석으로 명확하게 표시해 두면, 프로그램을 디버깅할 때나 다른 사람이 소스를 읽을 때 도움이 될 것이다.

4 기타 함수

Class 수행에 필요한 기타 함수들이다.

```
// 애니메이션 설정 <-- 상태 변경 시
private void startAnimation() {
    animNum = 0;
    img = CommonResources.arBoy[state][animNum];
}

// 착지인가? <-- 점프 중일 때
private void checkGround() {
    if (y + h > ground) {
        y = ground - h;
        dir.y = 0;

        state = RUN;
```

```
            startAnimation();
        }
    }

    // Hit Test <-- stop()
    private boolean hitTest(float tx, float ty) {
        return MathF.hitTest(x, y, h, tx, ty);
    }
```

Java는 OOP형 언어이므로 Java 프로그램은 Class와 함수(Method)의 집합으로 구성된다. 함수는 스스로는 작동하지 않고 외부의 호출에 의해 실행된다. 프로그램을 디버깅할 때에는 이 함수를 어디에서 참조하고 있는지를 알아야 하므로, 함수 이름 위에 함수를 호출하는 곳을 주석으로 명시해 두면 많은 도움이 된다.

참고로, 함수명에 커서를 두고 `Ctrl` + `F7` 키를 누르면 그 함수를 호출하는 문장으로 이동하며(동일한 Class에서), `Alt` + `F7` 키를 누르면 그 함수를 호출하는 부분을 표시한다.

⑤ 이벤트 호출 함수

GameView의 제스처 이벤트에 의해 호출되는 함수들이다.

```
❶ //region Gesture Event Call
    // 정지 <-- Gesture.onDown
    public void stop(float tx, float ty) {
❷     if ( state == RUN && hitTest(tx, ty) ) {
            dir.x = 0;
            state = IDLE;
❸         startAnimation();
        }
    }

    // 달리기 <-- Gesture.onScroll
    public void run(float dist) {
        leftRight = (dist > 0) ? -1 : 1;
        dir.x = leftRight * speed;

❹     if (state != RUN) {
            state = RUN;
            startAnimation();
        }
    }

    // Jump <-- Gesture.onDoubleTab
    public void jump() {
        if (state == RUN) {
❺         dir.y = -speedJump;
```

```
                state = JUMP;
                startAnimation();
        }
    }
    //endregion
```

① region은 함수의 묶음이다. 주석문의 region에는 에디터에서 함수를 '접기'(Gutter의 ⊟ 버튼) 상태로 표시할 때, 접혀진 위치에 표시할 설명문을 설정한다.

② 소년의 정지는 달리기 상태에서만 설정할 수 있으므로 현재 상태가 달리기인지 조사한다.

③ 상태를 변경한 후에는 변경한 상태의 첫 프레임부터 애니메이션을 재생한다.

④ Gesture의 onScroll( )은 화면을 드래그(Scroll)하면, 30ms 이후부터는 Scroll의 속도 변화가 없으면 이벤트가 연속해서 발생하므로 중복 호출을 무시한다.

⑤ 화면을 더블 탭하면 점프 속도를 설정한다.

①은 region(함수 묶음)으로, 그룹핑할 함수들을 블록 설정하고 `Ctrl` + `Alt` + `T` 키를 누르면 다음과 같은 단축 메뉴가 나타나므로 여기에서 선택한다. 어느 것을 선택하더라도 주석문의 표시 방식만 다를 뿐 접혀진 상태에서 나타나는 내용은 같다.

그림 14-5 **region 설정**

Class의 함수는 프로그램을 작성할 때 호출되는 순서로 만들지만, Class의 작성이 끝나면 용도별로 함수를 분류해서 다시 배치하고 그룹핑한 후 region을 달아 두는 것이 좋다. 특히, 외부에서 호출하는 함수는 한군데에 모아 두면, 프로젝트의 전체적인 구조를 파악하는 데 많은 도움이 된다.

14.2.3 Gesture Class

제스처는 화면 스크롤의 가속도, 더블 탭, 롱 프레스 등의 이벤트를 처리하기 위한 것으로, 프로그램에서 제스처를 사용하려면 GestureDetector를 상속받은 새로운 Class를 만들어야 한다. 제스처에는 Touch Event를 대신하는 함수가 있으므로 이것을 사용하는 경우에는 Touch Event가 필요하지 않다.

① Gesture Class 만들기

GameView를 만들고, GameView의 끝에 다음 Class를 추가한다. 이 Class는 GestureDetector 를 상속받아 GameView의 Inner Class로 만든다.

```
GameView.java
public class GameView extends View {
    ........................

    // Gesture
    public class MyGesture extends GestureDetector.SimpleOnGestureListener {

    } // MyGesture

} // GameView
```

② 이벤트 함수 추가

GestureDetector에는 제스처 구현에 필요한 여러 종류의 콜백 함수가 있으므로 필요한 것을 추가한다. [Code ➡ Override Methods] 메뉴를 실행하거나 Ctrl + O 키를 눌러 추가할 함수 를 검색해서 선택한다.

그림 14-6 **이벤트 함수 추가**

```
GameView.java
public class GameView extends View {
    ........................

    // Gesture
    public class MyGesture extends GestureDetector.SimpleOnGestureListener {
```

```
        @Override    // Scroll - Drag
❶   public boolean onScroll(MotionEvent e1, MotionEvent e2, float distanceX,
                                                     float distanceY) {

        // 스크롤 방향 = right : distX < 0, Left : distX > 0
        boy.run(distanceX);
        return true;
    }

        @Override    // Double Tab
❷   public boolean onDoubleTap(MotionEvent e) {
        boy.jump();
        return true;
    }

        @Override   // Action Down
❸   public boolean onDown(MotionEvent e) {
        boy.stop( e.getX(), e.getY() );
        return true;
    }
    } // MyGesture

} // GameView
```

❶ 화면을 Scroll(드래그)하면 이벤트가 연속해서 발생한다. 직전 이벤트와의 터치 거리가 구해진다. x좌표의 변위는 왼쪽(+)/오른쪽(-)이며, y좌표는 위쪽(+)/아래쪽(-)이다.

❷ 화면을 더블 탭하면 이벤트가 발생한다. 더블 탭 이벤트를 사용하려면 ❸의 onDown( )이 있어야 한다.

❸ 화면에 손가락이 접촉하면 이벤트가 발생한다.

GestureDetector에는 onFling(Scroll의 속도 변화), onLongPress(길게 누르기), onShowPress(아주 오래 누르기), onSingleTapUp(화면에서 손가락 떼기) 등이 있으므로 필요시 함수를 추가해서 사용하면 될 것이다.

14.2.4 GameView

위의 MyGesture Class는 독립적으로 실행되지 않고, GameView에서 Listener 등록을 해야 이 벤트가 발생한다.

GameView.java

```
public class GameView extends View {
    // Context, Thread
    private Context context;
    private GameThread mThread;

    // 배경, 화면 크기
    private Bitmap imgBack;
```

```java
    private int w, h;

    private Boy boy;

    // Gesture
❶   private MyGesture mGesture = new MyGesture();

    //------------------------------
    // 생성자
    //------------------------------
    public GameView(Context context, AttributeSet attrs) {
        super(context, attrs);
        this.context = context;

        // 이미지 초기화
        CommonResources.set(context);

        // Gesture
❷       final GestureDetector mDetector = new GestureDetector(context, mGesture);
        setOnTouchListener(new View.OnTouchListener() {
            @Override
            public boolean onTouch(View view, MotionEvent motionEvent) {
                return mDetector.onTouchEvent(motionEvent);
            }
        });
    }

    //------------------------------
    // View의 크기 구하기
    //------------------------------
    @Override
    protected void onSizeChanged(int w, int h, int oldw, int oldh) {
        super.onSizeChanged(w, h, oldw, oldh);

        this.w = w;        // 화면의 폭과 높이
        this.h = h;

        // 배경 이미지
        imgBack = BitmapFactory.decodeResource(getResources(), R.drawable.back);
        imgBack = Bitmap.createScaledBitmap(imgBack, w, h, true);

        // 소년
        boy = new Boy(w, h);

        // 스레드 기동
        if (mThread == null) {
            mThread = new GameThread();
            mThread.start();
        }
    }

    //------------------------------
    // View의 종료
    //------------------------------
```

```java
    @Override
    protected void onDetachedFromWindow() {
        mThread.canRun = false;
        super.onDetachedFromWindow();
    }

    //------------------------------
    // 화면 그리기
    //------------------------------
    @Override
    protected void onDraw(Canvas canvas) {
        canvas.drawBitmap(imgBack, 0, 0, null);

        // 그림자
        canvas.save();
        canvas.scale(boy.sdScale, boy.sdScale, boy.x, boy.ground);
        canvas.drawBitmap(boy.shadow, boy.x - boy.sw, boy.ground - boy.sh, null);
        canvas.restore();

        // 소년
        canvas.scale(boy.leftRight, 1, boy.x, boy.ground);
        canvas.drawBitmap(boy.img, boy.x - boy.w, boy.y - boy.h, null);
        canvas.scale(-boy.leftRight, 1, boy.x, boy.ground);
    }

    //------------------------------
    // 이동
    //------------------------------
    private void moveObject() {
        boy.update();
    }

    //------------------------------
    // Thread
    //------------------------------
    class GameThread extends Thread {
        public boolean canRun = true;

        @Override
        public void run() {
            while (canRun) {
                try {
                    Time.update();      // deltaTime 계산

                    moveObject();
                    postInvalidate();       // 화면 그리기
                    sleep(10);
                } catch (Exception e) {
                    //
                }
            }
        }
    } // Thread
```

```
//-----------------------------
// Gesture
//-----------------------------
public class MyGesture extends GestureDetector.SimpleOnGestureListener {
    .........................

    } // MyGesture

} // GameView
```

❶ 앞에서 만든 MyGesture Class를 변수에 저장하고 인스턴스를 생성한다.

❷ GestureDetector를 만들고 Listener를 등록한다.

이제 프로젝트를 실행하면 화면을 좌우로 스크롤해서 소년의 이동 방향을 바꾸고, 더블 탭으로 점프할 수 있다. 소년을 터치하면 그 자리에서 정지한다.

제 **15** 장

충돌의
판정과 처리

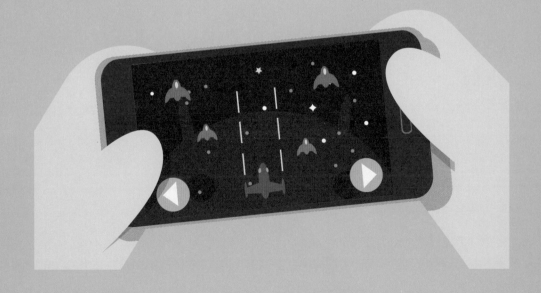

15.1 충돌의 판정

충돌은 오브젝트에 설정한 콜리전(Collision, 충돌 판정 영역)이 겹치는 현상이다. 충돌의 판정은 매 루프마다 모든 오브젝트에 대해 조사해야 하므로 퍼포먼스에 많은 영향을 준다. 따라서 Math 함수 중 연산 비용이 비싼 것(double형을 리턴하는 함수)은 사용하지 않는 것이 좋다. 충돌 판정 함수는 다른 프로젝트에도 공통으로 사용될 수 있으므로 MathF Class에 추가한다.

15.1.1 사각형과 사각형의 충돌

사각형과 사각형의 충돌은 Rect.intersect()로 처리할 수 있다. 이 방법은 오브젝트의 좌표를 Rect()로 변환하는 과정이 필요하므로 사각형의 좌표를 비교해서 처리하는 것이 속도 면에서 이득이다. 사각형과 사각형의 충돌 판정은 투명 영역이 없는 벽돌과 같은 오브젝트의 충돌 판정에 효율적인 방법이다.

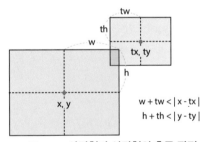

그림 15-1 **사각형과 사각형의 충돌 판정**

위의 그림에 표시된 것처럼 충돌이 발생하면, 두 물체의 폭의 합이 수평 거리보다 작고, 높이의 합이 수직 거리보다 작아진다. 물론 우리 프로젝트에서 사용했던 것처럼 절반 폭과 절반 높이이다. 물체가 서로 접촉하기만 해도 충돌로 처리하려면 '<' 대신 '<='을 사용한다.

MathF.java

```java
// 충돌 판정(1) 사각형:사각형
static public boolean checkCollision(float x, float y, float w, float h,
                                     float tx, float ty, float tw, float th) {
    return (w + tw) <= Math.abs(x - tx) && (h + th) <= Math.abs(y - ty);
}
```

15.1.2 원형과 원형의 충돌

두 원의 중심점 사이의 거리가 반지름의 합보다 작으면 충돌이다. 원형의 Collision을 사용하는 물체의 충돌에 사용한다.

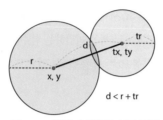

그림 15-2 **원형과 원형의 충돌 판정**

```
// 충돌 판정(2) 원:원
static public boolean checkCollision(float x, float y, float r,
                                     float tx, float ty, float tr) {
    return (x - tx) * (x - tx) + (y - ty) * (y - ty) <= (r + tr) * (r + tr);
    // return distance(x, y, tx, ty) < (r + tr);
}
```

위의 식에서 제곱해서 비교한 것은 sqrt( ) 함수를 사용하지 않기 위해서이다. 제곱근을 사용하는 식은 주석으로 표시했다. 제곱근을 사용한 식이 간단하지만 실행 시간은 더 걸릴 것이다.

15.1.3 사각형과 원형의 충돌

사각형을 원의 반지름만큼 확장한 후, 원의 중심점이 사각형 영역에 포함되는지 조사한다. 블록 격파 등의 게임에서 공이 블록이나 패들에 충돌했는지 등을 판정할 때 유용하게 사용할수 있다. 또, 포탄이나 화살같이 길쭉한 물체와 원형 콜리전의 충돌 판정에도 사용된다.

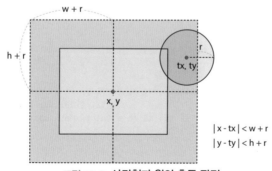

그림 15-3 **사각형과 원의 충돌 판정**

```
// 충돌 판정(3) 원:사각형
static public boolean checkCollision(float x, float y, float r,
                                     float tx, float ty, float tw, float th) {
    return ( Math.abs(x - tx) <= (tw + r) && Math.abs(y - ty) <= (th + r) );
}
```

위의 함수는 원을 기준으로 사각형과 충돌하는지 판정하기 위해 함수 파라미터를 원 ➡ 사각형 순서로 하였다.

콜리전이 다각형일 경우에는 모든 선분에 대해 교차 여부를 조사해야 하므로 충돌 판정에 많은 시간이 걸린다. 따라서 복잡한 형태의 다각형은 콜리전을 사각형이나 원형으로 만들어서 처리하는 것이 좋을 것이다. 위에서 추가한 함수는 모두 '<='를 사용하므로 물체가 서로 접촉해도 충돌로 판정한다.

15.2 충돌과 상태의 변화

화창한 봄날 오후, 어린 소년이 놀이공원 탐험에 나섰다. 신나게 걸어가던 도중 어디에선가 굴러 온 공에 맞고 말았다. 소년은 속상해서 그 자리에 주저앉아 엉엉 운다.

화면을 터치하면 그 위치로 소년이 이동하며, 소년을 터치하면 점프한다. 공을 피하려면 공이 가까이 올 때 공의 위쪽으로 점프해야 한다. 이와 같은 프로젝트를 만든다. ◀File 15_2_ParkAlone

그림 15-4 **소년의 이동과 충돌**

이 프로젝트는 다음과 같은 이미지 리소스가 필요하다. 소년의 이미지는 하나로 되어 있으므로 잘라서 사용한다.

이 프로젝트의 오브젝트는 소년과 공만 필요하며, 공도 한 번에 하나만 나타나므로 공용 리소스 Class가 필요하지 않다.

15.2.1 Ball Class

공은 화면의 좌우에서 랜덤한 속도로 나타나며 통통 튀면서 이동한다. 공이 화면의 좌우를 벗어나면 초기화되어 다시 나타난다. 공이 이동할 때 그림자가 나타난다.

```
Ball.java
public class Ball {
    // 화면 크기
    private int scrW, scrH;

    // 속도, 중력
 ❶  private float speed;
 ❷  private final float GRAVITY = 800;

    // 이동 방향
    private PointF dir = new PointF();

    // 현재 위치, 반지름, 회전각
    public float x, y;
    public int r;
    public float ang;

    // 비트맵, 그림자
    public Bitmap img;
    public Bitmap shadow;

    // 그림자 크기, 축소 비율, 지면 높이
    public int sw, sh;
    public float shwScale;
    public float ground;

    //----------------------------
    // 생성자
    //----------------------------
```

```java
public Ball(Context context, int width, int height) {
    scrW = width;
    scrH = height;

    // 지면의 높이
    ground = scrH * 0.9f;

    // 비트맵, 초기화
    makeBitmap(context);
    init();
}

//----------------------------
// Move
//----------------------------
public void update() {
    // 중력, 회전
❸   dir.y += GRAVITY * Time.deltaTime;
❹   ang += dir.x * speed * Time.deltaTime;

    // 이동
    x += dir.x * speed * Time.deltaTime;
    y += dir.y * Time.deltaTime;

    // 지면, 소년과 충돌 검사
    checkGeound();
    checkCollision();

    // 화면을 벗어나면 초기화
    if (x < -r * 4 || x > scrW + r * 4) {
        init();
    }
}

//----------------------------
// 지면과 충돌 판정
//----------------------------
private void checkGeound() {
    if (y > ground - r) {
        y = ground - r;
        dir.y = -dir.y;     // 100% 반사
    }

    // 그림자 크기
    shwScale = y / (ground - r);
}

//----------------------------
// 충돌 판정
//----------------------------
private void checkCollision() {
    // 소년과 충돌하면 반사 - 보류
}
```

```
//-----------------------------
// 비트맵 만들기
//-----------------------------
private void makeBitmap(Context context) {
    img = BitmapFactory.decodeResource(context.getResources(), R.drawable.ball);
    r = img.getWidth() / 2;

    shadow = BitmapFactory.decodeResource(context.getResources(),
                                            R.drawable.shadow);

    sw = shadow.getWidth() / 2;
    sh = shadow.getHeight() / 2;
}


//-----------------------------
// 초기화
//-----------------------------
private void init() {
    Random rnd = new Random();

    // 좌우 이동 방향
    if ( rnd.nextInt(2) == 1 ) {
        dir.x = 1;
        x = -r * 4;
    } else {
        dir.x = -1;
        x = scrW + r * 4;
    }

    // 초기 위치, 속도
 ❺  y = rnd.nextInt(101) + 600;        // 600~700
    speed = rnd.nextInt(101) + 400;    // 400~500
    dir.y = 0;
}

} // Ball
```

❶ 공의 속도는 랜덤하게 설정한다.

❷ 이 프로젝트는 공을 100% 반사하므로 중력이 크면 더 높이 튀어 오르고, 체공 시간이 길어진다.

❸ 수직 이동 방향(속도)에 중력을 누적한다.

❹ 이동 속도를 회전각으로 설정하면 빨리 이동하는 공은 빨리 회전한다.

❺ 공의 수직 위치로, 바닥에 충돌한 공은 이 높이까지 반사한다. 이 값이 작으면 공이 높이 튀어 오르고, 크면 튀어 오르는 높이가 낮아진다.

15.2.2 GameView

이 프로젝트는 공 하나와 소년 하나만 있으면 되므로 ArrayList가 필요하지 않다. 대신, 공과 소년의 그림자를 그려야 하므로 onDraw()가 조금 복잡하다.

```java
public class GameView extends View {
    // Context, Thread, Random
    private Context context;
    private GameThread mThread;
    private Random rnd = new Random();

    // 배경과 화면 크기
    private Bitmap imgBack;
    private int w, h;

    // 공과 소년
    private Ball ball;

    //---------------------------
    // 생성자
    //---------------------------
    public GameView(Context context, AttributeSet attrs) {
        super(context, attrs);
        this.context = context;
    }

    //---------------------------
    // View의 크기 구하기
    //---------------------------
    @Override
    protected void onSizeChanged(int w, int h, int oldw, int oldh) {
        super.onSizeChanged(w, h, oldw, oldh);

        this.w = w;      // 화면의 폭과 높이
        this.h = h;

        // 배경 이미지
        imgBack = BitmapFactory.decodeResource(getResources(), R.drawable.back);
        imgBack = Bitmap.createScaledBitmap(imgBack, w, h, true);

        ball = new Ball(context, w, h);

        // 스레드 기동
        if (mThread == null) {
            mThread = new GameThread();
            mThread.start();
        }
    }

    //---------------------------
    // View의 종료
    //---------------------------
    @Override
    protected void onDetachedFromWindow() {
        mThread.canRun = false;
        super.onDetachedFromWindow();
    }
```

```
//----------------------------
// 화면 그리기
//----------------------------
@Override
protected void onDraw(Canvas canvas) {
    canvas.drawBitmap(imgBack, 0, 0, null);

    // 공 그림자
    canvas.save();
    canvas.scale(ball.shwScale, ball.shwScale, ball.x, ball.ground);
    canvas.drawBitmap(ball.shadow, ball.x - ball.sw, ball.ground - ball.sh, null);
    canvas.restore();

    // 공
    canvas.rotate(ball.ang, ball.x, ball.y);
    canvas.drawBitmap(ball.img, ball.x - ball.r, ball.y - ball.r, null);
    canvas.rotate(-ball.ang, ball.x, ball.y);
}

//----------------------------
// 이동
//----------------------------
private void moveObject() {
    ball.update();
}

//----------------------------
// Touch Event
//----------------------------
@Override
public boolean onTouchEvent(MotionEvent event) {

    return true;
}

//----------------------------
// Thread
//----------------------------
class GameThread extends Thread {
    @Override
    public void run() {
        while (true) {
            try {
                Time.update();          // deltaTime 계산

                moveObject();
                postInvalidate();       // 화면 그리기
                sleep(10);
            } catch (Exception e) {
                //
            }
        }
    }
} // Thread

} // GameView
```

특별히 설명할 곳이 없는 평범한 코드이다. 프로젝트를 실행하고 공의 속도와 튀어 오른 후의 체공 시간 등이 적당한지 조사한다.

그림 15-6 반사하는 공의 연속 동작

15.2.3 상태의 전이

이 프로젝트의 핵심은 소년의 상태를 구현하는 것이다. 소년은 걷기, 점프, 정지, 앉기 등의 상태가 있으므로 소년의 상태에 따른 처리가 필요하다.

1 소년 상태의 전이

그림 15-5의 소년 이미지는 위에서부터 울기, 앉기, 정지, 점프, 걷기 상태이므로 이미지 순서에 맞게 소년의 상태를 설정한다. 이벤트가 발생하면 소년의 상태는 다음과 같이 변한다.

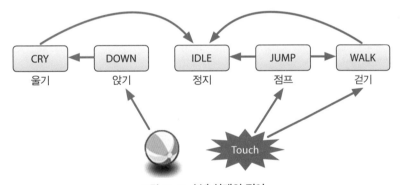

그림 15-7 소년 상태의 전이

소년은 오직 하나의 상태만 가질 수 있으며, 이벤트(Event)에 의해 상태가 변한다. 상태의 변화를 전이(Transition)라고 하며, 유한개로 정의된 상태의 전이를 처리하는 시스템을 유한 상태 기계 (FSM: Finite State Machine)라고 한다.

Boy Class는 소년 상태의 전이를 구현하는 것이 핵심이다. 소년의 상태는 다음과 같이 **열거형** (Enumerated type)의 상수와 변수로 나타낼 수 있다.

```java
private enum STATE { CRY, DOWN, IDLE, JUMP, WALK };
private STATE state = STATE.IDLE;
```

열거형의 상수는 특별히 값을 할당하지 않으면 맨 왼쪽부터 0, 1, 2, ...의 순서 값이 된다. 열거형의 변수 state는 CRY~WALK의 값만 가질 수 있다.

2 변수 추가

소년의 상태를 나타내기 위한 상수와 상태의 전이를 구현하기 위한 변수를 추가한다.

```java
Boy.java

public class Boy {
    // 상태 코드
❶  private enum STATE { CRY, DOWN, IDLE, JUMP, WALK };
    private STATE state;

    // 화면 크기, Random
    private int scrW, scrH;
    private Random rnd = new Random();

    // 속도, 중력
❷  private float moveSpeed = 600;
❸  private float currSpeed;
❹  private float speedJump = 1300;
❺  private float gravity = 2000;

    // 애니메이션
    private int aniNum = 0;
    private float aniSpan = 0.15f;
    private float aniTime;

    // 대기 시간
❻  private float waitTime = 0.5f;

    // 원본 비트맵, 목적지
    private Bitmap[][] arImg = new Bitmap[5][4];
    private float tx, ty;

    // 현재 위치, 이동 방향
    public float x, y;
    public PointF dir = new PointF();

    // 비트맵, 크기
    public Bitmap img;
```

```
    public int w, h;

    // 그림자, 크기
    public Bitmap shadow;
    public int sw, sh;

    // 그림자 축소 비율, 지면 높이
    public float shwScale = 1;
    public float ground;

} // Boy
```

❶ 소년의 상태를 정의한다.

❷ 이동 속도이다.

❸ 현재 속도로, 이 값은 0(정지)이거나 ❷의 속도(걷기 or 걷기 중 점프)가 될 것이다.

❹ 점프 파워(속도)이다.

❺ 점프 후 적용되는 중력이다. ❹와 ❺에 의해 소년의 점프 높이와 체공 시간이 결정된다.

❻ 소년의 상태가 DOWN ➡ CRY ➡ IDLE로 전이될 때의 지연 처리용이다.

소년의 초기 상태는 IDLE(정지)이며, 터치 여부에 따라 WALK와 JUMP로 바뀐다. IDLE 상태에서는 수직으로 점프하지만, 걷기 중의 점프는 그 방향으로의 점프이다.

3 생성자, 비트맵

비트맵 이미지를 소년의 상태로 분리해서 배열에 저장한다.

```
// 생성자
public Boy(Context context, int width, int height) {
    scrW = width;
    scrH = height;

    // 비트맵, 초기화
    makeBitmap(context);
    init();
}

// 비트맵 만들기
private void makeBitmap(Context context) {
    // 그림자
    shadow = BitmapFactory.decodeResource( context.getResources(),
                                                R.drawable.shadow);

    sw = shadow.getWidth();
    sh = shadow.getHeight();

    // 그림자 2배 확대
    shadow = Bitmap.createScaledBitmap(shadow, sw * 2, sh * 2, true);
```

```java
// 소년
Bitmap tmp = BitmapFactory.decodeResource( context.getResources(),
                                                        R.drawable.boy);

w = tmp.getWidth() / 4;
h = tmp.getHeight() / 5;

// 울기
arImg[0][0] = Bitmap.createBitmap(tmp, 0, 0, w, h);

// 앉기
arImg[1][0] = Bitmap.createBitmap(tmp, 0, h, w, h);

// 정지
arImg[2][0] = Bitmap.createBitmap(tmp, 0, h * 2,  w, h);

// 점프
arImg[3][0] = Bitmap.createBitmap(tmp, 0, h * 3, w, h);

// 걷기
for (int i = 0; i < 4; i++) {
    arImg[4][i] = Bitmap.createBitmap(tmp, w * i, h * 4,  w, h);
}

// 초기 이미지
w /= 2;
h /= 2;
}
```

위의 '울기~점프' 이미지는 for( )문을 사용해서 다음과 같이 간단히 처리할 수 있다.

```java
// 울기, 앉기, 정지, 점프
for (int i = 0; i <= 3; i++) {
    arImg[i][0] = Bitmap.createBitmap(tmp, 0, h * i, w, h);
}
```

4 초기화

소년의 이동 방향과 목적지, 상태 등의 변수를 초기화한다.

```java
// 초기화
private void init() {
    // 이동 방향
❶  dir.x = 1;
    dir.y = 0;
    ground = scrH * 0.9f;
```

```
    // 목적지와 현재 위치
    tx = x = scrW / 2;
    ty = y = ground - h;

 ❷ state = STATE.IDLE;
 ❸ img = arImg[state.ordinal()][0];
}
```

❶ 소년의 이동 방향으로, 이 값은 1 또는 -1이다. GameView에서는 이 값을 기준으로 소년의 이미지를 좌우로 뒤집어 표시한다.

❷ 소년의 초기 상태이다.

❸ ordinal( )은 enum의 순서 값을 구한다. 현재 상태가 IDLE이므로 ordinal( )은 2가 될 것이다.

5 Game Loop

소년의 상태는 서로 배타적이므로 각각의 상태에 따른 처리를 한다.

```
// update
public void update() {
    switch (state) {
        case IDLE :
            currSpeed = 0;
            break;
        case WALK :
            currSpeed = moveSpeed;
            break;
        case CRY:
            setCry();
            break;
        case DOWN :
            setDown();
            break;
    }

    moveBoy();
    checkGeound();
    checkTarget();
    animation();
}

// 이동
private void moveBoy() {
    // 중력
 ❶ dir.y += gravity * Time.deltaTime;

    // 이동
 ❷ x += dir.x * currSpeed * Time.deltaTime;
    y += dir.y * Time.deltaTime;
}
```

```java
// 지면과 충돌 판정
private void checkGeound() {
    if (y > ground - h) {
        y = ground - h;
        dir.y = 0;

      ❸ if (state == STATE.JUMP) {
            state = STATE.IDLE;
        }
    }

    // 그림자 크기
    shwScale = y / (ground - h);
}

// 목적지 근처인가?
private void checkTarget() {
  ❹ if (state == STATE.WALK && Math.abs(x - tx) < 2) {
        state = STATE.IDLE;
    }

    // 이동 범위를 화면으로 제한
    if (x < w) {
        x = w;
        state = STATE.IDLE;
    }
    if (x > scrW - w) {
        x = scrW - w;
        state = STATE.IDLE;
    }
}
```

❶ 공에 맞으면 소년의 상태가 DOWN이 되는데, 점프 중에도 공에 맞을 수 있으므로 중력은 JUMP뿐만 아니라 다른 상태에도 적용되어야 한다. 즉, 중력은 모든 상태의 공통적인 처리이다.

❷ IDLE은 speed를 0으로 설정하므로 IDLE이 아닐 때에는 현재 방향으로 이동한다. 즉, 이동도 모든 상태의 공통적인 처리이다. 이렇게 해야 점프 중에 공에 맞을 때 수직으로 낙하하지 않는다.

❸ 점프 후에 착지하면 상태를 IDLE로 설정해서 이동을 정지한다.

❹ 소년이 걸을 때에는 목적지에서 정지하지만 점프 중일 때에는 목적지를 넘어서는 것을 허용한다. 이렇게 하지 않으면 점프 후 목적지에서 수직 낙하하는 문제가 생긴다.

6 상태의 전이와 애니메이션

소년이 공에 맞았을 때의 상태 전이와 애니메이션 처리 부분이다.

```java
// 주저앉기
private void setDown() {
```

```
❶ if (state != STATE.JUMP) {
      currSpeed = 0;
  }

❷ waitTime -= Time.deltaTime;
  if (waitTime <= 0) {
      state = STATE.CRY;
      waitTime = 1f;
  }
}

// 울기
private void setCry() {
❸ currSpeed = 0;
  waitTime -= Time.deltaTime;

  if (waitTime <= 0) {
    ❹ waitTime = 0.5f;
      state = STATE.IDLE;
  }
}

// 애니메이션
private void animation() {
❺ if (state != STATE.WALK) {
      aniNum = 0;
  } else {
      aniTime += Time.deltaTime;

      if (aniTime > aniSpan) {
         aniTime = 0;
         aniNum = MathF.repeat(aniNum, 4);
      }
  }

❻ img = arImg[state.ordinal()][aniNum];
}
```

❶ 점프 상태가 아니면 속도를 0으로 설정한다. 이 조건이 없으면 앞으로 점프한 상태에서 공에 맞으면
수직으로 추락하는 문제가 생긴다.

❷ 주저앉기는 애니메이션이 없으므로 일정 시간 현 상태를 유지한 후 CRY로 전이한다. 점프 중 공에
맞은 경우라면 지연 시간 이내에 지면에 낙하할 것이다.

❸ CRY는 지면에 있는 상태이므로 속도를 0으로 설정한다.

❹ 나중에 다시 공에 맞았을 때 DOWN의 대기 시간이다.

❺ 걷기 외에는 애니메이션할 이미지가 없다.

❻ ordinal( )은 현재의 상태 코드를 구한다.

7 점프와 이동

이 함수는 Touch Event가 호출한다.

```
// setAction <-- Touch Event
public void setAction(float tx, float ty) {
    // 걷기와 정지 상태만 점프 가능
❶  if (state != STATE.WALK && state != STATE.IDLE) return;

    // 소년 터치?
    if ( MathF.hitTest(x, y, w, tx, ty) ) {
❷    dir.y = -speedJump;
        state = STATE.JUMP;
    } else {
        // 목적지 설정
        this.tx = tx;
        this.ty = y;

        // 이동 방향 설정
❸    dir.x = x < tx ? 1 : -1;
        state = STATE.WALK;
    }
}
```

❶ 걷기와 대기 상태일 때만 이벤트를 처리한다.

❷ 수직 이동 방향에 점프 속도(파워)를 설정한다. 이 값을 음수(-)로 설정한 것은 단말기는 위쪽이 음(-)의 방향이기 때문이다.

❸ 터치 위치를 기준으로 이동 방향을 설정한다.

8 충돌 판정

이 함수는 Ball이 호출한다. 소년의 전체적인 외형을 사각형으로 보고 '원.사각형'의 판정 함수를 이용한다. 소년의 상하좌우 여백을 고려해서 90% 정도를 충돌 영역으로 설정했다.

```
// 충돌 판정 <-- Ball
public boolean checkCollision(float tx, float ty, int r) {
    boolean hit = false;

    // 연속 충돌 금지
    if (state != STATE.DOWN && state != STATE.CRY) {
        // 원:사각형 충돌
        if (MathF.checkCollision(tx, ty, r, x, y, w * 0.9f, h * 0.9f)) {
            state = STATE.DOWN;
            hit = true;
        }
    }
    return hit;
}
```

소년의 외형이 사각형보다는 타원형과 비슷하므로 '타원:원'의 충돌 판정을 이용하면 조금 더 정밀하게 처리할 수 있지만, 현재 MathF 함수에는 이와 같은 충돌 판정 함수가 없다.

15.2.4 GameView와 Ball의 처리

GameView와 Ball에 소년과 관련된 부분을 추가한다.

1 GameView

GameView에서는 Boy Class를 static public 변수로 만들고 화면 처리 등을 추가한다. 소년을 공보다 먼저 그려야 공이 소년에 가려지지 않는다.

GameView.java

```java
public class GameView extends View {
    ....................
    // 공, Boy
    private Ball ball;
    static public Boy boy;    ◀ 추가

    // View의 크기 구하기
    @Override
    protected void onSizeChanged(int w, int h, int oldw, int oldh) {
        ....................
        ball = new Ball(context, w, h);
        boy = new Boy(context, w, h);    ◀ 추가
        // 스레드 기동
        ....................
    }

    // 화면 그리기
    @Override
    protected void onDraw(Canvas canvas) {
        canvas.drawBitmap(imgBack, 0, 0, null);

        // 소년 그림자
        canvas.save();
        canvas.scale(boy.shwScale, boy.shwScale, boy.x, boy.ground);
        canvas.drawBitmap(boy.shadow, boy.x - boy.sw, boy.ground - boy.sh, null);
        canvas.restore();

        // 소년
        canvas.save();
        canvas.scale(boy.dir.x, 1, boy.x, boy.y);
        canvas.drawBitmap(boy.img, boy.x - boy.w, boy.y - boy.h, null);
        canvas.restore();

        // 공 그림자
```

```
                  ....................
      }

      // 이동 <-- Handler
      private void moveObject() {
          boy.update();  ← 추가
          ball.update();
      }

      // Touch Event
      @Override
      public boolean onTouchEvent(MotionEvent event) {
          if (event.getAction() == MotionEvent.ACTION_DOWN) {
              boy.setAction( event.getX(), event.getY() );
          }
          return true;
      }
}
```

2 Ball

보류해 둔 checkCollision( )에 추가한다. 소년과 충돌 시 반대 방향으로 반사하는 간단한 코드이다.

```
Ball.java
      // 충돌 판정
      private void checkCollision() {
          // 소년과 충돌 시 반사
          if (GameView.boy.checkCollision(x, y, r)) {
              dir.x = -dir.x;
          }
      }
```

이것으로 모든 작업이 끝났다. 이제 프로젝트를 실행하면 소년을 점프해서 공을 피할 수 있을 것이다.

이 프로젝트처럼 게임의 로직을 상태의 전이로 처리하면 전체적인 구조가 단순해지는 장점이 있다. 게임에서 발생할 수 있는 모든 상황을 상태 코드로 정의하고, 각각의 상태가 어느 상태로 전이되는지를 파악한 후 필요한 함수를 만들어 가면 되는데, 이 과정 역시 개발자의 경험이 필요하다.

그림 15-8 소년을 점프해서 다가오는 공을 피한다.

15.3 충돌과 득점

오랜 기다림 끝에 드디어 거미에게도 봄날이 왔다. 거미줄 위를 나르는 한 무리의 나비 떼를 발견한 것이다. 이제 열심히 독액을 분사해서 나비를 사냥하는 일만 남았다. 화면의 좌우를 누르고 있으면 거미가 그 방향으로 이동하고, 거미를 터치하면 독액을 발사한다.

독액은 한 번에 하나씩만 발사할 수 있으며, 독액이 나비에 명중하면 득점이다. 화면 위에는 현재 점수, 포획한 나비 수, 명중률이 표시된다. 이와 같이 동작하는 프로젝트를 만든다.

<code>File</code> 15_2_Spider2

그림 15-9 독액을 분사해서 나비를 명중시키면 득점한다.

이 프로젝트는 앞에서 만든 적이 있는 거미와 나비 이미지를 사용한다. 나비를 포획할 때의 사운드도 필요하다.

15.3.1 충돌의 판정과 처리

충돌의 판정과 처리를 어디에서 하느냐에 따라 전체적인 구성이 달라진다. 충돌의 판정은 충돌 후의 처리 절차가 많은(예를 들어, 사운드, 파편 만들기, 득점 등의 작업) 측에서 처리하는 것이 전체적인 구조가 간단해진다.

1 충돌의 판정

이 프로젝트는 거미가 발사하는 독액과 나비의 충돌이 발생하므로 나비가 충돌의 판정 및 처리를 한다. 다음 그림은 독액과 나비의 충돌 판정 과정이다. 독액은 각각의 나비에게 자신의 정보(위치 및 크기)를 넘겨주고, 이것을 받은 나비는 충돌 판정을 한 후 소멸 여부를 결정한다. 이 과정을 매 루프마다 수행해야 하므로 충돌의 판정은 아주 짧은 시간에 이루어져야 한다.

그림 15-10 **독액의 충돌 판정 과정**

2 득점 처리

화면에는 여러 색깔의 나비가 있다. 각각의 나비마다 득점을 다르게 처리할 것이므로 점수는 나비 Class에서 설정한다. 이 점수는 나비가 소멸할 때 GameView의 전체 득점에 반영하면 될 것이다.

15.3.2 프로젝트의 기본 구조

이 프로젝트는 여러 개의 Class가 필요하므로 프로젝트의 기본 구조를 설계한 후, 각각의 Class를 만든다.

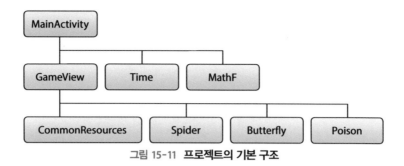

그림 15-11 **프로젝트의 기본 구조**

15.3.3 공용 리소스 만들기

화면에는 여러 종류의 나비가 나타나는데, 나비의 색을 몇 가지로 제한해서 공용 리소스에 저장할 것이다. 이렇게 하면 나비의 색상은 제한되지만, 나비의 리소스를 어느 정도 절약할 수있다. SoundPool에 두 개의 오디오 파일을 저장하고, 사운드를 재생하는 함수도 추가한다.

1 변수 추가

이 Class는 거미와 독액, 나비, 사운드 처리를 담당하므로 각각의 작업을 처리한 배열과 변수를 추가한다.

```java
CommonResources.java

public class CommonResources {
    // Spider
    static public Bitmap[] arSpider = new Bitmap[5];
    static public int sw, sh;

    // Poison
    static public Bitmap imgPoison;
    static public int pr;

    // 나비 종류, 나비
 ❶  static public final int FRY_CNT = 6;
 ❷  static public Bitmap[][] arFly = new Bitmap[FRY_CNT][10];
    static public int bw, bh;

    // 사운드, 사운드 id
    static private SoundPool mSound;
    static private int sndPoison;
    static private int sndCapture;

} // CommonResources
```

① 나비 종류의 수는 외부에서 참조하기 위해 public 변수로 만든다.

② 나비의 종류별로 애니메이션 이미지를 만들고 2차원 배열에 저장한다.

2 거미 이미지

거미의 애니메이션 이미지를 잘라 배열에 추가하는 함수를 작성한다.

```java
// 거미 이미지
private static void makeSpider(Context context) {
    Bitmap tmp = BitmapFactory.decodeResource(context.getResources(),
                                              R.drawable.spider);

    sw = tmp.getWidth() / 5;
    sh = tmp.getHeight();

    // 이미지 분리
    for (int i = 0; i < 5; i++) {
        arSpider[i] = Bitmap.createBitmap(tmp, sw * i, 0, sw, sh);
    }

    sw /= 2;
    sh /= 2;
}
```

3 독액 이미지

독액(Poison)은 원형이며, 애니메이션이 없으므로 처리 절차가 간단하다.

```java
// Poison 이미지
private static void makePoison(Context context) {
    imgPoison = BitmapFactory.decodeResource(context.getResources(),
                                             R.drawable.poison);

    pr = imgPoison.getWidth() / 2;
}
```

4 나비 이미지

나비의 종류는 변수 FRY_CNT에 설정되어 있다. 나비의 애니메이션 이미지는 10장이므로 이 것을 잘라서 배열에 저장한다. 나비에 랜덤한 색상을 입히는 과정은 12.1절의 설명을 참조해서 처리한다. 이 과정을 나비의 종류(FRY_CNT)만큼 반복한다.

```java
// 나비 이미지
private static void makeButterfly(Context context) {
```

```
// 원본 이미지 – 애니메이션 이미지 10장
Bitmap org = BitmapFactory.decodeResource(context.getResources(),
                                                R.drawable.butterfly);

int w = org.getWidth();
int h = org.getHeight();

// 랜덤한 색상의 나비 만들기
Random rnd = new Random();
for (int i = 0; i < FRY_CNT; i++) {
    // 컬러를 입힐 작업용 이미지 만들기
    Bitmap tmp = Bitmap.createBitmap(w, h, Bitmap.Config.ARGB_8888);
    Paint paint = new Paint();

    // 랜덤 컬러와 컬러 필터 만들기
    int color = rnd.nextInt(0x808080) + 0x808080;
    ColorFilter filter = new LightingColorFilter(color, 0x404040);
    paint.setColorFilter(filter);

    // 빈 이미지에 필터를 적용해서 출력
    Canvas canvas = new Canvas(tmp);
    canvas.drawBitmap(org, 0, 0, paint);

    // 이미지 분리
    int w2 = w / 10;
    for (int j = 0; j < 10; j++) {
        arFly[i][j] = Bitmap.createBitmap(tmp, w2 * j, 0, w2, h);
    }
}

bw = w / 20;
bh = h / 2;
}
```

⑤ SoundPool 만들기

SoundPool을 만들고, 여기에 오디오 파일을 두 개 저장한다.

```
private static void makeSound(Context context) {
    // 롤리팝 이전 버전인가?
    if (Build.VERSION.SDK_INT < Build.VERSION_CODES.LOLLIPOP) {
        mSound = new SoundPool(5, AudioManager.STREAM_MUSIC, 1);
    } else {
        AudioAttributes attributes = new AudioAttributes.Builder()
            .setContentType(AudioAttributes.CONTENT_TYPE_MUSIC)
            .setFlags(AudioAttributes.FLAG_AUDIBILITY_ENFORCED)
            .setUsage(AudioAttributes.USAGE_GAME)
            .build();

        mSound = new SoundPool.Builder().setAudioAttributes(attributes).
                                                setMaxStreams(5).build();
    } // if
```

```
    // 사운드 리소스 읽기
    sndPoison = mSound.load(context, R.raw.poison, 1);
    sndCapture = mSound.load(context, R.raw.capture, 1);
}
```

6 Class 초기화 함수

앞에서 만든 함수를 실행할 외부 호출 함수를 추가한다. 이 함수는 GameView에서 호출할 것이다.

```
// Set Resource <-- GameView
static public void set(Context context) {
    makeSpider(context);
    makePoison(context);
    makeButterfly(context);
    makeSound(context);
}
```

7 사운드 재생 함수

두 종류의 사운드를 각각 재생하는 함수를 만든다. 매개변수로 사운드 종류를 입력받아 거기에 따른 처리를 하도록 구성하면, 두 개의 사운드를 하나의 함수에서 처리할 수 있다.

```
// Play Sound <-- Spider, Butterfly
static public void sndPlay(String sKind) {
    switch (sKind) {
    case "Poison" :
        mSound.play(sndPoison, 1, 1, 1, 0, 1);
        break;
    case "Capture" :
        mSound.play(sndCapture, 1, 1, 1, 0, 1);
    }
}
```

15.3.4 나비 만들기

나비는 화면의 좌우에서 랜덤하게 나타나며 좌우로만 이동한다. 나비가 화면을 빠져 나가면 나비의 위치와 점수 등을 초기화해서 다시 사용한다.

▣1 변수 추가

나비의 비트맵 이미지는 공용 Class에서 처리하므로 나비의 이동과 애니메이션, 충돌 처리에 필요한 변수만 추가한다.

```java
Butterfly.java

public class Butterfly {
    // 화면 크기, 나비 종류
    private int scrW, scrH;
    private int kind;

    // 애니메이션 속도, 경과 시간, 애니메이션 번호
    private float animSpan;
    private float animTime = 0;
    private int animNum = 0;

    // 현재 위치, 이동 방향, 속도
    public float x, y;
    private int dir;
    private int speed;

    // 이미지, 크기
    public Bitmap img;
    public int w, h;

    // 충돌 영역 크기, 점수, 사망?
    public int score;
    public boolean isDead;

} // Butterfly
```

▣2 생성자와 나비 초기화

생성자는 화면의 크기를 저장하고 초기화 함수를 호출한다. 나비가 화면을 벗어나면 초기화하므로 초기화 함수는 여러 번 호출될 수 있다. 이때 나비의 종류가 바뀔 수 있으므로 나비의 종류를 설정하는 부분은 GameView와 동기화되어야 한다.

```java
// 생성자
public Butterfly(int width, int height) {
    scrW = width;
    scrH = height;

    init();
}

// 나비 초기화
private void init() {
```

```
        // 나비 종류
        Random rnd = new Random();
❶ kind = rnd.nextInt(CommonResources.FRY_CNT);

        // 초기 위치, 점수
        speed = rnd.nextInt(401) + 200;      // 200 ~ 600
        y = rnd.nextInt(301) + 150;          // 150 ~ 450
❷ score = (rnd.nextInt(5) + 1) * 10;   // 10 ~ 50

        // 좌우 이동 방향
❸ if (rnd.nextInt(2) == 0) {              //0, 1
            dir = -1;
            x = scrW + w * 4;
        } else {
            dir = 1;
            x = -w * 4;
        }

        // 애니메이션 시간
        animSpan = (rnd.nextInt(6) + 7) /100f;      // 0.07 ~ 0.12

        // 초기 이미지, 크기 - 동기화
❹ synchronized (GameView.mFly) {
            img = CommonResources.arFly[kind][0];
            w = CommonResources.bw;
            h = CommonResources.bh;
        }
    }
```

❶ 나비 종류의 수는 CommonResources Class에 설정되어 있다.

❷ 나비가 독액에 명중했을 때의 점수이다. 점수는 10단위로 처리한다(1의 자리는 0).

❸ 나비가 화면의 좌우에서 균등한 비율로 나타나게 한다.

❹ 나비의 종류에 따른 이미지를 설정하는 부분은 동기화가 필요하다. 아직 GameView를 만들지 않았으므로 이 문장은 에러 표시가 나타날 것이다.

▌3▐ 나비의 이동과 애니메이션

나비를 좌우로 이동하고 화면을 벗어나면 나비를 초기화한다.

```
// Move
public void update() {
    // 애니메이션, 이동
    animationFly();
    x += dir * speed * Time.deltaTime;

    // 화면을 멀리 벗어나면 나비 초기화
    if (x < -w * 4 || x > scrW + w * 4) {
        init();
    }
}
```

```java
// 애니메이션
private void animationFly() {
    // 다음 애니메이션 번호
    animTime += Time.deltaTime;
    if (animTime > animSpan) {
        animTime = 0;
        animNum = MathF.repeat(animNum, 10);
    }

    img = CommonResources.arFly[kind][animNum];
}
```

4 충돌 판정

이 함수는 Poison Class가 호출할 것이다. Poison의 좌표와 반지름을 매개변수로 받아 충돌을 판정한다. 충돌 여부를 리턴해야 Poison 측에서 자신의 소멸 여부를 처리할 수 있다.

```java
// 충돌 판정 <-- Poison
public boolean checkCollision(float px, float py, int r) {
    // 원형:원형의 충돌
    boolean hit = MathF.checkCollision(x, y, w, px, py, r);
    if (hit) {
        // 사운드 재생 및 소멸 설정
        CommonResources.sndPlay("Capture");
        isDead = true;
    }

    return isDead;
}
```

15.3.5 GameView

프로젝트의 구조가 복잡해지면 한 번에 완성할 수가 없으므로 개발하는 과정에서 수시로 테스트하면서 문제점을 찾아야 한다. 우선, 공용 리소스와 나비가 정상적으로 작동하는지를 테스트한다. 이들은 GameView에서 호출할 것이므로 GameView를 먼저 만든다.

GameView.java

```java
public class GameView extends View {
    // Context, Thread
    private Context context;
    private GameThread mThread;
```

```
// Random, 배경, 화면 크기
private Random rnd = new Random();
private Bitmap imgBack;
private int w, h;

// 점수, 포획 나비 수, 명중률
private int score = 0;
private int killCount = 0;
private float rate;

// 점수 표시용
private Paint paint = new Paint();

// 나비, 독액, 거미
static public List<Butterfly> mFly;

//-----------------------------
// 생성자
//-----------------------------
public GameView(Context context, AttributeSet attrs) {
    super(context, attrs);
    this.context = context;

    // 리소스 설정
    CommonResources.set(context);

    // 글자 크기, 글자 색, 글자 속성(Bold)
    paint.setTextSize(60);
    paint.setColor(Color.BLACK);
    paint.setFakeBoldText(true);

    // 나비, Poison
    mFly = Collections.synchronizedList( new ArrayList<Butterfly>() );
}

//-----------------------------
// View의 크기 구하기
//-----------------------------
@Override
protected void onSizeChanged(int w, int h, int oldw, int oldh) {
    super.onSizeChanged(w, h, oldw, oldh);

    this.w = w;      // 화면의 폭과 높이
    this.h = h;

    // 배경 이미지
    imgBack = BitmapFactory.decodeResource(getResources(), R.drawable.back);
    imgBack = Bitmap.createScaledBitmap(imgBack, w, h, true);

    // 거미

    // 스레드 기동
    if (mThread == null) {
        mThread = new GameThread();
```

```
            mThread.start();
        }
    }

    //-----------------------------
    // View의 종료
    //-----------------------------
    @Override
    protected void onDetachedFromWindow() {
        mThread.canRun = false;
        super.onDetachedFromWindow();
    }

    //-----------------------------
    // 화면 그리기 - 동기화
    //-----------------------------
    @Override
    protected void onDraw(Canvas canvas) {
        canvas.drawBitmap(imgBack, 0, 0, null);

        // 나비
        synchronized (mFly) {
            for (Butterfly tmp : mFly) {
                canvas.drawBitmap(tmp.img, tmp.x - tmp.w, tmp.y - tmp.h, null);
            }
        }

        // Poison, 거미, 점수
    }

    //-----------------------------
    // 나비 만들기
    //-----------------------------
    private void makeButterfly() {
        synchronized (mFly) {
            if (mFly.size() < 8) {
                mFly.add(new Butterfly(w, h));
            }
        }
    }

    //-----------------------------
    // 이동
    //-----------------------------
    private void moveObject() {
        // 나비
        synchronized (mFly) {
            for (Butterfly tmp : mFly) {
                tmp.update();
            }
        }

        // 거미, Poison
    }
```

```java
    //---------------------------
    // 제거
    //---------------------------
    private void removeDead() {
        // 득점 추가 및 나비 초기화
        for (int i = mFly.size() - 1; i >= 0; i--) {
            if (mFly.get(i).isDead) {
                killCount++;
                score += mFly.get(i).score;

                // 나비 초기화
                mFly.get(i).init();
            }
        }

        // Poison 제거
    }

    //---------------------------
    // Touch Event
    //---------------------------
    @Override
    public boolean onTouchEvent(MotionEvent event) {

        return true;
    }

    //---------------------------
    // Thread
    //---------------------------
    class GameThread extends Thread {
        public boolean canRun = true;

        @Override
        public void run() {
            while (canRun) {
                try {
                    Time.update();          // deltaTime 계산

                    makeButterfly();
                    moveObject();
                    removeDead();
                    postInvalidate();       // 화면 그리기
                    sleep(10);
                } catch (Exception e) {
                    // 처리할 내용 없음
                }
            }
        }
    } // Thread

} // GameView
```

이제 프로젝트를 실행하면 화면 위에 한 무리의 나비가 각각 좌우로 날아다니는 것을 확인할 수 있다. 나비 색상의 종류는 CommonResources에서 FLY_CNT로 제한했으므로 화면에는 같은 색의 나비가 나타날 수 있다.

그림 15-12 **나비의 이동 방향과 속도는 각각 다르다.**

15.3.6 독액 만들기

독액은 화면의 위로 이동하며 화면을 벗어나거나 나비와 충돌하면 화면에서 사라진다. 매 프레임마다 나비와의 충돌을 조사해야 한다. 충돌의 판정과 처리는 나비 Class에서 하므로 나비의 충돌 판정 함수를 호출한다.

```java
Poison.java

public class Poison {
    // 속도, 현재 위치, 크기
    private  int speed = 1200;
    public float x, y;
    public int r;

    // 비트맵, 소멸?
    public Bitmap img;
    public boolean isDead;

    // 생성자
    public Poison(float tx, float ty) {
        x = tx;
        y = ty;

        img = CommonResources.imgPoison;
        r = CommonResources.pr;
    }

    //----------------------------
    // Move & Dead
    //----------------------------
```

```java
    public void update() {
        y -= speed * Time.deltaTime;
        isDead = (y < -r);

        checkCollision();
    }

    //-----------------------------
    // 충돌 체크
    //-----------------------------
    private void checkCollision() {
        for (Butterfly tmp : GameView.mFly) {
            // 나비와 충돌이 발생하면 소멸
            if ( tmp.checkCollision(x, y, r) ) {
                isDead = true;
                break;
            }
        }
    }
} // Poison
```

독액을 GameView의 ArrayList에 저장하는 부분을 추가한다.

GameView.java

```java
public class GameView extends View {
    .......................
    // 나비, 독액, 거미
    static public List<Butterfly> mFly;
    static public List<Poison> mPoison;        ◀ 추가

    // 생성자
    public GameView(Context context, AttributeSet attrs) {
        ........ ..,...........
        // 나비, Poison
        mFly = Collections.synchronizedList( new ArrayList<Butterfly>() );
        mPoison = Collections.synchronizedList( new ArrayList<Poison>() );    ◀ 추가
    }
```

15.3.7 거미 만들기

Spider는 Touch Event의 호출에 의해 좌우로 이동하거나 독액을 발사하는 처리가 필요하다.

Spider.java

```java
public class Spider {
    // 화면 크기
    private int scrW, scrH;
```

```java
// 속도
private final float MAX_SPEED = 1000;
private float speed = 0;

// 애니메이션 번호, 이미지 수
private int animNum;
private int animCnt = 5;

// 애니메이션 지연 시간, 결과 시간
private float animSpan = 0.4f;
private float animTime;

// 이동 방향(-1, 0, 1), 발사, 정지
private int dir;
private boolean canStop;

// 위치, 크기, 비트맵
public float x, y;
public int w, h;
public int fireCnt = 0;
public Bitmap img;

//------------------------------
// 생성자
//------------------------------
public Spider(int width, int height) {
    scrW = width;
    scrH = height;

    // 초기 이미지
    img = CommonResources.arSpider[0];
    w = CommonResources.sw;
    h = CommonResources.sh;

    // 시작 위치
    x = scrW / 2;
    y = scrH - h - 10;
}

//------------------------------
// 게임 루프
//------------------------------
public void update() {
    animation();

    // 정지 - 감속
    if (canStop) {
        speed = MathF.Lerp(speed, 0, 20 * Time.deltaTime);
        x += dir * speed * Time.deltaTime;

        if (speed < 1f) {
            canStop = false;
            dir = 0;
        }
    } else {    // 이동 - 가속
        speed = MathF.Lerp(speed, MAX_SPEED, 5 * Time.deltaTime);
```

```java
                x += dir * speed * Time.deltaTime;
            }

            // 화면 가장자리를 벗어나면 즉시 정지
            if (x < w || x > scrW - w) {
                // 원위치
                x -= dir * speed * Time.deltaTime;
                canStop = false;
                dir = 0;
            }
        }

        //----------------------------
        // 애니메이션
        //----------------------------
        private void animation() {
            animTime += Time.deltaTime;
            if (animTime > animSpan) {
                animTime = 0;
                animNum = MathF.repeat(animNum, animCnt);
                img = CommonResources.arSpider[animNum];
            }
        }

        //----------------------------
        // 발사 - 동기화 <-- setAction
        //----------------------------
        private void fire() {
            synchronized (GameView.mPoison) {
                // 사운드, 독액 추가, 발사 횟수 증가
                CommonResources.sndPlay("Poison");
        ❶      GameView.mPoison.add( new Poison(x, y) );
        ❷      fireCnt++;
            }
        }

        //----------------------------
        // 이동 <-- Touch Event
        //----------------------------
        public void setAction(float tx, float ty) {
            if ( MathF.hitTest(x, y, w, tx, ty) ) {
                fire();
            } else {
                dir =  (tx < x) ? -1 : 1;
                canStop = false;
            }
        }

        //----------------------------
        // 정지 <-- Touch Event
        //----------------------------
        public void stop() {
            canStop = true;
        }
    } // Spider
```

❶ GameView에 Poison을 추가한다.

❷ 발사 횟수는 GameView에서 명중률을 계산하는 데 사용된다.

15.3.8 GameView의 처리

최종적으로 GameView에서 처리하는 부분이다. Spider를 변수로 만들고, 화면 표시 등을 처리한다.

1 변수 추가와 Spider 인스턴스 생성

Spider를 변수로 만들고 인스턴스를 생성한다.

GameView.java

```java
public class GameView extends View {
    .....................
    static public List<Poison> mPoison;
    private Spider spider;  ◀ 추가

    // View의 크기 구하기
    @Override
    protected void onSizeChanged(int w, int h, int oldw, int oldh) {
        .....................
        spider = new Spider(context, w, h);  ◀ 추가

        // 스레드 기동
        .....................
    }
```

2 화면 그리기

독액과 거미, 점수 표시 부분을 추가한다.

```java
    // 화면 그리기 - 동기화
    @Override
    protected void onDraw(Canvas canvas) {
        .....................
        // Poison
        synchronized (mPoison) {
            for (Poison tmp : mPoison) {
                canvas.drawBitmap(tmp.img, tmp.x - tmp.r, tmp.y - tmp.r, null);
            }
        }

        // 거미
        canvas.drawBitmap(spider.img, spider.x - spider.w, spider.y - spider.h, null);
```

```
    // 점수
    paint.setTextAlign(Paint.Align.LEFT);
    canvas.drawText("득점 : " + score, 50, 80, paint);

    paint.setTextAlign(Paint.Align.CENTER);
    canvas.drawText("포획 : " + killCount, w / 2, 80, paint);

❶  rate = killCount / (spider.fireCnt + 0.001f) * 100;
    paint.setTextAlign(Paint.Align.RIGHT);
❷  canvas.drawText(String.format("명중률 : %4.1f%%", rate), w - 50, 80, paint);
}
```

❶ 명중률을 구한다. spider.fireCnt는 독액을 발사하지 않은 경우 0이다. 이 값을 곧바로 사용하면 0으로 나누는 오류가 발생하므로 연산 결과에 영향을 주지 않을 정도의 작은 값을 더해서 처리한다.

❷ format( ) 함수의 '%%'는 '%' 문자를 출력한다.

3 이동과 제거

독액의 이동과 제거 부분을 추가한다.

```
// 이동
private void moveObject() {
    ..............
    spider.update();

    // Poison
    synchronized (mPoison) {
        for (Poison tmp : mPoison) {
            tmp.update();
        }
    }
}

// 제거 - 동기화
private void removeDead() {
    ..............
    // Poison 제거
    synchronized (mPoison) {
        for (int i = mPoison.size() - 1; i >= 0; i--) {
            if (mPoison.get(i).isDead) {
                mPoison.remove(i);
            }
        }
    }
}
```

이것이 마지막 작업이다. ACTOIN_DOWN과 ACTION_UP을 각각 처리한다.

```java
// Touch Event
@Override
public boolean onTouchEvent(MotionEvent event) {
    if (event.getAction() == MotionEvent.ACTION_DOWN) {
        spider.setAction( event.getX(), event.getY() );
    }

    if (event.getAction() == MotionEvent.ACTION_UP) {
        spider.stop();
    }

    return true;
}
```

이것으로 프로젝트의 모든 작업이 끝났다. 이제 게임을 실행하면 신나는 나비 사냥을 할 수 있다.

15.4 충돌과 폭파

X-Wing이 지구를 침략하려는 외계 종족을 퇴치하기 위해 출동했다. Alien의 비행선은 X-Wing을 향해 광자 어뢰를 발사하므로 이것을 피하면서 적을 격추해야 한다. Alien의 비행선은 여간 튼튼한 것이 아니어서 X-Wing의 레이저포를 서너 발쯤 맞아야 파괴된다.

화면의 좌우를 터치해서 X-Wing을 이동하고, X-Wing을 터치해서 레이저포를 발사한다. X-Wing은 무적 상태라 광자 어뢰에 피격되어도 파괴되지 않는다. 이와 같은 프로젝트를 만든다.

🗎 15_4_DestroyAlien

그림 15-13 레이저나 어뢰에 피격되면 폭파 불꽃이 표시된다.

이 프로젝트는 다음과 같은 이미지 리소스가 필요하다. 폭파 이미지는 한 장으로 되어 있으므로 잘라서 사용한다. 당연한 말이지만, 레이저 발사와 폭파 사운드도 필요하다.

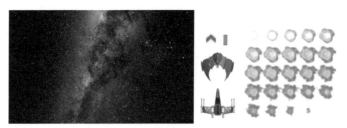

그림 15-14 프로젝트에 필요한 이미지 리소스

15.4.1 프로젝트의 기본 구조

이 프로젝트는 다음과 같은 구조로 만들 것이다.

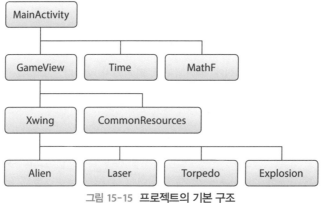

그림 15-15 프로젝트의 기본 구조

15.4.2 공용 리소스 만들기

이미지와 사운드를 처리할 리소스 Class를 만든다. 이 프로젝트는 Alien, 레이저, 어뢰, 폭파 불꽃 등의 오브젝트를 모두 공용 리소스에 저장하고 처리할 것이다. 이렇게 하면 공용 리소스의 처리 과정이 조금 복잡하지만, GameView와 다른 Class의 처리 과정이 단순해진다.

1 변수 추가

비트맵 이미지와 오디오 리소스를 저장할 변수를 추가한다.

```
CommonResources.java

public class CommonResources {
    // X-Wing
❶  static public Bitmap[] arXwing = new Bitmap[2];
    static public int xw, xh;

    // Alien
    static public Bitmap imgAlien;
    static public int aw, ah;

    // Laser
    static public Bitmap imgLaser;
    static public int lw, lh;

    // Torpedo
    static public Bitmap imgTorpedo;
    static public int tw, th;

    // Explosion
❷  static public Bitmap[] arExp = new Bitmap[25];
    static public int ew, eh;

    // 사운드, 사운드 id
❸  static private SoundPool mSound;
    static private int sndLaser;
    static private int sndBig;
    static private int sndSmall;

} // CommonResources
```

❶ X-Wing의 이미지는 하나이지만, X-Wing이 빨간색으로 깜박이는 처리를 위해 배열로 만든다.

❷ 폭파 불꽃용 비트맵을 저장한다. 원본 이미지는 5×5 크기이지만 이것을 잘라서 1차원 배열에 저장한다.

❸ SoundPool에는 세 종류의 오디오 리소스를 저장한다.

2 X-Wing의 리소스

원본 이미지를 복사해서 빨간색의 **ColorFilter**를 씌워 새로운 비트맵을 만든다.

```java
// X-Wing
private static void makeXwing(Context context) {
    // 원본 이미지
    arXwing[0] = BitmapFactory.decodeResource(context.getResources(),
                                                    R.drawable.xwing);

    xw = arXwing[0].getWidth() / 2;
    xh = arXwing[0].getHeight() / 2;

    // 빨간색 필터 설정
    ColorFilter filter = new LightingColorFilter(0xFF0000, 0x404040);
    Paint paint = new Paint();
    paint.setColorFilter(filter);

    // 비어 있는 비트맵 만들기
    arXwing[1] = Bitmap.createBitmap(xw * 2, xh * 2, Bitmap.Config.ARGB_8888);
    Canvas canvas = new Canvas(arXwing[1]);

    // 비어 있는 비트맵에 원본 이미지를 point와 합성해서 출력
    canvas.drawBitmap(arXwing[0], 0, 0, paint);
}
```

3 Alien, Laser, Torpedo의 리소스

외계 우주선과 레이저, 광자 어뢰는 애니메이션이 없으므로 이미지 리소스를 변수에 저장한다.

```java
// Alien
private static void makeAlien(Context context) {
    imgAlien = BitmapFactory.decodeResource(context.getResources(),
                                                    R.drawable.alien);

    aw = imgAlien.getWidth() / 2;
    ah = imgAlien.getHeight() / 2;
}

// Laser
private static void makeLaser(Context context) {
    imgLaser = BitmapFactory.decodeResource(context.getResources(),
                                                    R.drawable.laser);

    lw = imgLaser.getWidth() / 2;
    lh = imgLaser.getHeight() / 2;
}

// Torpedo
private static void makeTorpedo(Context context) {
    imgTorpedo = BitmapFactory.decodeResource(context.getResources(),
                                                    R.drawable.torpedo);
```

```
        tw = imgTorpedo.getWidth() / 2;
        th = imgTorpedo.getHeight() / 2;
    }
```

4 폭파 불꽃의 리소스

폭파 불꽃은 5×5 형식으로 만들어져 있으므로 이것을 잘라서 1차원 배열에 저장한다. 불꽃의
비트맵 이미지는 크기가 작으므로 배열에 저장하기 전에 두 배로 확대한다.

```
// Explosion
private static void makeExplosion(Context context) {
    // 원본 이미지 - 5*5
    Bitmap org = BitmapFactory.decodeResource(context.getResources(),
                                                 R.drawable.explosion);

    int w = org.getWidth() / 5;
    int h = org.getHeight() / 5;

    // 이미지 분리
    int n = 0;
    for (int i = 0; i < 5; i++) {
        for (int j = 0; j < 5; j++) {
            arExp[n] = Bitmap.createBitmap(org, w * j, h * i, w, h);

            // 이미지 두 배 확대
            arExp[n] = Bitmap.createScaledBitmap(arExp[n], w * 2, h * 2, true);
            n++;
        }
    }

    ew = arExp[0].getWidth() / 2;
    eh = arExp[0].getHeight() / 2;
}
```

5 SoundPool 만들기

SoundPool을 만들고, 세 종류의 오디오 리소스를 저장한다.

```
// makeSound
private static void makeSound(Context context) {
    // 롤리팝 이전 버전인가?
    if (Build.VERSION.SDK_INT < Build.VERSION_CODES.LOLLIPOP) {
        mSound = new SoundPool(5, AudioManager.STREAM_MUSIC, 1);
    } else {
        AudioAttributes attributes = new AudioAttributes.Builder()
            .setContentType(AudioAttributes.CONTENT_TYPE_MUSIC)
            .setFlags(AudioAttributes.FLAG_AUDIBILITY_ENFORCED)
```

```
            .setUsage(AudioAttributes.USAGE_GAME)
            .build();

        mSound = new SoundPool.Builder().setAudioAttributes(attributes)
                                           .setMaxStreams(5).build();
    } // if

    // 사운드 리소스 읽기
    sndLaser = mSound.load(context, R.raw.laser, 1);
    sndBig = mSound.load(context, R.raw.big_explosion, 1);
    sndSmall = mSound.load(context, R.raw.small_explosion, 1);
}
```

⑥ 외부 호출 함수

앞에서 만든 함수를 일괄 호출하는 함수를 추가한다. 이 함수는 GameView가 호출할 것이다.

```
// Set Resource <-- GameView
static public void set(Context context) {
    makeXwing(context);
    makeAlien(context);
    makeLaser(context);
    makeTorpedo(context);
    makeExplosion(context);
    makeSound(context);
}
```

⑦ 사운드 재생 함수

사운드를 재생하는 함수를 만든다. 이 함수는 외부에서 호출할 것이다.

```
// Play Sound <-- X-Wing, Alien
static public void sndPlay(String sKind) {
    switch (sKind) {
    case "Laser" :
        mSound.play(sndLaser, 1, 1, 1, 0, 1);
        break;
    case "Big" :
        mSound.play(sndBig, 1, 1, 1, 0, 1);
        break;
    case "Small" :
        mSound.play(sndSmall, 1, 1, 1, 0, 1);
    }
}
```

이것으로 CommonResources의 기본적인 처리가 끝났다. 나머지 작업은 다른 Class를 만든 후에 추가한다.

15.4.3 MathF Class에 함수 추가

두 지점 사이의 거리를 구하는 함수를 추가한다. distance( )와 같은 기능이지만 Math.sqrt( )를 사용하지 않는다.

```
// distance - 두 점의 거리 (3)
static public float distSqr(float x, float y, float px, float py) {
    return (x - px) * (x - px) + (y - py) * (y - py);
}
```

15.4.4 X-Wing 만들기

먼저 X-Wing을 만든다. 이 프로젝트는 X-Wing을 제외한 모든 Class를 공용 리소스에서 처리하므로 우선 독립적으로 작동하는 X-Wing을 만들고 테스트한다.

1 변수 추가

X-Wing의 기동에 필요한 변수를 추가한다.

Xwing.java

```
public class Xwing {
    // X-WING의 상태
❶   private enum STATE { IDLE, START, STOP };
❷   private STATE state = STATE.IDLE;

    // 화면 크기
    private int scrW, scrH;

    // 애니메이션 지연 시간, 경과 시간, 이미지 번호
    private final float ANIM_DELAY = 0.5f;
    private float animSpan;
    private int imgNum;

    // 최대 속도, 현재 속도
    private final float MAX_SPEED = 1200;
    private float speed;

    // 목적지, 이동 방향(-1, 0, 1)
```

```
        private float tx;
        private int dir;

        // 현재 위치, 크기
        public float x, y;
        public int w, h;

        // 비트맵
        public Bitmap img;

    } // Xwing
```

❶ X-Wing의 상태를 설정한다.

❷ X-Wing의 초기 상태이다.

2 생성자와 애니메이션

생성자에서는 X-Wing의 초기 위치와 이미지 리소스를 설정하고, 애니메이션 함수는 X-Wing을 0.5초 간격으로 깜박이는 처리를 한다.

```
// 생성자
public Xwing(int width, int height) {
    scrW = width;      // 화면 크기
    scrH = height;

    // 이미지, 크기
    img = CommonResources.arXwing[0];
    w = CommonResources.xw;
    h = CommonResources.xh;

    // 초기 위치   화면 아래 가운데
    x = scrW / 2;
    y = scrH - h - 40;
}

// 애니메이션 <-- update
private void animation() {
    animSpan += Time.deltaTime;
    if (animSpan > ANIM_DELAY) {
        animSpan = 0;

        imgNum = 1 - imgNum;    // 0, 1, 0, 1, ...
        img = CommonResources.arXwing[imgNum];
    }
}
```

3 이동

X-Wing의 상태(state)에 따라 가속과 감속을 설정한다. X-Wing이 화면 가장자리를 벗어나면 즉시 정지한다.

```
// Move
public void update() {
    animation();

    switch (state) {
    case START :      // 가속
        speed = MathF.lerp(speed, MAX_SPEED, 5 * Time.deltaTime);
        break;
    case STOP :       // 감속
        speed = MathF.lerp(speed, 0, 10 * Time.deltaTime);
    }

    x += speed * dir * Time.deltaTime;

    // 목적지의 50픽셀 이내이면 정지 모드로 전환
    if (MathF.distSqr(x, y, tx, y) < 2500) {
        state = STATE.STOP;
    }

    // 화면 가장자리이면 정지
    if (x < w || x > scrW - w) {
        // 원위치
        x -= speed * dir * Time.deltaTime;
        speed = dir = 0;
    }
}
```

4 Action 설정

이 함수는 Touch Event가 호출하며, 터치 위치에 따라 레이저를 발사하거나 X-Wing을 이동한다.

```
// Set Action <-- Touch Event
public void setAction(float tx, float ty) {
    if ( MathF.hitTest(x, y, h, tx, ty) ) {
        fire();
    } else {
        startMove(tx);
    }
}

// 레이저 발사 <-- setAction
private void fire() {
    CommonResources.sndPlay("Laser");
```

```
        // 레이저 추가 - 보류
    }

    // 목적지로 출발 <-- setAction
    private void startMove(float tx) {
        this.tx = tx;
        dir = (x < tx) ? 1 : -1;
        state = STATE.START;
    }
```

5 충돌의 판정 및 처리

Alien이 발사한 어뢰와의 충돌을 판정하는 함수이다.

```
    // 충돌 판정(원:원) <-- Torpedo
    public boolean checkCollision(float tx, float ty, int tr) {
        boolean hit = MathF.checkCollision(x, y, h * 0.7f, tx, ty, tr);

        if (hit) {   // 충돌 시 작은 사운드, 작은 불꽃 표시;
            CommonResources.sndPlay("Small");
            // 작은 불꽃 표시 - 보류
        }

        return hit;
    }
```

아직 레이저와 어뢰, 폭파 불꽃 Class를 만들지 않았으므로 이와 관련된 처리는 일단 보류하
고 다음 단계로 진행한다.

15.4.5 GameView

GameView를 만들고 X-Wing이 제대로 작동하는지 테스트한다.

GameView.java

```
    public class GameView extends View {
        // Context, Thread
        private Context context;
        private GameThread mThread;

        // Random, CommonResources
        private Random rnd = new Random();
    ❶   private CommonResources mRes;

        // 배경과 화면 크기
```

```java
    private Bitmap imgBack;
    private int w, h;

    // X-Wing
❷ static public Xwing xwing;

    //-----------------------------
    // 생성자
    //-----------------------------
    public GameView(Context context, AttributeSet attrs) {
        super(context, attrs);
        this.context = context;

        // Resource 읽기
        mRes.set(context);
    }

    //-----------------------------
    // View의 크기 구하기
    //-----------------------------
    @Override
    protected void onSizeChanged(int w, int h, int oldw, int oldh) {
        super.onSizeChanged(w, h, oldw, oldh);

        this.w = w;   // 화면의 폭과 높이
        this.h = h;

        // 배경 이미지
        imgBack = BitmapFactory.decodeResource(getResources(), R.drawable.sky);
        imgBack = Bitmap.createScaledBitmap(imgBack, w, h, true);

        // xwing 만들기
❸       xwing = new Xwing(w, h);

        // 스레드 기동
        if (mThread == null) {
            mThread = new GameThread();
            mThread.start();
        }
    }

    //-----------------------------
    // View의 종료
    //-----------------------------
    @Override
    protected void onDetachedFromWindow() {
        mThread.canRun = false;
        super.onDetachedFromWindow();
    }

    //-----------------------------
    // 화면 그리기
    //-----------------------------
    @Override
```

```
protected void onDraw(Canvas canvas) {
    canvas.drawBitmap(imgBack, 0, 0, null);

    // X-Wing
    canvas.drawBitmap(xwing.img, xwing.x - xwing.w, xwing.y - xwing.h, null);
}

//----------------------------
// Alien 만들기
//----------------------------
private void makeAlien() {
    // 보류
}

//----------------------------
// 이동
//----------------------------
private void moveObject() {
    xwing.update();
    // 기타 - 보류
}

//----------------------------
// 제거
//----------------------------
private void removeDead() {
    // 보류
}

//----------------------------
// Touch Event
//----------------------------
@Override
public boolean onTouchEvent(MotionEvent event) {
    if (event.getAction() == MotionEvent.ACTION_DOWN) {
        xwing.setAction( event.getX(), event.getY() );
    }

    return true;
}

//----------------------------
// Thread
//----------------------------
class GameThread extends Thread {
    public boolean canRun = true;

    @Override
    public void run() {
        while (canRun) {
            try {
                Time.update();   // deltaTime 계산

                makeButterfly();
```

```
                    moveObject();
                    removeDead();
                    postInvalidate();   // 화면 그리기
                    sleep(10);
                } catch (Exception e) {
                    // 처리할 내용 없음
                }
            }
        }
    } // Thread

} // GameView
```

❶ 공용 리소스를 변수에 저장한다. 이 변수는 CommonResources.set( )과 같은 호출을 mRes.set( )과 같이 짧게 표기할 목적으로 추가한 것이다. CommonResources의 함수는 모두 static이므로 new로 인스턴스를 만들 필요가 없다.

❷ Xwing은 다른 오브젝트(어뢰)에서 참조하므로 static public으로 선언한다.

❸ Xwing의 함수는 static이 아니므로 인스턴스를 만들어야 한다.

프로젝트를 실행하고 화면의 좌우를 터치하면 X-Wing이 그 방향으로 이동하는지, X-Wing을 터치하면 레이저 발사 사운드가 재생되는지를 테스트한다.

그림 15-16 화면을 터치하면 그 위치로 X-Wing이 이동한다.

15.4.6 Laser 만들기

레이저는 화면의 위쪽으로만 이동하므로 내용이 간단하다.

1 Laser Class 만들기

레이저는 발사된 후 매 프레임마다 Alien과의 충돌 여부를 조사해야 하는데, 아직 Alien을 만들지 않았으므로 그 부분은 보류한다.

```java
public class Laser {
    // 화면 크기
    private int scrW, scrH;

    // 속도, 방향
    private final int SPEED = 1200;
    private PointF dir = new PointF();

    // 현재 위치, 크기
    public float x, y;
    public int w, h;

    // 비트맵, 소멸?
    public Bitmap img;
    public boolean isDead;

    //-----------------------------
    // 생성자
    //-----------------------------
    public Laser(int width, int height, float px, float py) {
        scrW = width;   // 화면 크기
        scrH = height;

        x = px;         // 초기 위치
        y = py;

        img = CommonResources.imgLaser;
        w = CommonResources.lw;
        h = CommonResources.lh;

        // 이동 방향
        dir.x = 0;
        dir.y = SPEED;
    }

    //-----------------------------
    // Move
    //-----------------------------
    public void update() {
        checkCollision();
        y -= dir.y * Time.deltaTime;

        // 화면을 벗어나면 소거
        if ( y < -h ) {
            isDead = true;
        }
    }

    //-----------------------------
    // Alien과 충돌 검사
    //-----------------------------
    private void checkCollision() {
        // 보류
    }

} // Laser
```

2 공용 리소스에 Laser ArrayList 만들기

이 프로젝트는 X-Wing을 제외한 모든 Class를 공용 리소스에서 처리하므로 공용 리소스의 전역 변수 영역의 끝에 ArrayList를 만들고 초기화한다. ArrayList는 스레드에 안전한 형식으로 만든다.

```java
CommonResources.java

public class CommonResources {
    ..................
    // Game Object  ← 추가
    static public List<Laser> mLaser =
                        Collections.synchronizedList( new ArrayList<Laser>() );
```

3 레이저 추가 함수

공용 리소스의 끝에, 위의 mLaser에 레이저를 추가하는 함수를 만든다. 추가되는 레이저는 동기화되어야 한다. 이 함수는 X-Wing이 호출한다.

```java
// Add Laser <-- X-Wing
static public void addLaser(int scrW, int scrH, float x, float y) {
    synchronized (mLaser) {
        mLaser.add(new Laser(scrW, scrH, x, y));
    }
}
```

4 오브젝트 이동 및 삭제 함수

화면에 있는 오브젝트를 이동하고 삭제하는 함수를 추가한다. 각각의 오브젝트는 동기화되어야 한다. 이 함수는 GameView가 호출한다.

```java
// Update GameObject <-- GameView
static public void updateObjects() {
    // Laser
    synchronized (mLaser) {
        for (Laser tmp : mLaser) {
            tmp.update();
        }
    }

    // Torpedo
    // Alien
    // Explosion
}
```

```
// Remove Dead  <-- GameView
static public void removeDead() {
    // Laser
    synchronized (mLaser) {
        for (int i = mLaser.size() - 1; i >= 0; i--) {
            if (mLaser.get(i).isDead) {
                mLaser.remove(i);
            }
        }
    }

    // Torpedo
    // Explosion
}
```

5 GameView의 함수 호출

GameView의 onDraw()에 레이저를 그리는 부분을 추가하고, 위의 함수를 호출하는 문장도 추가한다.

GameView.java

```
// 화면 그리기
@Override
protected void onDraw(Canvas canvas) {
    ..................
    // Laser  ← 추가
    synchronized (mRes.mLaser) {
        for (Laser tmp : mRes.mLaser) {
            canvas.drawBitmap(tmp.img, tmp.x - tmp.w, tmp.y - tmp.h, null);
        }
    }

    // X-Wing
    canvas.drawBitmap(xwing.img, xwing.x - xwing.w, xwing.y - xwing.h, null);
}

// 이동
private  void moveObject() {
    xwing.update();
    mRes.updateObjects();  ← 추가
}

// 제거
private void removeDead() {
    mRes.removeDead();  ← 추가
}
```

6 X-Wing의 처리

현재 X-Wing에서 레이저를 발사한 부분이 누락되어 있으므로 그곳에 다음 문장을 추가한다.

```java
// 레이저 발사 <-- setAction
private void fire() {
    CommonResources.sndPlay("Laser");

    // 레이저 추가
    CommonResources.addLaser(scrW, scrH, x - w, y);   ← 추가
    CommonResources.addLaser(scrW, scrH, x + w, y);   ← 추가
}
```
Xwing.java

이제 프로젝트를 실행하고 X-Wing을 터치하면 날개 양쪽에서 레이저가 발사되는 것을 확인할 수 있다.

그림 15-17 **X-Wing을 터치하면 양쪽 날개 끝에서 레이저를 발사한다.**

15.4.7 Alien 만들기

Alien은 레이저에 여러 번 피격되어야 파괴되므로 레이저에 피격된 횟수를 기억하는 변수가 필요하다. 또한, Alien은 1~2초 간격으로 어뢰를 발사한다. Alien이 파괴되면 Alien의 위치를 초기화해서 반복 사용하도록 설정한다.

1 Alien 만들기

Alien은 화면의 좌우에서 나타나며, 화면을 벗어나면 이동 방향과 속도를 초기화한다. Alien은 좌우로만 이동한다. 어뢰 발사와 충돌 부분은 일단 보류한다.

```java
public class Alien {
    // 화면 크기, Random
    private int scrW, scrH;
    private Random rnd = new Random();

    // 속도, 이동 방향(-1, 1), 피격 횟수
    private float speed;
    private int dir;

    // 발사 지연 시간, 피격 횟수
    private float fireDelay;
    private int hitCnt;

    // 현재 위치, 크기
    public float x, y;
    public int w, h;

    // 비트맵
    public Bitmap img;

    //----------------------------
    // 생성자
    //----------------------------
    public Alien(int width, int height) {
        scrW = width;
        scrH = height;

        // 비트맵, 초기화
        img = CommonResources.imgAlien;
        w = CommonResources.aw;
        h = CommonResources.ah;

        init();
    }

    //----------------------------
    // Move
    //----------------------------
    public void update() {
        fire();  // 어뢰 발사
        x += speed * dir * Time.deltaTime;

        // 화면을 벗어나면 초기화
        if (x < -w * 2 || x > scrW + w * 2) {
            init();
        }
    }

    //----------------------------
    // 어뢰 발사
    //----------------------------
    private void fire() {
```

```
        // 보류
    }

    //----------------------------
    // 충돌 판정 <-- Laser
    //----------------------------
    public boolean checkCollision(float tx, float ty, int tw, int th) {
        // 보류
        return true;
    }

    //----------------------------
    // 초기화
    //----------------------------
    private void init() {
        speed = rnd.nextInt(101) + 400;   // 400~500
        y = rnd.nextInt(201) + h;

        // 좌우 이동 방향
        if ( rnd.nextInt(2) == 1 ) {
            x = -w * 2;
            dir = 1;
        } else {
            x = scrW + w * 2;
            dir = -1;
        }

        // 발사 지연 시간, 피격 횟수
        fireDelay = rnd.nextInt(2) + 1;   // 1~2초
        hitCnt = 0;
    }

} // Alien
```

2 공용 리소스에 ArrayList로 만들기

Alien Class를 공용 리소스에 ArrayList로 만든다.

```
CommonResources.java

public class CommonResources {
    .................
    // Game Object
    static public List<Laser> mLaser =
                        Collections.synchronizedList( new ArrayList<Laser>() );
    static public List<Alien> mAlien =
                    Collections.synchronizedList( new ArrayList<Alien>() );  ← 추가
```

3 Alien 추가 함수

이 ArrayList에 Alien을 추가하는 함수를 만든다. 이 함수는 GameView가 호출한다. 함수의 위치는 makeLaser( ) 아래가 적당할 것이다.

```java
// Add Alien <-- GameView
static public void addAlien(int scrW, int scrH) {
    synchronized (mAlien) {
        mAlien.add( new Alien(scrW, scrH) );
    }
}
```

4 Alien의 이동

공용 리소스의 updateObjects( ) 함수의 끝에 Alien을 이동하는 문장을 추가한다.

```java
// Update GameObject <-- GameView
static public void updateObjects() {
    ..................
    // Alien
    synchronized (mAlien) {
        for (Alien tmp : mAlien) {
            tmp.update();
        }
    }
}
```

5 Laser의 충돌 판정

레이저가 Alien과의 충돌을 검사하는 함수는 보류되어 있으므로 다음 내용을 추가한다.

```java
Laser.java
// Alien과 충돌 검사
private void checkCollision() {
    for (Alien tmp : CommonResources.mAlien) {
        if ( tmp.checkCollision(x, y, w, h) ) {
            isDead = true;
            break;
        }
    }
}
```

6 **Alien 그리기**

GameView의 onDraw( ) 함수에 Alien을 그리는 부분을 추가한다.

```
GameView.java
// 화면 그리기
@Override
protected void onDraw(Canvas canvas) {
    .....................
    // Alien
    synchronized (mRes.mALien) {
        for (Alien tmp : mRes.mALien) {
            canvas.drawBitmap(tmp.img, tmp.x - tmp.w, tmp.y - tmp.h, null);
        }
    }

    // X-Wing
    canvas.drawBitmap(xwing.img, xwing.x - xwing.w, xwing.y - xwing.h, null);
}
```

7 **Alien 추가**

GameView의 makeAlien( ) 함수에 Alien을 추가하는 문장을 작성한다. 화면에 나타나는 Alien의 수는 6개 이내로 제한한다. 공용 리소스의 addAlien( ) 함수에서 동기화하므로 이 함수는 동기화하지 않아도 된다.

```
// Alien 만들기
private void makeAlien() {
    if (mRes.mALien.size() < 6 && rnd.nextInt(1000) < 1 ) {
        mRes.addALien(w, h);
    }
}
```

프로젝트를 실행하여 Alien이 화면의 좌우에서 랜덤하게 나타나서 좌우로 이동하는지 테스트한다.

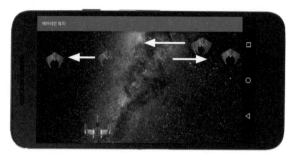

그림 15-18 **화면의 좌우에서 Alien이 나타난다.**

15.4.8 어뢰 만들기

Alien이 발사하는 어뢰는 X-Wing 방향으로 비행하므로 X-Wing의 좌표를 기준으로 진행 방향과 회전 각도를 계산할 필요가 있다.

1 Torpedo Class

다음은 어뢰의 전체 코드이다.

```java
Torpedo.java

public class Torpedo {
    // 화면 크기
    private int scrW, scrH;

    // 속도, 방향, 목표물 좌표
    private final int SPEED = 800;
    private PointF dir = new PointF();
    private PointF target = new PointF();

    // 현재 위치, 크기, 회전각
    public float x, y;
    public int w, h;
    public float ang;

    // 비트맵, 소멸?
    public Bitmap img;
    public boolean isDead;

    //-----------------------------
    // 생성자
    //-----------------------------
    public Torpedo(int width, int height, float px, float py) {
        scrW = width;        // 화면 크기
        scrH = height;
        x = px;              // 초기 위치
```

```
        y = py;

        img = CommonResources.imgTorpedo;
        w = CommonResources.tw;
        h = CommonResources.th;

        // 목표물의 좌표와 이동 방향 계산
        getTarget();
    }

    //----------------------------
    // Move
    //----------------------------
    public void update() {
        checkCollision();  // 충돌 판정

        x += dir.x * SPEED * Time.deltaTime;
        y += dir.y * SPEED * Time.deltaTime;

        // 화면을 벗어나면 소거
        if (x < -w || x > scrW + w || y < -h || y > scrH + h) {
            isDead = true;
        }
    }

    //----------------------------
    // X-Wing과 충돌 탐지
    //----------------------------
    private void checkCollision() {
        if ( GameView.xwing.checkCollision(x, y, h) ) {
            isDead = true;
        }
    }

    //----------------------------
    // X-Wing의 위치로 이동 방향 설정
    //----------------------------
    private void getTarget() {
        target.x = GameView.xwing.x;
        target.y = GameView.xwing.y;

        // 비행 방향 및 회전 각도
        PointF pos = new PointF(x, y);
        dir.set( MathF.direction(pos, target) );
        ang = MathF.cwDegree(pos, target);
    }

} // Torpedo
```

2 공용 리소스에 ArrayList 만들기

앞에서 한 것처럼, 어뢰를 공용 리소스에 ArrayList로 만들고 초기화한다.

```java
public class CommonResources {
    ....................
    // Game Object
    static public List<Laser> mLaser =
                        Collections.synchronizedList( new ArrayList<Laser>() );
    static public List<Alien> mAlien =
                        Collections.synchronizedList( new ArrayList<Alien>() );
    static public List<Torpedo> mTorpedo =
                    Collections.synchronizedList( new ArrayList<Torpedo>() );   ← 추가
```

3 어뢰 추가 함수

위의 ArrayList에 어뢰를 추가하는 함수를 만든다. 이 함수는 Alien이 호출한다.

```java
// Add Torpedo <-- Alien
static public void addTorpedo(int scrW, int scrH, float x, float y) {
    synchronized (mTorpedo) {
        mTorpedo.add( new Torpedo(scrW, scrH, x, y ) );
    }
}
```

4 어뢰의 이동과 제거

앞에서 만들어 둔 함수에 어뢰를 이동하고 제거하는 부분을 추가한다.

```java
// Update GameObject <-- GameView
static public void updateObjects() {
    ....................
    // Torpedo
    synchronized (mTorpedo) {
        for (Torpedo tmp : mTorpedo) {
            tmp.update();
        }
    }
}

// Remove Dead <-- GameView
static public void removeDead() {
    ....................
    // Torpedo
    synchronized (mTorpedo) {
        for (int i = mTorpedo.size() - 1; i >= 0; i--) {
            if (mTorpedo.get(i).isDead) {
                mTorpedo.remove(i);
            }
        }
    }
}
```

5 **Alien의 어뢰 발사**

Alien의 fire( ) 함수에 어뢰를 발사하는 부분을 추가한다. 어뢰는 1~2초 주기로 발사한다.

```
Alien.java

// 어뢰 발사
private void fire() {
    fireDelay -= Time.deltaTime;

    if (fireDelay < 0) {
        CommonResources.addTorpedo(scrW, scrH, x, y);
        fireDelay = rnd.nextInt(2) + 1;   // 1~2초
    }
}
```

6 **어뢰 그리기**

GameView의 onDraw( )에서 어뢰를 그린다. 어뢰는 X-Wing 방향으로 비행하므로 어뢰의 회전
각도를 반영해서 그린다. Alien의 앞부분에 추가한다.

```
MyGameView.java

// 화면 그리기
@Override
protected void onDraw(Canvas canvas) {
    .................
    // Torpedo
    synchronized (mRes.mTorpedo) {
        for (Torpedo tmp : mRes.mTorpedo) {
            canvas.rotate(tmp.ang, tmp.x, tmp.y);
            canvas.drawBitmap(tmp.img, tmp.x - tmp.w, tmp.y - tmp.h, null);
            canvas.rotate(-tmp.ang, tmp.x, tmp.y);
        }
    }

    // Alien
    .................
}
```

프로젝트를 실행하여 Alien이 X-Wing을 향해 어뢰를 발사하는지 테스트한다.

그림 15-19 어뢰는 X-Wing 방향으로 발사된다.

15.4.9 폭파 불꽃 만들기

Alien은 레이저에 여러 번 피격되어야 폭파되므로 폭파되지 않을 때의 작은 불꽃과 폭파될 때의 큰 불꽃을 만들어야 한다. 불꽃의 이미지가 0~24이므로 작은 불꽃으로 20~24의 이미지가 나타나도록 처리하면, 하나의 Class에서 큰 불꽃과 작은 불꽃을 모두 표시할 수 있다. 폭파 불꽃은 이동하지 않으므로 update( )에서 애니메이션만 처리한다.

```java
// Explosion.java
public class Explosion {
    // 지연 시간, 경과시간, 이미지 번호
    private float animDelay = 0.04f;
    private float animSpan;
    private int imgNum;

    // 위치, 크기
    public float x, y;
    public int w, h;

    // 현재 이미지, 소멸?
    public Bitmap img;
    public boolean isDead;

    //-----------------------------
    // 생성자
    //-----------------------------
    public Explosion(float tx, float ty, String sKind) {
        x = tx;
        y = ty;

        // 작은 불꽃의 처리
        if (sKind == "Small") {
            imgNum = 20;
            animDelay = 0.1f;
        }
```

```
        // 초기 이미지
        img = CommonResources.arExp[imgNum];
        w = CommonResources.ew;
        h = CommonResources.eh;
    }


    //----------------------------
    // 애니메이션
    //----------------------------
    public void update() {
        animSpan += Time.deltaTime;
        if (animSpan > animDelay) {
            animSpan = 0;
            imgNum++;

            // 표시할 이미지, 마지막 이미지이면 소멸
            img = CommonResources.arExp[imgNum];
            isDead = (imgNum == 24);
        }
    }

} // Explosion
```

2 ArrayList 만들기

공용 리소스에 폭파 불꽃의 ArrayList를 만들고 초기화한다.

```
CommonResources.java

public class CommonResources {
    ......................
    // Game Object
    static public List<Laser> mLaser =
                        Collections.synchronizedList( new ArrayList<Laser>() );
    static public List<Alien> mAlien =
                        Collections.synchronizedList( new ArrayList<Alien>() );
    static public List<Torpedo> mTorpedo =
                    Collections.synchronizedList( new ArrayList<Torpedo>() );
    static public List<Explosion> mExp =
                Collections.synchronizedList( new ArrayList<Explosion>() );  ← 추가
```

3 폭파 불꽃 추가 함수

위의 ArrayList에 폭파 불꽃을 추가하는 함수를 작성한다. 이 함수는 Alien과 X-Wing이 호출한다.

```java
// Add Explosion <-- X-Wing, Alien
static public void addExp(float x, float y, String sKind) {
    synchronized (mExp) {
        mExp.add( new Explosion(x, y, sKind) );
    }
}
```

4 폭파 불꽃의 애니메이션과 소멸

updateObjects( )와 removeDead( ) 함수에 폭파 불꽃 처리 부분을 추가한다.

```java
// Update GameObject <-- GameView
static public void updateObjects() {
    ......................
    // Explosion
    synchronized (mExp) {
        for (Explosion tmp : mExp) {
            tmp.update();
        }
    }
}

// Remove Dead <-- GameView
static public void removeDead() {
    ......................
    // Explosion
    synchronized (mExp) {
        for (int i = mExp.size() - 1; i >= 0; i--) {
            if (mExp.get(i).isDead) {
                mExp.remove(i);
            }
        }
    }
}
```

5 Alien의 충돌 판정

Alien의 충돌 판정 함수에 폭파 불꽃을 만드는 부분을 추가한다.

Alien.java

```java
// 충돌 판정 <-- Laser
public boolean checkCollision(float tx, float ty, int tw, int th) {
    // 원:사각형 충돌 판정
    boolean hit = MathF.checkCollision(x, y, h, tx, ty, tw, th);
    if (!hit) return false;  // 충돌 없음
```

```
        hitCnt++;   // 충돌 횟수 누적

        // 폭파
        if (hitCnt >= 4) {
            CommonResources.sndPlay("Big");
            CommonResources.addExp(x, y, "Big");
            init();   // 폭파되면 초기화
        } else {
            CommonResources.sndPlay("Small");
            CommonResources.addExp(x, y, "Small");
        }

        return true;
    }
```

6 X-Wing의 충돌 판정

X-Wing의 충돌 판정 함수에 폭파 불꽃을 만드는 부분을 추가한다. X-Wing은 파괴되지 않으므로 작은 불꽃을 표시한다.

Xwing.java

```
// 충돌 판정(원:원) <-- Torpedo
public boolean checkCollision(float tx, float ty, int tr) {
    boolean hit = MathF.checkCollision(x, y, h * 0.7f, tx, ty, tr);

    if (hit) {   // 충돌 시 작은 사운드, 작은 불꽃 표시;
        CommonResources.sndPlay("Small");
        CommonResources.addExp(tx, ty + tr, "Small");
    }

    return hit;
}
```

7 폭파 불꽃 그리기

이것이 마지막 작업이다. GameView의 onDraw( ) 함수에서 폭파 불꽃을 그린다. 폭파 불꽃은 X-Wing이나 Alien의 위에 표시되어야 하므로 맨 마지막에 그린다.

GameView.java

```
// 화면 그리기
@Override
protected void onDraw(Canvas canvas) {
    ....................
    // 폭파 불꽃
    synchronized (mRes.mExp) {
```

```
        for (Explosion tmp : mRes.mExp) {
            canvas.drawBitmap(tmp.img, tmp.x - tmp.w, tmp.y - tmp.h, null);
        }
    }
}
```

이것으로 프로젝트가 완성되었다. 프로젝트를 실행하여 모든 Class가 정상적으로 작동하는지 테스트한다.

그림 15-20 완성된 프로젝트의 실행 화면

제 **16** 장

배경 화면 스크롤

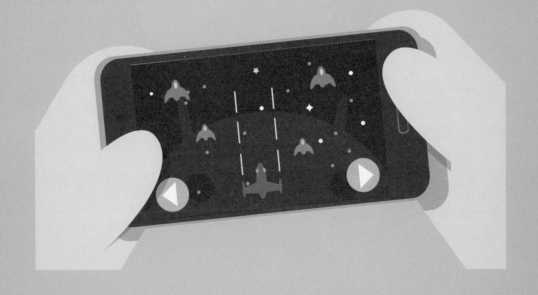

16.1 배경 하늘과 구름

빨간 셔츠로 한껏 멋을 낸 토끼가 산책에 나섰다. 평화로운 초원 위에는 흰 구름이 한가롭게 흘러간다. 화면을 터치하면 그 방향으로 토끼가 두 걸음씩 이동한다. 이와 같은 프로젝트를 만든다.

File 16_1_RedRabbit

그림 16-1 **배경 하늘의 구름이 천천히 왼쪽으로 이동한다.**

이 프로젝트는 다음과 같은 이미지 리소스가 필요하다. 토끼의 이미지는 하나로 되어 있으므로 잘라서 사용한다.

그림 16-2 **프로젝트에 필요한 이미지 리소스**

16.1.1 하늘과 초원 만들기

이 프로젝트는 배경과 하늘은 고정되어 있고, 구름만 왼쪽으로 지나간다. 이런 구조의 배경은 하늘, 구름, 전경이 분리되어 있다. 하늘은 그라데이션을 이용해서 직접 그리고, 구름과 전경은 비트맵 이미지로 처리한다.

1 그라데이션 만들기

안드로이드의 그라데이션은 다음과 같은 3가지 형태가 있다.

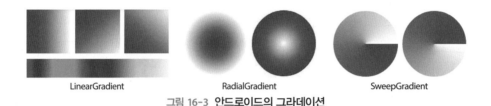

그림 16-3 **안드로이드의 그라데이션**

배경 하늘은 LinearGradient로 만들면 될 것이다. 그라데이션은 Paint에 설정한다. 다음은 배경 하늘을 만드는 과정이다.

```
    // 하늘로 사용할 Rect
❶ RectF sky = new RectF();
    Paint paint = new Paint();

    // 시작 좌표, 끝 좌표, 시작 컬러, 끝 컬러, 반복 여부
❷ LinearGradient grad = new LinearGradient(0, 0, 0, h * 0.7f, 0xFFa8ddff,
                                            0x40a8ddff, Shader.TileMode.CLAMP);
    paint.setStyle(Paint.Style.FILL);
    paint.setShader(grad);

    // 배경 하늘은 화면 높이의 60%
    sky.set(0, 0, w, h * 0.6f);

    // 그라데이션 그리기
❸ canvas.drawRect(sky, paint);
```

❶ 하늘로 사용할 Rect를 만든다.

❷ 그라데이션의 시작 좌표와 끝 좌표가 그라데이션의 방향이다. 컬러 a8ddff는 하늘색이며, FF는 Alpha 값(불투명도)이다. 끝 컬러는 시작 컬러의 Alpha를 40으로 설정해서 색이 점점 옅어지는 효과를 준다.

❸ 사각형 영역을 Paint로 채운다.

2 배경 이미지 만들기

배경 이미지는 하늘을 표시할 부분을 남겨 두고 화면 아래에 그린다. 비트맵의 높이는 이미지에서 가장 높은 부분(그림 16-2의 나무 끝)과 같으므로 하늘과 배경은 어느 정도 겹쳐야 빈 곳이 보이지 않는다. 위에서 하늘을 높이의 70%로 설정했으므로 배경 이미지도 높이의 70%로 설정하면 40%는 서로 겹쳐질 것이다.

```
private Bitmap imgBack;

// 배경 이미지의 크기는 화면 높이의 70%로 설정
imgBack = BitmapFactory.decodeResource(getResources(), R.drawable.field);
imgBack = Bitmap.createScaledBitmap(imgBack, w, (int) (h * 0.7f), true);

// 하늘, 배경 이미지
canvas.drawRect(sky, paint);
canvas.drawBitmap(imgBack, 0, h * 0.3f, null);
```

GameView에서 배경과 하늘을 그리는 부분을 작성한다.

GameView.java

```java
public class GameView extends View {
    // Context, Thread
    private Context context;
    private GameThread mThread;

    // 배경, 화면 크기
    private Bitmap imgBack;
    private int w, h;

    // 배경 하늘
    private RectF sky = new RectF();
    private Paint paint = new Paint();

    // 구름, 토끼 - 보류

    //-----------------------------
    // 생성자
    //-----------------------------
    public GameView(Context context, AttributeSet attrs) {
        super(context, attrs);
        this.context = context;
    }

    //-----------------------------
    // View의 크기 구하기
    //-----------------------------
    @Override
    protected void onSizeChanged(int w, int h, int oldw, int oldh) {
        super.onSizeChanged(w, h, oldw, oldh);

        this.w = w;   // 화면의 폭과 높이
        this.h = h;

        // 배경
        imgBack = BitmapFactory.decodeResource(getResources(), R.drawable.field);
        imgBack = Bitmap.createScaledBitmap(imgBack, w, (int) (h * 0.7f), true);

        // 하늘
```

```java
        LinearGradient grad = new LinearGradient
                (0, 0, 0, h * 0.7f, 0xFFa8ddff, 0x40a8ddff, Shader.TileMode.CLAMP);
        paint.setStyle(Paint.Style.FILL);
        paint.setShader(grad);
        sky.set(0, 0, w, h * 0.6f);

        // 구름, 토끼 - 보류

        // 스레드 기동
        if (mThread == null) {
            mThread = new GameThread();
            mThread.start();
        }
    }

    //----------------------------
    // View의 종료
    //----------------------------
    @Override
    protected void onDetachedFromWindow() {
        mThread.canRun = false;
        super.onDetachedFromWindow();
    }

    //----------------------------
    // 화면 그리기
    //----------------------------
    @Override
    protected void onDraw(Canvas canvas) {
        // 하늘
        canvas.drawRect(sky, paint);

        // 구름 - 보류
        // 초원
        canvas.drawBitmap(imgBack, 0, h * 0.3f, null);

        // 그림자, 토끼 - 보류
    }

    //----------------------------
    // 이동
    //----------------------------
    private void moveObject() {
        // 보류
    }

    //----------------------------
    // Touch Event
    //----------------------------
    @Override
    public boolean onTouchEvent(MotionEvent event) {

        return true;
    }
```

```
//----------------------------
// Thread
//----------------------------
class GameThread extends Thread {
    public boolean canRun = true;

    @Override
    public void run() {
        while (canRun) {
            try {
                Time.update();        // deltaTime 계산

                moveObject();
                postInvalidate();    // 화면 그리기
                sleep(10);
            } catch (Exception e) {
                //
            }
        }
    } // Thread

} // GameView
```

프로젝트를 실행하면 파란 하늘과 초원이 나타난다.

그림 16-4 초원 비트맵과 그라데이션으로 그린 하늘

16.1.2 구름 만들기

구름은 이미지가 두 장이므로 각각의 이미지를 왼쪽으로 천천히 이동한다.

Cloud.java
```
public class Cloud {
    private int scrW, scrH;
```

```java
    // 이동 속도
    private int speed1 = 50;
    private int speed2 = 75;

    // 구름의 위치, 크기
    public float x1, y1, x2, y2;
    public int w1, h1, w2, h2;
    public Bitmap img1, img2;

    //-----------------------------
    // 생성자
    //-----------------------------
    public Cloud(Context context, int w, int h) {
        scrW = w;
        scrH = h;

        img1 = BitmapFactory.decodeResource(context.getResources(),
                                            R.drawable.cloud1);
        img2 = BitmapFactory.decodeResource(context.getResources(),
                                            R.drawable.cloud2);

        w1 = img1.getWidth() / 2;
        h1 = img1.getHeight() / 2;

        w2 = img2.getWidth() / 2;
        h2 = img2.getHeight() / 2;

        // 초기 위치
        x1 = scrW * 0.3f;
        y1 = scrH * 0.2f;

        x2 = scrW * 0.8f;
        y2 = scrH * 0.3f;
    }

    //-----------------------------
    // 이동
    //-----------------------------
    public void update() {
        // 왼쪽으로 이동
        x1 -= speed1 * Time.deltaTime;
        x2 -= speed2 * Time.deltaTime;

        // 화면을 벗어나면 오른쪽에서 다시 등장
        if (x1 < -w1) {
            x1 = scrW + w1;
        }

        if (x2 < -w2) {
            x2 = scrW + w2;
        }
    }

} // Cloud
```

다음에는 GameView에 구름의 인스턴스를 만들고 화면에 그린다. 구름은 초원을 그리기 전에
그려야 한다.

```java
public class GameView extends View {
    ....................
    // 구름
    private Cloud cloud;   ← 추가

    // View의 크기 구하기
    @Override
    protected void onSizeChanged(int w, int h, int oldw, int oldh) {
        ....................
        // 구름, 토끼
        cloud = new Cloud(context, w, h);   ← 추가

        // 스레드 기동
        ....................
    }

    // 화면 그리기
    @Override
    protected void onDraw(Canvas canvas) {
        ....................
        // 구름
        canvas.drawBitmap(cloud.img1, cloud.x1 - cloud.w1,
                                            cloud.y1 - cloud.h1, null);
        canvas.drawBitmap(cloud.img2, cloud.x2 - cloud.w2,
                                            cloud.y2 - cloud.h2, null);

        // 초원
        ....................
    }

    // 이동  <-- Thread
    private void moveObject() {
        cloud.update();   ← 추가
    }
}
```

이제 프로젝트를 실행하면 구름이 왼쪽으로 천천히 이동하는 것을 볼 수 있다. 밋밋한 하늘만
있는 것보다 훨씬 더 생동감 있는 배경이 되었다.

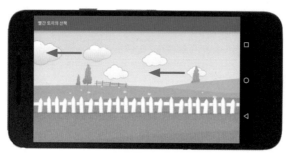

그림 16-5 **하늘의 구름이 왼쪽으로 천천히 이동한다.**

16.1.3 토끼 만들기

토끼는 화면을 터치할 때마다 두 걸음씩 이동한다. 토끼의 애니메이션 이미지가 한 걸음 분량 밖에 되지 않으므로 이것을 복사해서 두 걸음 분량으로 만든다.

1 애니메이션 이미지 만들기

변수를 추가하고, 비트맵을 잘라 배열에 저장한다.

```java
Rabbit.java
public class Rabbit {
    private int scrW, scrH;

    // 이동 속도, 걷기인가?
    private final int MAX_SPEED = 400;
    private int speed;
    private boolean canWalk;

    // 이미지 배열
    private Bitmap[] arImg = new Bitmap[8];
    private int imgCnt = 8;

    // 애니메이션 번호, 지연 시간, 경과 시간
    private int animNum = 0;
    private float animSpan = 0.1f;
    private float animTime = 0;

    // 현재 위치, 이동 방향, 지면
    public float x, y;
    public int dir = 1;    // (1, -1)
    public float ground;

    // 현재 이미지
    public Bitmap img;
    public int w, h;
```

```java
    // 그림자
    public Bitmap shadow;
    public int sw, sh;

    //-----------------------------
    // 생성자
    //-----------------------------
    public Rabbit(Context context, int w, int h) {
        scrW = w;
        scrH = h;

        makeBitmap(context);

        // 초기 위치
        ground = scrH * 0.9f;
        x = scrW / 3;
        y = ground - this.h;
    }

    //-----------------------------
    // 비트맵 만들기
    //-----------------------------
    private void makeBitmap(Context context) {
        // 그림자
        shadow = BitmapFactory.decodeResource(context.getResources(),
                                                    R.drawable.shadow);
        sw = shadow.getWidth() / 2;
        sh = shadow.getHeight() / 2;

        // 토끼
        Bitmap tmp = BitmapFactory.decodeResource(context.getResources(),
                                                    R.drawable.rabbit);
        w = tmp.getWidth() / 4;
        h = tmp.getHeight();

        // 이미지 분리와 복사
        for (int i = 0; i < 4; i++) {
            arImg[i] = Bitmap.createBitmap(tmp, w * i, 0, w, h);
            arImg[i + 4] = arImg[i];
        }

        // 초기 이미지
        w /= 2;
        h /= 2;
        img = arImg[0];
    }

} // Rabbit
```

2 걷기와 애니메이션

토끼의 정지 상태 애니메이션은 이미지가 없으므로 걷기일 때만 애니메이션을 실행한다.

```
//----------------------------
// 이동
//----------------------------
public void update() {
    if (canWalk) {
        animation();
    }

    x += dir * speed * Time.deltaTime;

    // 화면 경계이면 원위치
    if (x < w || x > scrW - w) {
      ❶ x -= dir * speed * Time.deltaTime;
        speed = 0;
    }
}


//----------------------------
// 애니메이션
//----------------------------
private void animation() {
    animTime += Time.deltaTime;
    if (animTime < animSpan) return;

    animTime = 0;
  ❷ animNum = MathF.repeat(animNum, imgCnt);

    // 마지막 애니메이션 재생 후 정지
  ❸ if (animNum == 0) {
        speed = 0;
        canWalk = false;
    }

    img = arImg[animNum];
}

// 걷기 <-- Touch Event
public void setAction(float tx) {
  ❹ dir = (x < tx) ? 1 : -1;
    speed = MAX_SPEED;
    canWalk = true;
}
```

❶ 화면의 좌우 경계이면 토끼를 원위치에 둔다. 애니메이션은 정지되지 않으므로 토끼는 제자리걸음을 할 것이다.

❷ 다음 애니메이션 번호를 구한다.

❸ 다음 애니메이션 번호가 0이면, 애니메이션이 모두 끝났으므로 속도와 애니메이션을 정지한다.

❹ 터치 위치를 기준으로 이동 방향을 정한다.

다음에는 GameView에 토끼의 처리 부분을 추가한다.

```java
public class GameView extends View {
    ....................
    private Rabbit rabbit;    ← 추가

    // View의 크기 구하기
    @Override
    protected void onSizeChanged(int w, int h, int oldw, int oldh) {
        ........................
        cloud = new Cloud(context, w, h);
        rabbit = new Rabbit(context, w, h);    ← 추가
        ........................
    }

    // 화면 그리기
    @Override
    protected void onDraw(Canvas canvas) {
        ...........................
        // 그림자, 토끼
        canvas.drawBitmap(rabbit.shadow, rabbit.x - rabbit.sw,
                                    rabbit.ground - rabbit.sh, null);

        canvas.scale(rabbit.dir, 1, rabbit.x, rabbit.y);
        canvas.drawBitmap(rabbit.img, rabbit.x - rabbit.w,
                                    rabbit.y - rabbit.h, null);
        canvas.scale(-rabbit.dir, 1, rabbit.x, rabbit.y);
    }

    // 이동
    private void moveObject() {
        cloud.update();
        rabbit.update();    ← 추가
    }

    // Touch Event
    @Override
    public boolean onTouchEvent(MotionEvent event) {
        if (event.getAction() == MotionEvent.ACTION_DOWN) {
            rabbit.setAction( event.getX() );
        }
        return true;
    }
}
```

이것으로 모든 작업이 끝났다. 이제 프로젝트를 실행하면 화면을 터치할 때마다 토끼가 두 걸음씩 이동하는 것을 확인할 수 있다.

그림 16-6 화면을 터치할 때마다 토끼가 두 걸음씩 이동한다.

16.2 배경 이미지의 스크롤

은하계의 저편에서 X-Wing이 홀로 작전 중이다. X-Wing 아래에 펼쳐진 은하가 위에서 아래로 빠른 속도로 스크롤된다. 화면을 터치하면 X-Wing은 그 위치로 이동하며, X-Wing은 좌우로만 이동한다. 이와 같은 프로젝트를 만든다. **File** 16_2_Galaxy

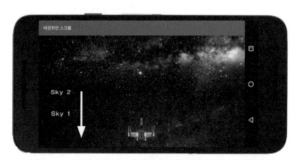

그림 16-7 배경 화면이 위에서 아래로 빠르게 스크롤된다.

이 프로젝트는 다음과 같은 이미지 리소스가 필요하다.

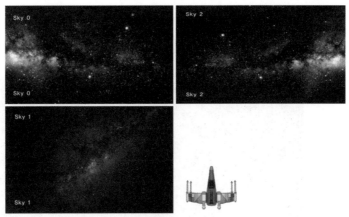

그림 16-8 **프로젝트에 필요한 이미지 리소스**

위의 은하 이미지는 위아래로 길게 연결된 것을 적당한 크기로 자른 것으로, 스크롤될 때 이미지의 구분이 쉽도록 Sky0~Sky2로 번호를 붙여 두었다.

16.2.1 배경 화면의 스크롤

PC에서는 게임의 배경을 큰 이미지로 만들고 주인공 근처의 일부분만 표시하면 되는데, 안드로이드에서는 이 방법을 사용할 수 없다. 안드로이드에서 다룰 수 있는 비트맵의 최대 크기가 4096×4096 픽셀로 제한되어 있으며, 2048×2048 픽셀을 넘어가면 실행 속도가 현저하게 떨어지는데다가 Out of Memory 오류가 발생하는 단말기가 있기 때문이다.

여기에서는 배경 이미지를 2048×2048 이내의 크기로 잘라서 여러 장 준비하고, 두 장의 이미지를 일부분씩 표시하는 방법을 사용한다. 어려운 것은 아니지만 상당히 번잡한 작업이다. 다음 그림과 같이 이미지의 출력 위치를 offset으로 설정하고 offset의 값을 조금씩 늘려 가면서 그 위치에 이미지 두 장을 출력하면, 단말기 화면에는 두 개의 이미지가 아래로 이동한 효과가 나타난다.

화면에 출력할 작업용 비트맵을 만들고 여기에 두 장의 이미지를 합성한 후 작업용 비트맵을 출력하는 방법도 생각해 볼 수 있지만, 비트맵 이미지는 고속의 메모리 버퍼를 사용하지 못하므로 현저하게 속도가 떨어지는 문제가 있다.

안드로이드의 하드웨어 가속 기능은 메인 스레드만 사용할 수 있다. 따라서 하드웨어 가속 기능의 적용 대상이 위젯과 View, OpenGL로 한정된다. 비트맵 출력에 하드웨어 가속 기능을 이용하려면 onDraw( )의 Canvas에 직접 출력하는 것 외에는 별다른 대안이 없다.

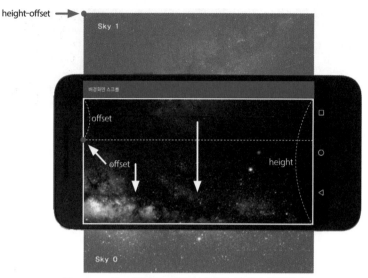

그림 16-9 **offset의 값이 커지면 화면은 아래로 이동한다.**

OpenGL은 오직 삼각형만 그릴 수 있으며, 비트맵을 직접 출력하는 기능이 없다. OpenGL에서 비트맵을 출력하려면, 먼저 삼각형 두 개를 연결해서 사각형을 만들고 비트맵을 텍스처로 변환해서 사각형을 매핑하는 3D 모델링 과정을 거쳐야 하므로 아주 복잡한 절차가 될 것이다. 이 책은 2D 게임 개발이 목표이므로 3D 모델링이 필요한 OpenGL은 다루지 않는다.

Sky.java

```java
public class Sky {
    // 화면의 폭과 높이
    private int w, h;

    // 이미지 수, 이미지 배열, 출력할 이미지 번호
    private int imgCnt = 3;
    private Bitmap[] arSky = new Bitmap[imgCnt];
    private int imgNum1, imgNum2;

    // 스크롤 속도, 이미지 오프셋
    private float speed = 200f;
    private float ofs = 0;

    public Bitmap imgSky;

    //-----------------------------
    // 생성자
    //-----------------------------
    public Sky(Context context, int width, int height) {
        w = width;
        h = height;
```

```
        createBitmap(context);
    }

    //----------------------------
    // update <-- Thread
    //----------------------------
    public void update() {
 ❶  ofs += speed * Time.deltaTime;
 ❷  if (ofs > h) {
        ofs -= h;
        // 아래쪽 이미지
    ❸  imgNum1 = MathF.repeat(imgNum1, imgCnt);
    }

        // 위쪽 이미지
 ❹  imgNum2 = imgNum1 + 1;
 ❺  if (imgNum2 >= imgCnt) imgNum2 = 0;
    }

    //----------------------------
    // draw <-- onDraw
    //----------------------------
 ❻ public void draw(Canvas canvas) {
        canvas.drawBitmap(arSky[imgNum1], 0, ofs, null);
        canvas.drawBitmap(arSky[imgNum2], 0, ofs - h, null);
    }

    //----------------------------
    // 비트맵 만들기
    //----------------------------
    private void createBitmap(Context context) {
        // 이미지를 배열에 저장
        for (int i = 0; i < imgCnt; i++) {
            Bitmap tmp = BitmapFactory.decodeResource(context.getResources(),
                                                    R.drawable.sky0 + i);
            arSky[i] = Bitmap.createScaledBitmap(tmp, w, h, true);
        }
    }

} // Sky
```

❶ offset을 스크롤 속도만큼 증가한다.

❷ offset이 화면 크기를 초과하면 다음 이미지를 준비한다.

❸ 마지막 이미지는 첫 번째 이미지와 연결한다.

❹ 화면 위쪽의 이미지이다.

❺ 마지막 이미지는 첫 번째 이미지와 연결한다.

❻ 이미지는 GameView의 Canvas에 직접 출력한다.

위의 ❹와 ❺를 한 문장으로 만들어서 다음과 같이 작성할 수 있다.

```
    imgNum2 = MathF.repeat(imgNum1, imgCnt);
```

16.2.2 GameView

GameView는 Thread에서 update( )를 호출하고, onDraw( )에서 draw( )를 호출하는 구조로 만든다.

```java
public class GameView extends View {
    // Context, Thread
    private Context context;
    private GameThread mThread;

    // 화면 크기
    private int w, h;

    // 배경, X-Wing
    private Sky sky;

    //-----------------------------
    // 생성자
    //-----------------------------
    public GameView(Context context, AttributeSet attrs) {
        super(context, attrs);
        this.context = context;
    }

    //-----------------------------
    // View의 크기 구하기
    //-----------------------------
    @Override
    protected void onSizeChanged(int w, int h, int oldw, int oldh) {
        super.onSizeChanged(w, h, oldw, oldh);

        this.w = w;    // 화면의 폭과 높이
        this.h = h;

        // 배경, X-Wing
        sky = new Sky(context, w, h);

        // 스레드 기동
        if (mThread == null) {
            mThread = new GameThread();
            mThread.start();
        }
    }

    //-----------------------------
    // View의 종료
    //-----------------------------
```

```
    @Override
    protected void onDetachedFromWindow() {
        mThread.canRun = false;
        super.onDetachedFromWindow();
    }

    //----------------------------
    // 화면 그리기
    //----------------------------
    @Override
    protected void onDraw(Canvas canvas) {
        sky.draw(canvas);   // 배경
    }

    //----------------------------
    // 이동
    //----------------------------
    private void moveObject() {
        sky.update();
    }

    //----------------------------
    // Touch Event
    //----------------------------
    @Override
    public boolean onTouchEvent(MotionEvent event) {

        return true;
    }

    //----------------------------
    // Thread
    //----------------------------
    class GameThread extends Thread {
        public boolean canRun = true;

        @Override
        public void run() {
            while (canRun) {
                try {
                    Time.update();      // deltaTime 계산

                    moveObject();
                    postInvalidate();   // 화면 그리기
                    sleep(10);
                } catch (Exception e) {
                    //
                }
            }
        }
    } // Thread

} // GameView
```

16.2 배경 이미지의 스크롤 441

이제 프로젝트를 실행하면, 화면의 이미지가 아래쪽으로 빠른 속도로 스크롤하는 것을 볼 수 있다.

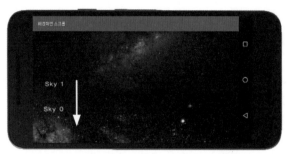

그림 16-10 배경 화면이 위에서 아래로 스크롤된다.

16.2.3 X-Wing

X-Wing은 발사와 충돌 처리 등이 없으므로 처리 과정이 간결하다.

```
Xwing.java

public class Xwing {
    // 화면 크기
    private int scrW, scrH;

    // 한계 속도, 현재 속도
    private final float MAX_SPEED = 1200;
    private float speed;

    // 이동 방향(-1, 0, 1), 목적지, 출발?
    private int dir;
    private float tx;
    private boolean start;

    // 현재 위치, 크기
    public float x, y;
    public int w, h;

    // 비트맵
    public Bitmap img;

    //-----------------------------
    // 생성자
    //-----------------------------
    public Xwing(Context context, int width, int height) {
        scrW = width;   // 화면 크기
        scrH = height;
```

```java
        // 이미지 읽기
        img = BitmapFactory.decodeResource(context.getResources(), R.drawable.xwing);
        w = img.getWidth() / 2;
        h = img.getHeight() / 2;

        // 초기 위치 - 화면 아래 가운데
        x = scrW / 2;
        y = scrH - h - 40;
    }

    //----------------------------
    // Move
    //----------------------------
    public void update() {
        // 출발은 가속, 정지는 감속
        if (start) {
            speed = MathF.lerp(speed, MAX_SPEED, 5 * Time.deltaTime);
        } else {
            speed = MathF.lerp(speed, 0, 10 * Time.deltaTime);
        }

        // 목적지 50픽셀 이내이면 정지
        if (MathF.distSqr(x, y, tx, y) < 2500) {
            start = false;
        }

        x += dir * speed * Time.deltaTime;

        // 화면 가장자리이면 정지
        if (x < w || x > scrW - w) {
            x -= dir * speed * Time.deltaTime;
            speed = dir = 0;
            start = false;
        }
    }

    //----------------------------
    // Set Action <-- Touch Event
    //----------------------------
    public void setAction(float tx) {
        this.tx = tx;
        dir = (x < tx) ? 1 : -1;
        start = true;
    }

} // Xwing
```

GameView에서 X-wing의 인스턴스를 만들고 화면에 그리는 등의 간단한 절차만 추가하면 끝
이다.

```
public class GameView extends View {
    .................
    // 배경, X-Wing
    private Sky sky;
    private Xwing xwing;    ← 추가

    // View의 크기 구하기
    @Override
    protected void onSizeChanged(int w, int h, int oldw, int oldh) {
        .................
        // 배경, X-Wing
        sky = new Sky(context, w, h);
        xwing = new Xwing(context, w, h);   ← 추가
        .................
    }

    // 화면 그리기
    @Override
    protected void onDraw(Canvas canvas) {
        sky.draw(canvas);   // 배경
        // X-Wing  ← 추가
        canvas.drawBitmap(xwing.img, xwing.x - xwing.w, xwing.y - xwing.w, null);
    }

    // 이동
    private void moveObject() {
        sky.update();
        xwing.update();   ← 추가
    }

    // Touch Event
    @Override
    public boolean onTouchEvent(MotionEvent event) {
        if (event.getAction() == MotionEvent.ACTION_DOWN) {   ← 추가
            xwing.setAction( event.getX() );
        }
        return true;
    }
}
```

이제 프로젝트를 실행하면 Touch로 X-Wing을 이동할 수 있다. 배경 화면은 X-Wing의 이동 과 상관없이 계속해서 스크롤될 것이다.

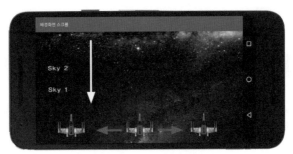

그림 16-11 완성된 프로젝트

16.3 근경과 원경의 스크롤

푸른 초원 위를 닌자가 달리고 있다. 닌자의 위치는 화면 가운데에 고정되어 있으며, 닌자의 반대 방향으로 배경이 지나간다. 화면을 터치하면 닌자의 이동 방향이 바뀌고, 닌자를 터치하면 점프한다. 이와 같은 프로젝트를 만든다. `File` 16_3_RunNinja

그림 16-12 닌자는 고정되어 있고 근경과 원경이 스크롤된다.

이 프로젝트는 다음과 같은 이미지 리소스가 필요하다. 배경으로 사용할 원경 이미지 두 장, 근경 이미지 두 장, 닌자 애니메이션 이미지이다. 닌자의 애니메이션 이미지는 한 장으로 되어 있으므로 잘라서 사용한다.

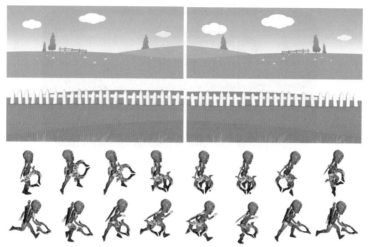

그림 16-13 **프로젝트에 필요한 이미지 리소스**

16.3.1 닌자 만들기

배경은 닌자가 달리는 반대 방향으로 스크롤되어야 하므로 닌자를 먼저 만든다.

```java
public class Ninja {
    private enum STATE { JUMP, RUN };
    private STATE state = STATE.RUN;

    // 점프 속도, 중력
    private int speedJump = 1200;
    private int gravity = 2000;

    // 이미지 배열
    private int imgCnt = 8;
❶  private Bitmap[][] arImg = new Bitmap[2][imgCnt];

    // 애니메이션 번호, 지연 시간, 경과 시간
    private int animNum = 0;
❷  private float animSpan =  1f / 12;
    private float animTime = 0;

    // 현재 위치, 이동 방향, 지면
    public float x, y;
    public PointF dir = new PointF(1, 0);
    public float ground;

    // 현재 이미지
    public Bitmap img;
    public int w, h;
```

```
//----------------------------
// 생성자
//----------------------------
public Ninja(Context context, int width, int height) {
    makeBitmap(context);

    // 초기 위치
    ground = height * 0.9f;
    x = width / 2;
    y = ground - h;
}


//----------------------------
// 이동
//----------------------------
public void update() {
    animation();
❸ if (state == STATE.RUN) return;

    // 점프의 중력 처리
    dir.y += gravity * Time.deltaTime;
    y += dir.y * Time.deltaTime;

    // 착지
    if (y > ground - h) {
        y = ground - h;
        state = STATE.RUN;
        animNum = 0;
    }
}


//----------------------------
// 애니메이션
//----------------------------
private void animation() {
    animTime += Time.deltaTime;

    if (animTime > animSpan) {
        animTime = 0;
        animNum = MathF.repeat(animNum, imgCnt);

        // Jump는 착지 때까지 마지막 동작 유지
        if (state == state.JUMP && animNum == 0) {
            animNum = imgCnt - 1;
        }
    }

❹ img = arImg[state.ordinal()][animNum];
}


//----------------------------
// 이동 방향, Jump <-- Touch Event
//----------------------------
```

```
public void setAction(float tx, float ty) {
    if (state == STATE.JUMP) return;

    if ( MathF.hitTest(x, y, h, tx, ty) ) {
        // 점프
        dir.y = -speedJump;
        state = STATE.JUMP;
        animNum = 0;
    } else {
        // 이동 방향 바꾸기
        dir.x = (x < tx) ? 1 : -1;
    }
}

//----------------------------
// 비트맵 만들기
//----------------------------
private void makeBitmap(Context context) {
    Bitmap tmp = BitmapFactory.decodeResource(context.getResources(),
                                                    R.drawable.ninja);
    w = tmp.getWidth() / imgCnt;
    h = tmp.getHeight() / 2;

    // 이미지 분리
    for (int i = 0; i < 2; i++) {
        for (int j = 0; j < imgCnt; j++)
        arImg[i][j] = Bitmap.createBitmap(tmp, w * j, i * h, w, h);
    }

    // 초기 이미지
    w /= 2;
    h /= 2;
    img = arImg[state.ordinal()][0];
}

} // Ninja
```

❶ 닌자의 애니메이션 이미지를 2차원 배열에 저장한다. arImg[0]은 점프, arImg[1]은 달리기이다.

❷ 애니메이션은 초당 12프레임의 속도로 처리한다.

❸ 닌자는 제자리 달리기를 하므로 달리기는 애니메이션 외에는 처리할 것이 없다.

❹ ordinal( )은 열거형의 순서 값을 구한다.

16.3.2 GameView

GameView에서 닌자의 인스턴스를 만들고 화면에 표시한다.

```java
public class GameView extends View {
    // Context, Thread
    private Context context;
    private GameThread mThread;

    // 화면 크기
    private int w, h;

    // 닌자, Fields
    static public Ninja ninja;

    //------------------------------
    // 생성자
    //------------------------------
    public GameView(Context context, AttributeSet attrs) {
        super(context, attrs);
        this.context = context;
    }

    //------------------------------
    // View의 크기 구하기
    //------------------------------
    @Override
    protected void onSizeChanged(int w, int h, int oldw, int oldh) {
        super.onSizeChanged(w, h, oldw, oldh);

        this.w = w;   // 화면의 폭과 높이
        this.h = h;

        // 닌자, Fields
        ninja = new Ninja(context, w, h);

        // 스레드 기동
        if (mThread == null) {
            mThread = new GameThread();
            mThread.start();
        }
    }

    //------------------------------
    // View의 종료
    //------------------------------
    @Override
    protected void onDetachedFromWindow() {
        mThread.canRun = false;
        super.onDetachedFromWindow();
    }

    //------------------------------
    // 화면 그리기
    //------------------------------
    @Override
```

```java
protected void onDraw(Canvas canvas) {
    // Ninja
    canvas.scale(ninja.dir.x, 1, ninja.x, ninja.y);
    canvas.drawBitmap(ninja.img, ninja.x - ninja.w, ninja.y - ninja.h, null);
    canvas.scale(-ninja.dir.x, 1, ninja.x, ninja.y);
}


//----------------------------
// 이동
//----------------------------
private void moveObject() {
    ninja.update();
}


//----------------------------
// Touch Event
//----------------------------
@Override
public boolean onTouchEvent(MotionEvent event) {
    if (event.getAction() == MotionEvent.ACTION_DOWN) {
        ninja.setAction( event.getX(), event.getY() );
    }

    return true;
}


//----------------------------
// Thread
//----------------------------
class GameThread extends Thread {
    public boolean canRun = true;

    @Override
    public void run() {
        while (canRun) {
            try {
                Time.update();        // deltaTime 계산

                moveObject();
                postInvalidate();    // 화면 그리기
                sleep(10);
            } catch (Exception e) {
                // nothing
            }
        }
    }
} // Thread

} // GameView
```

프로젝트를 실행하면 하얀 배경에 닌자가 열심히 제자리 달리기를 하므로 닌자를 터치해서 점프 동작이 제대로 구현되는지를 확인한다.

그림 16-14 **닌자를 터치하면 위로 점프한다.**

16.3.3 배경 만들기

배경은 원경과 근경이 각각 다른 속도로 스크롤되어야 한다. 또, 닌자의 이동 방향이 바뀌면 스크롤 방향도 바뀐다.

1 변수와 생성자, 비트맵 만들기

필요한 변수를 추가하고, 비트맵을 배열에 저장한다. 실제의 게임에서는 근경과 원경의 이미지 수가 다를 것이므로 원경과 근경의 이미지 배열을 각각 사용했다.

```java
Fields.java

public class Fields {
    // 화면 크기
    private int w, h;

    // 근경과 원경의 스크롤 속도
    private int speedNear = 220;
    private int speedFar = 50;

    // 근경, 원경 비트맵, 근경/원경 이미지 수
    private Bitmap[] near = new Bitmap[2];
    private Bitmap[] far = new Bitmap[2];
    private int nearCnt = 2;
    private int farCnt = 2;

    // 이동 방향, 근경, 원경 Offset
    private int dir;
    private float ofsNear;
    private float ofsFar;

    // 근경, 원경 이미지 번호
    private int farNum1, farNum2;
    private int nearNum1, nearNum2;
```

```
    // 생성자
    public Fields(Context context, int width, int height) {
        w = width;
        h = height;

        makeBitmap(context);
    }

    // Make Bitmap
    private void makeBitmap(Context context) {
        // 원경
        for (int i = 0; i < 2; i++) {
            Bitmap tmp = BitmapFactory.decodeResource(
                                    context.getResources(), R.drawable.far0 + i);
            far[i] = Bitmap.createScaledBitmap(tmp, w, (int) (h * 0.6f), true);
        }

        // 근경
        for (int i = 0; i < 2; i++) {
            Bitmap tmp = BitmapFactory.decodeResource(
                                    context.getResources(), R.drawable.near0 + i);
            near[i] = Bitmap.createScaledBitmap(tmp, w, h / 2, true);
        }
    }
} // Fields
```

② 원경의 스크롤

두 장의 이미지를 가로로 연결한 상태에서 Offset을 스크롤 속도만큼 이동한다. 스크롤 방향은 닌자의 이동 방향에 따라 달라지므로 이것의 처리가 필요하다.

```
// scroll Far - 원경
private void scrollFar() {
    // 이동(스크롤) 방향
    dir = (int) GameView.ninja.dir.x;
    ofsFar += dir * speedFar * Time.deltaTime;

    switch (dir) {
    case 1 :   // 왼쪽으로 스크롤
        if (ofsFar > w) {
            ofsFar -= w;
            farNum1 = MathF.repeat(farNum1++, farCnt);
        }

        farNum2 = farNum1 + 1;
        if (farNum2 >= farCnt) farNum2 = 0;
        break;
    case -1 :   // 오른쪽으로 스크롤
        if (ofsFar < 0) {
            ofsFar += w;
```

```
            farNum1--;
            if (farNum1 < 0) farNum1 = farCnt - 1;
        }

        farNum2 = farNum1 - 1;
        if (farNum2 < 0) farNum2 = farCnt - 1;
    }
}
```

3 근경의 스크롤

변수만 다를 뿐 원경의 경우와 같다.

```
// scroll Near - 근경
private void scrollNear() {
    ofsNear += dir * speedNear * Time.deltaTime;

    switch (dir) {
    case 1 :   // 왼쪽으로 스크롤
        if (ofsNear > w) {
            ofsNear -= w;
            nearNum1 = MathF.repeat(nearNum1++, nearCnt);
        }

        nearNum2 = nearNum1 + 1;
        if (nearNum2 >= nearCnt) nearNum2 = 0;
        break;
    case -1 :   // 오른쪽으로 스크롤
        if (ofsNear < 0) {
            ofsNear += w;
            nearNum1--;
            if (nearNum1 < 0) nearNum1 = nearCnt - 1;
        }

        nearNum2 = nearNum1 - 1;
        if (nearNum2 < 0) nearNum2 = nearCnt - 1;
    }
}
```

4 화면 표시

GameView의 Canvas를 전달받아 여기에 직접 출력한다.

```
// update <-- Thread
public void update() {
    scrollFar();
    scrollNear();
}
```

```
// draw <-- OnDraw
public void draw(Canvas canvas) {
    // 원경
    canvas.drawBitmap(far[farNum1], -ofsFar, 0, null);
    canvas.drawBitmap(far[farNum2], w - ofsFar, 0, null);

    // 근경
    canvas.drawBitmap(near[nearNum1], -ofsNear, h / 2, null);
    canvas.drawBitmap(near[nearNum2], w - ofsNear, h / 2, null);
}
```

5 GameView의 처리

Fields의 인스턴스를 만들고, onDraw( )에서 draw( )를 호출한다.

GameView.java

```
public class GameView extends View {
    ..................
    // 닌자, Fields
    static public Ninja ninja;
    private Fields fields;    ← 추가

    // View의 크기 구하기
    @Override
    protected void onSizeChanged(int w, int h, int oldw, int oldh) {
        // 닌자, Fields
        ninja = new Ninja(context, w, h);
        fields = new Fields(context, w, h);   ← 추가
        ..................

    // 화면 그리기
    @Override
    protected void onDraw(Canvas canvas) {
        fields.draw(canvas);   ← 추가
        // Ninja
        ..................
    }

    // 이동
    private void moveObject() {
        ninja.update();
        fields.update();   ← 추가
    }
```

이제 프로젝트를 실행하면, 원경과 근경이 각각 다른 속도로 스크롤되는 것을 확인할 수 있다. 닌자의 이동 방향을 바꾸면 배경의 스크롤 방향이 바뀌는지, 배경 이미지의 연결 상태가 매끄러운지 등을 확인한다.

그림 16-15 게임의 원경과 근경이 다른 속도로 스크롤된다.

제 **17** 장

버튼의 활용

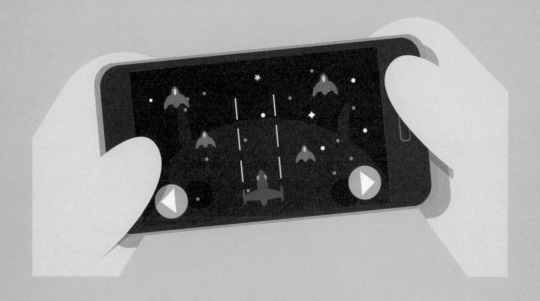

17.1 버튼과 멀티 터치

화면에 버튼이 여러 개 있는 경우, 달리는 도중의 점프 등과 같이 동시에 두 개 이상의 버튼을 누를 수 있으므로 버튼에는 안드로이드의 멀티 터치 기능이 필요하다.

17.1.1 멀티 터치의 처리

안드로이드의 터치는 Activity와 View만 이벤트를 처리할 수 있으므로 View에서 발생한 터치 이벤트를 이용한다. 멀티 터치를 처리하려면 ACTION_DOWN/UP 외에도 ACTION_POINTER_DOWN/UP 등의 이벤트가 필요하다. 안드로이드의 멀티 터치 이벤트는 다음과 같은 순서로 발생한다.

ACTION_DOWN 첫 번째 손가락이 화면에 닿았다.

ACTION_POINTER_DOWN 두 번째(이후의) 손가락이 화면에 닿았다.

ACTION_MOVE 화면의 손가락이 3~5 픽셀 이상 이동했다.

ACTION_POINTER_UP 두 번째(이후의) 손가락이 떨어졌다.

ACTION_UP 첫 번째 손가락이 떨어졌다.

멀티 터치는 ActionIndex와 PointerId로 현재 발생한 이벤트를 구분한다. View에서 멀티 터치를 구현하는 절차는 다음과 같다.

```
    @Override
    public boolean onTouchEvent(MotionEvent event) {
        boolean isTouch = false;

❶   int action = event.getActionMasked();
        switch (action) {
            case MotionEvent.ACTION_DOWN:
            case MotionEvent.ACTION_POINTER_DOWN:
                isTouch = true;
                break;
            case MotionEvent.ACTION_UP:
            case MotionEvent.ACTION_POINTER_UP:
                isTouch = false;
                break;
            default: // 기타 이벤트는 모두 무시
                return true;
        }
```

```
            // 터치 index, id
❷  int ptrIdx = event.getActionIndex();
❸  int id = event.getPointerId(ptrIdx);

            // 터치 좌표
❹  float x = event.getX(ptrIdx);
   float y = event.getY(ptrIdx);;

            // 각각의 버튼에 통지
❺  btnLeft.action(id, isTouch, x, y);
   btnRight.action(id, isTouch, x, y);
   btnJump.action(id, !isTouch, x, y);

   return true;
}
```

❶ 터치 이벤트를 구분하기 위한 마스크 연산 결과를 구한다.

❷ 멀티 터치 이벤트가 발생하면 이벤트 순서 값을 구한다. ACTION_DOWN은 항상 0이 구해진다.

❸ 터치 ID를 구한다. 실제의 버튼에서는 ID를 이용해서 현재의 터치가 자신에게 해당하는 것인지를 구분한다.

❹ 터치 좌표를 읽는다.

❺ 각각의 버튼에 터치 id와 좌표를 전달한다.

안드로이드의 호환성을 위한 라이브러리를 사용할 경우에는 ❶~❹를 다음과 같이 변경한다. 어떤 방법을 사용해도 결과는 같다.

```
❶  int action = MotionEventCompat.getActionMasked(event);
❷  int ptrIdx = MotionEventCompat.getActionIndex(event);
❸  int id     = MotionEventCompat.getPointerId(event, ptrIdx);
❹  float x    = MotionEventCompat.getX(event, ptrIdx);
```

17.1.2 Button Class

버튼의 작동 방식은 Press와 Hit로 구분할 수 있는데, Press는 버튼을 누르고 있는 동안에 지속적인 동작이 진행되는 것이고, Hit는 버튼을 터치할 때 한 번만 동작한다.

Press는 버튼을 누를 때에는 터치 위치가 버튼의 내부이어야 하지만, 버튼을 놓을 때에는 터치 위치가 버튼의 외부일 수도 있다. 즉, 버튼을 누르고 있다가 손가락을 버튼 밖으로 이동한 후 손을 떼더라도 버튼의 Press를 중지시켜야 한다.

Hit는 버튼을 누르거나 놓을 때 한 번 이벤트를 처리하는데, 버튼을 놓을 때 처리하는 경우에는 버튼을 놓는 위치가 버튼의 내부이어야 한다. 즉, 버튼을 누르고 있는 상태에서 손가락을 버튼 밖으로 이동한 후 손을 떼면 그 이벤트를 무시한다.

버튼의 터치는 충돌의 판정과 같이 정교할 필요가 없고, 버튼 주변을 터치해도 버튼을 누른 것으로 처리하는 것이 게임하기 편하다. 따라서 버튼이 어떤 모양이든 버튼을 포함한 사각형 영역을 터치하면 버튼을 누르는 것으로 한다.

안드로이드의 터치 이벤트는 Press를 지원하지 않으므로 Press에 대한 동작은 우리가 직접 구현한다. 또, 버튼에는 이미지가 필요하고, 각 버튼의 동작은 Main Loop에서 제어하므로 버튼은 Class로 만든다.

```java
public class Button {
    // 이미지, 위치
    public Bitmap img;
    public int x, y;

    // 터치 id, 터치 판정용 Rect
    private int ptrId = -1;
    private RectF rect;

    // 버튼을 눌렀나?
    public boolean isTouch;

    //-----------------------------
    // 생성자
    //-----------------------------
    ❶ public Button(Bitmap bitmap, Point pos) {
        // 버튼의 크기, 비트맵
        int w = bitmap.getWidth();
        int h = bitmap.getHeight();
        img = bitmap;

        // 터치 영역
        ❷ rect = new RectF(pos.x, pos.y, pos.x + w, pos.y + h);

        // 위치
        x = pos.x;
        y = pos.y;
    }

    //-----------------------------
    // action <-- Touch Event
    //-----------------------------
    public void action(int id, boolean isDown, float x, float y) {
        ❸ if ( isDown && rect.contains(x, y) ) {
            isTouch = true;
```

```
            ptrId = id;
        }

    ❹ if ( !isDown && id == ptrId) {
            isTouch = false;
        }
    }

} // Button
```

❶ 생성자에서는 버튼의 비트맵과 위치를 전달받는다.

❷ 버튼의 터치 영역 판정용 Rect를 만든다.

❸ 발생한 이벤트가 xx_DOWN인 경우 터치 위치가 버튼의 내부이면 이벤트 id를 저장한다.

❹ 발생한 이벤트가 xx_UP인 경우 이벤트 id가 ❸에서 저장한 id와 같으면 이벤트를 처리한다.

위의 Class는 버튼의 기본적인 동작만 처리하므로 버튼을 눌렀다 놓을 때 버튼이 커졌다 작아지는 애니메이션은 없다.

17.2 버튼으로 제어하기

푸른 초원 위에 닌자가 서 있다. 화면 왼쪽의 이동 버튼을 누르면 닌자가 그 방향으로 달려가고, 버튼을 놓으면 정지한다. 화면 오른쪽에 있는 점프 버튼을 누르면 닌자가 점프하며, 닌자는 2단 점프를 할 수 있다. 닌자의 위치는 화면 가운데에 고정되어 있으며, 닌자의 반대 방향으로 배경이 지나간다. 이와 같은 프로젝트를 만든다. ▸File 17_2_RunNinja

그림 17-1 **닌자의 이동과 점프를 버튼으로 제어한다.**

이 프로젝트는 다음과 같은 이미지 리소스가 필요하다. 배경으로 사용할 원경 이미지 두 장, 근경 이미지 두 장, 구름, 버튼, 닌자 애니메이션 이미지이다. 이 프로젝트는 닌자가 정지하면 배경의 스크롤도 정지되어 게임이 중지된 것처럼 보이므로, 닌자가 정지 상태이면 구름을 왼쪽으로 스크롤하기 위해 구름을 별도의 이미지로 만들었다.

그림 17-2 **프로젝트에 필요한 이미지 리소스**

17.2.1 버튼 만들기

새로운 프로젝트를 시작하고 앞의 Button.java를 추가한다. 버튼은 GameView에서 만든다. GameView를 만들고, 버튼의 인스턴스를 생성한 후 적당한 위치에 버튼을 만드는 함수를 추가한다.

```
GameView.java
public class GameView extends View {
    // Context, Thread
    private Context context;
    private GameThread mThread;

    // 화면 크기
    private int w, h;

    // 버튼
    private Button btnLeft;
    private Button btnRight;
    private Button btnJump;

    //----------------------------
    // 생성자
    //----------------------------
    public GameView(Context context, AttributeSet attrs) {
        super(context, attrs);
```

```
        this.context = context;
    }

    //----------------------------
    // View의 크기 구하기
    //----------------------------
    @Override
    protected void onSizeChanged(int w, int h, int oldw, int oldh) {
        super.onSizeChanged(w, h, oldw, oldh);

        this.w = w;   // 화면의 폭과 높이
        this.h = h;

        // 버튼 만들기
        makeButton();

        // 스레드 기동
        if (mThread == null) {
            mThread = new GameThread();
            mThread.start();
        }
    }

    //----------------------------
    // View의 종료
    //----------------------------
    @Override
    protected void onDetachedFromWindow() {
        mThread.canRun = false;
        super.onDetachedFromWindow();
    }

    //----------------------------
    // 화면 그리기
    //----------------------------
    @Override
    protected void onDraw(Canvas canvas) {
        // 버튼
        canvas.drawBitmap(btnLeft.img, btnLeft.x, btnLeft.y, null);
        canvas.drawBitmap(btnRight.img, btnRight.x, btnRight.y, null);
        canvas.drawBitmap(btnJump.img, btnJump.x, btnJump.y, null);
    }

    //----------------------------
    // 버튼 만들기
    //----------------------------
    private void makeButton() {
        // 버튼 이미지
        Bitmap imgLeft = BitmapFactory.decodeResource(getResources(),
                                              R.drawable.button_left);
        Bitmap imgRight = BitmapFactory.decodeResource(getResources(),
                                              R.drawable.button_right);
        Bitmap imgJump = BitmapFactory.decodeResource(getResources(),
                                              R.drawable.button_jump);
```

```
        // 버튼의 크기
        int bw = imgLeft.getWidth();
        int bh = imgLeft.getHeight();

        // 버튼의 위치
        int y = h - bh - 10;                        // 화면 아래
        Point lPos = new Point(10, y);              // 화면 왼쪽 아래
        Point rPos = new Point(bw + 20, y);         // lPos의 오른쪽
        Point jPos = new Point(w - bw - 10, y);     // 화면 오른쪽 아래

        // 버튼 만들기
        btnLeft = new Button(imgLeft, lPos);
        btnRight = new Button(imgRight, rPos);
        btnJump = new Button(imgJump, jPos);
    }

    //----------------------------
    // 이동
    //----------------------------
    private void moveObject() {

    }

    //----------------------------
    // Touch Event
    //----------------------------
    @Override
    public boolean onTouchEvent(MotionEvent event) {
        boolean isTouch = false;

        int action = MotionEventCompat.getActionMasked(event);
        switch (action) {
            case MotionEvent.ACTION_DOWN:
            case MotionEvent.ACTION_POINTER_DOWN:
                isTouch = true;
                break;
            case MotionEvent.ACTION_UP:
            case MotionEvent.ACTION_POINTER_UP:
                isTouch = false;
                break;
            default:
                return true;
        }

        // 터치 index, id
        int ptrIdx = MotionEventCompat.getActionIndex(event);
        int id = MotionEventCompat.getPointerId(event, ptrIdx);

        // 터치 좌표
        float x = MotionEventCompat.getX(event, ptrIdx);
        float y = MotionEventCompat.getY(event, ptrIdx);;
```

```
            // 각각의 버튼에 통지
            btnLeft.action(id, isTouch, x, y);
            btnRight.action(id, isTouch, x, y);
            btnJump.action(id, !isTouch, x, y);   ← 버튼을 놓으면 터치로 처리


            return true;
        }


        //----------------------------
        // Thread
        //----------------------------
        class GameThread extends Thread {
            public boolean canRun = true;

            @Override
            public void run() {
                while (canRun) {
                    try {
                        Time.update();          // deltaTime 계산

                        moveObject();
                        postInvalidate();    // 화면 그리기
                        sleep(10);
                    } catch (Exception e) {
                        // nothing
                    }
                }
            } // Thread
        } // GameView
```

프로젝트를 실행하면 화면 아래에 버튼 세 개가 나타난다. 버튼의 애니메이션이 없으므로 버튼을 눌러도 아무 변화가 없을 것이다.

그림 17-3 **화면에 배치한 버튼**

17.2.2 닌자 만들기

닌자는 앞에서 사용한 것과 유사하지만, 더블 점프와 정지 상태를 구현하기 위해 처리 방법을 달리했다. 달리기와 점프는 배타적인 상태가 아니므로 이것을 상태로 처리하지 않는다.

```
Ninja.java

public class Ninja {
    // 애니메이션 이미지
    private final int JUMP = 0;
    private final int RUN = 1;

    // 점프 속도, 중력, 점프 카운터, 점프 중?
    private int speedJump = 1000;
    private int gravity = 2000;
    private int jumpCnt = 0;
    private boolean isJump;

    // 이미지 배열
    private int imgCnt = 8;
    private Bitmap[][] arImg = new Bitmap[2][imgCnt];

    // 애니메이션 번호, 지연 시간, 경과 시간
    private int animNum = 0;
    private float animSpan = 1f / 12;
    private float animTime = 0;

    // 현재 위치, 이동 방향
    public float x, y;
    public PointF dir = new PointF(0, 0);

    // 지면, 왼쪽 방향인가?
    public float ground;
    public boolean isLeft;

    // 현재 이미지
    public Bitmap img;
    public int w, h;

    //-----------------------------
    // 생성자
    //-----------------------------
    public Ninja(Context context, int width, int height) {
        makeBitmap(context);

        // 초기 위치
        ground = height * 0.9f;
        x = width / 2;
        y = ground - h;
    }

    //-----------------------------
    // 이동
    //-----------------------------
```

```java
    public void update() {
        animation();
        if (!isJump) return;

        // 점프의 중력 처리
        dir.y += gravity * Time.deltaTime;
        y += dir.y * Time.deltaTime;

        // 착지
        if (y > ground - h) {
            y = ground - h;
            jumpCnt = 0;
            isJump = false;
            animNum = 0;
        }
    }

    //-----------------------------
    // 애니메이션
    //-----------------------------
    private void animation() {
        animTime += Time.deltaTime;
        if (animTime <= animSpan) return;

        // 정지 상태는 고정된 이미지 표시
        if (dir.x == 0 && !isJump) {
            img = arImg[1][1];
            return;
        }

        // 다음 이미지 번호
        animTime = 0;
        animNum = MathF.repeat(animNum, imgCnt);

        // Jump 중인가?
        if (isJump) {
            // 착지 때까지 마지막 동작 유지
            if (animNum == 0) {
                animNum = imgCnt - 1;
            }
            img = arImg[JUMP][animNum];
        } else {
            img = arImg[RUN][animNum];
        }
    }

    //-----------------------------
    // 비트맵 만들기
    //-----------------------------
    private void makeBitmap(Context context) {
        Bitmap tmp = BitmapFactory.decodeResource(context.getResources(),
                                                    R.drawable.ninja);

        w = tmp.getWidth() / imgCnt;
        h = tmp.getHeight() / 2;
```

```
            // 이미지 분리
            for (int i = 0; i < 2; i++) {
                for (int j = 0; j < imgCnt; j++)
                arImg[i][j] = Bitmap.createBitmap(tmp, w * j, i * h, w, h);
            }

            // 초기 이미지
            w /= 2;
            h /= 2;
            img = arImg[1][1];
        }

        //----------------------------
        // 이동 방향, Jump <-- Touch Event
        //----------------------------
❶   public void setAction(boolean btnLeft, boolean btnRight, boolean btnJump) {
            // 왼쪽으로 이동
❷       if (btnLeft) {
            dir.x = -1;
            isLeft= true;
        }

            // 오른쪽으로 이동
❸       if (btnRight) {
            dir.x = 1;
            isLeft = false;
        }

            // 정지
            if (!btnLeft && !btnRight) {
                dir.x = 0;
            }

            // 2단 점프 허용
❹       if (btnJump && jumpCnt < 2) {
            dir.y = -speedJump;
            animNum = 0;
            jumpCnt++;

            isJump = true;
        }
    }


} // Ninja
```

❶ 각 버튼의 변수 isPress가 boolean형으로 전달된다.

❷❸ 왼쪽과 오른쪽 버튼을 독립적으로 처리하므로, 버튼을 누른 상태에서 다른 버튼을 누르면 닌자는
나중에 누른 버튼의 방향으로 이동할 것이다. ❷, ❸의 조건을 각각 (btnLeft && !btnRight),
(btnRight && !btnLeft)로 설정하면 나중에 누른 버튼을 무시한다.

❹ jumpCnt와 비교하는 값을 높이면 3단, 4단 점프도 가능해진다.

GameView에 닌자의 인스턴스를 만들고 화면에 표시한다.

```java
public class GameView extends View {
    .....................
    // 닌자
    static public Ninja ninja;    ← 추가

    // View의 크기 구하기
    @Override
    protected void onSizeChanged(int w, int h, int oldw, int oldh) {
        .....................
        // 닌자
        ninja = new Ninja(context, w, h);    ← 추가

        // 스레드 기동
        .....................
    }

    // 화면 그리기
    @Override
    protected void onDraw(Canvas canvas) {
        // Ninja    ← 추가
        canvas.save();
        if (ninja.isLeft) {
            canvas.scale(-1, 1, ninja.x, ninja.y);
        }
        canvas.drawBitmap(ninja.img, ninja.x - ninja.w, ninja.y - ninja.h, null);
        canvas.restore();

        // 버튼
        .....................
    }

    // 이동
    private void moveObject() {
        ninja.update();    ← 추가
    }

    // Touch Event
    @Override
    public boolean onTouchEvent(MotionEvent event) {
        .....................
        // 닌자의 액션 설정    ← 추가
        ninja.setAction( btnLeft.isTouch, btnRight.isTouch, btnJump.isTouch );
        return true;
    }

} // GameView
```

이제 프로젝트를 실행하면 버튼으로 닌자를 이동하고 점프할 수 있다. 안드로이드의 AVD에
서는 동시에 두 개의 버튼을 누를 수 없으므로 달리는 도중의 점프를 시도할 수 없지만, 모바
일 디바이스에서 실행하면 이동 버튼을 누른 상태에서 점프 버튼으로 닌자를 점프한다. 점프

는 버튼을 놓을 때 처리하기 위해 Touch Event에 btnJump.action(id, !isTouch, x, y)로 되어 있음에 주의한다.

그림 17-4 점프 버튼으로 2단 점프를 할 수 있다.

17.2.3 배경 하늘 만들기

배경 하늘은 닌자가 정지하면 왼쪽으로 스크롤하고, 닌자가 달리면 반대 방향으로 스크롤한다. 배경 하늘의 이미지는 한 장이므로 두 장으로 만들어서 스크롤한다. 배경 하늘을 스크롤하는 방법은 앞의 프로젝트에서 배경을 스크롤하는 것과 같다.

```
Sky.java

public class Sky {
    // 화면 크기
    private int w, h;

    // 비트맵, 이미지 수
    private Bitmap[] arSky = new Bitmap[2];
    private int imgCnt = 2;

    // Offset, 이미지 번호
    private float offset;
    private int imgNum1, imgNum2;

    // 스크롤 방향, 속도
    private int dir;
    private int speed = 25;

    //----------------------------
    // 생성자
    //----------------------------
    public Sky(Context context, int width, int height) {
        w = width;
        h = height;
```

```java
        makeBitmap(context);
    }


    //----------------------------
    // update <-- Thread
    //----------------------------
    public void update() {
        scroll();
    }


    //----------------------------
    // draw <-- OnDraw
    //----------------------------
    public void draw(Canvas canvas) {
        canvas.drawBitmap(arSky[imgNum1], -offset, 0, null);
        canvas.drawBitmap(arSky[imgNum1], w - offset, 0, null);
    }


    //----------------------------
    // scroll
    //----------------------------
    private void scroll() {
        // 닌자의 이동 방향
        dir = (int) GameView.ninja.dir.x;

        // 정지이면 왼쪽으로 스크롤
        if (dir == 0) {
            dir = 1;
        }

        offset += dir * speed * Time.deltaTime;

        switch (dir) {
        case 1 : // 왼쪽으로 스크롤
            if (offset > w) {
                offset -= w;
                imgNum1 = MathF.repeat(imgNum1++, imgCnt);
            }

            imgNum2 = imgNum1 + 1;
            if (imgNum2 >= imgCnt) imgNum2 = 0;
            break;
        case -1 : // 오른쪽으로 스크롤
            if (offset < 0) {
                offset += w;
                imgNum1--;
                if (imgNum1 < 0) imgNum1 = imgCnt - 1;
            }

            imgNum2 = imgNum1 - 1;
            if (imgNum2 < 0) imgNum2 = imgCnt - 1;
        }
    }
```

```
//------------------------------
// 비트맵 만들기
//------------------------------
private void makeBitmap(Context context) {
    Bitmap tmp = BitmapFactory.decodeResource(context.getResources(),
                                              R.drawable.sky);

    arSky[0] = Bitmap.createScaledBitmap(tmp, w, (int) (h * 0.4f), true);
    arSky[1] = arSky[0];
}

} // Sky
```

GameView에 Sky의 인스턴스를 만들고 화면에 표시한다.

```
public class GameView extends View {
    ....................
    private Sky sky;   ← 추가

    // View의 크기 구하기
    @Override
    protected void onSizeChanged(int w, int h, int oldw, int oldh) {
        ....................
        ninja = new Ninja(context, w, h);
        sky = new Sky(context, w, h);   ← 추가
        ....................
    }

    // 화면 그리기
    @Override
    protected void onDraw(Canvas canvas) {
        sky.draw(canvas);   ← 추가
        ....................
    }

    // 이동
    private void moveObject() {
        ninja.update();
        sky.update();   ← 추가
    }

} // GameView
```

프로젝트를 실행하면 배경 하늘은 닌자가 달리는 반대 방향으로 스크롤되지만, 닌자가 정지하면 왼쪽으로 스크롤되는 것을 확인할 수 있다.

그림 17-5 **닌자가 정지하면 배경 하늘은 왼쪽으로 스크롤된다.**

17.2.4 배경 만들기

배경은 앞의 프로젝트에 사용한 것과 같으므로 그것을 복사해서 사용한다. 원경의 하늘이 별도로 분리되었으므로 이미지의 크기만 수정하면 된다.

```
Fields.java

public class Fields {
    ....................
    // draw <-- OnDraw
    public void draw(Canvas canvas) {
        // 원경
        canvas.drawBitmap(far[farNum1], -ofsFar, h * 0.14f, null);
        canvas.drawBitmap(far[farNum2], w - ofsFar, h * 0.14f, null);

        // 근경
        canvas.drawBitmap(near[nearNum1], -ofsNear, h * 0.6f, null);
        canvas.drawBitmap(near[nearNum2], w - ofsNear, h * 0.6f, null);
    }

    // 비트맵 만들기
    private void makeBitmap(Context context) {
        // 원경
        for (int i = 0; i < 2; i++) {
            ....................
            far[i] = Bitmap.createScaledBitmap(tmp, w, h / 2, true);
        }

        // 근경
        for (int i = 0; i < 2; i++) {
            ....................
            near[i] = Bitmap.createScaledBitmap(tmp, w, (int) (h * 0.4f), true);
        }
    }

} // Fields
```

GameView에서 배경의 인스턴스를 만들고 화면에 표시한다.

```java
public class GameView extends View {
    ......................
    private Fields fields;  ← 추가

    // View의 크기 구하기
    @Override
    protected void onSizeChanged(int w, int h, int oldw, int oldh) {
        ......................
        fields = new Fields(context, w, h);  ← 추가

        // 버튼 만들기
    }

    // 화면 그리기
    @Override
    protected void onDraw(Canvas canvas) {
        sky.draw(canvas);
        fields.draw(canvas);  ← 추가
        ......................
    }

    // 이동
    private void moveObject() {
        ......................
        fields.update();  ← 추가
    }

} // GameView
```

이것으로 프로젝트가 완성되었다. 닌자는 항상 달리고 있고, 버튼으로 달리는 방향만 바꿀 경우에는 프로젝트를 다음과 같이 수정하면 될 것이다.

```java
public class Ninja {
    ......................

    // 초기 이동 방향은 오른쪽
    public PointF dir = new PointF(1, 0);  ← 수정

    // 이동 방향, Jump <-- Touch Event
    public void setAction(boolean btnLeft, boolean btnRight, boolean btnJump) {
        ......................
        // 정지  ← dir.x가 0이 되는 조건을 없앤다.
        // if (!btnLeft && !btnRight) {
        //    dir.x = 0;
        // }
    }

} // Ninja
```

GameView의 터치 이벤트 수정도 필요하다. !isTouch는 버튼을 놓을 때의 이벤트를 처리하는 것이므로 다음과 같이 수정한다.

```java
// Touch Event
@Override
public boolean onTouchEvent(MotionEvent event) {
    .........................
    // 각각의 버튼에 통지
    btnLeft.action(id, !isTouch, x, y);
    btnRight.action(id, !isTouch, x, y);
    btnJump.action(id, !isTouch, x, y);
}
```

476 제17장 버튼의 활용

제 **18** 장

블록 격파

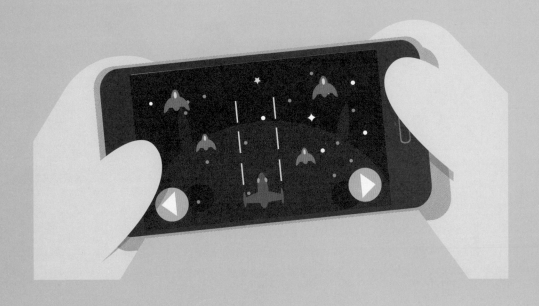

18.1 게임의 개요

블록 격파 게임은 1976년 아타리가 개발한 BreakOut이 효시이며, 우리나라에는 1986년 일본
타이토의 알카노이드(Arkanoid)가 널리 알려졌다. ◀File▶ 18_BreakOut

그림 18-1 게임은 여러 스테이지로 구성된다.

이 프로젝트는 다음과 같은 이미지와 사운드 등이 필요하다.

그림 18-2 프로젝트에 필요한 이미지 리소스

18.1.1 게임의 요구 사항

이 프로젝트는 다음과 같은 조건에서 실행될 수 있도록 한다.

- 게임의 스테이지는 여러 개가 있다.

- 벽돌은 세 종류가 있으며, 파괴 강도가 다르다. 벽돌을 모두 제거하면 다음 스테이지가 시작된다.

- 공이 벽돌이나 패들과 충돌하면 공의 속도가 조금씩 빨라지며, 충돌 사운드와 진동 (Vibration)을 발생한다.

- 배경 음악, 사운드, 진동 효과는 게임 시작 화면에서 On/Off할 수 있다.

- 패들로 공을 받지 못하면 공을 잃게 되고, 세 개의 공을 모두 잃으면 게임 오버이다.

- 게임 오버가 되면 Demo Mode가 되며, 게임을 계속할 것인지를 선택하는 메시지를 표시한다.

18.1.2 프로젝트의 구성

게임의 요구 사항을 반영해서 이 프로젝트는 다음과 같이 구성할 것이다.

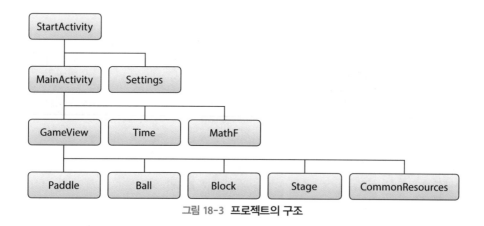

그림 18-3 **프로젝트의 구조**

18.2 기본적인 구성

새로운 프로젝트를 만들고, GameView, Time, MathF Class를 추가한 상태에서 시작한다. 프로젝트는 패들, 공, 벽돌, 스테이지 순서로 만들면서 세부적인 동작을 테스트할 것이다. 이 게임은 단말기의 제목 표시줄을 없애고 세로 모드로 고정한다.

18.2.1 게임의 기본 설정

단말기의 화면을 세로 모드로 고정하고, [Back] 키를 누르면 액티비티를 종료하는 코드를 추가한다.

MainActivity.java

```java
public class MainActivity extends AppCompatActivity {

    @Override
    protected void onCreate(Bundle savedInstanceState) {
        super.onCreate(savedInstanceState);
        setRequestedOrientation(ActivityInfo.SCREEN_ORIENTATION_PORTRAIT);
        setContentView(R.layout.activity_main);

        // Statusbar 감추기
        getWindow().setFlags(WindowManager.LayoutParams.FLAG_FULLSCREEN,
                                    WindowManager.LayoutParams.FLAG_FULLSCREEN);
        getSupportActionBar().hide();
    }

    @Override
    public void onBackPressed() {
        finish();
    }

} // MainActivity
```

18.2.2 게임의 환경 설정

게임의 배경 음악, 사운드. 진동 상태를 나타내는 Class를 만든다. 이 기능을 On/Off하는 것은 나중에 만들 것이다.

```java
public class Settings {
    static public boolean isMusic = true;
    static public boolean isSound = true;
    static public boolean isVib = true;
} // Settings
```

18.2.3 공용 리소스 만들기

게임에 필요한 비트맵 이미지와 사운드를 공용 리소스에 저장한다.

```java
public class CommonResources {
    // Paddle
❶  static public Bitmap[] arPaddle = new Bitmap[3];

    // Ball, Ball Icon
    static public Bitmap ball;
❷  static public Bitmap ballIcon;
    static public int br;

    // Block
    static public Bitmap[] arBlock = new Bitmap[3];
    static public int bw, bh;

    // 배경
❸  static public Bitmap[] arBack = new Bitmap[4];

    // 사운드, 사운드 id
    static private SoundPool mSound;
❹  static private int[] sndId = new int[5];

    // 진동
    static private Vibrator vib;

    //-----------------------------
    // Set <-- GameView
    //-----------------------------
❺  static public void set(Context context, int scrW, int scrH) {
        makePaddle(context);
        makeBall(context);
        makeBlock(context, scrW, scrH);
        makeBackground(context, scrW, scrH);
        makeSound(context);
    }

    //-----------------------------
    // 패들
    //-----------------------------
```

```java
static private void makePaddle(Context context) {
    for (int i = 0; i < 3; i++) {
        arPaddle[i] = BitmapFactory.decodeResource(context.getResources(),
                                        R.drawable.paddle1 + i);
    }
}

//-----------------------------
// 볼
//-----------------------------
static private void makeBall(Context context) {
    ball = BitmapFactory.decodeResource(context.getResources(), R.drawable.ball);
    br = ball.getWidth() / 2;

    // Ball Icon
    ballIcon = Bitmap.createScaledBitmap(ball, br, br, true);
}

//-----------------------------
// 블록
//-----------------------------
private static void makeBlock(Context context, int scrW, int scrH) {
    int w = scrW / 6;
    int h = scrH / 20;

    for (int i = 0; i < 3; i++) {
        Bitmap tmp = BitmapFactory.decodeResource(context.getResources(),
                                            R.drawable.block1 + i);
        arBlock[i] = Bitmap.createScaledBitmap(tmp, w, h, true);
    }

    bw = w / 2;
    bh = h / 2;
}

//-----------------------------
// 배경
//-----------------------------
private static void makeBackground(Context context, int scrW, int scrH) {
    for (int i = 0; i < 4; i++) {
        Bitmap tmp = BitmapFactory.decodeResource(context.getResources(),
                                            R.drawable.back1 + i);
        arBack[i] = Bitmap.createScaledBitmap(tmp, scrW, scrH, true);
    }
}

//-----------------------------
// Sound
//-----------------------------
static private void makeSound(Context context) {
    // 롤리팝 이전 버전인가?
    if (Build.VERSION.SDK_INT < Build.VERSION_CODES.LOLLIPOP) {
        mSound = new SoundPool(5, AudioManager.STREAM_MUSIC, 1);
    } else {
```

```java
        AudioAttributes attributes = new AudioAttributes.Builder()
                .setContentType(AudioAttributes.CONTENT_TYPE_MUSIC)
                .setFlags(AudioAttributes.FLAG_AUDIBILITY_ENFORCED)
                .setUsage(AudioAttributes.USAGE_GAME)

                .build();
        mSound = new SoundPool.Builder().setAudioAttributes(attributes)
                                                .setMaxStreams(5).build();
    }

    // 사운드 종류 - 0: 벽, 123: 블록, 4: 패들
    for (int i = 0; i < 5; i++) {
        sndId[i] = mSound.load(context, R.raw.sound1 + i, 1);
    }

    // 진동
    vib = (Vibrator) context.getSystemService(Context.VIBRATOR_SERVICE);
}

//---------------------------
// Sound, 진동
//---------------------------
static public void sndPlay(int kind) {
    if (Settings.isSound) {
        mSound.play(sndId[kind], 0.9f, 0.9f, 1, 0, 1);
    }

    // 30/1000초 진동
    if (Settings.isVib) {
        vib.vibrate(30);
    }
}

} // CommonResources
```

❶ 패들의 크기는 세 가지이므로 각각의 이미지를 배열에 저장한다. 패들의 폭은 패들의 종류를 설정할 때 계산할 것이므로 패들의 크기는 저장할 필요가 없다.

❷ ballIcon은 게임 화면의 아래에 남은 공의 수를 표시할 이미지로, 공의 비트맵을 축소해서 만든다.

❸ 게임의 배경은 화면 전체로 확대할 것이므로 크기를 저장할 필요가 없다.

❹ 게임의 사운드는 공이 벽(0), 블록(1~3), 패들(4)과 충돌할 때 발생하므로 각각의 사운드 id를 배열에 저장한다.

❺ 배경 이미지를 화면 전체로 확대해야 하므로 함수를 호출할 때 Context와 함께 화면의 크기를 알려주어야 한다.

18.2.4 단말기의 진동 설정

AVD는 진동(Vibrator)을 지원하지 않지만, 실제의 단말기에서 진동을 사용하려면 Android Manifests에서 이와 관련된 권한 설정이 필요하다. 권한 설정이 없으면 진동이 무시된다.

AndroidManifests.xml

```xml
<?xml version="1.0" encoding="utf-8"?>
<manifest xmlns:android="http://schemas.android.com/apk/res/android"
    package="my.com.breakout">

    <uses-permission android:name="android.permission.VIBRATE" />  ← 추가

    <application
        ....................
    </application>

</manifest>
```

18.2.5 GameView

GameView를 먼저 만든다.

1 변수 추가

게임에 필요한 변수를 종류별로 추가한다. static 변수는 외부에서 직접 참조하거나 외부에서 실행하는 static 함수에서 참조하는 변수이다.

GameView.java

```java
public class GameView extends View {
    // Context, Thread
    private Context context;
    private GameThread mThread;

    // 화면 크기, 배경 이미지
    private int w, h;
    static private Bitmap imgBack;

    // 남은 공 수, 스테이지
    static private int ballCnt;
    static public int stageNum;

    // 데모 모드, Delay
❶   static public boolean isDemo;
❷   static private float delaySpan;
```

```
        // 점수
        static public int score;
        static public int hitCnt;

        // 점수 출력용 문자열
❸       static private String sStage, sScore, sHit, msg;
❹       static private DecimalFormat decFormat = new DecimalFormat("#,##0");

        // Paint, Media Player
        private Paint paint = new Paint();
❺       private Paint stroke = new Paint();
        private MediaPlayer mPlayer;

}   // GameView
```

❶ 게임 오버가 될 때 Demo Mode 설정용 변수이다.

❷ Demo Mode일 때 잠시 터치 이벤트를 무시하기 위한 지연 시간이다.

❸ 점수가 화면 표시 형태로 변환된 변수이다.

❹ 숫자를 출력할 때 세 자리마다 ','를 넣기 위한 포맷 코드이다(점수 출력용).

❺ 외곽선 문자를 출력하기 위한 Paint이다.

2 생성자, View 크기 구하기

생성자와 View의 크기를 구하고, 일정한 시간 동안 터치 이벤트를 무시하기 위한 함수이다.
특별한 내용은 없다.

```
// 생성자
public GameView(Context context, AttributeSet attrs) {
    super(context, attrs);
    this.context = context;
}

// View의 크기 구하기
@Override
protected void onSizeChanged(int w, int h, int oldw, int oldh) {
    super.onSizeChanged(w, h, oldw, oldh);

    this.w = w;      // 화면의 폭과 높이
    this.h = h;

    initGame();      // 게임 초기화
    makeStage();     // 스테이지 만들기

    // 스레드 기동
    if (mThread == null) {
        mThread = new GameThread();
        mThread.start();
```

```
        }
    }

    // View의 종료
    @Override
    protected void onDetachedFromWindow() {
        mPlayer.stop();
        mThread.canRun = false;
        super.onDetachedFromWindow();
    }

    // Delay - Touch Event 무시용
    static private void delay(float span) {
        delaySpan = span;
    }
```

3 게임 초기화, 스테이지 만들기

게임 초기화와 스테이지를 만드는 함수를 추가한다. static 변수는 생성될 때 한 번 초기화되므로 GameView가 다시 호출되면 직전의 값이 유지된다. 따라서 GameView가 호출될 때마다 static 변수를 초기화시켜야 한다.

```
    // 게임 초기화
    private void initGame() {
        stageNum = 0;
        ballCnt = 2;
        isDemo = false;

        // 점수
        score = 0;
        hitCnt = 0;
        msg = "계속하시겠습니까?\n[Touch] 다시 시작\n[Back Key] 종료";

        // Paint
        paint.setTextSize(60);
 ❶      paint.setColor(0xff000080);
 ❷      paint.setTypeface(Typeface.DEFAULT_BOLD);

        // 윤곽선 문자
        stroke.setTextSize(60);
        stroke.setColor(Color.WHITE);
        stroke.setTypeface(Typeface.DEFAULT_BOLD);

        stroke.setTextAlign(Paint.Align.CENTER);
 ❸      stroke.setStyle(Paint.Style.STROKE);
        stroke.setStrokeWidth(10);

        // Media Player
        mPlayer = MediaPlayer.create(context, R.raw.rondo);
```

```
        mPlayer.setLooping(true);
    ❹ if (Settings.isMusic) mPlayer.start();

        setScore();      // 점수 만들기

        // Game Object
        CommonResources.set(context, w, h);
    }

    // 점수 만들기 <-- Ball, Block
    static public void setScore() {
    ❺ sScore = String.format("Score : %s", decFormat.format(score) );
        sHit = String.format("Hit : %d", hitCnt);
    ❻ sStage = String.format("Stage : %d", stageNum + 1);
    }

    // Stage 만들기 <-- Ball
    static public void makeStage() {
        // 배경
        imgBack = CommonResources.arBack[stageNum % 4];
    }

    // 게임 오버? <-- Ball
    static public void checkOver() {

    }
```

❶ 글자 색은 진한 군청색

❷ 글자 속성은 진하게

❸ 글자의 Outline 속성 설정

❹ Settings의 설정에 따라 배경 음악 On/Off

❺ 점수에 세 자리마다 ‘,’넣기. decFormat은 변수 영역에 DecimalFormat("#,##0")으로 설정되어 있다.

❻ stage는 0부터 시작하므로 화면에는 1부터 시작하는 것으로 표시한다.

4 화면 그리기, 공의 이동, 블록 삭제

점수는 배경 이미지 위에 출력하므로 글자 주변에 특정한 색으로 윤곽선(Outline)을 그려 주면 좋을 것이다. Paint.Style.STROKE로 글자의 윤곽선을 먼저 출력한 후, 그 위에 지정한 색의 글자를 다시 출력하면 원하는 결과를 얻을 수 있다.

```
    // 화면 그리기
    @Override
    protected void onDraw(Canvas canvas) {
        canvas.drawBitmap(imgBack, 0, 0, null);

        // 스코어
        paint.setTextAlign(Paint.Align.LEFT);
```

```java
            stroke.setTextAlign(Paint.Align.LEFT);
            canvas.drawText(sScore, 20, 80, stroke);
            canvas.drawText(sScore, 20, 80, paint);

            paint.setTextAlign(Paint.Align.CENTER);
            stroke.setTextAlign(Paint.Align.CENTER);
            canvas.drawText(sHit, w / 2, 80, stroke);
            canvas.drawText(sHit, w / 2, 80, paint);

            paint.setTextAlign(Paint.Align.RIGHT);
            stroke.setTextAlign(Paint.Align.RIGHT);
            canvas.drawText(sStage, w - 20, 80, stroke);
            canvas.drawText(sStage, w - 20, 80, paint);

            // 공 아이콘(남은 공 수) - 화면 왼쪽 아래
            int r = CommonResources.br + 10;
            for (int i = 1; i <= ballCnt; i++) {
                canvas.drawBitmap(CommonResources.ballIcon, i * r, h - r * 1.5f, null);
            }
        }
    }

    // 이동
    private void moveObject() {

    }

    // 파괴된 블록 삭제
    private void removeDead() {

    }
```

5 Touch Event와 Thread

Touch Event는 비워 두고, Thread는 위의 함수를 반복 실행하도록 구성한다.

```java
    // Touch Event
    @Override
    public boolean onTouchEvent(MotionEvent event) {
        return true;
    }

    // Thread
    class GameThread extends Thread {
        public boolean canRun = true;

        @Override
        public void run() {
            while (canRun) {
                try {
                    Time.update();        // deltaTime 계산
                    delaySpan -= Time.deltaTime;
```

```
                moveObject();
                removeDead();
                postInvalidate();    // 화면 그리기
                sleep(5);
            } catch (Exception e) {
                // nothing
            }
        }
    }
} // Thread
```

프로젝트를 실행하고 배경과 점수 등에 제대로 출력되는지 또 배경 음악이 재생되는지 등을 확인한다. initGame( )의 변수 stageNum의 값을 0~3으로 변경하면서 실행하여 게임의 배경이 제대로 나타나는지도 확인한다.

그림 18-4 **프로젝트 실행 결과**

18.2.6 패들 만들기

Paddle Class를 만든다. 패들은 좌우로만 이동하며, 패들을 이동할 때 가속 처리를 한다. 이렇게 하면 가까운 거리는 천천히 이동하지만, 먼 거리는 빨리 이동하므로 패들을 제어하기 쉬워질 것이다.

1 Paddle Class

화면을 누르고 있으면 패들은 그 방향으로 이동하고, 화면에서 손을 떼면 정지한다. 화면의
가로 폭을 기준으로 해서 왼쪽 절반 영역을 누르면 왼쪽, 오른쪽 절반 영역은 오른쪽으로 이
동하도록 구성한다.

Paddle.java

```java
public class Paddle {
    // 화면의 크기
    private int scrW, scrH;

    // 이동 방향(-1, 0, 1), 속도
    private int dirX = 0;
    private final int MIN_SPEED = 300;
    private final int MAX_SPEED = 1500;
    private float speed = MIN_SPEED;

    // 위치, 비트맵, 크기
    public float x, y;
    public Bitmap img;
    public int w, h;

    //----------------------------
    // 생성자
    //----------------------------
    public Paddle(int scrWidth, int scrHeight) {
        scrW = scrWidth;
        scrH = scrHeight;

        setPaddle(0);    // 패들 종류
    }

    //----------------------------
    // 이동
    //----------------------------
    public void update() {
        speed = MathF.lerp(speed, MAX_SPEED, 2 * Time.deltaTime);
        x += dirX * speed * Time.deltaTime;

        // 화면을 벗어나면 정지
        if (x < w || x > scrW - w) {
            x -= dirX * speed * Time.deltaTime;
            dirX = 0;
        }
    }

    //----------------------------
    // 초기 위치 <-- Ball
    //----------------------------
    public void reset() {
        x = scrW / 2;
```

```java
            y = scrH * 0.94f;
        }

        //-----------------------------
        // 충돌 판정 <-- Ball
        //-----------------------------
        public boolean hitTest(float bx, float by, int r) {
            // 패들의 윗면이 아니면 충돌 무시
    ❶      if (by > y - h) return false;

            // 원:사각형 충돌
            return MathF.checkCollision(bx, by, r,  x, y, w, h);
        }

        //-----------------------------
        // Action <-- Touch Event
        //-----------------------------
        public void action(boolean isPress, float tx) {
            if (isPress) {    // ACTION_DOWN
    ❷          dirX = (tx < scrW / 2) ? -1 : 1;
            } else {          // ACTION_UP
    ❸          dirX = 0;
                speed = MIN_SPEED;
            }
        }

        //-----------------------------
        // SetPaddle <-- GameView
        //-----------------------------
        public void setPaddle(int stageNum) {
    ❹      int n = Math.min(2, stageNum);
            img = CommonResources.arPaddle[n];

            w = img.getWidth() / 2;
            h = img.getHeight() / 2;

            reset();      // 초기 위치
        }

} // Paddle
```

❶ 공이 패들의 좌우 옆면이나 아래에 부딪히면 그 충돌은 무시한다.

❷ 화면의 중앙을 기준으로 좌우 이동 방향을 정한다.

❸ ACTION_UP 이벤트는 이동 방향과 속도를 초기화한다.

❹ 스테이지가 증가할수록 패들의 크기가 작아진다. 패들의 종류는 0~20이므로 최댓값을 2로 제한한다.

GameView에 패들의 인스턴스를 만들고, Touch Event와 스레드로 패들의 이동을 제어한다.

GameView.java

```java
public class GameView extends View {
    ......................
    // Paddle, Ball, Block
    static public Paddle paddle;   ← 추가

    // 게임 초기화
    private void initGame() {
        ......................
        CommonResources.set(context, w, h);
        paddle = new Paddle(w, h);   ← 추가
    }

    // Stage 만들기 <-- Ball
    static public void makeStage() {
        imgBack = CommonResources.arBack[stageNum % 4];
        paddle.setPaddle(stageNum);   ← 추가

    }

    // 화면 그리기
    @Override
    protected void onDraw(Canvas canvas) {
        ......................
        // Paddle   ← 추가
        canvas.drawBitmap(paddle.img, paddle.x - paddle.w, paddle.y - paddle.h,
                                                                          null);
    }

    // 이동
    private void moveObject() {
        paddle.update();   ← 추가
    }

    // Touch Event
    @Override
    public boolean onTouchEvent(MotionEvent event) {
        float x = event.getX();
        float y = event.getY();

        // 패들 이동
        boolean isPress = (event.getAction() != MotionEvent.ACTION_UP);
        paddle.action( isPress, x );

        return true;
    }
```

프로젝트를 실행하고 화면의 좌우를 터치해서 패들을 이동할 수 있는지, 패들의 이동 속도가 적당한지 확인한다. initGame( )의 stageNum을 0~3으로 변경하면서 실행하여 패들의 크기가 작아지는지도 확인한다.

그림 18-5 **패들의 크기와 이동 방향**

18.2.7 공 만들기

공이 패들과 충돌할 때 정반사하면, 공의 궤적이 고정되어 특정한 위치에 있는 블록과는 충돌하지 않을 수 있다. 공이 패들과 충돌할 때 공을 난반사시켜서 이런 문제가 발생하지 않도록 한다.

그림 18-6 **공의 반사**

1 Ball Class

공이 좌우의 벽과 충돌하면 정반사, 패들과 충돌하면 난반사이다. 공이 패들과 충돌하면 공의 속도를 조금씩 높인다. 공의 초기 위치는 패들의 중앙 위이며, 공 주변을 터치하면 공을 발사한다.

```java
public class Ball {
    // 화면 크기
    private int scrW, scrH;
    Random rnd = new Random();

    // 이동 방향, 속도
    PointF dir = new PointF();
    public float speed = 800;

    // 위치, 이미지, 반지름
    public float x, y;
    public Bitmap img;
    public int r;

    // 공이 화면 아래를 벗어났나?
    public boolean isOut = true;

    //----------------------------
    // 생성자
    //----------------------------
    public Ball(int scrWidth, int scrHeight) {
        scrW = scrWidth;
        scrH = scrHeight;

        // 비트맵, 반지름
        img = CommonResources.ball;
        r = CommonResources.br;

        reset();      // 초기 위치는 패들 위
    }

    //----------------------------
    // 이동
    //----------------------------
    public void update() {
        if (isOut) return;

        // 이동
        x += dir.x * Time.deltaTime;
        y += dir.y * Time.deltaTime;

        // 패들/블록과 충돌?
        if ( checkPaddle() || checkBlock() ) return;

        // 천정?
        if (y < r) {
            y -= dir.y * Time.deltaTime;
            dir.y = -dir.y;
            CommonResources.sndPlay(0);
        }

        // 좌우의 벽?
        if (x < r || x > scrW - r) {
```

```
            x -= dir.x * Time.deltaTime;
            dir.x = -dir.x;
            CommonResources.sndPlay(0);
        }


        // 화면 아래를 벗어남
        if (y > scrH + r * 4) {
            GameView.paddle.reset();
            isOut = true;

            // 게임 오버인가?
            GameView.checkOver();
        }
    }

    //----------------------------
    // 패들과 충돌 판정
    //----------------------------
    private boolean checkPaddle() {
        if ( !GameView.paddle.hitTest(x, y, r) ) return false;

        // Sound, 스테이지 클리어?
        CommonResources.sndPlay(4);
        if ( isClear() ) return true;

        setDir();   // 반사 방향 설정
        if (!GameView.isDemo) speed += 4;
        return true;
    }

    //----------------------------
    // 스테이지 클리어?
    //----------------------------
    private boolean isClear() {
        return false;
    }


    //----------------------------
    // 블록과 충돌 판정
    //----------------------------
    private boolean checkBlock() {
        return false;
    }

    //----------------------------
    // 패들에서 반사 <-- 패들, Touch
    //----------------------------
    private void setDir() {
        // 이동 방향 (30 ~ 150)
        float rad = (float) Math.toRadians(rnd.nextInt(120) + 30);
        dir.x = (float) Math.cos(rad) * speed;
        dir.y = -(float) Math.sin(rad) * speed;
    }
```

```
//----------------------------
// 초기화 <-- Paddle
//----------------------------
public void reset() {
    // 패들 위에 공 놓기
    isOut = true;
    x = GameView.paddle.x;
    y = GameView.paddle.y - GameView.paddle.h - r;
    dir.set(0, 0);
}

//----------------------------
// 발사 <-- Touch Event
//----------------------------
public boolean start(float tx, float ty) {
    // 공이 이동 중이면 이벤트 무시
    if (!isOut) return false;

    // 공 주변을 터치했는가?
    if ( MathF.hitTest(x, y, r * 10, tx, ty) ) {
        setDir();
        isOut = false;
    }

    return !isOut;
}

} // Ball
```

2 GameView의 처리

공의 인스턴스를 만들고, 화면 그리기, 이동, Touch Event에서 공의 발사 처리를 추가한다.

GameView.java

```
public class GameView extends View {
    ..............
    // Paddle, Ball
    static public Paddle paddle;
    static public Ball ball;    ◀ 추가

    // 게임 초기화
    private void initGame() {
        ..............
        ball = new Ball(w, h);    ◀ 추가
    }

    // 화면 그리기
    @Override
    protected void onDraw(Canvas canvas) {
        // Paddle, Ball
```

```
        canvas.drawBitmap(paddle.img, paddle.x - paddle.w, paddle.y - paddle.h, null);
        canvas.drawBitmap(ball.img, ball.x - ball.r, ball.y - ball.r, null);  ← 추가
    }

    // 이동
    private void moveObject() {
        paddle.update();
        ball.update();  ← 추가
    }

    // Touch Event
    @Override
    public boolean onTouchEvent(MotionEvent event) {
        float x = event.getX();
        float y = event.getY();

        // 공 터치인가?  ← 추가
        if (event.getAction() == MotionEvent.ACTION_DOWN) {
            if ( ball.start(x, y) ) return true;
        }
        ........................
    }

} // GameView
```

3 Paddle의 처리

공을 발사하지 않았으면, 패들을 이동할 때 공도 함께 이동하는 처리를 추가한다.

```
Paddle.java

// 이동
public void update() {
    // 패들 이동
    speed = MathF.lerp(speed, MAX_SPEED, 2 * Time.deltaTime);
    x += dirX * speed * Time.deltaTime;

    if (GameView.ball.isOut) {  ← 추가
        GameView.ball.reset();
    }
    ........................
}
```

이제 프로젝트를 실행하면 패들을 이동할 때 공이 함께 이동하고, 공 근처를 터치해서 공을
발사할 수 있다. 공이 화면 아래쪽을 벗어나면 공과 패들이 초기화된다.

그림 18-7 **공을 발사하지 않으면 패들과 함께 이동한다.**

18.2.8 블록 만들기

공과 블록의 충돌은 '원:사각형'의 충돌 판정으로 충돌 여부를 알 수 있지만, 공이 블록의 어느 부분과 충돌했는지를 판정해야 한다.

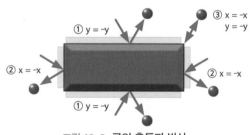

그림 18-8 **공의 충돌과 반사**

위의 그림에서 보는 것처럼, 공이 블록의 위아래 면과 충돌하면 상하 이동 방향이 바뀌고, 좌우의 면과 충돌하면 좌우 이동 방향이 바뀐다. 블록의 모서리에 충돌하는 경우 상하좌우의 방향이 바뀌므로 왔던 방향으로 되돌아갈 것이다. 공이 1픽셀씩 이동하는 것이 아니므로 블록과 겹쳐지는 것을 감안해서 판정해야 한다. 공의 중심이 위 그림의 하늘색 영역에 있으면 충돌로 처리한다.

▶ Block Class

블록의 종류는 세 가지이고, 화면에는 여러 개의 블록이 있으므로 각각의 블록은 자신의 종류와 좌표를 알고 있어야 한다.

```java
Block.java
public class Block {
    // 블록 번호, 충돌 횟수
    private int kind;
    private int hitCnt;

    // 비트맵, 위치, 크기
    public Bitmap img;
    public float x, y;
    public int w, h;

    // 점수, 소멸?
    public int score;
    public boolean isDead;

    //-----------------------------
    // 생성자 - 번호, 좌표
    //-----------------------------
    public Block(int kind, float bx, float by) {
        this.kind = kind;
        x = bx;
        y = by;

        img = CommonResources.arBlock[kind - 1];
        w = CommonResources.bw;
        h = CommonResources.bh;

        // 충돌 횟수, 점수
        hitCnt = kind;
        score = kind * 10;
    }

    //-----------------------------
    // 충돌 판정 <-- Ball
    //-----------------------------
    public int getHit(float bx, float by, int r) {
        // 원:사각형 충돌 판정
        if ( !MathF.checkCollision(bx, by, r, x, y, w, h) ) {
            return 0;
        }

        // 충돌 방향 - 모서리
        int result = 3;
        float d = r * 0.6f;   // 충돌 영역 - 공 반지름의 60%
```

```
        // 좌우 면인가?
        if ( (by - d > y - h && by + d < y + h) &&
                                    (bx - d < x - w || bx + d > x + w ) ) {
            result = 2;
        } else if (bx - d >= x - w && bx + d <= x + w) {
            result = 1;
        }

        // Sound
        CommonResources.sndPlay(kind);

        // Demo Mode가 아니면 득점
        if (!GameView.isDemo) {
            GameView.score += kind;
            GameView.setScore();
        }

        // Demo Mode가 아니면 블록 소멸
        if (!GameView.isDemo && --hitCnt <= 0) {
            GameView.score += score;
            GameView.hitCnt++;
            GameView.setScore();
            isDead = true;
        }

        return result;
    }

} // Block
```

② GameView의 처리

위의 Block을 synchronizedList로 만든다.

```
GameView.java

public class GameView extends View {
    .................
    static public List<Block> mBlock =
                        Collections.synchronizedList( new ArrayList<Block>() );

    // 화면 그리기
    @Override
    protected void onDraw(Canvas canvas) {
        .................
        synchronized (mBlock) {
            for (Block tmp : mBlock) {
                canvas.drawBitmap(tmp.img, tmp.x - tmp.w, tmp.y - tmp.h, null);
            }
        }
    }
```

```
        // 파괴된 블록 삭제
        private void removeDead() {
            synchronized (mBlock) {
                for (int i = mBlock.size() - 1; i >= 0; i--) {
                    if (mBlock.get(i).isDead) {
                        mBlock.remove(i);
                    }
                }
            }
        }
```

3 Ball의 처리

공과 블록의 충돌 부분은 보류되어 있으므로 그 부분을 추가한다.

Ball.java

```
// 블록과 충돌 판정
private boolean checkBlock() {
    int n = 0;
    for (Block tmp : GameView.mBlock) {
        n = tmp.getHit(x, y, r);
        if (n > 0) break;
    }

    // 충돌 시 방향 전환
    switch (n) {
    case 1:
        dir.y = -dir.y;
        break;
    case 2:
        dir.x = -dir.x;
        break;
    case 3:
        dir.x = -dir.x;
        dir.y = -dir.y;
    }

    // Demo Mode가 아니면 충돌 시 속도 증가
    if (n > 0 && !GameView.isDemo) {
        speed += 2;
    }

    return n > 0;
}
```

Block은 ArrayList만 만들고 데이터는 저장하지 않았으므로 프로젝트를 실행해도 블록이 나타나지는 않을 것이다.

18.3 Stage 만들기

현재의 스테이지는 게임의 배경만 바뀌므로 스테이지에 블록을 배치해서 완전한 형태로 만든다.

18.3.1 Map Design

각각의 스테이지에는 블록을 지정한 형태로 배치해야 한다. 배치할 블록은 각각 좌표가 필요한데, 이것을 직접 계산하기에는 작업량이 너무 많고 번거롭다. 이런 경우에는 오브젝트의 배치 형태를 맵으로 만들고, 맵의 데이터에 의해 좌표가 계산되도록 처리하는 것이 효과적이다.

맵을 만드는 방법은 여러 가지가 있겠지만, 여기에서는 블록의 종류(1~3)와 배치 형태를 문자열로 표시하는 방법을 사용할 것이다. 맵은 행 단위의 문자열로 만든다. 예를 들면 다음과 같은 방식이다.

```
"  111111  "
"  >1...1  "
"  .1221   "
```

맵은 '123.>'의 다섯 가지 문자만 사용하며, 따옴표("") 안의 공백은 모두 무시한다. 이 문자는 다음과 같은 용도로 사용한다.

123   그 위치에 지정한 종류의 블록이 있다.

  .   블록 한 개의 공백이 있다.

  >   블록 반 개의 공백이 있다.

위의 맵 데이터는 다음과 같은 블록의 배치를 의미한다.

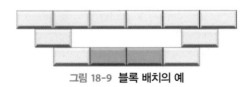

그림 18-9 **블록 배치의 예**

위와 같은 형식으로 맵 데이터를 만들면 별도의 맵 에디터가 없어도 되며, 배치될 블록의 종류와 위치를 직관적으로 확인할 수 있을 뿐만 아니라 맵을 수정하기 쉬우므로 아주 효과적이다.

18.3.2 Map 만들기

맵은 스테이지(Stage) 단위로 만들어야 하므로 2차원 배열이 된다. Java는 가변 길이 배열을 지원하므로 각각의 스테이지에 표시할 블록의 줄 수를 임의로 설정할 수 있다.

```java
public class Stage {
    // Map Data
    static private String[][] map = {
        // Stage 0
        new String[] {
            "  1 1 1 1 1 1  ",
            "  1 . . . . 1  ",
            "  1> 2 2 2 >1  ",
            "  1> 2 3 2 >1  ",
            "  1> 2 2 2 >1  ",
            "  1 . . . . 1  ",
            "  1 1 1 1 1 1  "    },

        // Stage 1
        new String[] {
            "  1 1 1 1 1 1  ",
            "  >1 2 2 2 1  ",
            "  . 1 2 2 1  ",
            "  .> 1 3 1  ",
            "  . . 3 3  ",
            "  .> 1 3 1  ",
            "  . 1 2 2 1  ",
            "  >1 2 2 2 1  ",
            "  1 1 1 1 1 1  "  },

        // Stage 2
        new String[] {
            "  > . . 1  ",
            "  . . 1 1  ",
            "  > . 1 2 1  ",
            "  . 1 2 2 1  ",
            "  > 1 2 3 2 1  ",
            "  1 2 3 3 2 1  ",
            "  > 1 2 3 2 1  ",
            "  . 1 2 2 1  "  },

        // Stage 3
        new String[] {
            "  > . 1 . 1  ",
            "  . 1 2 2 1  ",
            "  > 1 2 3 2 1  ",
            "  1 2 3 3 2 1  ",
            "  > 1 2 3 2 1  ",
            "  . 1 2 2 1  ",
            "  . > 1 2 2  ",
```

```
        "  . . 1 1       ",
        "  . . > 1       ",  }
    };

} // Stage
```

18.3.3 Stage 만들기

맵 데이터를 읽고, 블록을 ArrayList에 추가하는 과정이다.

1 Stage Class의 처리

맵 배열 아래에 다음 함수를 추가한다.

```
Stage.java
// 스테이지 만들기 <-- GameView
static public void makeStage(int stageNum) {
    // 맵을 반복해서 사용
❶   stageNum = stageNum % map.length;

    // 블록의 크기
    int w = CommonResources.bw;
    int h = CommonResources.bh;

    // 위쪽 마진 - 블록 높이*2 (블록의 y좌표)
❷   float y = h * 4;    //

    // 맵 데이터 - 스테이지 번호
❸   String[] tmp = map[stageNum];
    int n = 0;  // 블록 번호

    // 배열의 행만큼 반복
    for (int i = 0; i < tmp.length; i++) {
        String s = tmp[i].trim();    // 좌우 공백 제거
        float x = 0;                 // 각 행의 시작 x좌표

        // 글자 수만큼 반복
        for (int j = 0; j < s.length(); j++) {
❹           switch ( s.charAt(j) ) {
            case '.' :    // 한 칸 공백
                x += w * 2;
                break;
            case '>' :    // 반 칸 공백
                x += w;
                break;
            case '1' :
            case '2' :
            case '3' :    // ArrayList에 추가
```

```
 ⑤    n = Integer.parseInt( s.substring(j, j + 1) );
       GameView.mBlock.add( new Block(n, x + w, y + h) );
       x += w * 2;
    }
 } // for j

    y += h * 2;
 } // for i
}
```

❶ 스테이지 번호가 맵의 개수보다 큰 경우에는 맵을 반복해서 사용한다.

❷ 화면 위쪽의 점수 표시 영역을 고려한 것이다.

❸ 2차원 배열을 1차원 형식으로 읽으면 해당 스테이지의 맵이 통째로 읽힌다.

❹ charAt( )은 지정한 위치의 문자를 char형으로 구한다. 따라서 case문의 문자는 작은 따옴표(")를 사용해야 한다.

❺ substring( )은 지정한 범위의 문자열을 구한다.

2 GameView의 처리

GameView의 makeStage( )에서 makeStage( ) 함수를 호출하는 부분과 게임 오버를 판정하는 부분을 추가한다.

GameView.java

```
// Stage 만들기 <-- Ball
static public void makeStage() {
    ....................
 ❶ mBlock.clear();
 ❷ Stage.makeStage(stageNum);

 ❸ ball.reset();
 ❹ delay(0.5f);
}
```

---

❶ makeStage( ) 함수는 게임이 시작되거나 모든 블록을 제거한 후에 호출되므로 ❶은 없어도 된다. ❷가 mBlock과 관련된 것이라는 것을 표시하기 위한 문장으로 주석과 같은 용도이다.

❷ 스테이지를 만든다.

❸ 공을 패들 위에 놓는다.

❹ 스테이지를 만든 후 0.5초간 터치 이벤트를 무시한다.

3 Ball의 처리

스테이지 클리어 여부를 판정하는 부분을 추가한다.

```
Ball.java
// 스테이지 클리어?
private boolean isClear() {
    int cnt = GameView.mBlock.size();

    if (cnt == 0) {
        GameView.stageNum++;
        GameView.makeStage();
    }

    return cnt == 0;
}
```

이제 프로젝트를 실행하면 스테이지의 블록이 표시되고, 블록을 모두 제거하면 다음 스테이지로 넘어간다. 아직 게임 오버 처리를 하지 않았으므로 공을 놓치더라도 남은 공의 수가 줄어들지는 않을 것이다.

그림 18-10 **블록을 클리어하면 다음 스테이지로 넘어간다.**

18.4 Game Over의 처리

패들로 공을 받지 못하면 남은 공의 수가 줄어들고, 남은 공이 0보다 적으면 게임 오버이다. 게임 오버가 되면 게임을 다시 할 것인지를 묻는 메시지를 출력하고 Demo Mode로 전환한다. Demo Mode가 되면 공이 이동할 때 패들도 좌우로 이동해서 공을 받아 준다. Demo Mode는 GameView와 Paddle에서 각각 설정한다.

1 GameView의 처리

checkOver( ), onDraw( ), onTouchEvent( )에서 게임 오버 처리를 한다.

```
GameView.java
// 게임 오버? <-- Ball
static public void checkOver() {
    if (--ballCnt >= 0) return;

    // Demo Mode
    isDemo = true;
 ❶  ball.reset();
 ❷  ball.start(ball.x, ball.y);

 ❸  delay(0.5f);
}

// 화면 그리기
@Override
protected void onDraw(Canvas canvas) {
    ....................
    // 게임 오버 메시지
    if (isDemo) {
        paint.setTextSize(90);
        stroke.setTextSize(90);

        paint.setTextAlign(Paint.Align.CENTER);
        stroke.setTextAlign(Paint.Align.CENTER);

        float y = h * 0.4f;
 ❹      for (String tmp : msg.split("\n")) {
            canvas.drawText(tmp, w / 2, y, stroke);
            canvas.drawText(tmp, w / 2, y, paint);
            y += h * 0.1f;
        }

        paint.setTextSize(60);
        stroke.setTextSize(60);
    }
}
```

```
// Touch Event
@Override
public boolean onTouchEvent(MotionEvent event) {
❺ if (delaySpan > 0) return true;

❻ if (isDemo) {
        isDemo = false;
        initGame();
        makeStage();
        return true;
    }
    .....................
}
```

❶ 공을 패들 위로 이동한다.

❷ 공을 발사한다.

❸ 게임 오버 직후의 연속 터치를 무시하기 위해 0.5초간 터치 이벤트를 지연한다.

❹ drawText( )는 개행 문자('\n')를 무시하므로 행 단위로 끊어서 출력한다. split( )는 구분자를 기준으로 문자열을 잘라 배열로 만든다.

❺ 지정한 시간 동안 터치 이벤트를 무시한다.

❻ Demo Mode일 때 화면을 터치하면 게임을 다시 시작한다.

▐2▐ Paddle의 처리

Demo Mode이면 공이 이동할 때 패들도 함께 이동하는 처리를 추가한다. Demo Mode이면 패들의 x좌표를 공의 좌표와 일치시켜서 공과 패들을 동기화한다.

```
// 이동
public void update() {
    // Demo Mode인가?
    if (GameView.isDemo) {
        x = GameView.ball.x;
        return;
    }
    .......................
}
```

프로젝트를 실행하고, ballCnt로 지정한 공의 수를 초과해서 놓치면 게임 오버 메시지가 나타나는지, 또 그 상태에서 화면을 터치하면 게임이 초기화되는지 등을 확인한다.

그림 18-11 게임 오버 메시지

18.5 게임 시작 화면 만들기

이제 게임 시작 화면을 만든다. [New ➡ Activity ➡ Gallery] 메뉴를 실행하고 Empty Activity를 선택해서 새로운 액티비티를 추가한다. 액티비티의 이름은 StartActivity이다.

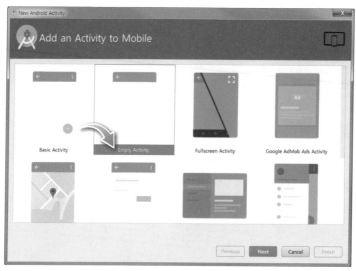

그림 18-12 새로운 Activity 추가

18.5.1 View Design

View는 layout의 배경을 이미지로 채우고, 두 개의 ImageButton, 세 개의 RadioGroup으로 구성할 것이다. 각각의 RadioGroup은 두 개의 RadioButton으로 구성된다.

그림 18-13 **View의 구성**

이 액티비티는 전체 화면을 사용하므로 View 디자인 창의 조정이 필요하다. 단말기의 종류를 AVD와 같은 것으로 설정하고, 테마는 NoActionBar.FullScreen으로 설정해야 실제의 실행 화면과 유사하게 디자인할 수 있다.

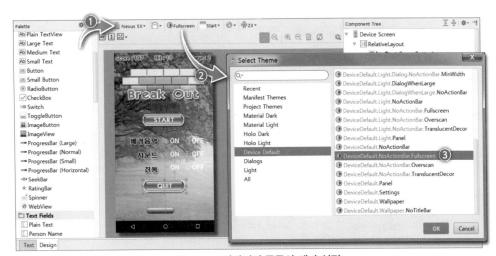

그림 18-14 **단말기의 종류와 테마 설정**

View를 만드는 과정은 생략하였으므로 완성된 xml을 참고해서 스스로 만들어 보기 바란다. 위젯의 속성을 설정한 후 복사/붙여넣기를 적절히 사용해야 한다. 디자인 창의 View는 실행 결과와 다를 수 있으므로 위젯을 배치한 후 실행해 가면서 수정하는 과정이 필요할 것이다.

```xml
activity_start.xml

<?xml version="1.0" encoding="utf-8"?>
<RelativeLayout xmlns:android="http://schemas.android.com/apk/res/android"
    xmlns:tools="http://schemas.android.com/tools"
    android:layout_width="match_parent"
    android:layout_height="match_parent"
    tools:context="my.com.breakout.StartActivity"
    android:background="@drawable/game_title">

    <ImageButton
        android:id="@+id/btnStart"
        android:layout_width="wrap_content"
        android:layout_height="wrap_content"
        android:background="@drawable/button_start"
        android:layout_alignParentTop="true"
        android:layout_centerHorizontal="true"
        android:layout_marginTop="250dp"
        android:clickable="true" />

    <RadioGroup
        android:id="@+id/Group1"
        android:layout_width="wrap_content"
        android:layout_height="wrap_content"
        android:layout_below="@+id/btnStart"
        android:layout_alignParentRight="true"
        android:layout_alignParentEnd="false"
        android:layout_marginTop="35dp"
        android:orientation="horizontal"
        android:layout_marginRight="40dp">

        <RadioButton
            android:id="@+id/radioMusic1"
            android:layout_width="wrap_content"
            android:layout_height="wrap_content"
            android:text="ON"
            android:textStyle="bold"
            android:textSize="28sp"
            android:checked="true" />

        <RadioButton
            android:id="@+id/radioMusic2"
            android:layout_width="wrap_content"
            android:layout_height="wrap_content"
            android:text="OFF"
            android:textStyle="bold"
            android:textSize="28sp"
            android:layout_marginLeft="20dp" />
```

```xml
</RadioGroup>

<RadioGroup
    android:layout_below="@+id/Group1"
    android:layout_width="wrap_content"
    android:layout_height="wrap_content"
    android:layout_marginTop="20dp"
    android:id="@+id/Group2"
    android:orientation="horizontal"
    android:layout_alignRight="@+id/Group1"
    android:layout_alignEnd="@+id/Group1">

    <RadioButton
        android:layout_width="wrap_content"
        android:layout_height="wrap_content"
        android:text="ON"
        android:id="@+id/radioSound1"
        android:textStyle="bold"
        android:textSize="28sp"
        android:checked="true" />

    <RadioButton
        android:id="@+id/radioSound2"
        android:layout_width="wrap_content"
        android:layout_height="wrap_content"
        android:text="OFF"
        android:textStyle="bold"
        android:textSize="28sp"
        android:layout_marginLeft="20dp" />
</RadioGroup>

<RadioGroup
    android:id="@+id/Group3"
    android:layout_width="wrap_content"
    android:layout_height="wrap_content"
    android:layout_marginTop="20dp"
    android:orientation="horizontal"
    android:layout_below="@+id/Group2"
    android:layout_alignRight="@+id/Group2"
    android:layout_alignEnd="@+id/Group2">

    <RadioButton
        android:id="@+id/radioVib1"
        android:layout_width="wrap_content"
        android:layout_height="wrap_content"
        android:text="ON"
        android:textStyle="bold"
        android:textSize="28sp"
        android:checked="true" />

    <RadioButton
        android:id="@+id/radioVib2"
        android:layout_width="wrap_content"
        android:layout_height="wrap_content"
```

```
            android:text="OFF"
            android:textStyle="bold"
            android:textSize="28sp"
            android:layout_marginLeft="20dp" />
    </RadioGroup>

    <ImageButton
        android:layout_below="@+id/Group3"
        android:layout_width="wrap_content"
        android:layout_height="wrap_content"
        android:id="@+id/btnQuit"
        android:background="@drawable/button_quit"
        android:layout_marginTop="35dp"
        android:clickable="true"
        android:layout_centerHorizontal="true" />


</RelativeLayout>
```

▶ Activity의 실행 순서 바꾸기

프로젝트를 실행하면 맨 처음에 만든 액티비티가 실행된다. 이 프로젝트는 StartActivity가
실행되어야 하므로 액티비티의 실행 순서를 바꿀 것이다. 액티비티의 실행 순서는 Android
Manifests에서 설정한다. 프로젝트는 첫 번째 <activity> 섹션의 액티비티가 실행된다.

AndroidManifests.xml

```
<?xml version="1.0" encoding="utf-8"?>
<manifest xmlns:android="http://schemas.android.com/apk/res/android"
    package="my.com.breakout">

    <uses-permission android:name="android.permission.VIBRATE" />

    <application
        android:allowBackup="true"
        android:icon="@mipmap/ic_launcher"
        android:label="@string/app_name"
        android:supportsRtl="true"
        android:theme="@style/AppTheme">
        <activity android:name=".StartActivity">     ◀ 수정 - 시작 Activity
            <intent-filter>
                <action android:name="android.intent.action.MAIN" />

                <category android:name="android.intent.category.LAUNCHER" />
            </intent-filter>
        </activity>
        <activity android:name=".MainActivity"></activity>   ◀ 수정
    </application>

</manifest>
```

이제 프로젝트를 실행하면 새로 디자인한 View가 나타날 것이다.

18.5.2 게임의 시작과 종료

StartActivity의 이미지 버튼을 누르면 게임의 시작/종료하는 기능을 추가한다.

```java
StartActivity.java

public class StartActivity extends AppCompatActivity {

    MediaPlayer mPlayer;

    //----------------------------
    // On Create
    //----------------------------
    @Override
    protected void onCreate(Bundle savedInstanceState) {
        super.onCreate(savedInstanceState);
        setRequestedOrientation(ActivityInfo.SCREEN_ORIENTATION_PORTRAIT);
        setContentView(R.layout.activity_start);

        // Statusbar 감추기
        getWindow().setFlags(WindowManager.LayoutParams.FLAG_FULLSCREEN,
                                    WindowManager.LayoutParams.FLAG_FULLSCREEN);
        getSupportActionBar().hide();

        // 배경 음악
        mPlayer = MediaPlayer.create(this, R.raw.greensleeves);
        mPlayer.setLooping(true);
        mPlayer.start();

        // 버튼의 Click Listener
        findViewById(R.id.btnStart).setOnClickListener(onButtonClick);
        findViewById(R.id.btnQuit).setOnClickListener(onButtonClick);
    }

    //----------------------------
    // On ButtonClick
    //----------------------------
❶  View.OnClickListener onButtonClick = new View.OnClickListener() {

        @Override
        public void onClick(View v) {
            switch ( v.getId() ) {
            case R.id.btnQuit :        // 종료
                android.os.Process.killProcess( android.os.Process.myPid() );
                break;
            case R.id.btnStart :       // 게임 시작
❷              mPlayer.pause();
❸              Intent intent = new Intent(StartActivity.this, MainActivity.class);
❹              startActivity(intent);
```

```
                    break;
                }
            }
        };

    } // Activity
```

❶ OnClickListener는 ImageButton과 RadioButton이 공동으로 사용할 수 있도록 View.OnClick~으로 선언한다.

❷ 게임 타이틀의 배경 음악을 일시 정지한다. stop( )으로 종료하면 start( )로 재생할 수 없으므로 음악을 다시 실행할 필요가 있는 경우에는 pause( )로 중지시켜야 한다.

❸ Intent를 만든다. Intent는 Activity 사이에 자료를 전달하는 오브젝트이다. <현재 액티비티.this>, <실행할 Activity.class> 형식이다.

❹ MainActivity를 실행한다. 액티비티는 Intent를 이용해서 호출한다.

이제 프로젝트를 실행하면 [Start] 버튼으로 게임을 실행하고, [Quit] 버튼으로 종료할 수 있다. 게임 화면에서 [Back] 키를 누르면 StartActivity로 돌아온다.

18.5.3 배경 음악의 On/Off

배경 음악의 On/Off 버튼을 누를 때마다 음악을 시작/중지하는 기능을 추가한다.

```
// On Create
@Override
protected void onCreate(Bundle savedInstanceState) {
    .....................
    // 라디오 버튼
    findViewById(R.id.radioMusic1).setOnClickListener(onButtonClick);
    findViewById(R.id.radioMusic2).setOnClickListener(onButtonClick);
}

// On ButtonClick
View.OnClickListener onButtonClick = new View.OnClickListener() {
    @Override
    public void onClick(View v) {
        switch ( v.getId() ) {
            .....................
        case R.id.radioMusic1:   // Music On
        ❶ mPlayer.start();
            break;
        case R.id.radioMusic2:   // Music On
        ❷ mPlayer.pause();
            break;
        }
    }
};
```

❶ 중단된 위치부터 음악을 다시 시작한다.

❷ 음악을 일시 정지한다. stop( )으로 정지하면 start( )로 재생되지 않으므로 pause( )로 정지해야 한다.

이제 프로젝트를 실행하면 On/Off 버튼으로 음악을 켜고 끌 수 있다. 현재의 상태를 저장하지 않았으므로 GameView는 On/Off와 상관없이 음악이 재생될 것이다.

18.5.4 게임의 환경 설정

음악과 사운드 등의 On/Off 상태를 저장하고, 저장된 상태로 라디오 버튼을 설정하고, 설정된 값으로 버튼을 상태를 변경하는 함수를 추가한다.

```java
// 환경 설정 저장
private void setSettings() {
    // 음악
❶  int id = ( (RadioGroup) findViewById(R.id.Group1) ).getCheckedRadioButtonId();
❷  Settings.isMusic = (id == R.id.radioMusic1);

    // 사운드
    id = ( (RadioGroup) findViewById(R.id.Group2) ).getCheckedRadioButtonId();
    Settings.isSound = (id == R.id.radioSound1);

    // 진동
    id = ( (RadioGroup) findViewById(R.id.Group3) ).getCheckedRadioButtonId();
    Settings.isVib = (id == R.id.radioVib1);
}

// 환경 설정 읽기
private void getSettings() {
    // 음악, Sound, 진동
❸  ( (RadioButton) findViewById(R.id.radioMusic1) )
                                   .setChecked(Settings.isMusic == true);
    ( (RadioButton) findViewById(R.id.radioSound1) )
                                   .setChecked(Settings.isSound == true);
    ( (RadioButton) findViewById(R.id.radioVib1) )
                                   .setChecked(Settings.isVib == true);
}
```

❶ 라디오 그룹의 getCheckedRadioButtonId( )로 선택된 라디오 버튼의 id를 구한다.

❷ 버튼의 id의 상태를 변수에 저장한다.

❸ ON 버튼을 On/Off로 설정한다. OFF 버튼은 ON과 배타적으로 설정되므로 ON이나 OFF 중 어느 하나만 설정하면 된다. 여기에서는 ON을 설정하고 있다.

setSettings( ) 함수를 호출하는 문장을 추가한다. MainActivity를 호출하기 전에 저장하고, StartActivity가 다시 나타날 때 읽어 오면 될 것이다. 액티비티가 View에 다시 나타날 때 콜백 함수 onResume( )이 호출되므로 환경 설정은 onResume( )에서 읽는다.

```java
// On ButtonClick
View.OnClickListener onButtonClick = new View.OnClickListener() {

    @Override
    public void onClick(View v) {
        switch ( v.getId() ) {
        case R.id.btnStart :      // 게임 시작
        ❶ setSettings();  ← 추가
            ...............
            break;
        }
    }
};

// On Resume  ← 추가
@Override
protected void onResume() {
    super.onResume();

 ❷ getSettings();
    if (Settings.isMusic) {
      ❸ mPlayer.seekTo(0);
        mPlayer.start();
    }
}
```

❶ 환경 설정을 저장한다.
❷ 환경 설정을 읽어 들인다.
❸ 음악을 처음부터 다시 재생한다. 중단된 부분부터 재생할 경우에는 이 문장을 삭제한다.

이것으로 프로젝트의 모든 작업이 끝이 났다. 이제 프로젝트를 다시 실행하면 액티비티가 전환될 때 설정 내용이 적용될 것이다.

제 19장
슬라이딩 퍼즐

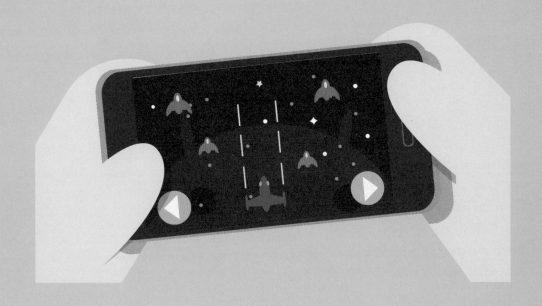

19.1 게임의 개요

슬라이딩 퍼즐(Sliding Puzzle)은 흩어져 있는 그림이나 숫자를 올바른 모양으로 맞춰 가는 보드 게임이다. 5×5 퍼즐은 가장 오래된 슬라이딩 퍼즐로서, 노예스 채프만(Noyes Chapman)에 의해 1880년에 개발되었다고 한다. `File 19_SlidingPuzzle`

그림 19-1 게임의 보드는 3×3, 4×4, 5×5의 세 종류이다.

이 프로젝트는 다음과 같은 이미지 리소스와 사운드 파일 등이 필요하다. 맨 마지막 타일은 공백이므로 필요하지 않다.

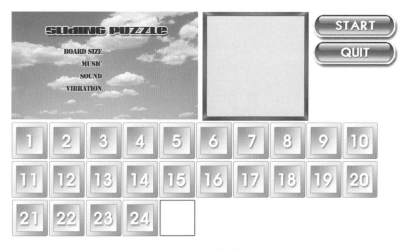

그림 19-2 프로젝트에 필요한 이미지 리소스

19.1.1 게임의 요구 사항

이 프로젝트는 다음과 같은 조건에서 실행될 수 있도록 한다.

① 게임의 보드는 3×3, 4×4, 5×5의 세 종류이며, 사용자가 선택해서 플레이한다.

② 게임 화면에 타일 이동 횟수와 경과 시간을 표시한다.

③ 게임 실행 중에 [Back] 키를 누르면 메인 화면으로 돌아간다.

④ 배경 음악, 사운드, 진동 효과는 게임 시작 화면에서 On/Off할 수 있다.

19.1.2 프로젝트의 구성

이 게임의 기본적인 흐름은 다음과 같으므로 게임의 흐름과 요구 사항을 반영해서 프로젝트를 구성할 것이다.

19.2 기본적인 구성

새로운 프로젝트를 만들고, GameView, Time, MathF Class를 추가한 상태에서 시작한다. 이미지 리소스는 [res/drawable-xxhdpi] 폴더에 저장하고, 오디오 파일은 [res/raw] 폴더에 저장한다. 이 게임은 단말기의 제목 표시줄을 없애고 가로 모드로 고정한다.

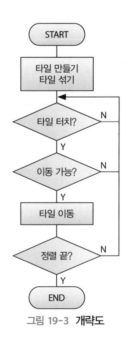

그림 19-3 **개략도**

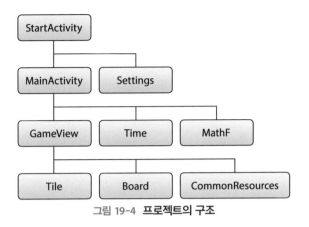

그림 19-4 **프로젝트의 구조**

19.2.1 게임의 기본 설정

단말기의 화면을 세로 모드로 고정하고, [Back] 키를 누르면 액티비티를 종료하는 코드를 추가한다.

```java
public class MainActivity extends AppCompatActivity {

    @Override
    protected void onCreate(Bundle savedInstanceState) {
        super.onCreate(savedInstanceState);
        setContentView(R.layout.activity_main);

        // Statusbar 감추기
        getWindow().setFlags(WindowManager.LayoutParams.FLAG_FULLSCREEN,
                                    WindowManager.LayoutParams.FLAG_FULLSCREEN);
        getSupportActionBar().hide();
    }

    @Override
    public void onBackPressed() {
        finish();
    }

} // Main Activity
```

19.2.2 게임의 환경 설정

보드의 크기, 게임의 배경 음악, 사운드, 진동 상태를 나타내는 Class를 만든다. 이 기능을 On/Off하는 것은 나중에 만들 것이다.

```java
public class Settings {
    static public int size = 3;

    static public boolean isMusic = true;
    static public boolean isSound = true;
    static public boolean isVib = true;

} // Settings
```

19.2.3 View의 구성

이 게임의 보드는 3×3, 4×4, 5×5 세 종류인데, 화면의 크기는 정해져 있으므로 보드의 종류에 맞게 타일의 크기를 조절할 필요가 있다. 화면의 여백과 타일의 크기는 다음 그림과 같이 설정한다.

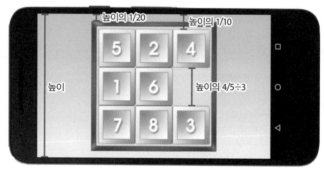

그림 19-5 **View의 구성**

화면의 높이를 기준으로 해서 상하 여백과 액자(Frame)의 두께를 정하면, 남은 부분이 타일이 배치될 영역이 될 것이다. 좌우의 여백은 화면의 폭에서 높이를 뺀 값이 된다. 위의 그림은 화면의 좌우 여백이 똑같이 설정되어 있는데, 실제의 게임은 화면의 오른쪽에 경과 시간 등을 출력해야 하므로 왼쪽 여백을 조금 줄여야 할 것이다.

19.2.4 공용 리소스 만들기

View의 여백과 타일의 크기를 계산하고, 비트맵 이미지를 배열에 저장한다.

```java
public class CommonResources {
    // 위쪽, 왼쪽 여백
    static int mgnH, mgnW;

    // Tile 배열, Tile 크기
    static public Bitmap[] arTile;
    static public int tw;

    // 액자, 출력 위치
    static public Bitmap frame;
    static public int fx, fy;

    // 사운드, 사운드 id
    static private SoundPool mSound;
    static private int sndId;

    // 진동
    static private Vibrator vib;

    //----------------------------
    // Set <-- GameView
    //----------------------------
    static public void set(Context context, int scrW, int scrH) {
        makeTile(context, scrW, scrH);
        makeFrame(context, scrW, scrH);
        makeSound(context);
    }

    //----------------------------
    // Tile
    //----------------------------
    private static void makeTile(Context context, int scrW, int scrH) {
        // 보드의 종류와 타일의 수
        int n = Settings.size;
        arTile = new Bitmap[n * n];

        // 세로 및 가로 여백
        mgnH = scrH / 10;
        mgnW = (scrW - scrH) / 2;

        // 타일 크기
❶      tw = (scrH - mgnH * 2) / n;

❷      for (int i = 0; i < n * n - 1; i++) {
            Bitmap tmp = BitmapFactory.decodeResource(context.getResources(),
                                                      R.drawable.tile01 + i);
            arTile[i] = Bitmap.createScaledBitmap(tmp, tw, tw, true);
        }
    }

    //----------------------------
    // 액자
    //----------------------------
    private static void makeFrame(Context context, int scrW, int scrH) {
```

```
            Bitmap tmp = BitmapFactory.decodeResource(context.getResources(),
                                                         R.drawable.frame);
    ❸ frame = Bitmap.createScaledBitmap(tmp, scrH - mgnH, scrH - mgnH, true);

        // 액자의 출력 위치
    ❹ fx = mgnW - mgnH / 2;
        fy = mgnH / 2;
    }

    //-------------------------
    // Sound
    //-------------------------
    static private void makeSound(Context context) {
        // 롤리팝 이전 버전인가?
        if (Build.VERSION.SDK_INT < Build.VERSION_CODES.LOLLIPOP) {
            mSound = new SoundPool(5, AudioManager.STREAM_MUSIC, 1);
        } else {
            AudioAttributes attributes = new AudioAttributes.Builder()
                .setContentType(AudioAttributes.CONTENT_TYPE_MUSIC)
                .setFlags(AudioAttributes.FLAG_AUDIBILITY_ENFORCED)
                .setUsage(AudioAttributes.USAGE_GAME)
                .build();
            mSound = new SoundPool.Builder().setAudioAttributes(attributes)
                                              .setMaxStreams(5).build();
        }
        // 사운드
        sndId = mSound.load(context, R.raw.sound1, 1);

        // 진동
        vib = (Vibrator) context.getSystemService(Context.VIBRATOR_SERVICE);
    }

    //-------------------------
    // Sound, 진동
    //-------------------------
    static public void sndPlay() {
        if (Settings.isSound) {
            mSound.play(sndId, 0.9f, 0.9f, 1, 0, 1);
        }

        // 30/1000초 진동
        if (Settings.isVib) {
            vib.vibrate(30);
        }
    }

} // CommonResources
```

❶ 타일의 크기를 구한다.

❷ 타일 이미지를 순서대로 배열에 저장한다. 마지막 타일은 공백이므로 만들 필요가 없다.

❸ 액자의 크기는 '화면 높이-상하 여백'이다.

❹ 액자의 출력 위치를 왼쪽으로 조금 이동한 곳으로 설정한다. 화면 오른쪽에 시간 등을 출력할 영역을 고려한 것이다.

19.2.5 타일 만들기

타일(Tile)은 숫자가 적혀 있는 이미지 조각이다. 보드 위의 타일을 터치하면 상하좌우에 빈 공간이 있는 경우 타일을 그 방향으로 한 칸씩 이동해야 하므로, 이와 같은 기능을 하는 Class를 만든다. 이 Class는 추후 만들 Board에서 관리한다.

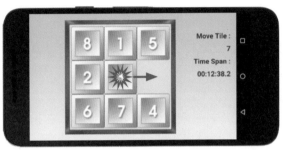

그림 19-6 **타일의 터치와 이동**

Tile.java

```java
public class Tile {
    // 터치 판정 영역, 이동 속도
    RectF rect = new RectF();
    private int speed = 2000;

    // 이동 방향, 목적지
    private Point dir = new Point();
    private float tx, ty;

    // 타일 번호, 화면 좌표, 크기, 비트맵
    public int num;
    public float x, y;
    public int w;
    public Bitmap img;

    //----------------------------
    // 생성자
    //----------------------------
    public Tile(int idx) {
        // 타일 번호, 비트맵, 크기
        num = idx;
        img = CommonResources.arTile[num];
        w = CommonResources.tw;
    }

    //----------------------------
    // 타일의 좌표 설정 <-- Board
    //----------------------------
    public void setPosition(int idx) {
❶      x = idx % Settings.size * w;
```

```java
        y = idx / Settings.size * w;
    }

    //----------------------------
    // 이동 <-- Board
    //----------------------------
    public boolean update() {
        // 타일 이동
        x += dir.x * speed * Time.deltaTime;
        y += dir.y * speed * Time.deltaTime;

        // 이동 방향의 한계를 벗어났는가?
❷      if (dir.x > 0 && x > tx || dir.x < 0 && x < tx || dir.y > 0 && y > ty
                                            || dir.y < 0 && y < ty) {

❸          x = tx;
            y = ty;
❹          dir.set(0, 0);
            return false;
        }

        return true;
    }

    //----------------------------
    // 이동 방향 설정 <-- Board
    //----------------------------
    public void setDir(int moveDir) {
        // 목적지 (12시 기준 CW 1, 2, 3, 4)
❺      int[] distX = { 0, 0, w, 0, -w};
        int[] distY = { 0, -w, 0, w, -0};

        // 목적지
❻      tx = x + distX[moveDir];
        ty = y + distY[moveDir];

        // 이동 방향 (-1, 0, 1)
❼      dir.x = distX[moveDir] / w;
        dir.y = distY[moveDir] / w;
    }

    //----------------------------
    // 터치 판정 <-- Board
    //----------------------------
    public int hitTest(float px, float py) {
        // 화면의 터치 영역
❽      float rx = x + CommonResources.mgnW;
        float ry = y + CommonResources.mgnH;
        rect.set(rx, ry, rx + w - 1, ry + w - 1);

        return rect.contains(px, py) ? num : -1;
    }

} // Tile
```

❶ 1차원 배열에 저장된 타일의 화면의 좌표를 계산한다. 타일은 순서대로 만든 후 랜덤하게 섞을 것이므로 타일의 화면 좌표를 계산할 필요가 있다. 타일의 좌표는 계산이 간편하도록 여백을 무시하고, 첫 번째 타일 위치를 (0, 0)으로 설정한다.

❷ 타일을 이동한 후 목적지를 넘어섰는지 조사한다.

❸ 목적지를 넘어선 경우 타일의 위치를 목적지로 고정한다.

❹ 이동 방향을 클리어한다.

❺ 1~4로 설정된 이동 방향에 맞게 목적지의 거리를 (x, y)축으로 분리해서 설정한다. 예를 들어, 이동 방향이 2(오른쪽)이면 목적지와의 거리는 (w, 0)이 되는 셈이다.

❻ 목적지의 좌표는 '자신의 좌표 + 거리'이다.

❼ (x, y)축의 이동 방향을 (-1, 0, 1)의 하나로 설정한다.

❽ 타일의 터치 영역을 계산한다. ❶의 타일 좌표는 여백을 고려하지 않고 있으므로 실제의 터치 위치는 왼쪽과 위쪽의 여백을 고려해서 계산한다.

❶은 타일의 좌표 계산이 단순해지도록 맨 처음의 타일 위치를 (0, 0)으로 설정한다. 이렇게 설정된 타일은 왼쪽과 위쪽 여백만큼 canvas.translate( )를 설정한 후 각각의 타일 좌표에 출력 하면 된다.

그림 19-7 **타일의 논리 좌표와 canvas.translate( )**

19.3 게임의 세부 설정

이제 게임의 세부적인 부분을 설계한다.

19.3.1 타일 배열

화면의 타일은 그 번호를 배열에 저장하고 랜덤하게 섞은 후 화면에 출력한다. 화면의 타일은
2차원 형태이지만, 배열은 다루기 쉽도록 1차원 배열을 사용한다. 아래 그림과 같이 타일 번호
를 저장하는 정수형 배열과, 타일의 이미지를 담고 있는 ArrayList가 필요하다.

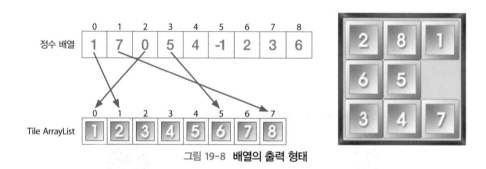

그림 19-8 **배열의 출력 형태**

19.3.2 타일 섞기와 치환

배열에 저장한 타일은 랜덤하게 섞은 후 화면에 출력한다. 그런데 타일을 섞다 보면 순서대로
나열할 수 없는 경우가 생길 수 있다. 예를 들면, 아래의 왼쪽 그림은 타일의 순서를 바꿀 수
없는 배열이고, 오른쪽 그림은 순서를 바꿀 수 있는 배열이다.

그림 19-9 **순서를 바꿀 수 없는 배열과 바꿀 수 있는 배열**

이 그림의 (8, 7) 또는 (6, 5)와 같이 큰 수가 앞에 와서 그 순서를 바꾸어야 할 타일의 쌍을 치환이라고 할 때, 원래의 순서로 재배열하기 위해서는 치환의 수가 반드시 짝수 개이어야 한다.

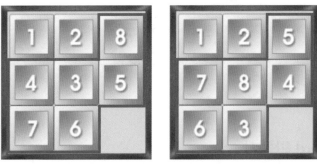

그림 19-10 **순서를 바꿀 수 없는 배열과 바꿀 수 있는 배열**

위의 왼쪽 그림은 치환(자신 이후의 타일 중 자신보다 작은 값을 가진 타일)이 (8, 4), (8, 3), (8, 5), (8, 7), (8, 6), (4, 3), (7, 6)으로서 홀수 개이므로 재배열이 불가능하다. 오른쪽 그림의 치환은 (5, 4), (5, 3), (7, 4), (7, 6), (7, 3), (4, 3)으로서 짝수 개이므로 재배열을 할 수 있다. 따라서 타일을 섞은 후에는 재배열이 가능한 상태인지를 조사하는 과정이 필요하다.

19.3.3 타일의 이동

보드 위의 타일을 터치하면 타일의 상하좌우에 공간이 있는 경우 타일을 이동한다. 행 또는 열 단위로 여러 개의 타일을 동시에 이동할 수 있도록 구성하면, 일련의 이동을 하나의 터치로 처리할 수 있으므로 타일을 이동하기 편할 것이다.

그림 19-11 **타일은 행 또는 열 단위로 이동한다.**

타일의 이동은 타일 번호를 저장하는 배열의 자료를 이동하는 것이므로 공백(배열에는 –1이 저장된다)에서 가까운 자료부터 먼 순서로 이동한다. 이 그림의 경우 타일 번호가 배열 a에 저장되어 있다면 다음과 같은 순서로 값을 이동한다.

    왼쪽 그림   a[7] ⬅ a[6], a[6] ⬅ a[5], a[5] ⬅ '–1'

    오른쪽 그림   a[7] ⬅ a[11], a[11] ⬅ a[15], a[15] ⬅ '–1'

위의 순서를 반대로 하면, 먼저 이동한 값이 나중에 이동할 값을 덮어써서 같은 값이 채워지므로 주의해야 한다.

19.3.4 Board 만들기

앞에서 설명한 것을 토대로 Board Class를 만든다. 이 Class는 GameView에 의해 실행될 것이다.

■ 변수 추가

Class에 필요한 변수를 추가한다.

```
Board.java

public class Board {
    private Random rnd = new Random();

    // 타일 수, 타일 번호 배열
    private int cnt;
❶   private int[] tiles;

    // 터치한 타일 번호, 배열 인덱스, 공백의 인덱스
    private int num, idx, blk;

    // 타일 객체, 이동한 타일 수
❷   public ArrayList<Tile> mTile = new ArrayList<Tile>();
    public int moveCnt = 0;

    // 타일의 이동 방향, 이동할 타일 번호 목록
    private int dir = 0;
❸   private ArrayList<Integer> buffer = new ArrayList<Integer>();

} // Board
```

❶ 타일의 번호를 저장할 배열이다.

❷ Tile 객체를 저장할 ArrayList이다.

❸ 터치에 의해 이동할 타일들의 번호를 저장할 ArrayList이다.

이 게임은 한 번의 터치로 여러 개의 타일을 이동할 수 있는데, 가장 큰 Board가 5×5이므로 타일은 최대 4개까지 이동할 수 있다. ❸은 이동해야 할 타일의 번호를 저장하는 용도로 사용한다.

2 Board 만들기

Settings에 설정된 값으로 타일을 만들어서 배열과 ArrayList에 저장한다. 이 함수는 생성자에 해당하며, GameView가 호출한다.

```
// Make Board <-- GameView
public void makeBoard() {
    // 타일 수, 배열의 크기
    cnt = Settings.size * Settings.size - 1;
    tiles = new int[cnt + 1];

    // 배열에 일련번호 넣기
    for (int i = 0; i < cnt; i++) {
        tiles[i] = i;
    }

    // 마지막 번호는 -1 (빈 타일)
❶  tiles[cnt] = -1;

    // 타일 번호 섞기
❷  SuffleTile();

    // 일련의 타일 블록 만들기
    mTile.clear();
❸  for (int i = 0; i < cnt; i++) {
        mTile.add( new Tile(i) );
    }

    // 타일 블록의 좌표 설정
❹  for (int i = 0; i <= cnt; i++) {
        if (tiles[i] >= 0) {
            mTile.get(tiles[i]).setPosition(i);
        }
    }
}
```

❶ 타일 번호 배열의 빈 타일을 '-1'로 표시한다.
❷ 타일 번호를 섞는다.
❸ Tile 개체는 빈 타일의 이미지를 사용하지 않으므로 빈 타일은 무시한다.
❹ 각각의 Tile 개체에 좌표를 설정한다(그림 19-8 참조).

3 타일 번호 섞기

화투나 트럼프 카드처럼 개수가 정해진 자료를 랜덤하게 섞는 것을 셔플(Shuffle)이라고 하는데, 이것은 난수와는 다른 개념이다. 난수는 같은 숫자가 중복해서 나올 수 있지만, 셔플의 경우에는 숫자가 중복되지 않는다.

카드를 섞는 방법은 여러 가지가 있지만, 여기에서는 카드를 일렬로 나열한 후 임의의 카드를 두 장 골라 그 위치를 서로 바꾸는 방법을 사용할 것이다. 카드를 고르고 바꾸는 과정을 여러 번 시행하면 카드가 고르게 섞인다.

```
// 타일 번호 섞기
private void SuffleTile() {
    for (int i = 0; i < cnt; i++) {
❶      int n1 = rnd.nextInt(cnt + 1);
        int n2 = rnd.nextInt(cnt + 1);

        // 교환
❷      int t = tiles[n1];
        tiles[n1] = tiles[n2];
        tiles[n2] = t;
    }

    // 무결성 조사
❸  if ( !intergrity() ) {
        SuffileTile();
    }
}
```

❶ 임의의 위치에 있는 타일 번호 두 개를 선택한다.
❷ 타일 번호를 서로 바꾼다.
❸ 타일 번호의 치환을 조사해서 홀수 치환인 경우 타일 번호를 다시 섞는다.

4 타일 번호의 무결성 조사

섞인 타일의 치환을 조사한다. 짝수 치환이면 true를 리턴하는 함수이다.

```
// 무결성 조사 – 짝수 치환인가?
private boolean intergrity() {
    int repCnt = 0;

❶  for (int i = 0; i < cnt; i++) {
❷      if (tiles[i] == -1) continue;
❸      for (int j = i + 1; j <= cnt; j++) {
❹          if (tiles[j] != -1 && tiles[i] > tiles[j]) {
                repCnt++;
```

```
                }
            }
        }

        return repCnt % 2 == 0;
}
```

❶ 마지막 타일을 제외한 모든 타일에 대해 조사한다.

❷ 빈 타일은 무시한다.

❸ 현재 조사하는 타일 이후의 모든 타일과 비교한다.

❹ 조사하는 타일보다 작은 값이 발견되면 치환의 수를 누적한다.

5 화면 출력

액자와 타일을 화면에 출력한다. 이 함수는 GameView가 호출한다.

```
// 화면 출력
public void drawTile(Canvas canvas) {
    // 액자
    canvas.drawBitmap(CommonResources.frame, CommonResources.fx,
                                             CommonResources.fy, null);

    // 타일 위치
❶ canvas.translate(CommonResources.mgnW, CommonResources.mgnH);
    // 타일
    for (Tile tmp : mTile) {
        canvas.drawBitmap(tmp.img, tmp.x, tmp.y, null);
    }
❷ canvas.translate(-CommonResources.mgnW, -CommonResources.mgnH);
}
```

❶ canvas를 왼쪽과 위쪽 여백만큼 밀친다(그림 19-7 참조).

❷ canvas를 원래의 상태로 되돌린다.

19.3.5 GameView 만들기

Board Class가 완성된 것은 아니지만 타일이 제대로 섞이고 있는지, 또 화면 출력은 제대로 되
는지 확인할 필요가 있다. 세부적인 부분은 보류하고 전체적인 골격을 만든다.

GameView.java

```
public class GameView extends View {
    // Context, Thread
```

```java
    private Context context;
    private GameThread mThread;

    // 화면 크기
    private int w, h;

    // Board
    private Board mBoard;

    //----------------------------
    // 생성자
    //----------------------------
    public GameView(Context context, AttributeSet attrs) {
        super(context, attrs);
        this.context = context;
    }

    //----------------------------
    // View의 크기 구하기
    //----------------------------
    @Override
    protected void onSizeChanged(int w, int h, int oldw, int oldh) {
        super.onSizeChanged(w, h, oldw, oldh);

        this.w = w;       // 화면의 폭과 높이
        this.h = h;

        // CommonResources, Board 만들기
        CommonResources.set(context, w, h);
        mBoard = new Board();

        initGame();   // 게임 초기화

        // 스레드 기동
        if (mThread == null) {
            mThread = new GameThread();
            mThread.start();
        }
    }

    //----------------------------
    // View의 종료
    //----------------------------
    @Override
    protected void onDetachedFromWindow() {
        mThread.canRun = false;
        super.onDetachedFromWindow();
    }

    //----------------------------
    // 게임 초기화
    //----------------------------
    private void initGame() {
        mBoard.makeBoard();
    }
```

```java
//------------------------------
// 화면 그리기
//------------------------------
@Override
protected void onDraw(Canvas canvas) {
    // Board
    mBoard.drawTile(canvas);
}


//------------------------------
// 타일 이동
//------------------------------
private void moveObject() {

}


//------------------------------
// 스테이지 클리어?
//------------------------------
private void checkClear() {

}


//------------------------------
// 게임 경과 시간
//------------------------------
private void setTimeSpan() {

}


//------------------------------
// Touch Event
//------------------------------
@Override
public boolean onTouchEvent(MotionEvent event) {

    return true;
}


//------------------------------
// Thread
//------------------------------
class GameThread extends Thread {
    public boolean canRun = true;

    @Override
    public void run() {
        while (canRun) {
            try {
                Time.update();     // deltaTime 계산

                moveObject();
                checkClear();
                setTimeSpan();
                postInvalidate();   // 화면 그리기
                sleep(5);
            } catch (Exception e) {
```

```
                    // nothing
                }
            }
        }
    } // Thread

} // GameView
```

이제 게임을 실행하면 화면에 랜덤하게 섞인 타일이 나타나야 한다. Board.java의 makeBoard()에 있는 SuffleTile()을 주석 처리하면 일련번호로 배치된 타일이 나타날 것이다.

그림 19-12 랜덤하게 섞인 타일과 일련번호로 배치된 타일

19.4 타일의 터치와 이동

게임 실행 중에 Touch 이벤트가 발생하면 어떤 타일이 이벤트를 받을 것인지. 또 해당 타일의 상하좌우에 타일을 이동할 공간이 있는지 등을 조사해야 한다. 타일의 터치와 이동에 대한 작업은 모두 Board.java에서 처리한다.

그림 19-13 타일의 터치와 이동 방향 조사

19.4.1 터치한 타일 찾기

실제의 Touch Event는 Tile 객체가 처리하므로 Board.java에서는 ArrayList에 저장된 모든 Tile 객체의 hitTest( ) 함수를 호출해서 어느 타일이 터치 위치에 있는지를 조사한다.

1 터치한 Tile 객체 찾기

이 함수는 터치 위치에 있는 Tile 객체의 번호를 구하고, 터치 위치에 타일이 있으면 true를 리턴한다.

Board.java
```java
// 터치한 Tile 객체 찾기
private boolean getTileNum(float x, float y) {
    for (Tile tmp : mTile) {
        num = tmp.hitTest(x, y);
        if (num >= 0) break;
    }

    return num >= 0;
}
```

2 Tile 객체의 배열 index 구하기

터치 이벤트를 받은 타일이 배열의 어느 위치에 있는지를 조사한다. 타일을 이동하려면 타일의 상하좌우에 빈 칸이 있어야 하므로 공백(-1)의 위치도 함께 조사한다.

```java
// 배열에서 타일 index 찾기
private void getTileIndex() {
    // 타일 위치 찾기
    for (int i = 0; i <= cnt; i++) {
        if (tiles[i] == num) {
            idx = i;
            break;
        }
    }

    // 공백 위치 찾기
    for (int i = 0; i <= cnt; i++) {
        if (tiles[i] == -1) {
            blk = i;
            break;
        }
    }
}
```

타일 번호는 1차원 배열에 저장되어 있으므로 타일의 index를 2차원의 직교좌표로 변환해서
타일의 상하좌우 방향에 공백이 있는지를 조사한다.

```java
// 타일 이동 방향 찾기
private void getDir() {
    // 타일의 배열 index를 직교 좌표로 변환
    int x = idx % Settings.size;
    int y = idx / Settings.size;

    // 공백의 index를 직교 좌표로 변환
    int bx = blk % Settings.size;
    int by = blk / Settings.size;

    dir = 0;
    // 타일과 같은 행 또는 열에 공백 없음
    if (x != bx && y != by) return;

    // 공백이 같은 열에 있음 (이동 방향 : 1 or 3 --> 12시 or 6시)
    if (x == bx) {
        dir = (y > by) ? 1 : 3;
    }

    // 공백이 같은 행에 있음 (이동 방향 : 2 or 4 --> 9시 or 3시)
    if (y == by) {
        dir = (x < bx) ? 2 : 4;
    }
}
```

19.4.2 타일의 이동

타일의 이동 방향(1~4)이 구해지면 이동할 타일 목록을 만든 후 일련의 타일을 해당 방향으로
이동한다.

우선, 타일 배열에 저장된 타일 번호를 해당 방향으로 한 칸씩 이동한 후, 이동한 타일 번호를
별도의 ArrayList에 저장한다. 타일 번호를 이동한 후에는 터치 위치에 공백(-1)을 저장한다.

① 타일 배열 자료의 이동

먼저, 타일 배열에 저장된 자료를 이동한다.

```java
// 이동할 타일 목록 만들기
private void getMoveTiles() {
 ❶ buffer.clear();
    int tlCnt = Settings.size;
```

```
            // 이동할 타일 목록과 타일 index 이동
            switch (dir) {
            case 4:      // 왼쪽
                for (int i = blk + 1; i <= idx; i++) {
                  ❷ buffer.add(tiles[i]);
                  ❸ tiles[i - 1] = tiles[i];
                }
                break;
            case 2:      // 오른쪽
                for (int i = blk - 1; i >= idx; i-- ) {
                    buffer.add(tiles[i]);
                    tiles[i + 1] = tiles[i];
                }
                break;
            case 1:      // 위쪽
                for (int i = blk + tlCnt; i <= idx; i += tlCnt) {
                    buffer.add(tiles[i]);
                    tiles[i - tlCnt] = tiles[i];
                }
                break;
            case 3:      // 아래
                for (int i = blk - tlCnt; i >= idx; i -= tlCnt) {
                    buffer.add(tiles[i]);
                    tiles[i + tlCnt] = tiles[i];
                }
                break;
            }

            // 이동 후에는 터치한 타일 위치를 공백으로 설정
     ❹ tiles[idx] = -1;

            // Tile 객체에 이동 방향 설정
     ❺ for (Integer n : buffer) {
                mTile.get(n).setDir(dir);

                // 타일 이동 횟수
              ❻ moveCnt++;
            }
        }
```

❶ 이동할 타일 번호를 저장할 ArrayList를 초기화한다.

❷ 이동할 타일 번호를 저장한다.

❸ 타일 배열의 자료를 이동한다. 공백에서 가까운 곳부터 먼 곳 순서로 번호를 이동해야 현재 이동하는
값이 다음에 이동할 값을 덮어쓰지 않는다. 따라서 이동 방향에 따라 for( )문의 index를 적절히
설정해야 한다.

❹ 터치 위치의 타일 번호는 공백(-1)으로 바꾼다.

❺ ArrayList에 저장되어 있는 번호에 해당하는 Tile 객체에 이동 방향을 설정한다.

❻ 타일 이동 횟수의 누적은 나중에 GameView에서 타일 이동 횟수를 출력하기 위한 것이다.

2 Tile 객체의 이동

실제의 Tile 객체를 이동하는 부분으로, 이 함수는 GameView의 Thread가 호출한다.

```java
// 타일 이동
public void moveTiles() {
    if (dir == 0) return;
    boolean isMove = false;

    // 타일 이동
    for (Integer n : buffer) {
        isMove = mTile.get(n).update();
    }

    // 모든 타일의 이동이 끝났는가?
    if (!isMove) {
        dir = 0;
    }
}
```

19.4.3 Touch Event의 처리

Touch Event는 Board.java와 GameView.java에서 각각 처리해야 한다.

1 Board.java의 처리

앞에서 작성한 함수를 호출하는 부분이다. 이 함수는 GameView의 Touch Event가 호출한다.

```java
Board.java

// 터치 처리 <-- Touch Event (Main Loop)
public void hitTest(float x, float y) {
    // 타일이 이동 중이거나 터치한 타일 없음
    if ( dir != 0  || !getTileNum(x, y) ) return;

    getTileIndex();       // 터치한 타일과 공백 위치 찾기
    getDir();             // 타일의 이동 방향 구하기

    // 이동할 수 있는가?
    if (dir > 0) {
        getMoveTiles();   // 이동 가능한 모든 타일 구하기
    }
}
```

GameView의 onTouchEvent( )와 moveObject( )에 Board.java의 public 함수를 호출하는 부분을 추가한다.

```
GameView.java
// 타일 이동
private void moveObject() {
    mBoard.moveTiles();
}

// Touch Event
@Override
public boolean onTouchEvent(MotionEvent event) {
    if (event.getAction() == MotionEvent.ACTION_DOWN) {
        mBoard.hitTest(event.getX(), event.getY());
    }

    return true;
}
```

이것으로 타일의 이동에 대한 부분이 모두 끝이 났다. 이제 게임을 실행하면 터치로 타일을 이동할 수 있을 것이다.

그림 19-14 **화면 터치로 일련의 타일을 이동할 수 있다.**

19.5 진행 시간 표시와 Stage Clear

이 게임은 점수라는 개념이 없으므로 타일 이동 횟수와 게임 진행 시간을 표시한다.

19.5.1 진행 시간 표시

게임의 진행 시간의 처리는 GameView에서 처리한다.

1 변수 추가

진행 시간 표시에 필요한 변수를 추가한다.

```
GameView

 . . . . . . . . . . . . . . . . .
// Board, Stage Clear?
private Board mBoard;
private boolean isClear = false;

// TimeSpan, Span String
private float timeSpan = 0;
private String strTime = "";

// Media Player, Paint
private MediaPlayer mPlayer;
private Paint paint = new Paint();
private Paint paintBack = new Paint();
private Paint paintClear = new Paint();
```

변수에 Paint를 세 개 추가한 것은 Paint를 각각의 용도별로 미리 정의하기 위해서이다. 이렇게
하면 onDraw( )의 처리가 간편해진다.

2 진행 시간 계산

비어 있는 함수 setTimeSpan( )에 다음 내용을 입력한다.

```
// 경과 시간
private void setTimeSpan() {
    // StageClear가 아니면 시간 누적
    if (!isClear) {
        timeSpan += Time.deltaTime;
    }
```

```
❶ int hour = (int)timeSpan / 3600;
❷ int min = (int)timeSpan % 3600 / 60;
❸ float sec = (float)Math.round(timeSpan % 60 * 10) / 10;

❹ strTime = String.format("%02d:%02d:%04.1f", hour, min, sec);
}
```

❶ 시간을 구한다.

❷ 분을 구한다.

❸ 초를 소수 첫째 자리까지 구한다.

❹ 시, 분, 초를 화면 출력 형식의 문자열로 변환한다.

3 화면 표시용 Paint 설정

화면 표시용 Paint를 추가해 두었으므로 이것의 속성을 설정한다. 게임이 시작될 때 한 번만
처리하면 되므로 initGame( ) 함수에서 처리하면 될 것이다.

```
// 게임 초기화
private void initGame() {
    // 점수 표시용 Paint
    paint.setTextSize(60);
    paint.setColor(0xff000080);
    paint.setTypeface(Typeface.DEFAULT_BOLD);
    paint.setTextAlign(Paint.Align.RIGHT);

    // 배경 표시용 Paint
    LinearGradient grad = new LinearGradient(0, 0, 0, h, 0xFFa8dda0, 0x40a8dda0,
                                                Shader.TileMode.CLAMP);

    paintBack.setStyle(Paint.Style.FILL);
    paintBack.setShader(grad);

    // Stage Clear 표시용
    paintClear.setTextSize(120);
    paintClear.setColor(0xff000080);
    paintClear.setTypeface(Typeface.DEFAULT_BOLD);
    paintClear.setTextAlign(Paint.Align.CENTER);

    // Media Player
    mPlayer = MediaPlayer.create(context, R.raw.rondo);
    mPlayer.setLooping(true);
    if (Settings.isMusic) mPlayer.start();

    mBoard.makeBoard();
}
```

4 **화면 출력**

onDraw( ) 함수에 배경과 경과 시간 등을 표시하는 부분을 추가한다.

```java
// 화면 그리기
@Override
protected void onDraw(Canvas canvas) {
    // 배경
    canvas.drawRect(0, 0, w, h, paintBack);

    // Board
    mBoard.drawTile(canvas);

    // Score
    canvas.drawText("Move Tile :", w - 50 , h * 0.2f, paint);
    canvas.drawText(mBoard.moveCnt + "", w - 50 , h * 0.3f, paint);

    canvas.drawText("Time Span :", w - 50 , h * 0.4f, paint);
    canvas.drawText(strTime, w - 50 , h * 0.5f, paint);

    if (isClear) {
        canvas.drawText("Stage Clear!", w / 2, h / 2, paintClear);
    }
}
```

이제 게임을 실행하면 타일의 이동 횟수와 게임 진행 시간이 표시되는 것을 확인할 수 있을 것이다.

그림 19-15 **타일의 이동 횟수와 게임 경과 시간이 표시된다.**

19.5.2 Stage Clear 판정

타일을 이동한 후에는 타일의 정리가 끝났는지 조사한다. 배열 tiles[ ]의 자료가 일련번호 순서로 배치되어 있으면 정리가 끝난 것이다. 이 함수는 GameView에서 호출한다.

```
Board.java
```
```java
// Stage Clear <-- GameView
public boolean isClear() {
    // 타일을 이동 중인가?
    if (dir != 0) return false;

    // 타일이 순서대로 배치되었는가?
    for (int i = 0; i < cnt; i++) {
        if (tiles[i] != i) return false;
    }

    return true;
}
```

다음에는 GameView에서 이 함수를 호출하는 부분을 작성한다.

```
GameView.java
```
```java
// Stage Clear
private void checkClear() {
    isClear = mBoard.isClear();
}
```

Stage Clear 상태에서는 터치 이벤트를 무시해야 하므로 onTouchEvent( ) 함수를 수정한다. 빨간색으로 표시한 부분만 추가하면 된다.

```java
// Touch Event
@Override
public boolean onTouchEvent(MotionEvent event) {
    if (!isClear && event.getAction() == MotionEvent.ACTION_DOWN) {
        mBoard.hitTest(event.getX(), event.getY());
    }

    return true;
}
```

이제 게임을 실행하고 타일을 모두 정리하면 'Stage Clear' 메시지가 표시될 것이다. Stage Clear 상태에서는 시간의 진행이 정지된다. 이 화면에서 [Back] 키를 누르면 시작 화면으로 복귀할 것이다. 아직은 시작 화면을 만들지 않았으므로 [Back] 키를 누르면 애플리케이션이 종료된다.

그림 19-16 **타일의 배열이 끝난 상태**

19.5.3 Sound와 진동 설정

이 게임에는 특별히 사운드와 진동이 필요할 것 같지는 않지만, CommonResources에 사운드와 진동 관련 함수를 만들어 두었으므로 화면을 터치하면 사운드와 진동을 발생하는 것으로 한다. Touch Event에서 처리하면 될 것이다.

```java
GameView.java
// Touch Event
@Override
public boolean onTouchEvent(MotionEvent event) {
    if (!isClear && event.getAction() == MotionEvent.ACTION_DOWN) {
        mBoard.hitTest(event.getX(), event.getY());

        // Sound
        CommonResources.sndPlay();    ◀ 추가
    }

    return true;
}
```

CommonResources의 sndPlay( ) 함수는 사운드와 함께 진동도 발생하므로 진동을 처리하기 위해 AndroidManifest.xml에 진동과 관련된 권한을 추가한다. 이 과정은 블록 격파 게임에서 처리한 적이 있다.

```xml
AndroidManifest.xml
<?xml version="1.0" encoding="utf-8"?>
<manifest xmlns:android="http://schemas.android.com/apk/res/android"
    package="my.com.slidingpuzzle">

    <uses-permission android:name="android.permission.VIBRATE" />    ◀ 추가
```

```
    <application
        ..................
    </application>

</manifest>
```

이것으로 게임의 세부적인 처리가 모두 끝이 났다.

19.6 시작 화면 만들기

[File ➡ New ➡ Activity ➡ Gallery] 메뉴를 실행해서 Empty Activity를 선택한다. 액티비티 이름
은 StartActivity이다.

19.6.1 View Design

시작 화면은 다음과 같이 디자인할 것이다. ❶~❹의 속성을 설정한 후 작업하는 것이 편
할 것이다. Layout의 background에 배경 이미지를 할당한 후 RadioGroup과 RadioButton,
ImageButton을 섬세하게 배치해야 한다.

그림 19-17 **View Design**

❶ View의 방향 Landscape
❷ 단말기 버전 Nexus 5X (1080x1920)

❸ API 버전 23 이상

❹ 단말기 테마 NoTitleBar.FullScreen

View를 디자인하는 과정은 생략하였으므로 완성된 소스를 참조해서 각자 디자인해 보기 바란다.

```xml
activity_start.xml

<?xml version="1.0" encoding="utf-8"?>
<RelativeLayout xmlns:android="http://schemas.android.com/apk/res/android"
    xmlns:app="http://schemas.android.com/apk/res-auto"
    xmlns:tools="http://schemas.android.com/tools"
    android:id="@+id/activity_start"
    android:layout_width="match_parent"
    android:layout_height="match_parent"
    tools:context="my.com.slidingpuzzle.StartActivity"
    android:background="@drawable/sky">

    <RadioGroup
        android:id="@+id/GroupSize"
        android:layout_width="wrap_content"
        android:layout_height="wrap_content"
        android:orientation="horizontal"
        android:layout_marginTop="130dp"
        android:layout_alignParentTop="true"
        android:layout_alignParentLeft="true"
        android:layout_marginLeft="354dp">

        <RadioButton
            android:id="@+id/RadioSize1"
            android:layout_width="wrap_content"
            android:layout_height="wrap_content"
            android:text="3x3"
            android:textSize="24sp"
            android:textColor="#000080"
            android:checked="true" />

        <RadioButton
            android:id="@+id/RadioSize2"
            android:layout_width="wrap_content"
            android:layout_height="wrap_content"
            android:text="4x4"
            android:textSize="24sp"
            android:textColor="#000080"
            android:layout_marginLeft="15dp" />

        <RadioButton
            android:id="@+id/RadioSize3"
            android:layout_width="wrap_content"
            android:layout_height="wrap_content"
            android:text="5x5"
```

```xml
            android:textSize="24sp"
            android:textColor="#000080"
            android:layout_marginLeft="15dp" />
    </RadioGroup>

    <RadioGroup
        android:id="@+id/GroupMusic"
        android:layout_width="wrap_content"
        android:layout_height="wrap_content"
        android:orientation="horizontal"
        android:layout_marginTop="177dp"
        android:layout_alignParentTop="true"
        android:layout_alignParentLeft="true"
        android:layout_marginLeft="354dp">

        <RadioButton
            android:id="@+id/RadioMusic1"
            android:layout_width="wrap_content"
            android:layout_height="wrap_content"
            android:text="ON"
            android:textSize="20sp"
            android:textColor="#000080"
            android:checked="true" />

        <RadioButton
            android:id="@+id/RadioMusic2"
            android:layout_width="wrap_content"
            android:layout_height="wrap_content"
            android:text="OFF"
            android:textSize="20sp"
            android:textColor="#000080"
            android:layout_marginLeft="24dp" />
    </RadioGroup>

    <RadioGroup
        android:id="@+id/GroupSound"
        android:layout_width="wrap_content"
        android:layout_height="wrap_content"
        android:orientation="horizontal"
        android:layout_marginTop="225dp"
        android:layout_alignParentTop="true"
        android:layout_alignParentLeft="true"
        android:layout_marginLeft="354dp">

        <RadioButton
            android:id="@+id/RadioSound1"
            android:layout_width="wrap_content"
            android:layout_height="wrap_content"
            android:text="ON"
            android:textSize="20sp"
            android:textColor="#000080"
            android:checked="true" />

        <RadioButton
```

```xml
                    android:id="@+id/RadioSound2"
                    android:layout_width="wrap_content"
                    android:layout_height="wrap_content"
                    android:text="OFF"
                    android:textSize="20sp"
                    android:textColor="#000080"
                    android:layout_marginLeft="24dp" />
        </RadioGroup>

        <RadioGroup
                android:id="@+id/GroupVib"
                android:layout_width="wrap_content"
                android:layout_height="wrap_content"
                android:orientation="horizontal"
                android:layout_marginTop="270dp"
                android:layout_alignParentTop="true"
                android:layout_alignParentLeft="true"
                android:layout_marginLeft="354dp">

            <RadioButton
                    android:id="@+id/RadioVib1"
                    android:layout_width="wrap_content"
                    android:layout_height="wrap_content"
                    android:text="ON"
                    android:textSize="20sp"
                    android:textColor="#000080"
                    android:checked="true" />

            <RadioButton
                    android:id="@+id/RadioVib2"
                    android:layout_width="wrap_content"
                    android:layout_height="wrap_content"
                    android:text="OFF"
                    android:textSize="20sp"
                    android:textColor="#000080"
                    android:layout_marginLeft="24dp" />
        </RadioGroup>

        <ImageButton
                android:layout_width="wrap_content"
                android:layout_height="wrap_content"
                app:srcCompat="@drawable/button_quit"
                android:id="@+id/BtnQuit"
                android:background="@drawable/button_quit"
                android:layout_alignTop="@+id/BtnStart"
                android:layout_alignRight="@+id/GroupSize"
                android:layout_alignEnd="@+id/GroupSize"
                android:layout_marginRight="22dp"
                android:layout_marginEnd="22dp" />

        <ImageButton
                android:layout_width="wrap_content"
                android:layout_height="wrap_content"
                app:srcCompat="@drawable/button_start"
```

```
            android:layout_marginBottom="14dp"
            android:id="@+id/BtnStart"
            android:background="@drawable/button_start"
            android:layout_marginRight="28dp"
            android:layout_marginEnd="28dp"
            android:layout_alignParentBottom="true"
            android:layout_toLeftOf="@+id/BtnQuit"
            android:layout_toStartOf="@+id/BtnQuit" />

    </RelativeLayout>
```

19.6.2 StartActivity 만들기

StartActivity의 내용은 블록 격파의 경우와 크게 다르지 않다. RadioGroup의 보드의 종류를
읽고 쓰는 부분이 추가되었는데, 소스를 보면 이해할 수 있을 것으로 생각되어 자세한 설명은
생략한다.

StartActivity.java

```java
public class StartActivity extends AppCompatActivity {

    MediaPlayer mPlayer;

    @Override
    protected void onCreate(Bundle savedInstanceState) {
        super.onCreate(savedInstanceState);
        setRequestedOrientation(ActivityInfo.SCREEN_ORIENTATION_LANDSCAPE);
        setContentView(R.layout.activity_start);

        // Statusbar 감추기
        getWindow().setFlags(WindowManager.LayoutParams.FLAG_FULLSCREEN,
                             WindowManager.LayoutParams.FLAG_FULLSCREEN);
        getSupportActionBar().hide();

        // 배경 음악
        mPlayer = MediaPlayer.create(this, R.raw.greensleeves);
        mPlayer.setLooping(true);
        mPlayer.start();

        // 버튼의 Click Listener
        findViewById(R.id.BtnStart).setOnClickListener(onButtonClick);
        findViewById(R.id.BtnQuit).setOnClickListener(onButtonClick);

        // 라디오 버튼
        findViewById(R.id.RadioMusic1).setOnClickListener(onButtonClick);
        findViewById(R.id.RadioMusic2).setOnClickListener(onButtonClick);
    }
```

```java
//-------------------------------
// On Resume
//-------------------------------
@Override
protected void onResume() {
    super.onResume();

    getSettings();
    if (Settings.isMusic) {
        mPlayer.seekTo(0);
        mPlayer.start();
    }
}


//-------------------------------
// On ButtonClick
//-------------------------------
View.OnClickListener onButtonClick = new View.OnClickListener() {

    @Override
    public void onClick(View v) {
        switch ( v.getId() ) {
            case R.id.BtnQuit :       // 종료
                android.os.Process.killProcess( android.os.Process.myPid() );
                break;
            case R.id.BtnStart :      // 게임 시작
                setSettings();
                mPlayer.pause();
                Intent intent = new Intent(StartActivity.this, MainActivity.class);
                startActivity(intent);
                break;
            case R.id.RadioMusic1:  // Music On
                mPlayer.start();
                break;
            case R.id.RadioMusic2:   // Music Off
                mPlayer.pause();
                break;

        }
    }
};


//-------------------------------
// 환경 설정 저장
//-------------------------------
private void setSettings() {
    // Board Size
    RadioGroup group = (RadioGroup) findViewById(R.id.GroupSize);
    int id = group.getCheckedRadioButtonId();
    View radio = group.findViewById(id);
    Settings.size = group.indexOfChild(radio) + 3;

    // 음악
    id = ( (RadioGroup) findViewById(R.id.GroupMusic) ).getCheckedRadioButtonId();
    Settings.isMusic = (id == R.id.RadioMusic1);
```

```java
        // 사운드
        id = ( (RadioGroup) findViewById(R.id.GroupSound) ).getCheckedRadioButtonId();
        Settings.isSound = (id == R.id.RadioSound1);

        // 진동
        id = ( (RadioGroup) findViewById(R.id.GroupVib) ).getCheckedRadioButtonId();
        Settings.isVib = (id == R.id.RadioVib1);
    }

    //----------------------------
    // 환경 설정 읽기
    //----------------------------
    private void getSettings() {
        // Board Size
        RadioGroup group = (RadioGroup) findViewById(R.id.GroupSize);
        ((RadioButton) group.getChildAt(Settings.size - 3)).setChecked(true);

        // 음악, Sound, 진동
        ((RadioButton) findViewById(R.id.RadioMusic1)).
                                        setChecked(Settings.isMusic == true);
        ((RadioButton) findViewById(R.id.RadioSound1)).
                                        setChecked(Settings.isSound == true);
        ((RadioButton) findViewById(R.id.RadioVib1)).
                                        setChecked(Settings.isVib == true);
    }

    //----------------------------
    // Back Key
    //----------------------------
    @Override
    public void onBackPressed() {
        android.os.Process.killProcess( android.os.Process.myPid() );
    }

} // StartActivity
```

마지막으로, StartActivity를 시작 화면으로 설정하면 모든 작업이 끝난다.

AndroidManifest.xml

```xml
<?xml version="1.0" encoding="utf-8"?>
<manifest xmlns:android="http://schemas.android.com/apk/res/android"
    package="my.com.slidingpuzzle">

    <uses-permission android:name="android.permission.VIBRATE" />

    <application
        android:allowBackup="true"
        android:icon="@mipmap/ic_launcher"
        android:label="@string/app_name"
        android:supportsRtl="true"
```

```xml
            android:theme="@style/AppTheme">
        <activity android:name=".StartActivity">   ← 시작 액티비티
            <intent-filter>
                <action android:name="android.intent.action.MAIN" />

                <category android:name="android.intent.category.LAUNCHER" />
            </intent-filter>
        </activity>
        <activity android:name=".MainActivity"></activity>   ← Main 액티비티
    </application>

</manifest>
```

이제 게임을 실행하면 StartActivity가 나타나고, [Start] 버튼을 누르면 게임이 시작될 것이다.

찾아보기